Theodor Niemeyer

Vorschläge und Materialien zur Kodifikation des internationalen Privatrechts

Theodor Niemeyer

Vorschläge und Materialien zur Kodifikation des internationalen Privatrechts

ISBN/EAN: 9783744697248

Hergestellt in Europa, USA, Kanada, Australien, Japan

Cover: Foto ©ninafisch / pixelio.de

Weitere Bücher finden Sie auf www.hansebooks.com

VORSCHLÄGE UND MATERIALIEN

ZUR

KODIFIKATION

DES

INTERNATIONALEN PRIVATRECHTS.

VON

Dr. THEODOR NIEMEYER,
O. Ö. PROFESSOR DER RECHTE AN DER UNIVERSITÄT KIEL.

LEIPZIG,
VERLAG VON DUNCKER & HUMBLOT.
1895.

DER

JURISTISCHEN GESELLSCHAFT

ZU

BERLIN

GEWIDMET.

Vorwort.

Den äufseren Anstofs zu der Arbeit, die ich hiermit der Öffentlichkeit übergebe, hat die juristische Gesellschaft in Berlin gegeben. Die Arbeit ist als Lösungsversuch der von der Gesellschaft im vorigen Jahre gestellten Preisaufgabe unternommen. Aber sie ist nicht als Konkurrenzleistung eingereicht. Ich habe es vorgezogen, meine Vorschläge und Materialien sogleich in Druck zu geben, um womöglich noch Einflufs auf das deutsche bürgerliche Gesetzbuch zu gewinnen. Ich widme der juristischen Gesellschaft zu Berlin meine Publikation in dankbarer Anerkennung der gegebenen Anregung.

Es steht mir nicht zu, zu behaupten, dafs die vorliegende Arbeit einigen Wert habe. Aber ich darf darauf hinweisen, dafs, soweit sie Wert hat, dieser Wert nicht nur Bezug hat auf die Vorbereitung des deutschen bürgerlichen Gesetzbuchs. Die Gesichtspunkte, welche in Frage kommen, wiederholen sich im wesentlichen bei jeder Kodifikation und nicht minder bei der theoretischen Behandlung.

Die im zweiten Teil beigefügten Materialien erheben nicht den Anspruch, den Bestand der Kollisionsnormen zu erschöpfen. Sie sollen nur den Stand der Gesetzgebung und der Gesetzgebungsvorschläge in den Grundzügen veranschaulichen.

Kiel, im Mai 1895.

Inhaltsübersicht.

Erster Teil. Vorschläge.

	Seite
Einleitung	1
Erstes Kapitel. Vorfragen	26
§ 1. Sollen überhaupt Rechtssätze über das internationale Privatrecht in das B.G.B. aufgenommen werden?	26
§ 2. Welche Materien sollen geregelt werden?	43
§ 3. Sonstige leitende Gesichtspunkte	50
§ 4. Redaktionelles	54
Zweites Kapitel. Allgemeine Grundsätze	58
§ 5. Ergänzende allgemeine Vorschrift für die nicht durch besondere Bestimmungen geregelten Fragen	58
§ 6. Ergänzende allgemeine Bestimmung der absoluten Geltung gewisser einheimischer und der Nichtanerkennung gewisser ausländischer Rechtssätze	62
§ 7. Bestimmung über die Zulässigkeit privatautonomischer Unterwerfung unter ausländisches Recht	71
§ 8. Bestimmung über die Ermittelung auswärtigen Rechts	76
§ 9. Rückverweisung?	80
§ 10. Gleichstellung der Ausländer mit den Inländern. Retorsion	86
Drittes Kapitel. Die Anknüpfungsmomente für die speziellen Kollisionsnormen	102
§ 11. Prinzipielle Gesichtspunkte	102
§ 12. Staatsangehörigkeit, Wohnsitz	112
Viertes Kapitel. Personenrecht	129
§ 13. Natürliche Personen. Trennung von Rechtsfähigkeit, Handlungsfähigkeit, Status	129
§ 14. Natürliche Personen. Rechtsfähigkeit	133
§ 15. Natürliche Personen. Handlungsfähigkeit	162
§ 16. Juristische Personen	179

Fünftes Kapitel. Familienrecht (einschliefslich Vormundschaftsrecht) 184
§ 17. Eheschliefsung 184
§ 18. Wirkungen der Ehe 199
§ 19. Auflösung der Ehe 216
§ 20. Aufsereheliche Kinder. Legitimation. Adoption ... 222
§ 21. Vormundschaft 229
Sechstes Kapitel. Obligationenrecht 234
§ 22. Rechtsgeschäfte 234
§ 23. Andere Thatbestände des Obligationenrechts 243
Siebentes Kapitel. Sachenrecht 247
§ 24. Die Grundregel 247
§ 25. Einzelfragen 249
Achtes Kapitel. Erbrecht 262
§ 26. Die Grundregel 262
§ 27. Einzelfragen 264
Neuntes Kapitel. Prozefsrechtliches 268
§ 28 268
Zehntes Kapitel. Gesetzentwurf 273
§ 29 273

Zweiter Teil. Materialien.

I. Allgemeine Grundsätze 1*
   a) Ergänzende allgemeine Bestimmungen für die nicht durch spezielle Kollisionsnormen geregelten Fälle 1*
   b) Allgemeine Regeln über die absolute Geltung einheimischer Rechtssätze 4*
   c) Begrenzung der privatautonomischen Unterwerfung unter ausländisches Recht 9*
   d) Ermittelung ausländischer Rechtssätze 11*
   e) Stellung der Ausländer 12*
   f) Form der Rechtsakte 17*
II. Rechts- und Handlungsfähigkeit, Status 31*
   a) Natürliche Personen 31*
   b) Juristische Personen 49*
III. Familienrecht (einschliefslich Vormundschaftsrecht) 53*
   a) Eheschliefsung (und Verlöbnis) 53*
   b) Ehescheidung 69*
   c) Verhältnis der Ehegatten zu einander und zu den Kindern 73*
   d) Eheliches Güterrecht. 77*
   e) Aufsereheliche Kinder 84*
   f) Vormundschaft 85*
IV. Obligationenrecht 92*
V. Sachenrecht 106*
VI. Erbrecht 118*

I. TEIL.
VORSCHLÄGE.

Berichtigungen.

1) Auf Seite 98 in der Note ist anstatt der Verweisung auf „Teil II im Anhang" die folgende Bestimmung zu lesen:

„Auch werden im Ausland vollzogene Rechtsgeschäfte oder errichtete Testamente, was ihre äufsere Form betrifft, hierorts aufrecht erhalten, wenn letztere zwar nicht den inländischen Gesetzen, wohl aber denjenigen des Staates entspricht, in welchem das Rechtsgeschäft vollzogen oder das Testament errichtet wurde."

2) Auf S. 213 sind die Worte: „Es ist weiter" bis „kenntlich gemacht sein" (Zeile 22 bis 30) zu streichen.

Verzeichnis der abgekürzt zitierten Litteratur.

Die Ziffern ohne nähere Bezeichnung beziehen sich auf Band- und Seitenzahl.

Actes de la conférence de la Haye. La Haye 1893, 1894.
Asser, T. M. C., Éléments de droit international privé. Ouvrage traduit etc. par A. Rivier. Paris 1884.
Bar, Das internationale Privat- und Strafrecht. Hannover 1862.
— Theorie und Praxis des internationalen Privatrechts. Hannover 1889.
— Lehrbuch des internationalen Privat- und Strafrechts. Stuttgart 1892.
Barazetti, Einführung in das französische Zivilrecht. Frankfurt a. M. und Lahr 1889.
Bekker, System des Pandektenrechts. Weimar 1886, 1889.
— Über die Kouponsprozesse der österreichischen Eisenbahngesellschaften. Weimar 1881.
Böhlau, Mecklenburgisches Landrecht. Weimar 1871 ff.
Böhm, Die räumliche Herrschaft der Rechtsnormen. Erlangen 1890.
— Handbuch der internationalen Nachlafsbehandlung. 2. Aufl. Augsburg 1895.
Burge, Commentaries on colonial and foreign laws etc. London 1838.
Dernburg, Pandekten, 4. Aufl. Berlin 1894.
Fiore, P., Diritto internazionale privato, 3. edizione. Torino 1888, 1889.
Foote, A concise treatise on private international law. London 1878.
Gierke, Deutsches Privatrecht, 1. Bd., Leipzig 1895.
Förster, Theorie und Praxis des heutigen gemeinen preufsischen Privatrechts, bearbeitet von Eccius, 5. Aufl. Berlin 1887 ff.

XIV   Verzeichnis der abgekürzt zitierten Litteratur.

Gillespie, The theory and practice of private international law by
    L. v. Bar. 2. ed. Edinburgh 1892.
Goldschmidt, Handbuch des Handelsrechts. 1. Aufl. 1864 ff.
Huber, System und Geschichte des schweizerischen Privatrechts.
    Basel 1886—93.
Jettel, Handbuch des internationalen Privat- und Strafrechtes. Wien
    und Leipzig 1893.
Laurent, Le droit civil international. Bruxelles, Paris 1881.
Martens, Völkerrecht. Berlin 1883, 1886.
Meili, Die Kodifikation des internationalen Civil- und Handelsrechts.
    Leipzig 1891.
— Geschichte und System des internationalen Privatrechts im Grundrifs.
    Leipzig 1892.
Regelsberger, Pandekten, 1. Bd. Leipzig 1893.
Roth, System des deutschen Privatrechts. Tübingen 1880—1886.
— Bayrisches Civilrecht. 2. Aufl. 1. Bd. Tübingen 1881.
Savigny, System des heutigen römischen Rechts. Berlin 1841 ff.
Stobbe, Handbuch des deutschen Privatrechts, 3. Aufl. 1. Bd.
    Berlin 1793.
Story, Commentaries on the conflict of laws, 8. ed. Boston 1883.
Thöl, Einleitung in das deutsche Privatrecht. Göttingen 1851.
Unger, System des österreichischen allgemeinen Privatrechts, 2. Aufl.
    1. Bd. Leipzig 1893.
Vincent et Pénaud, Dictionnaire de droit international privé.
    Paris 1888.
Wächter, Über die Kollision der Privatrechtsgesetze verschiedener
    Staaten, Archiv f. d. zivilistische Praxis, Bd. 24, 25, 1841, 1842.
Westlake, Lehrbuch des internationalen Privatrechts. Deutsche
    Ausgabe von F. v. Holtzendorff. Berlin 1884.
Wharton, A treatise on the conflict of laws, 2. ed. Philadelphia 1881.
Windscheid, Lehrbuch des Pandektenrechts, 7. Aufl. Frankfurt a. M.
    1891.

Einleitung.

Die juristische Gesellschaft in Berlin hat am 21. April 1894 folgende Preisaufgabe gestellt:

Welche Rechtssätze des internationalen Privatrechts eignen sich zur Aufnahme in das künftige bürgerliche Gesetzbuch für das deutsche Reich?

Gesetzentwurf nebst Begründung und einer vergleichenden Zusammenstellung der einschlagenden Bestimmungen aus den wichtigeren in- und ausländischen Gesetzgebungen.

Die Erörterung der wichtigen Frage kann in keinem Zeitpunkte sachdienlicher sein, als in dem gegenwärtigen, wo die — zweite — Gesetzgebungs-Kommission im Begriff steht, jener Frage näher zu treten, nachdem bereits vor dem Beginn der Beratung der einzelnen Paragraphen des ersten Entwurfes folgender Beschluſs von ihr gefaſst worden ist:

„Die Kommission erachtet es für notwendig, daſs das internationale Privatrecht im bürgerlichen Gesetzbuche geregelt wird, und ersucht den Referenten des allgemeinen Teiles, die erforderlichen Vorschläge vorzubereiten und der Kommission seinerzeit zu unterbreiten." [1]

---

[1] Entwurf eines bürgerlichen Gesetzbuchs für das deutsche Reich. Zweite Lesung, Berlin 1894. S. 1, Note.

Über die Stellung, welche die erste Kommission zu der Frage eingenommen hat, über die Gründe, welche dazu geführt haben, in den ersten Entwurf keine Vorschriften über das internationale Privatrecht aufzunehmen, verlauten nur unverbürgte Gerüchte. In der Schrift von F. Meili: „Geschichte und System des internationalen Privatrechts im Grundrifs" (Leipzig 1892), S. 198 ff., sind ohne Angabe der Quelle Vorschriften veröffentlicht, welche der Redaktor des allgemeinen Teiles des Entwurfes, Ministerialrat Dr. Gebhard, der ersten Kommission vorgeschlagen haben soll, und dazu sind Abänderungsvorschläge des Referenten (also wohl nachträgliche Änderungsvorschläge desselben Redaktors) mitgeteilt[1]. Ferner hat Meili in der Schrift „Die Kodifikation des internationalen Civil- und Handelsrechts" (Leipzig 1891) — S. 33 — unter Berufung auf eine französische Quelle (Surville et Arthuys, Cours élémentaire de droit international privé, Paris 1890, S. 11) berichtet, die erste Kommission habe 26 Artikel über internationales Privatrecht ausgearbeitet, aber von deren Publikation abgesehen. In einer Anzeige des Meilischen Buches (Archiv für öffentliches Recht 1891, S. 305 ff.) hat G. Maas zu dieser Notiz bemerkt: „Dem ist allerdings so. Schon der Entwurf des allgemeinen Teiles des Gesetzbuchs, wie er von dem Redaktor Dr. Gebhard im Jahre 1881 der Kommission zur Beratung vorgelegt wurde, enthielt in §§ 5—40 Normen über internationales Privatrecht. Zu dieser Vorlage arbeitete der Referent Abänderungsvorschläge mit Motiven aus. In der 691. bis 699. Sitzung vom 9. bis 28. September 1887 wurde dieses Rechtsgebiet durchberaten. Bei Gelegenheit der zweiten Besprechung des gesamten Entwurfes wurde vereinbart, von der Aufnahme derartiger Bestimmungen in der demnächst zu veröffentlichenden Vorlage abzusehen, über die

---

[1] Diese Entwürfe werden im folgenden als I. und II. Gebhardscher Entwurf bezeichnet werden.

Materie selbst aber sich völlig schlüssig zu machen. In der 733. Sitzung, am 16. Dezember desselben Jahres, wurde endlich ein besonderer Entwurf von 26 Paragraphen mit der Überschrift „„Räumliche Herrschaft der Rechtsnormen"" angenommen." — Bar ferner teilt in seinem 1892 erschienenen Lehrbuch des internationalen Privat- und Strafrechtes S. 5 mit, „dafs die erwähnten Ausarbeitungen geheim gehalten, wenigstens nicht öffentlich besprochen werden sollen". —

Bei diesem Stand der Sache mufs von der Annahme ausgegangen werden, dafs entweder die erste Kommission nachträglich ihre Meinung geändert und jene 26 Paragraphen beseitigt hat [1], oder dafs der Reichskanzler oder der Bundesrat jene Vorschriften gestrichen, wenigstens von der Publikation ausgeschlossen hat. Wesentlich ist für das folgende nur die Thatsache, dafs die Beschlüsse der ersten Kommission nicht bekannt, insbesondere die von Meili veröffentlichten Vorschläge nicht identisch mit den Beschlüssen der Kommission sind, was aus der Verschiedenheit der Anzahl der Paragraphen mit Sicherheit hervorgeht.

Es ergiebt sich daraus, dafs es sich im folgenden nicht um ein kritisches Vorgehen im Anschlufs an die Arbeiten der Gesetzgebungskommission handeln kann, dafs vielmehr selbständig so vorgegangen werden mufs, als ob die Gesetzgebungskommission überhaupt noch keine Vorschläge ausgearbeitet hätte. Da indessen die Gebhardschen Entwürfe zu der im folgenden zu lösenden Aufgabe doch in engster und wichtigster Beziehung stehen, so mufs ihnen besondere Berücksichtigung zuteil werden. Sie mögen daher hier an der Spitze der Erörterung stehen:

---

[1] Gegen diese Annahme spricht die Anmerkung auf S. 15 des „Entwurfes eines Einführungsgesetzes zum B. G. B. Erste Lesung. Amtliche Ausgabe", Berlin u. Leipzig 1888: „Sollte der von der Kommission beschlossene Abschnitt über die räumliche Herrschaft der Rechtsnormen in das Gesetzbuch aufgenommen werden" u. s. w.

I. Entwurf.

§ 5.

Die Rechtsfähigkeit wird nach dem Rechte beurteilt, welches über das Rechtsverhältnis, bei dem sie in Frage kommt, entscheidet.

§ 6.

Die Rechtsbeständigkeit der juristischen Person wird nach dem Rechte des Ortes beurteilt, an welchem sie ihren Sitz hat.

§ 7.

Die Handlungsfähigkeit wird nach dem Rechte des Staates beurteilt, welchem die Person angehört.

Ausländer, welche nach dem Rechte ihres Staates das Volljährigkeitsalter oder die Stellung Volljähriger erlangt haben, behalten, wenn sie die deutsche Staatsangehörigkeit erwerben und nach deutschem Rechte minderjährig sein würden, den Zustand der Volljährigkeit.

Ausländer, welche nach dem Rechte ihres Staates handlungsunfähig oder in der Handlungsfähigkeit beschränkt sind, gelten in Ansehung der im

II. Entwurf.

§ 5.

Die Rechtsfähigkeit wird nach den Gesetzen beurteilt, welche über das Rechtsverhältnis, bei dem sie in Frage kommt, entscheiden.

§ 6.

Die juristische Persönlichkeit wird nach den Gesetzen des Ortes beurteilt, an welchem der Personenverein oder die Stiftung den Sitz hat.

§ 7.

Die Geschäftsfähigkeit wird nach den Gesetzen des Staates beurteilt, welchem die Person angehört.

Erwirbt ein Ausländer, welcher nach den Gesetzen des Staates, dem er angehört, das Alter der Volljährigkeit erreicht oder die rechtliche Stellung der Volljährigen erlangt hat, die deutsche Staatsangehörigkeit, so behält er den Zustand der Volljährigkeit, auch wenn dieser Zustand nach den deutschen Gesetzen nicht begründet sein würde.

Ein Ausländer, welcher im Inlande ein dem vermögensrechtlichen Gebiete angehören-

Inlande vorgenommenen Handlungen als handlungsfähig, wenn sie dies nach inländischem Rechte sind. Auf die dem Gebiete des Familien- und Erbrechts angehörenden Rechtsgeschäfte findet diese Vorschrift keine Anwendung.	des Rechtsgeschäft unter Lebenden vornimmt, in Ansehung dessen er nach den Gesetzen des Staates, dem er angehört, nicht geschäftsfähig ist, gilt als geschäftsfähig, wenn er nach den deutschen Gesetzen geschäftsfähig sein würde.
§ 8.	§ 8.
Die Vorschriften des inländischen Rechtes über die Todeserklärung erstrecken sich nur auf Deutsche.	Die Vorschriften der §§ 6 bis 25 (K. E.)[1] finden auf alle Deutsche, und nur auf Deutsche, Anwendung.
Die inländischen Gerichte sind für das Verfahren ausschliefslich zuständig.	Die inländischen Gerichte sind für das Verfahren ausschliefslich zuständig.
§ 9.	§ 9.
Die bei Rechtsgeschäften zu beobachtende Form richtet sich nach dem Rechte, welchem das Rechtsgeschäft unterworfen ist. Es genügt jedoch die Beobachtung der Form, welche dem Rechte des Ortes, an dem das Rechtsgeschäft vorgenommen wird, entspricht.	Die für ein Rechtsgeschäft erforderliche Form bestimmt sich nach den Gesetzen, welche für das Rechtsgeschäft mafsgebend sind. Es genügt jedoch, wenn das Rechtsgeschäft in Ansehung der Form den Gesetzen des Ortes entspricht, an welchem das Rechtsgeschäft vorgenommen worden ist.
§ 10.	§ 10.
Rechtsverhältnisse an Sachen werden nach dem Rechte des	Die Rechte an einer Sache und der Besitz einer Sache

---

[1] Bezieht sich augenscheinlich auf die den §§ 5—24 des Entwurfes erster Lesung entsprechenden §§ des „Kommissionsentwurfes".

Ortes beurteilt, an welchem sich die Sachen befinden.

Für den Erwerb oder Verlust von Rechten an beweglichen Sachen ist das Recht des Ortes entscheidend, an welchem sich die Sache zur Zeit der Verwirklichung des Thatbestandes befunden hat, welcher den Erwerb oder den Verlust begründet haben soll. Hat eine Ersitzung begonnen, so bleibt bei beweglichen Sachen das Recht des Ortes, an welchem sich die Sache beim Beginne derselben befand, auch für die Vollendung und Wirkung der Ersitzung maſsgebend.

Die Vorschrift des § 9 Satz 2 findet auf Rechtsgeschäfte, welche die Begründung, Übertragung oder Aufhebung von Rechten an Sachen zum Gegenstande haben, keine Anwendung.

werden nach den Gesetzen des Ortes beurteilt, an welchem die Sache sich befindet.

Der Erwerb oder Verlust eines Rechtes an einer beweglichen Sache bestimmt sich nach den Gesetzen des Ortes, an welchem die Sache sich zur Zeit der Verwirklichung des Thatbestandes befunden hat, auf welchen der Erwerb oder Verlust gestützt wird. Gelangt eine Sache, nachdem die Ersitzung derselben begonnen hat, in ein anderes Rechtsgebiet, so bleiben die Gesetze des Ortes, an welchem die Sache bei dem Beginne der Ersitzung sich befunden hat, für die Vollendung und Wirkung der Ersitzung maſsgebend.

Die Vorschrift des § 9 Satz 2 findet keine Anwendung auf Rechtsgeschäfte, durch welche ein Recht an einer Sache begründet, übertragen oder aufgehoben wird.

§ 11.

Forderungen aus Schuldverträgen werden nach dem Rechte des Ortes beurteilt, an welchem der Schuldner zur

§ 11.

Schuldverhältnisse aus Rechtsgeschäften unter Lebenden werden nach den Gesetzen des Ortes beurteilt, an welchem

Zeit der Schliefsung des Vertrages seinen Wohnsitz gehabt hat, sofern sich nicht aus den Umständen ergiebt, dafs die Vertragschliefsenden auf Grund derselben vernünftigerweise die Anwendung eines anderen Rechtes voraussetzen mufsten.

Sind beide Vertragschliefsende Schuldner, so kann jeder Teil verlangen, dafs seine Verbindlichkeit nach dem für die Verbindlichkeit des anderen Teiles mafsgebenden Rechte beurteilt wird.

der Schuldner zur Zeit der Vornahme des Rechtsgeschäftes seinen Wohnsitz und in Ermangelung eines solchen seinen Aufenthalt hatte. Ergeben bei einem Vertrage die Umstände, dafs die Vertragschliefsenden die Anwendung der Gesetze eines anderen Ortes voraussetzen mufsten, so sind die Gesetze dieses Ortes mafsgebend.

Entstehen aus einem Vertrage für beide Teile Verpflichtungen, und sind für die letzteren die Gesetze verschiedener Orte mafsgebend, so kann jeder Teil verlangen, dafs seine Verpflichtung nach den für die Verpflichtung des anderen Teiles mafsgebenden Gesetzen beurteilt wird.

§ 12.

Forderungen aus Schuldverhältnissen, welche auf vertragsähnlichen Vorgängen oder unmittelbar auf dem Gesetze beruhen, werden nach dem Recht des Ortes beurteilt, an welchem der Schuldner zur Zeit des Eintritts der Thatsache, aus welcher das Schuldverhältnis abgeleitet wird,

§ 12.

Schuldverhältnisse aus unerlaubten Handlungen werden nach den Gesetzen des Ortes beurteilt, an welchem die unerlaubte Handlung begangen worden ist.

Auf eine bei Anwendung eines ausländischen Gesetzes sich ergebende Privatstrafe darf nicht erkannt werden.

seinen Wohnsitz und in Ermangelung eines solchen seinen Aufenthalt gehabt hat.

Liegt der Forderung ein dauerndes Verhältnis (Vermögensgemeinschaft, Vormundschaftsführung u. s. w.) zu Grunde, so entscheidet das Recht des Ortes, an welchem das Verhältnis besteht.

§ 13.

Forderungen aus unerlaubten Handlungen werden nach dem Rechte des Ortes beurteilt, an welchem die unerlaubte Handlung begangen worden ist.

Die Zuerkennung einer nach ausländischem Rechte verwirkten Privatstrafe ist nur statthaft, wenn und soweit das inländische Recht eine solche als Folge der unerlaubten Handlung anerkennt.

§ 13.

Schuldverhältnisse aus anderen Gründen werden, soweit nicht für Schuldverhältnisse auf Grund von Verfügungen von Todes wegen aus der Vorschrift des § 29 und für sonstige Schuldverhältnisse, aus deren besonderen Natur sich ein anderes ergiebt, nach den Gesetzen des Ortes beurteilt, an welchem der Schuldner zur Zeit der Verwirklichung des Thatbestandes, aus welchem das Schuldverhältnis abgeleitet wird, seinen Wohnsitz und in Ermangelung eines solchen seinen Aufenthalt hatte.

§ 14.

Die Abtretung einer Forderung wird nach dem Rechte beurteilt, welches über die Forderung entscheidet.

§ 14.

Die Abtretung einer Forderung wird nach den Gesetzen beurteilt, welche für die Forderung mafsgebend sind.

§ 15.

Die Anfechtung von Rechtshandlungen des Schuldners, welche die Gläubiger benachteiligen, untersteht dem Rechte des Ortes, an welchem der Schuldner zur Zeit der Vornahme der Handlung seinen Wohnsitz und in Ermangelung eines solchen seinen Aufenthalt gehabt hat.

§ 16.

Die Erfordernisse der Eheschliefsung werden in Ansehung eines jeden der Ehe schliefsenden nach dem Rechte des Staates beurteilt, welchem er angehört.

Die bei der Eheschliefsung zu beobachtende Form richtet sich nach dem Rechte des Ortes, an welchem die Eheschliefsung vorgenommen wird.

§ 17.

Die persönlichen Verhältnisse der Ehegatten untereinander werden nach dem Rechte des Staates beurteilt, welchem der Ehemann angehört.

§ 18.

Die Trennung der Ehe wird nach dem Rechte des Staates

§ 15.

Fällt aus.

§ 16.

Die Eingehung einer Ehe wird in Ansehung eines jeden der Eheschliefsenden nach den Gesetzen des Staates beurteilt, welchem derselbe angehört.

Die Form der Eheschliefsung bestimmt sich ausschliefslich nach den Gesetzen des Ortes, an welchem die Eheschliefsung vorgenommen wird.

§ 17.

Die persönlichen Beziehungen der Ehegatten zu einander werden nach den Gesetzen des Staates beurteilt, welchem der Ehemann angehört.

§ 18.

Für die Scheidung und für die Trennung von Tisch und

beurteilt, welchem der Ehemann zur Zeit der Erhebung der auf die Trennung gerichteten Klage angehört.

Thatsachen, welche sich ereignet haben, während der Ehemann einem anderen Staate angehört hat, können als Trennungsgründe nur geltend gemacht werden, wenn sie nach dem Rechte dieses Staates gleichfalls Trennungsgründe sind.

Bett sind die Gesetze des Staates maſsgebend, welchem der Ehemann zur Zeit der Erhebung der Klage auf Scheidung oder auf Trennung von Tisch und Bett angehört.

Eine Thatsache, welche sich ereignet hat, während der Ehemann einem anderen Staate angehörte, kann als Scheidungsgrund oder Trennungsgrund nur geltend gemacht werden, wenn die Thatsache auch nach den Gesetzen dieses Staates einen Scheidungsgrund oder Trennungsgrund bildet.

Die Vorschrift des § 1405 Absatz 3 Satz 1 (K.E.)[1] findet auch in Ansehung von Ausländern Anwendung.

§ 19.

Das Güterrecht der Ehegatten bestimmt sich nach dem Rechte des Staates, welchem der Ehemann zur Zeit der Eheschlieſsung angehört.

Der Wechsel der Staatsangehörigkeit hat eine Änderung des ehelichen Güterrechts nicht

§ 19.

Das eheliche Güterrecht bestimmt sich nach den Gesetzen des Staates, welchem der Ehemann zur Zeit der Eheschlieſsung angehört. Diese Gesetze bleiben auch bei einem Wechsel der Staatsangehörigkeit maſsgebend.

---

[1] Bezieht sich augenscheinlich auf eine dem § 1440 des Entwurfes erster Lesung Abs. 3 Satz 1 entsprechende Bestimmung des „Kommissionsentwurfes".

zur Folge, desgleichen nicht eine Änderung derjenigen Rechte, welche auf Grund des Güterverhältnisses im Falle der Auflösung der Ehe dem einen Ehegatten an dem Vermögen des andern oder an dem Gemeinschaftsgute zustehen.

Schenkungen unter Ehegatten werden in Ansehung ihrer Zulässigkeit oder Widerruflichkeit nach dem Rechte des Staates beurteilt, welchem der Ehemann zur Zeit der Vornahme desselben angehört.

Eine Schenkung unter Ehegatten wird in Ansehung der Zulässigkeit oder Widerruflichkeit nach den Gesetzen des Staates beurteilt, welchem der Ehemann zur Zeit der Vornahme der Schenkung angehört.

§ 20.

Ausländer, welche ihren Wohnsitz im Inlande haben, können sich Dritten gegenüber auf das für ihr Güterverhältnis mafsgebende ausländische Recht nur unter den Voraussetzungen berufen, unter welchen Inländern Dritten gegenüber auf ein von dem gesetzlichen ehelichen Güterrechte abweichendes Güterverhältnis Bezug zu nehmen gestattet ist.

§ 20.

Haben ausländische Ehegatten oder Ehegatten, welche nach Schliefsung der Ehe die deutsche Staatsangehörigkeit erwerben, den Wohnsitz im Inlande, so finden die Vorschriften der §§ 1308, 1309 (K.E.)[1] mit der Mafsgabe entsprechende Anwendung, dafs der ausländische gesetzliche Güterstand einem von dem deutschen gesetzlichen Güterstande abweichenden vertragsmäfsigen Güterstande gleichsteht. Zur Wirksamkeit des

---

[1] = §§ 1336, 1337 des Entwurfes erster Lesung?

ausländischen Güterstandes gegen Dritte genügt eine Eintragung in das eherechtliche Register, deren Inhalt besagt, dafs dieser Güterstand bestehe.

Die Bestimmungen der §§ 1251, 1255, 1279 (K.E.)[1] finden in Ansehung der im ersten Absatze bezeichneten Ehegatten ohne Rücksicht auf den bestehenden Güterstand entsprechende Anwendung.

§ 21.

Die Ehelichkeit der Geburt eines Kindes wird nach dem Rechte des Staates beurteilt, welchem der Ehemann der Mutter zur Zeit der Geburt des Kindes angehört oder im Falle seines Todes zuletzt angehört hat.

§ 21.

Die eheliche Abstammung einer Person wird nach den Gesetzen des Staates beurteilt, welchem der Ehemann der Mutter der Person zur Zeit der Geburt der letzteren angehört oder, wenn er vor der Geburt gestorben ist, zuletzt angehört hat.

§ 22.

Die Erfordernisse der Legitimation und der Annahme an Kindesstatt werden in Ansehung eines jeden der beiden Beteiligten nach dem Rechte des Staates beurteilt, welchem derselbe angehört.

Die Form der Legitimation

§ 22.

Die Legitimation eines unehelichen Kindes wird in Ansehung des Vaters nach den Gesetzen des Staates, welchem der Vater, in Ansehung des Kindes nach den Gesetzen des Staates beurteilt, welchem das Kind angehört.

---

[1] Ob und welche Bestimmungen des Entwurfes erster Lesung den hier genannten §§ des Kommissionsentwurfes entsprechen, ist nicht mit Sicherheit zu ersehen; vielleicht §§ 1278, 1281, 1307?

durch Ehelichkeitserklärung und der Annahme an Kindesstatt richtet sich nach dem Rechte des Staates, welchem der Legitimierende oder Annehmende angehört.

Die Ehelichkeitserklärung steht demjenigen Staate zu, welchem der Vater angehört. Die für die Erklärungen der Beteiligten erforderliche Form bestimmt sich gleichfalls nach diesen Gesetzen; die Vorschrift des § 9 Satz 2 findet keine Anwendung.

Die Wirkungen einer Legitimation werden nach den Gesetzen des Staates beurteilt, welchem der Vater zur Zeit der Legitimation angehört.

Die Bestimmungen des ersten bis dritten Absatzes finden auf die Annahme an Kindesstatt entsprechende Anwendung.

§ 23.

Die persönlichen Verhältnisse zwischen Eltern und Kindern, sowie die Rechte, welche den Eltern an dem Vermögen der Kinder zustehen, werden nach dem Rechte des Staates beurteilt, welchem der Elternteil jeweils angehört. Mit dem Wechsel der Staatsangehörigkeit ändern sich die Rechte auch in Ansehung desjenigen Vermögens, welches das Kind bereits besitzt.

§ 23.

Das Rechtsverhältnis zwischen Eltern und ehelichen Kindern wird nach den Gesetzen des Staates beurteilt, welchem der Vater angehört. Ist der Vater gestorben, so sind die Gesetze des Staates maßgebend, welchem die Mutter angehört. Wechselt der Elternteil die Staatsangehörigkeit, so sind die Gesetze des Staates, dessen Angehöriger der Elternteil wird, auch in Ansehung desjenigen Vermögens maß-

§ 24.

Verbleiben bei dem Wechsel der Staatsangehörigkeit seitens eines Deutschen dessen Ehefrau und Kinder im deutschen Staatsverbande, so findet auf sie das Recht des fremden Staates, sofern dasselbe nach den vorstehenden Bestimmungen maſsgebend sein würde, nur insoweit Anwendung, als ihnen dasselbe günstiger ist.

§ 25.

Ansprüche aus einem unehelichen Beischlafe werden nach dem Rechte des Staates beurteilt, welchem die Mutter zur Zeit der Geburt des Kindes angehört.

Deutsche können nicht zu etwas mehreren angehalten werden, als wozu sie nach deutschem Rechte verpflichtet sind.

gebend, welches das Kind bereits besitzt.

§ 24.

Verbleiben bei dem Wechsel der Staatsangehörigkeit seitens eines Deutschen dessen Ehefrau und Kinder im deutschen Staatsverbande, so finden die Gesetze des Staates, dessen Angehöriger der Deutsche wird, sofern dieselben nach den Bestimmungen der §§ 17, 18 Absatz 1, §§ 21, 23 für die Ehefrau und Kinder maſsgebend sein würden, auf diese nur insoweit Anwendung, als sie ihnen günstiger sind.

§ 25.

Das Rechtsverhältnis zwischen einem unehelichen Kinde und dessen Mutter wird nach den Gesetzen des Staates beurteilt, welchem die Mutter zur Zeit der Geburt des Kindes angehört.

Die Unterhaltspflicht des unehelichen Vaters wird nach den Gesetzen des Ortes beurteilt, an welchem der uneheliche Vater zur Zeit der Geburt des Kindes seinen Wohnsitz oder in Ermangelung eines solchen seinen

Aufenthalt hatte. Ist jedoch der Wohnsitz oder Aufenthaltsort von dem unehelichen Vater vor der Geburt des Kindes geändert worden, so bleiben die Gesetze am Orte des früheren Wohnsitzes oder Aufenthaltes maſsgebend, soweit dieselben für das Kind und die uneheliche Mutter günstiger sind.

§ 26.

Die Voraussetzungen für die Anordnung und die Beendigung der Vormundschaft werden nach dem Rechte des Staates beurteilt, welchem der zu Bevormundende angehört.

Ausländer werden im Inlande nur dann bevormundet, wenn sie vermöge ihres Alters oder sonstigen Zustandes auch nach deutschem Recht zu bevormunden wären.

§ 27.

Die Bestellung und Führung der Vormundschaft untersteht dem Rechte des Staates, welchem die Vormundschaftsbehörde angehört. Die vormundschaftliche Verwaltung erstreckt sich auch auf die im

§ 26.

Die Voraussetzungen für die Bevormundung einer Person werden nach den Gesetzen des Staates beurteilt, welchem die Person angehört.

Ausländer werden im Inlande nur bevormundet, wenn sie auch nach den deutschen Gesetzen zu bevormunden sein würden.

§ 27.

Die Anordnung und Führung der Vormundschaft, die Fürsorge und Aufsicht der Vormundschaftsbehörde, die Verbindlichkeiten zwischen Vormund und Mündel werden nach den Gesetzen des Staates beur-

Auslande befindlichen Vermögensgegenstände des Bevormundeten, soweit nicht das am Orte der belegenen Sache geltende Recht entgegensteht.

teilt, welchem die Vormundschaftsbehörde angehört.

Die Pflicht und das Recht des Vormundes, für das Vermögen des Mündels zu sorgen, erstreckt sich auch auf die im Auslande befindlichen Vermögensgegenstände des Mündels, soweit nicht die Gesetze am Orte der belegenen Sache entgegenstehen.

§ 27 a.

Die Vorschriften der §§ 26, 27 finden auf die Pflegschaft entsprechende Anwendung.

§ 28.

Auf die Entmündigung findet die Vorschrift des § 26 entsprechende Anwendung. Die Wirkungen der Entmündigung bestimmen sich nach dem Rechte des Staates, in welchem dieselbe ausgesprochen worden ist.

Der von einem ausländischen Gerichte ausgesprochenen Entmündigung eines Deutschen ist die Anerkennung versagt:
1) wenn die Gerichte des Staates, welchem das ausländische Gericht angehört, nach deutschem

§ 28.

Auf die Entmündigung und die Wiederaufhebung einer Entmündigung finden die Vorschriften des § 26 entsprechende Anwendung. Die Wirkungen der Entmündigung bestimmen sich nach den Gesetzen des Staates, in welchem die Entmündigung ausgesprochen worden ist.

Der von einem ausländischen Gerichte ausgesprochenen Entmündigung eines Deutschen ist die Anerkennung versagt:
1) wenn die Gerichte des Staates, welchem das aus-

Rechte nicht zuständig sind;
2) wenn die Voraussetzungen nicht vorliegen, unter welchen nach deutschem Rechte eine Entmündigung ausgesprochen werden kann.

§ 29.
Der Übergang des Vermögens eines Verstorbenen oder für tot Erklärten auf die Überlebenden bestimmt sich nach dem Rechte des Staates, welchem derselbe zuletzt angehört hat.
Die Errichtung oder Aufhebung eines Testaments wird, vorbehaltlich der Bestimmung des § 9 Satz 2, nach dem Rechte des Staates beurteilt, dessen Angehöriger der Erblasser zur Zeit der Errichtung oder Aufhebung ist.

ländische Gericht angehört, nach den deutschen Gesetzen nicht zuständig sind;
2) wenn die Voraussetzungen nicht vorliegen, unter welchen nach den deutschen Gesetzen eine Entmündigung ausgesprochen werden kann.
Die Bestimmung des zweiten Absatzes findet auf die von einem ausländischen Gerichte ausgesprochene Wiederaufhebung der Entmündigung eines Deutschen entsprechende Anwendung.

§ 29.
Die Erbfolge und die Rechtsstellung des Erben bestimmen sich nach den Gesetzen des Staates, welchem der Erblasser zuletzt angehört hat.
Die Errichtung oder Aufhebung einer Verfügung von Todes wegen wird nach den Gesetzen des Staates beurteilt, welchem der Erblasser zur Zeit der Errichtung oder Aufhebung angehört hat. Die Bestimmung des § 9 Satz 2 bleibt unberührt.

Erbverträge werden nach dem Rechte des Staates beurteilt, welchem der Vertragserblasser zur Zeit der Errichtung angehört. Ob ein Erbvertrag Pflichtteilsrechte verletzt, und welche Folgen die Verletzung hat, wird nach dem in Absatz 1 bezeichneten Rechte beurteilt.

§ 30.

Die Vorschriften in § 19 Absatz 1, § 23 Satz 1 und § 29 kommen nicht zur Anwendung, insoweit zu dem betreffenden Vermögen (dem Vermögen eines der Ehegatten, dem Vermögen des Kindes, der Erbschaft) Gegenstände gehören, welche nicht in dem Gebiete des Staates, dessen Recht im allgemeinen maßgebend ist, sich befinden, und diese Gegenstände nach dem Rechte des Staates, in dessen Gebiet sie sich befinden, als von dem Gesamtvermögen ausgesonderte Vermögensgegenstände zu betrachten sind oder sonst unter ihnen eigentümlichen, eine abweichende Beurteilung erheischenden Vorschriften stehen. In betreff dieser Gegenstände entscheidet

§ 30.

Die Vorschriften des § 19 Absatz 1, des § 23 Satz 1, 2 und des § 29 Absatz 1 kommen nicht zur Anwendung, insoweit zu dem betreffenden Vermögen (dem Vermögen eines der Ehegatten, dem Vermögen des Kindes, der Erbschaft) Gegenstände gehören, welche nicht in dem Gebiete des Staates, dessen Gesetze im allgemeinen maßgebend sind, sich befinden, und diese Gegenstände nach den Gesetzen des Staates, in dessen Gebiet sie sich befinden, als von dem Gesamtvermögen ausgesonderte Vermögensgegenstände zu betrachten sind oder sonst unter ihnen eigentümlichen, eine abweichende Beurteilung erheischenden Vorschriften stehen. In betreff dieser Gegenstände entscheiden das Recht des Staates, in dessen Gebiet sie sich befinden.

die Gesetze des Staates, in dessen Gebiet die Gegenstände sich befinden.

§ 31.

Die Vorschriften in § 7 Absatz 1, § 16 Absatz 1, §§ 17, 18, 19 Absatz 1 und 3, §§ 21, 22, 23 Satz 1, § 26 Absatz 1 und § 29 kommen nicht zur Anwendung, wenn nach den Rechtsgrundsätzen des Staates, welchem der Ausländer angehört, nicht das Recht dieses Staates, sondern das deutsche Recht Anwendung zu finden hat. In diesem Falle ist das deutsche Recht maſsgebend.

§ 31.

Die Vorschriften des § 7 Absatz 1, des § 16 Absatz 1, des § 17, des § 18 Absatz 1, des § 19 Absatz 1 Satz 1 und Absatz 2, der §§ 21, 22, des § 23 Satz 1 und 2, des § 26 Absatz 1 und des § 29 kommen nicht zur Anwendung, wenn nach den Gesetzen des Staates, welchem der Ausländer angehört, nicht die Gesetze dieses Staates, sondern die deutschen Gesetze Anwendung zu finden haben. In diesem Falle sind die deutschen Gesetze maſsgebend.

§ 32.

Personen, welche ihre bisherige Staatsangehörigkeit verloren und eine andere noch nicht erworben haben, werden in Verhältnissen, bezüglich deren das maſsgebende Recht durch die Staatsangehörigkeit bestimmt ist, nach dem Rechte des Staates beurteilt, welchem sie zuletzt angehört haben.

§ 32.

Personen, welche ihre bisherige Staatsangehörigkeit verloren und eine andere nicht erworben haben, werden in Verhältnissen, in Ansehung deren die maſsgebenden Gesetze durch die Staatsangehörigkeit bestimmt sind, nach den Gesetzen des Staates beurteilt, welchem sie zuletzt angehört haben.

§ 33.

Personen, welche im Auslande der Sklaverei unterworfen sind, aber im Inlande oder in einem anderen, jenes Institut nicht anerkennenden Staate verweilen, werden in Verhältnissen, bezüglich deren auf Grund ihrer Staatsangehörigkeit oder des Wohnsitzes das Recht des Sklavenstaates maſsgebend sein würde, nach dem Rechte des Staates beurteilt, in welchem sie den Wohnsitz haben oder, falls sie einen solchen auſserhalb des Sklavenstaates nicht besitzen, sich aufhalten.

§ 34.

Soweit Rechtsverhältnisse durch die Willkür der Beteiligten bestimmt werden können, ist den letzteren gestattet, festzusetzen, daſs statt des an sich maſsgebenden Rechts ein anderes Recht zur Anwendung kommt.

§ 35.

Ausländisches Recht wird nicht angewandt, wenn dessen Anwendung durch das inlän-

§ 33.

Personen, welche im Auslande der Sklaverei unterworfen sind, aber im Inlande oder in einem anderen, die Sklaverei nicht anerkennenden Staate verweilen, werden in Verhältnissen, in Ansehung deren auf Grund ihrer Staatsangehörigkeit oder des Wohnsitzes die Gesetze des Sklavenstaates maſsgebend sein würden, nach den Gesetzen des Staates beurteilt, in welchem sie den Wohnsitz haben oder, falls sie einen solchen auſserhalb des Sklavenstaates nicht besitzen, sich aufhalten.

§ 34.

Soweit der Inhalt eines nach den deutschen Gesetzen zu beurteilenden Rechtsverhältnisses durch den Willen der Beteiligten bestimmt werden kann, kann derselbe auch durch Bezugnahme auf nicht mehr geltende oder auf ausländische Gesetze bestimmt werden.

§ 35.

Ein ausländisches Gesetz wird nicht angewandt, wenn dessen Anwendung gegen die

Einleitung.

dische Recht nach der Vorschrift oder nach dem Zwecke desselben ausgeschlossen ist.

§ 36.

Die Wirkungen, welche der Prozeſsbeginn auf das der gerichtlichen Entscheidung unterstellte Rechtsverhältnis äuſsert, werden, soweit sie nicht prozessualer Natur sind, nach dem Rechte beurteilt, welches über das Rechtsverhältnis, bei dem sie in Frage kommen, entscheidet.

Den Wirkungen des Beginnes eines vor einem ausländischen Gerichte anhängigen Prozesses ist, ohne Unterschied, ob sie privatrechtlicher oder prozessualer Natur sind, die Anerkennung versagt:
1) wenn die Gerichte des Staates, welchem das ausländische Gericht angehört, nach deutschem Rechte nicht zuständig sind;
2) wenn die Klage gegen einen Deutschen erhoben ist, und derselbe sich auf den Prozeſs nicht eingelassen hat, sofern die den Prozeſs einleitende La-

guten Sitten oder die öffentliche Ordnung verstöſst.

§ 36.

Die Wirkungen, welche der Prozeſsbeginn auf das der gerichtlichen Entscheidung unterstellte Rechtsverhältnis äuſsert, werden, soweit sie dem bürgerlichen Rechte angehören, nach den Gesetzen beurteilt, welche über das Rechtsverhältnis, bei dem sie in Frage kommen, entscheiden.

Den Wirkungen des Beginnes eines vor einem ausländischen Gerichte anhängigen Prozesses ist, ohne Unterschied, ob sie dem bürgerlichen Rechte oder dem Prozeſsrechte angehören, die Anerkennung versagt:
1) wenn die Gerichte des Staates, welchem das ausländische Gericht angehört, nach den deutschen Gesetzen nicht zuständig sind;
2) wenn die Klage gegen einen Deutschen erhoben ist, und derselbe sich auf den Prozeſs nicht eingelassen hat, sofern die den

dung oder Verfügung ihm weder in dem Staate des Prozeſsgerichtes in Person noch durch Gewährung der Rechtshülfe im Deutschen Reiche zugestellt ist.

§ 37.

Die Wirkungen des Urteils bestimmen sich nach dem Rechte des Staates, welchem das Prozeſsgericht angehört.

Dem Urteil eines ausländischen Gerichtes ist die Anerkennung versagt:
1) wenn das Urteil nach dem für das ausländische Gericht geltenden Rechte die Rechtskraft noch nicht erlangt hat;
2) wenn die Gerichte des Staates, welchem das ausländische Gericht angehört, nach deutschem Rechte nicht zuständig sind;
3) wenn die Verurteilung auf Vornahme einer Handlung gerichtet ist, welche nach deutschem Rechte nicht erzwungen werden darf, oder auf Zahlung einer Privatstrafe, welche

Prozeſs einleitende Ladung oder Verfügung ihm weder in dem Staate des Prozeſsgerichtes in Person noch durch Gewährung deutscher Rechtshülfe zugestellt ist.

§ 37.

Die Wirkungen des Urteils bestimmen sich nach den Gesetzen des Staates, welchem das Prozeſsgericht angehört.

Dem Urteile eines ausländischen Gerichtes ist die Anerkennung versa
1) wenn das Urteil nach den für dieses Gericht geltenden Gesetzen die Rechtskraft noch nicht erlangt hat;
2) wenn die Gerichte des Staates, welchem das ausländische Gericht angehört, nach den deutschen Gesetzen nicht zuständig sind;
3) wenn der unterlegene Beklagte ein Deutscher ist und sich auf den Prozeſs nicht eingelassen hat, sofern die den Prozeſs einleitende Ladung oder Verfügung ihm weder in

das deutsche Recht als Folge des Verhaltens des Beklagten nicht anerkennt;
4) wenn ein Deutscher Partei und gegen die Grundsätze in § 7 Absatz 1, §§ 16, 18, 21, 22 und 24 zu seinem Nachteile verstofsen ist;
5) wenn der Beklagte ein Deutscher ist und sich auf den Prozefs nicht eingelassen hat, sofern die den Prozefs einleitende Ladung oder Verfügung ihm weder in dem Staate des Prozefsgerichtes in Person, noch durch Gewährung der Rechtshülfe im Deutschen Reiche zugestellt ist.

Urteile ausländischer Gerichte haben keine weitergehenden Wirkungen, als diejenigen, welche Urteilen nach deutschem Rechte zukommen.

dem Staate des Prozefsgerichtes in Person noch durch Gewährung deutscher Rechtshülfe zugestellt ist;
4) wenn die Anerkennung des Urteils gegen die guten Sitten oder die öffentliche Ordnung verstöfst, oder wenn das Urteil die Verurteilung zu einer Privatstrafe enthält;
5) wenn bei Erlassung des Urteils zum Nachteile einer deutschen Partei gegen die Bestimmungen des § 7 Absatz 1, der §§ 16, 18 Absatz 1, der §§ 21, 22, 24 verstofsen ist.

Kommen dem Urteile eines ausländischen Gerichtes nach den für dieses Gericht geltenden Gesetzen Wirkungen zu, welche weitergehen, als die dem Urteile eines deutschen Gerichtes nach den deutschen Gesetzen zukommenden Wirkungen, so ist dem Urteile in Ansehung dieser weitergehenden Wirkungen die Anerkennung versagt.

§ 38.

Wird im Laufe des Rechtsstreits von den Parteien nicht nachgewiesen, dafs das mafsgebende ausländische Recht von dem inländischem Rechte abweiche, so hat das Gericht, wenn ihm das ausländische Recht unbekannt ist, bei Erlassung des Urteils davon auszugehen, dafs das ausländische Recht mit dem inländischen übereinstimme.

Die Befugnifs des Gerichtes, ausländische Rechtsnormen von Amts wegen zu ermitteln (C.P.O. § 265), wird durch diese Vorschrift nicht berührt.

§ 39.

Sind in einem Staate Angehörige des Deutschen Reichs kraft Rechtens schlechter gestellt, als die Einheimischen, so kann unter Zustimmung des Bundesrats durch Anordnung des Reichskanzlers bestimmt werden, dafs gegen die Angehörigen dieses Staates und die Rechtsnachfolger derselben ein Vergeltungsrecht zur Anwendung gebracht werde.

§ 38.

Wird im Laufe des Rechtsstreites von den Parteien nicht nachgewiesen, dafs das mafsgebende ausländische Gesetz von dem deutschen Gesetze abweicht, so hat das Gericht, wenn ihm das ausländische Gesetz unbekannt ist, bei Erlassung des Urteils davon auszugehen, dafs das ausländische Gesetz mit dem inländischen übereinstimme.

Die Befugnis des Gerichtes, ausländische Rechtsnormen von Amts wegen zu ermitteln (C.P.O. § 265), wird durch diese Vorschrift nicht berührt.

§ 39.

Sind in einem Staate Deutsche kraft des Gesetzes schlechter gestellt, als die Staatsangehörigen, so kann unter Zustimmung des Bundesrates durch Anordnung des Reichskanzlers bestimmt werden, dafs gegen die Angehörigen dieses Staates und die Rechtsnachfolger derselben ein Vergeltungsrecht zur Anwendung gebracht werde.

§ 40.

An die Stelle des § 661 der Civilprozeſsordnung tritt folgende Stelle:

Das Vollstreckungsurteil ist nicht zu erlassen:

1) wenn dem Urteil des ausländischen Gerichtes nach § 37 des Gesetzbuches die Anerkennung versagt ist;
2) wenn die Gegenseitigkeit nicht verbürgt ist.

§ 40.

Fällt aus.

Erstes Kapitel.

Vorfragen.

§ 1.

Sollen überhaupt Rechtssätze über das internationale Privatrecht in das B. G. B. aufgenommen werden?

Die Frage, welche Bestimmungen das B. G. B. hinsichtlich des internationalen Privatrechts treffen soll, setzt voraus, dafs überhaupt die Aufnahme derartiger Bestimmungen in das Gesetzbuch notwendig oder doch wünschenswert sei. Diese Voraussetzung mufs geprüft werden, bevor an die Beantwortung jener Frage herangetreten werden kann. Denn abgesehen davon, dafs jene Voraussetzung nicht als selbstverständlich betrachtet werden kann, da sie von beachtenswerten Stimmen für unzutreffend erklärt wird, sind die Gründe, welche zur Bejahung der Bedürfnisfrage führen, zugleich von Bedeutung für den Umfang und den Inhalt der zu treffenden Bestimmungen.

Jene Vorfrage ist von folgenden Gesichtspunkten aus zu prüfen:

I. Es ist zunächst die Natur der Probleme klarzulegen, welche das internationale Privatrecht dem Gesetzgeber stellt.

II. Es ist zu prüfen, ob jene Probleme gesetzliche Normierung fordern oder ihre Behandlung vielmehr der Praxis und der Wissenschaft zu überlassen ist.

III. Es ist ferner zu untersuchen, ob nicht etwa die Gesetzgebung des Deutschen Reiches gut thun wird, die Regelung des internationalen Privatrechts einstweilen auszusetzen, um sie der Regelung durch internationale Vereinbarung zu überlassen.

I.

Die Frage, ob das internationale Privatrecht im Rahmen des heute bestehenden Rechtszustandes international geltendes Recht oder Privatrecht der einzelnen Rechtsgebiete sei, wird verschieden beantwortet[1]. Für den Gesetzgeber reduziert sie sich darauf, inwieweit er in der Behandlung des internationalen Privatrechts durch völkerrechtliche Schranken gebunden sei. Innerhalb dieser Schranken kommen internationale Rücksichten de lege ferenda mafsgebend in Betracht. Aber sie sind formell nicht bindend und müssen den nationalen Rücksichten nachstehen. Nun darf es jedenfalls als fraglos bezeichnet werden, dafs viele der wichtigsten Probleme des internationalen Privatrechts noch nicht völkerrechtlich gelöst und zum Teil sogar von den Gesetzgebungen der einzelnen Staaten widersprechend normiert sind, ohne dafs sich behaupten liefse, es sei hier das Völkerrecht verletzt. Die völkerrechtliche Bindung des Gesetzgebers ist also keinenfalls eine grundsätzliche und totale, und es ist daher nicht nur erlaubt, sondern geboten, dafs der Gesetzgeber die Probleme des inter-

---

[1] Für letzteres vgl. Niemeyer, Positives internationales Privatrecht Leipzig 1894, und „Zur Methodik des internationalen Privatrechts", Leipzig 1894.

nationalen Privatrechts prinzipiell als Fragen des inländischen Privatrechts in Angriff nimmt.

Es gilt nun, die Natur dieser Fragen näher ins Auge zu fassen. Man hat gesagt, sie entspringen aus der Koexistenz verschiedener territorial geltender Rechtsordnungen. Das ist nicht ganz zutreffend. Denn nicht der Umstand, dafs andere Rechtsordnungen wegen der räumlichen Beziehungen gewisser Thatbestände für diese mafsgebend sein wollen, veranlafst grundsätzlich den einzelnen Gesetzgeber, jene Beziehungen in Betracht zu nehmen. Vielmehr ist die selbständige Fragestellung mafsgebend, ob es gerecht und zweckmäfsig sei, die einheimischen Rechtssätze auch hinsichtlich solcher Thatbestände für mafsgebend zu erklären, welche gewisse regelmäfsig vorausgesetzte räumliche und personale Beziehungen zur einheimischen Rechtsordnung nicht haben. Der erste Gedanke des Gesetzgebers ist nicht: „Welche von den vorhandenen Rechtsordnungen soll für die zu normierenden Thatbestände mafsgebend sein?", sondern: „Habe ich Veranlassung, die Geltung meiner Rechtsvorschriften mit Rücksicht auf die räumlichen (und personalen) Beziehungen der Thatbestände einzuschränken?" Oder anders ausgedrückt: „Auf welche Thatbestände soll, räumlich und persönlich betrachtet, meine Rechtsordnung Anwendung finden?" Daran schliefst sich sodann die fernere Frage, ob für die von der Anwendbarkeit der heimischen Rechtssätze ausgeschlossenen Thatbestände entweder 1) überhaupt keine Rechtsregeln aufgestellt oder 2) in selbständiger Weise besondere Rechtsvorschriften („Fremdenrecht", „jus gentium") gegeben werden sollen, oder ob 3) jene Frage durch Bezugnahme auf die Rechtssätze anderer Rechtsordnungen erledigt werden soll.

Vielfach springt man sofort auf die dritte der zuletzt angegebenen Möglichkeiten über, woraus sich dann eine falsche Fragestellung ergiebt. Es ist aber daran zu erinnern, dafs die Gesetzgebungen sich keineswegs überall im Sinn dieser letzten

Möglichkeit entschieden haben. Einzelne Gesetzgebungen haben absolute Geltung aller ihrer Rechtssätze beansprucht, fast alle die absolute Geltung von einzelnen ihrer Rechtssätze. Manche Rechtssysteme ferner haben die Anwendung ihrer eigenen Rechtssätze auf gewisse Thatbestände ausgeschlossen, ohne Bestimmung darüber zu treffen, welche Normen für diese maßgebend sein sollen, z. B. für Ehescheidung fremder Unterthanen.[1] (Folgerichtig verbindet sich damit die Unzuständigkeit der einheimischen Gerichte.) Andere Rechtsordnungen haben ferner den Weg selbständiger Normierung der von auswärtigen Beziehungen getragenen Thatbestände beschritten, sei es im ganzen, wie z. B. die moderne ägyptische Gesetzgebung, oder doch im einzelnen.

Vergegenwärtigt man sich diese Möglichkeiten, so stellt sich die gesetzgeberische Aufgabe gegenüber dem internationalen Privatrecht in zwei Stufen dar:

1. Feststellung des Anwendungsbereiches der heimischen Rechtssätze in internationaler Hinsicht;
2. Feststellung der Normen, welche für solche Thatbestände gelten sollen, die nach 1) nicht durch die heimischen Rechtssätze gedeckt werden (eventuell Ablehnung solcher Feststellung).

Die Richtigkeit dieser Auffassung der legislatorischen Aufgabe wird nicht in Zweifel gestellt durch die Wahrheit, dafs das Bedürfnis, ja die innere Notwendigkeit besteht, auf die Existenz und den Inhalt der koexistierenden Rechtsordnungen Rücksicht zu nehmen, oder, stärker ausgedrückt, durch das Ideal einer internationalen Rechtsgemeinschaft. Denn dieser Gesichtspunkt kann nur inhaltlich die Entscheidung des Gesetzgebers beeinflussen, nicht seinen Standpunkt verschieben. Der Gesetzgeber hat nicht die Aufgabe und nicht die Macht, die internationalrechtlichen Fragen inter nationes zu regeln;

---

[1] Ein Beispiel ist auch der § 8 der Gebhardschen Entwürfe.

er soll und kann nur die inter nationes entstehenden privatrechtlichen Fragen vom Standpunkte seiner Rechtsordnung aus ins Auge fassen, und von diesem Standpunkte aus stellen sich jene Fragen in der vorhin gezeichneten Gestalt dar.

Der Begriff „Anwendungsbereich der heimischen Rechtssätze" bedarf noch schärferer Beleuchtung. Viele deutsche Schriftsteller haben geglaubt, den Bereich der in Betracht kommenden Rechtsfragen zutreffend zu kennzeichnen mit Ausdrücken wie „örtliche Grenzen der Rechtsregeln" (Savigny, System, Bd. 8; Roth, System, Bd. 1, § 5; Stobbe, Handbuch des deutschen Privatrechts, 3. Aufl., § 29; Huber, System und Geschichte des schweizerischen Privatrechts, Bd. 1, § 8); „räumliche Grenzen der Rechtssätze" (Windscheid, Pandekten, § 34); „örtliche Geltung der Rechtssätze" (Goldschmidt, Handbuch des Handelsrechts, 2. Aufl., I 375 ff.); „Lokalisierung der Rechtsfragen" (Bekker, Couponsprozesse, S. 56); „Herrschaftsgebiet der Rechtsnormen in räumlicher Beziehung" (Böhlau, Mecklenburgisches Landrecht, I 415). — Aber diese Bezeichnungen sind zu eng, um alle in Betracht kommenden Fragen zu decken und sie sind gefährlich, weil sie leicht zur Unterschätzung jener Beziehungen führen, welche hier als „personale" bezeichnet werden sollen, während sie heute gewöhnlich mit dem Stichwort „Nationalität" bezeichnet werden. Diese letzteren Beziehungen sind in der deutschen Rechtslitteratur öfters vernachlässigt worden. Die Würdigung ihrer Bedeutung und ihres Verhältnisses zu den lokalen Beziehungen ist aber wichtig, und durch sie werden erst die Fragen des internationalen Privatrechts in das richtige Licht gerückt. Der Ausdruck „Anwendungsbereich" (der wohl auch besser ist als: Geltungsbereich, Herrschaftsgebiet) dürfte allen in Betracht kommenden Beziehungen gerecht werden.

Um das Wesen der Sache zu treffen, muſs man zunächst auf die sich leicht einschleichende Vorstellung verzichten, als ob es sich um die Anwendungssphäre der Rechtsordnung im ganzen handle, nach Analogie der räumlich begrenzten Gebietshoheit des Staates. Es wäre zwar an und für sich denkbar, dafs die in Betracht kommenden Fragen für alle Rechtssätze eine einheitliche Beantwortung fänden, nämlich derart, dafs für alle Rechtssätze absolute Geltung in Anspruch genommen würde. Aber diese Lösung ist für den heutigen Gesetzgeber eine Unmöglichkeit. Und schon die blofse Möglichkeit verschiedener Behandlung der einzelnen Rechtssätze mufs dazu führen, die Frage für die einzelnen Rechtssätze zu stellen. Grundsätzlich ist die Aufgabe des Gesetzgebers also die, für jeden einzelnen von ihm formulierten Rechtssatz[1] die oben gestellten Fragen zu beantworten. Darüber hinaus kann sich seine Aufgabe erweitern, indem sich das Bedürfnis ergeben kann, auch für andere Rechtssätze jene Frage zu beantworten, sei es für ältere Rechtssätze, die er vorfindet und fortbestehen läfst, sei es für künftige Rechtssätze, deren Entstehung er ins Auge fafst (Gewohnheitsrecht, Partikularrecht). Grundsätzlich bleibt seine Aufgabe auch für diese Fälle dieselbe.

Dieser grundsätzliche Standpunkt bleibt natürlich vollständig gewahrt, wenn die Beantwortung zusammenfassend gegeben wird. Das Wesentliche ist nur, dafs bei der Beantwortung das Bewufstsein nicht verloren geht, dafs es sich in erster Linie um **Bestimmung der Thatbestände der inländischen Rechtssätze nach ihrer räumlichen und personalen Beziehung**, und in zweiter Linie um die **Bestimmung der Rechtsfolgen für solche Thatbestände handelt, welche wegen ihrer lokalen oder perso-**

---

[1] Unter Rechtssätzen werden hier nur die eigentlichen, das heifst die normgebenden Rechtssätze verstanden. Redaktionell setzen sich dieselben bekanntlich öfter aus mehreren Sätzen zusammen, die dann einzeln keine „Rechtssätze" sind.

nalen Beziehungen den inländischen Rechtssätzen nicht unterworfen sein sollen.

Es kann nun keinem Zweifel unterliegen, dafs der heutige Gesetzgeber von den oben (S. 28) bezeichneten Wegen regelmäfsig den letzten einschlagen, d. h. die Rechtsfolgen der zuletzt bezeichneten Thatbestände durch Bezugnahme auf andere Rechtsordnungen bestimmen mufs. Die Idee der internationalen Rechtsgemeinschaft fordert hier ihr Recht, und wenn auch eine völkerrechtliche Exekutive nicht besteht, so mufs es dennoch als eine internationale Pflicht bezeichnet werden, die Geltung des ausländischen Rechtes wenigstens insoweit zu respektieren, dafs deren Existenz nicht ignoriert wird und die von der inländischen Rechtsordnung freigelassenen Thatbestände gemäfs derjenigen Rechtsordnung behandelt werden, auf welche die lokalen oder personalen Beziehungen jener Thatbestände hinweisen.

II.

Wenn die im vorstehenden vertretene Auffassung richtig ist, so folgt daraus unmittelbar, dafs der Gesetzgeber es nicht ablehnen darf, die Anwendungssphäre seiner Rechtssätze in dem vorher entwickelten Sinne selbst zu bestimmen. Denn die aufzuwerfenden internationalrechtlichen Fragen sind jeder einzelnen legislatorischen Frage immanent. Der Gesetzgeber darf sich der Aufgabe nicht entschlagen, den Bereich der von ihm normierten Thatbestände auch nach ihren lokalen und personalen Merkmalen abzugrenzen. Die Feststellung dieser Merkmale ist nicht eine Zuthat zu den Rechtsnormen, welche sich auf aufsergewöhnliche, sozusagen krankhafte Bedürfnisse bezieht, und auf welche man deswegen verzichten kann, ohne dem normalen Rechtsbedürfnisse etwas schuldig zu bleiben. Vielmehr fehlt jedem Rechtssatz ein wesentliches Glied, ein fundamentaler Teil, solange für ihn die internationalrechtliche Frage nicht gelöst ist.

Damit ist nicht gesagt, daſs die Beantwortung jener Frage überall ausdrücklich, und noch weniger, daſs sie kasuistisch erfolgen müsse. Der von dem Gesetzgeber einem Rechtssatz zugedachte Anwendungsbereich kann sich aus dessen Zweck und Zusammenhang auch stillschweigend mit völliger Sicherheit ergeben, und ein einziger Generalsatz kann genügen, um prinzipiell das oben begründete Postulat zu erfüllen.

Keinenfalls aber — dies folgt aus dem entwickelten Prinzip mit Notwendigkeit — **darf der Gesetzgeber die Lösung der internationalrechtlichen Fragen ablehnen in der Erwartung, daſs „Wissenschaft und Praxis" diese Frage lösen werden.**

Gegen solchen Standpunkt sprechen auſser dem Prinzip aber auch zwingende praktische Gründe von teils allgemeiner, teils spezieller Natur. Die allgemeine Erfahrung lehrt, daſs Wissenschaft und Praxis gegenüber den vom Kodifikator offen gelassenen Fragen recht schwer zu einem allgemein anerkannten Resultat gelangen, jedenfalls aber nur langsam und nach Schwankungen und Kämpfen, welche die Rechtssicherheit inzwischen gefährden. Daſs die Natur der Sache objektiv gegeben sei, ist ein schlechter Trost gegenüber der Thatsache, daſs sie nur subjektiv beurteilt werden kann.

Auf dem Gebiet des internationalen Privatrechts ist die Wahrscheinlichkeit sicherer und einhelliger Resultate der Doktrin nicht gröſser als anderwärts. Die wachsende Anteilnahme, welche dem internationalen Privatrecht in der Gegenwart gewidmet wird, bringt für die nächste Zukunft vielleicht in mancher Hinsicht eine Vervielfältigung der Meinungen anstatt deren Ausgleichung mit sich. Je mehr insbesondere auch die Praxis sich zum Bewuſstsein bringt, daſs sie sich nicht darauf beschränken darf, landläufigen Sätzen und Aussprüchen der Schriftsteller zu folgen, daſs sie vielmehr in Ermangelung gesetzlicher und gewohnheitsrechtlicher Sätze selbständig zu prüfen und zu entscheiden hat, was der Natur der Sache entspricht, umsomehr muſs sich zeigen, daſs die Natur der Sache sich subjektiv sehr verschieden ansieht; und wenn auch zu erwarten ist, daſs im Austausch der Meinungen mit der Zeit sich mehr und mehr Einhelligkeit herausbilden wird, so darf doch der Gesetzgeber es nicht darauf ankommen lassen, ob und wie sich solche Entwickelung vollzieht.

Es ist vielleicht angezeigt, hier dem Einwande vorzugreifen, daſs in solcher Auffassung eine Unterschätzung der juristischen Wissenschaft liege. Dieser Einwand würde voraussetzen, daſs der Gesetzgeber sich nicht als ebenbürtige wissenschaftliche Potenz zu betrachten habe. Damit wäre den gesetzgebenden Instanzen überhaupt die Fähigkeit zur Gesetzgebung abgesprochen und ein Standpunkt eingenommen, welcher die Aufwerfung der besonderen gesetzgeberischen Frage, um die es sich handelt, von vornherein abschneiden und die Diskussion auf einen Punkt zurückwerfen würde, welcher hier als überwunden vorausgesetzt werden muſs. Denn von dem Kodifikator muſs nicht nur die Beherrschung des vorhandenen wissenschaftlichen Bestandes, sondern auch eine Intuition erwartet werden, welche in gewisser Weise der Wissenschaft vorauseilt; und was objektiv von dem Kodifikator zu erwarten ist, das muſs er sich selbst zutrauen.

Zu diesen allgemeinen Erwägungen treten für den deutschen Gesetzgeber Gründe besonderer Art, welche ihm die Kodifikation des internationalen Privatrechts zur unabweisbaren Pflicht machen.

Zur Zeit bestehen in Deutschland für die Fragen des internationalen Privatrechts partikularrechtliche Vorschriften, die teilweise fundamental voneinander abweichen. Für das Gebiet des preuſsischen Landrechts kommen namentlich in Betracht: Einleitung §§ 22—35, 41—45, Teil I Titel 5 §§ 111 bis 115, 148, Titel 12 §§ 40, 537, Teil II Titel 1 §§ 347, 350—55, 495, Titel 17 § 173. Das sächsische bürgerliche Gesetzbuch enthält eingehende Bestimmungen in den §§ 6—20, 172. Für Baden enthalten Kollisionsnormen die Sätze 3, 3a, 999, 1000, 1001 des Landrechts, das Konstitutionsedikt vom 4. Juni 1808 §§ 2, 13 (R.B. 1808 Nr. 18), die Verordnung vom 16. Juni 1818 (R.B. 1818 S. 85), das Einführungsgesetz zum Handelsgesetzbuch Art. 16 (R.B. 62 Nr. 40), die Gesetze vom 4. Juni 1864 (R.B. 1864 Nr. 24) und vom 20. Februar 1868 (R.B. 1868 S. 309). Für Bayern sind namentlich der Codex Maximilianeus Teil I Kap. 2 § 17, Teil III Kap. 12 § 1, der Codex juris judiciarii von 1753: XIV § 7 Nr. 8 und die Verordnung vom 11. Juni 1816 (R.B. 1816 S. 388) zu nennen. Aufserdem bestehen indessen in den einzelnen Rechtsgebieten noch zahlreiche andere Gesetze und Verordnungen für einzelne Fragen, insbesondere z. B. für das eheliche Güterrecht. Endlich ergeben sich partikularrechtliche Verschiedenheiten aus den Militärkonventionen und den Rechtshülfeverträgen der einzelnen Staaten[1].

Die Reichsgesetzgebung würde nun, wenn sie die Kodifikation des internationalen Privatrechts unterliefse, vor die Wahl gestellt sein, jene partikularrechtlichen Kollisionsnormen in Geltung zu lassen oder sie aufzuheben.

Würde das Partikularrecht in Geltung erhalten, so wäre damit die Rechtseinheit in bedenklichster Weise durchlöchert. Es würde nicht nur neben dem Reichszivilgesetzbuch, sondern in Bezug auf dieses die bunteste Rechtsverschiedenheit bestehen. Die Partikulargesetzgebung würde übrigens nicht in der Lage sein, ihrerseits passiv zu bleiben. Viele der partikularrechtlichen Kollisionsnormen würden auf den neuen Rechtszustand offensichtlich nicht passen, da sie sich (völlig entsprechend dem oben entwickelten Prinzip) nicht nur materiell, sondern auch formell als Vorschriften über den Geltungs-

---

[1] Vgl. Niemeyer, Positives intern. Priv.-R. I, S. 69 ff., 75 ff.

bereich der einzelnen partikularrechtlichen Zivilrechtssätze darstellen. Als Beispiel hierfür sei § 12 des sächsischen bürgerlichen Gesetzbuches (s. unten Teil II Nr. 365) erwähnt. Derartige Vorschriften würden mit dem Reichszivilgesetzbuch von selbst ihre Kraft verlieren. Bei anderen Vorschriften würde die fernere Geltung unter dem gleichen Gesichtspunkt wenigstens zweifelhaft werden, so bei Vorschriften über das eheliche Güterrecht. Partikularrechtliche Gesetzesrevisionen würden sich also als nötig herausstellen. Die Folge würde schließlich wahrscheinlich sein, daß denn doch nachträglich das gebieterische Bedürfnis nach reichsgesetzlicher Regelung erfüllt würde, da die Sinnwidrigkeit partikularrechtlicher Neuregelung dieser Fragen angesichts eines Reichszivilgesetzbuches jedermann klar vor Augen stehen würde.

Andererseits ist an eine reichsgesetzliche Aufhebung der partikularrechtlichen Vorschriften ohne gleichzeitige Normierung der Materie im Ernste gar nicht zu denken. Selbstverständlich kommt überhaupt nur die Aufhebung der gegenwärtig geltenden Bestimmungen in Frage. Schon dieser Art der Aufhebung stehen verfassungsrechtliche Bedenken entgegen. Ein Verbot für die Zukunft vollends ohne gleichzeitige Regelung würde den Sinn des Art. 4 der Reichsverfassung gröblich verkennen. Wenn aber den Partikularstaaten die Freiheit selbständiger Normierung bleibt, so hat die Aufhebung des bestehenden Rechtes keinen Sinn. Die partikularrechtliche Gesetzgebung würde sicherlich alsbald die Lücke aufs neue ausfüllen. Soweit dies aber nicht geschehen würde, wäre die Gefahr unsicherer und auseinandergehender Rechtsprechung um so größer, als in Ermangelung gesetzlicher Bestimmungen bei den Untergerichten wahrscheinlich die Neigung sich geltend machen würde, die bisher maßgebend gewesenen Grundsätze auch fernerhin zu befolgen.

III.

Wenn die vorstehenden Ausführungen richtig sind, so ist die gesetzliche Regelung des internationalen Privatrechts durch die Reichsgesetzgebung eine unabweisliche rechtspolitische Notwendigkeit, und damit ist prinzipiell der Gedanke abgethan, dafs es sich empfehlen könnte, die gesetzliche Regelung der Materie einstweilen auszusetzen, um sie der völkerrechtlichen Vereinbarung vorzubehalten.

Indessen ist gegenüber der konkreten Sachlage ein näheres Eingehen auf diesen Gesichtspunkt nach der Seite seiner praktischen Bedeutung dennoch notwendig. Denn glaubhaftem Vernehmen nach ist es gerade dieser Gesichtspunkt, welcher veranlafst hat, dafs die in der ersten Kommission ausgearbeiteten 26 Paragraphen von der Publikation ausgeschlossen sind, und es verlautet neuerdings, dafs die Reichsregierung auch gegenwärtig jenem Gesichtspunkt entscheidende Bedeutung beilege.

Die Rücksicht auf den Abschlufs von Staatsverträgen kann in doppelter Weise in Betracht kommen: kosmopolitisch und nationalpolitisch.

Die kosmopolitische Erwägung würde die sein, dafs die internationale Regelung des internationalen Privatrechts um so schwieriger sei, je mehr die nationale Verschiedenheit der Behandlung des internationalen Privatrechts durch gesetzliche Normen festgelegt sei und Konsistenz gewonnen habe. Vom Standpunkte der deutschen Reichsregierung aus würde dies bedeuten: Das Bestehen von reichsrechtlichen Kollisionsnormen wird die Reichsregierung beim Abschlufs von Staatsverträgen insofern hemmen, als zum Schaden der internationalen Regelung die reichsgesetzlich fixierten Grundsätze beim Abschlufs von Verträgen nicht gut verlassen werden können.

Die nationalpolitische Erwägung wäre die, dafs die

auswärtigen Mächte zur vertragsmäfsigen Zusicherung gerechter Behandlung deutscher Interessen sich nicht leicht bereit finden werden, sofern in Deutschland die gerechte und liberale Behandlung ausländischer Interessen gesetzlich vorgeschrieben und damit dem Auslande ohne Gegenleistung verbürgt ist.

Es ist nicht zuzugeben, dafs solche Erwägungen gegen die reichsgesetzliche Regelung als solche mafsgebend ins Gewicht fallen. Es ist nur zuzugeben, dafs sie zum Teil bei der reichsgesetzlichen Regelung inhaltlich berücksichtigt zu werden verdienen, zugleich aber zu behaupten, dafs ihnen auf diese Weise völliges Genüge geschehen kann.

Was das erste der erwähnten Bedenken betrifft, so ist vor allem nicht einzusehen, inwiefern reichsgesetzliche Bestimmungen der internationalen Regelung gröfsere Hemmnisse bereiten würden, als die jetzt bestehenden oder die etwaigen künftigen partikularrechtlichen Kollisionsnormen. Die reichsgesetzliche Normierung bietet willkommene Gelegenheit, die partikularrechtlichen Bestimmungen zu revidieren und damit der künftigen internationalen Regelung den Weg zu ebnen. Wenn die deutsche Kodifikation diesen Gesichtspunkt, wie es wünschenswert ist, ins Auge fafst, so wird bei künftigen internationalen Verhandlungen wenig Veranlassung sein, von der Basis der Reichsgesetzgebung abzuweichen. Die Reichsregierung wird dann vielmehr in der Lage sein, dem Ausland gegenüber auf die deutsche Kodifikation als Muster und Grundlage der internationalen Vereinbarung hinzuweisen. Soweit behufs Abschlusses von Staatsverträgen indessen trotzdem Abweichungen erforderlich sein sollten, wird die Kodifikation den Abschlufs nicht wesentlich erschweren, weil ja nach Artt. 4, 11 Al. 3 der Reichsverfassung die Zustimmung von Bundesrat und Reichstag für die Gültigkeit der fraglichen Staatsverträge erforderlich ist, auch wenn die Verträge keine Abänderung bestehender Reichsgesetze enthalten. Den geschäftlichen und politischen Schwierigkeiten, welche allerdings thatsächlich gröfser sind, wenn es sich um ausdrückliche Abänderung bestehender Gesetze als wenn es sich um die stillschweigende Modifikation des geltenden Rechtes durch Staatsverträge handelt, läfst sich vorbeugen durch die Aufnahme eines generellen Vorbehaltes zu Gunsten von Staatsverträgen, wie ihn z. B. das sächsische Gesetzbuch enthält (s. unten Teil II Nr. 15), und wie er sich in vielen ausländischen Gesetzbüchern findet [1].

Was den vorhin als „nationalpolitisch" bezeichneten Gesichtspunkt angeht, so erfordert dieser eine eingehendere Erörterung. Es ist nöthig, dabei festzuhalten, dafs es sich hier nur darum handelt, inwiefern die Rücksicht auf abzuschliefsende Staatsverträge gegen die reichsgesetzliche Kodifizierung des internationalen Privatrechtes spricht, nicht etwa darum, inwiefern sonst die politische Aktion und der Schutz der deutschen Interessen im Auslande durch die Kodifizierung behindert werden könnte.

Hier ist nun wieder die Bemerkung an die Spitze zu stellen, dafs es im allgemeinen keinen Unterschied machen kann, ob das internationale Privatrecht durch reichsgesetzliche oder durch partikularrechtliche Normen fixiert ist. Nur insofern würde der Zustand partikularrechtlicher Normierung ein stärkeres Kompelle für die ausländischen Staaten zur Eingehung von Staatsverträgen mit Deutschland darstellen, als jene Normierung inhaltlich ein solches Kompelle enthielte. Dies ist nur zum geringen Teil der Fall.

Überall in Deutschland ist die Gleichstellung der Ausländer mit den Inländern in Fragen des materiellen Zivilrechtes [2] grundsätzlich anerkannt. Von diesem Grundsatz giebt

---

[1] S. z. B. unten Teil II Nr. 12, 17, 19, 205.

[2] Vom Prozefs- und Konkursrecht ist hier abzusehen, da es sich nur um die Materien des B.G.B. handelt.

es allerdings Ausnahmen, welche Beachtung fordern. Dies ist besonders der allgemeine Vorbehalt des Retorsionsrechtes, wie er für Baden, Bayern, Preufsen, Württemberg, Sachsen[1] besteht. Die Frage, inwiefern das Bedürfnis der Retorsion de lege ferenda besteht, ist in einem anderen Zusammenhang zu erörtern. Sie kann hier aus dem Grunde dahingestellt bleiben, weil solches Bedürfnis, soweit es besteht, besser durch eine reichsgesetzliche Normierung, als durch Aufrechterhaltung des bestehenden Rechtszustandes gedeckt wird. Da es die Reichsregierung ist, welche die auswärtigen Angelegenheiten wahrzunehmen hat, so ist es sachgemäfs, dafs die Voraussetzungen und Modalitäten des Retorsionsrechtes für das ganze Gebiet des Reiches gleichmäfsig bestimmt werden. Bei der gegenwärtigen Sachlage ist für einen Teil Deutschlands die Möglichkeit der Retorsion im geltenden Recht gar nicht vorgesehen. In Bayern setzt ihre Ausübung eine königliche Verordnung, in Sachsen für Untergerichte die Genehmigung des Justizministers voraus. Hinsichtlich Preufsens ist die Fortgeltung des in § 44 der Einleitung für Unterrichter vorgeschriebenen Erfordernisses der Genehmigung der Vorgesetzten bestritten. In Baden (und anscheinend gewohnheitsrechtlich auch in Württemberg) liegt die Retorsion im Ermessen jeder einzelnen Behörde. Thatsächlich wird indessen in zivilistischer Hinsicht in allen diesen Rechtsgebieten von dem Retorsionsrecht, soviel man erfährt, so gut wie gar kein Gebrauch gemacht. Es ist auch nicht sehr zu wünschen, dafs es reichlicher geschehe, da der Reichsgewalt zur Zeit hier ein direkter Einflufs nicht zusteht, und somit die Besorgnis besteht, dafs der auswärtigen Politik durch die Retorsion anstatt Unterstützung möglicherweise Schwierigkeit

---

[1] S. unten Teil II Nr. 77, 79, 93, 94; über Württemberg vgl. Wächter, Handbuch des i. K. W. geltenden Privatrechts II 82 ff. und hinsichtlich Bayerns: Roth, bayrisches Civilrecht, 2. Aufl. I 120.

bereitet wird. Die Retorsion ist ihrem Wesen nach nicht eine dem Rechtsprinzip entfliefsende Konsequenz, sondern eine politische Operation, die entweder durch Gesetz für das ganze Reichsgebiet gleichmäfsig vorausbestimmt sein oder von Fall zu Fall durch die Organe der auswärtigen Politik des Reiches angeordnet werden mufs.

Ein wenig anders als mit den bisher besprochenen allgemeinen Retorsionsbestimmungen verhält es sich mit den **besonderen Reziprozitäts**bestimmungen, wie sie z. B. für das **Erbrecht** in dem badischen Gesetz vom 4. Juni 1864 § 2, in den sonstigen deutschen Gebieten des französischen Rechtes (aufser Elsafs-Lothringen) in den Artt. 726, 912 des code civil, im preufsischen Landrecht in I 12 § 40[1] (s. unten Teil II Nr. 78, 93), für Württemberg in den Generalreskripten vom 8. Dez. 1725 und vom 29. Dez. 1728 getroffen sind[2]. Diese Bestimmungen berühren einen Gegenstand, der, wie besonders durch den Fall Zappa jüngst wieder bemerkbar geworden ist, der internationalen Regelung besonders bedürftig ist. Ehe man jene Bestimmungen reichsgesetzlich beseitigt, mufs man bedenken, dafs damit ein Instrument aufser Anwendung tritt, welches das zum Schutze deutscher Interessen im Auslande wünschenswerte Zustandekommen von Staatsverträgen über die Behandlung von Hinterlassenschaften recht wirksam zu unterstützen geeignet ist. Dieses Instrument wird nicht ganz gleichwertig ersetzt durch die blofse Möglichkeit künftiger Anordnung der Retorsion, wie sie die Gebhardschen Entwürfe in § 39 vorsehen. Denn zu solcher Anordnung wird man sich nicht anders als bei schwerer Veranlassung entschliefsen. Gründe der allgemeinen Politik können sie verbieten, wo das besondere Interesse der Rechtspflege sie fordern würde. Nur eine reichs-

---

[1] A.L.R. II 17 § 173 betrifft nur das Abschofsrecht und ist, da dieses nirgends mehr gilt, ohne praktische Bedeutung.
[2] Vgl. Wächter a. a. O.

gesetzliche Bestimmung, welche nach Art jener partikularrechtlichen Vorschriften die Vergeltung unmittelbar anordnet, würde der internationalen Vertragspolitik ein Äquivalent gewähren. Schon hier sei nun darauf hingewiesen, wie mifslich es ist, eine Rechtsvorschrift blofs deswegen bestehen zu lassen, damit der Staat einen Tauschgegenstand in der Hand habe, den er als Preis für die von anderen Staaten zu erlangenden Konzessionen hingeben könne. Möchten indessen auch diese und andere Erwägungen nicht anzuerkennen sein, welche weiterhin[1] gegen jene Reziprozitätsklausel geltend gemacht werden sollen, so spricht doch das Bedürfnis der Reziprozitätsklausel wiederum keinenfalls **gegen die reichsgesetzliche Kodifizierung des internationalen Privatrechts**, sondern höchstens für die Aufnahme einer entsprechenden Bestimmung in das B.G.B.

Eine andere Bewandtnis hat es mit dem gleichfalls gelegentlich aufgetauchten Gesichtspunkt, der Gesamtzustand des gegenwärtig in Deutschland geltenden internationalen Privatrechts, insbesondere das Fehlen gesetzlicher Kollisionsnormen in den meisten gemeinrechtlichen Gebieten und die Zweifelhaftigkeit so vieler Fragen auch im Gebiet des französischen Rechtes und des preufsischen Landrechtes sei eine günstigere Basis für die Anbahnung von Staatsverträgen als eine erschöpfende reichsgesetzliche Regelung. Diesem Gedanken liegt in der That eine richtige Beobachtung zu Grunde. Man denke z. B. an die persönliche Fähigkeit der Nupturienten zur Eheschliefsung. In Deutschland wird die Frage, nach welchem Recht sie zu beurteilen sei, verschieden beantwortet. Wünschenswert ist ihre internationale Regelung nach dem Prinzip der Staatsangehörigkeit (cf. Beschlüsse der Haager Konferenz Art. 3, unten Th. II Nr. 246). Hier wird ein auswärtiger Staat, welchem daran liegt, dafs seinen Unterthanen in Deutsch-

---

[1] S. unten § 9.

land die Behandlung nach diesem Prinzip gewährleistet werde, zu vertragsmäfsiger Zusicherung gleicher Normierung gewifs leichter zu bewegen sein, solange Deutschland eine entsprechende reichsgesetzliche Bestimmung nicht hat, als wenn solche Bestimmung vorhanden ist. Aber das Argument leidet an dem Fehler, dafs es zuviel beweist. Denn wenn man ihm stattgeben wollte, so würde es zu der Forderung führen, den Rechtszustand in Deutschland vor Vervollkommnung zu bewahren, um dem Auslande Grund zur Unzufriedenheit zu geben. Das würde an den Knaben erinnern, der seine Hände erfrieren liefs, um dem Vater zu demonstrieren, wie unrecht dieser gethan, ihm keine Handschuhe zu kaufen.

§ 2.
Welche Materien sollen geregelt werden?

Die Antwort auf die in der Überschrift formulierte Frage ergiebt sich prinzipmäfsig ohne weiteres aus der im § 1 entwickelten Grundauffassung, und es gilt hier nur noch, die Konsequenzen daraus zu ziehen und einzelne Zweifel zu beseitigen.

Die Aufgabe des B.G.B. besteht darin, für alle durch das B. G. B. geregelten Materien und nur für diese den Anwendungsbereich der Rechtssätze zu bestimmen. Namentlich ist es nicht die Aufgabe des B.G.B., die Anwendungssphäre der in anderen Reichsgesetzen geregelten Materien, insbesondere des Handels-, See- und Wechselrechtes, sowie der Materien der Zivilprozefs- und der Konkursordnung, zu bestimmen. Desgleichen fällt es nicht in den Bereich der Aufgabe, die Anwendungssphäre der partikularrechtlichen Rechtssätze zu bestimmen, welche neben dem B.G.B. in Kraft bleiben oder künftig in Kraft treten werden[1]. Vollends scheiden

---

[1] Es ist vielleicht nicht völlig überflüssig, gegen die Verwechselung der im Texte behandelten Frage mit der vielfach erörterten an-)

alle nicht zivilrechtlichen Materien, insbesondere das formale Prozeſs- und Konkursrecht, aus.

Der Gedanke, daſs es sich empfehle, das gesamte internationale Privatrecht unter einheitlichen Gesichtspunkten im B. G. B. so zu kodifizieren, daſs auch die nicht im B. G. B. geregelten Materien des Privatrechts eingeschlossen würden, ist entschieden zu verwerfen. Wenn man geltend macht, daſs für die sonstigen privatrechtlichen Verhältnisse dieselben Grundsätze maſsgebend sein müſsten, wie für die Materien des B. G. B., so ist dies nur im groſsen und ganzen richtig und muſs im einzelnen erheblich eingeschränkt werden. Eine Reihe von Fragen (z. B. des Seerechtes[1]) bedarf dringend der speziellen Regelung. Es ist sehr schwer zu übersehen, inwiefern für die zahlreichen sonstigen reichsrechtlichen und partikularrechtlichen Vorschriften, die neben dem B. G. B. in Kraft bleiben, Abweichungen angezeigt sind, und unmöglich ist es vollends hinsichtlich künftiger Rechtsvorschriften. Die unterschiedslose Einbeziehung der Kollisionsfragen aller dieser Materien in das B. G. B. würde nicht nur prinzipiell falsch,

---

deren Frage zu protestieren: „ob die Kollision verschiedener Partikularrechte desselben Staatsganzen nach denselben Grundsätzen zu behandeln sei, wie die Kollision des Rechtes unabhängiger Staaten". — Diese namentlich von Savigny (System VIII 27) und Bar (Theorie I 119 ff., Lehrbuch 22 ff.) bejahte, von Wächter, (Archiv XXIV 274, XXV 3 ff., Pandekten I 152) verneinte Frage interessiert hier gar nicht. Denn auch die Bejaher derselben behaupten ja nicht die Identität von allgemeinem und partikularem Recht hinsichtlich der Grundsätze der Statutenkollision, sondern sie behaupten (de lege lata) und fordern (de lege ferenda) eine inhaltliche Kongruenz. Die Konsequenz auch der bejahenden Ansicht ist also nur die, daſs für die Kollision der Partikularrechte möglichst die gleichen Grundsätze wie die im B. G. B. gegenüber dem ausländischen Recht aufgestellten gelten sollen, nicht aber, daſs dies im B. G. B. auszusprechen sei.

[1] Vgl. darüber Bar, Theorie II 185 ff., Lehrbuch 138, Böhm 160, Niemeyer, Positives internationales Privatrecht I §§ 94 ff. — Vgl. aber die Vorschriften des Entwurfes des B.G.B. §§ 1166 ff. über das Pfandrecht an Schiffen.

unsystematisch und unpraktisch, sondern auch undurchführbar sein. Soweit aber das Bedürfnis möglichst einheitlicher Behandlung aller zivilrechtlichen Kollisionsfragen anzuerkennen ist, kann demselben dadurch entsprochen werden, daſs in das Einführungsgesetz zum B. G. B. folgende Vorschrift aufgenommen wird:

„Die §§ — —[1] des B. G. B. finden entsprechende Anwendung:

1) auf alle durch Reichsgesetze geregelten Materien des bürgerlichen Rechtes, soweit nicht abweichende reichsgesetzliche Vorschriften bestehen;
2) auf alle nicht durch Reichsgesetze geregelten Materien des bürgerlichen Rechtes, soweit nicht abweichende landesgesetzliche Vorschriften bestehen."

Es ist damit der Wunsch zu verbinden, daſs aus Veranlassung des B. G. B. der privatrechtliche Inhalt der Reichsgesetze darauf geprüft werde, inwiefern besondere Kollisionsnormen für die einzelnen Gesetze einzuführen und die vorhandenen beizubehalten oder zu beseitigen sind[2]. Dementsprechende Bestimmungen würden gleichfalls im Einführungsgesetz zu treffen sein. Beispielsweise würde, wenn die in dieser Schrift gemachten Vorschläge sonst Annahme fänden, in der Wechselordnung Artikel 84 aufgehoben werden können, während der Art. 85 im wesentlichen beizubehalten, jedoch zu ergänzen, Art. 86 aufrecht zu erhalten wäre.

Den Partikularstaaten wird in Bezug auf das in Kraft bleibende Landesrecht dieselbe Aufgabe zufallen. Die Ausführungsgesetze zum B. G. B. werden bestimmen müssen, in-

---

[1] Inser. die Ziffern der das internationale Privatrecht betreffenden Paragraphen.
[2] Mit der Aufgabe des B. G. B. wie derjenigen der gegenwärtigen Schrift steht diese Revision nur in einem äuſseren Zusammenhang. Sie muſs daher hier auf sich beruhen bleiben.

wieweit ältere Vorschriften beizubehalten und neue zu geben sind.

Zu den Rechtssätzen, deren Anwendungsbereich hiernach im B.G.B. bestimmt werden muſs, gehören auch diejenigen Sätze des B.G.B., **welche an eine prozessualische Thatsache eine privatrechtliche Folge knüpfen.** Diese Sätze bedürfen einer besonderen Erörterung, weil hier Zweifel entstehen können bezüglich der Abgrenzung gegen das prozessualische Gebiet.

Der Bestand derartiger Sätze ist in dem veröffentlichten Teil des zweiten Entwurfes erheblich verändert gegenüber dem ersten Entwurf. Da das Erbrecht im zweiten Entwurf noch nicht vorliegt, so läſst sich noch nicht übersehen, um welche Sätze es sich hier handeln wird. Da aber die in Rede stehenden Fragen nur im Anschluſs an bestimmte gesetzliche Vorschriften exakt erörtert werden können, so soll im folgenden von der Annahme ausgegangen werden, daſs der zweite Entwurf in der vorliegenden Gestalt Gesetz werden wird. Die erbrechtlichen Vorschriften sollen auſser Betracht bleiben. Die für diese Sachlage hier gemachten Vorschläge würden später gemäſs der definitiven Gestalt des Gesetzbuches zu modifizieren sein.

Die Gebhard'schen Entwürfe enthalten (§§ 36, 37, 40) nur Vorschriften bezüglich der Wirkungen des **Prozeſsbeginnes** und des **Urteils**, obwohl in dem ersten Entwurf des B.G.B. auch an andere prozessualische Momente privatrechtliche Folgen geknüpft waren. Im zweiten Entwurf werden privatrechtliche Folgen gleichfalls an die Rechtshängigkeit und an das Urteil, ferner aber an eine Reihe anderer prozessualischer Thatsachen geknüpft. Die hinsichtlich dieser Bestimmungen für das internationale Privatrecht sich erhebenden gesetzgeberischen Fragen sind:

1) Welche lokalen oder personalen Thatbestandsmomente sollen auſser den in jenen Sätzen speziell bezeichneten That-

bestünden vorhanden sein, damit die Sätze Anwendung finden?

2) Welches Recht soll maſsgebend sein, wenn das B.G.B. wegen Fehlens der zu 1) geforderten Merkmale keine Anwendung findet?

Die erste Frage spaltet sich wieder in zwei Unterfragen, entsprechend den beiden Gliedern, welche die in jenen Sätzen bezeichneten Thatbestände enthalten. Diese Glieder sind: a) der Thatbestand, welcher nach Vorschrift jener Sätze infolge der prozessualischen Thatsache eine Veränderung erfahren soll (der Kürze halber soll es im folgenden als das **Grundverhältnis** bezeichnet werden), b) die **prozessualische Thatsache**. Dementsprechend sind die beiden Fragen aufzuwerfen: a) Welche lokalen und personalen Merkmale des **Grundverhältnisses** bedingen die Anwendbarkeit des B.G.B.? b) Unter welchen Voraussetzungen ist eine **prozessualische Thatsache** der fraglichen Art (Prozeſsbeginn, Urteil u. s. w.) im Sinne jener Vorschriften vorhanden? Die letztere Frage läuft praktisch darauf hinaus, inwiefern prozessualische Thatsachen der fraglichen Art auch dann wirken sollen, wenn sie sich im Auslande vollziehen. In dem Gebhardschen zweiten Entwurfe ist die Antwort auf die Frage a) bezüglich des **Prozeſsbeginnes** in Alinea 1 des § 36 enthalten: „Die Wirkungen, welche der Prozeſsbeginn auf das der gerichtlichen Entscheidung unterstellte Rechtsverhältnis (— das „Grundverhältnis" —) äuſsert, werden, soweit sie dem bürgerlichen Recht angehören, nach den Gesetzen beurteilt, welche über das Rechtsverhältnis, bei dem sie in Frage kommen, entscheiden." Die Antwort auf die Frage b) giebt Alinea 2 des § 36: „Den Wirkungen des Beginnes eines vor einem ausländischen Gerichte anhängigen Prozesses ist, ohne **Unterschied, ob sie dem bürgerlichen Rechte oder dem Prozeſsrechte angehören**, die Anerkennung versagt: wenn" etc. etc. — Bezüglich des Urteiles ist die Antwort auf Frage a) enthalten in Alinea 1 des § 37: „Die Wirkungen des Urteils bestimmen sich nach den Gesetzen des Staates, welchem das Prozeſsgericht angehört." Die Antwort auf Frage b) enthält Alinea 2 des § 37: „Dem Urteile eines ausländischen Gerichtes ist die Anerkennung versagt: wenn etc. etc." —

Aber die Gebhardschen Bestimmungen bezüglich der Frage b) enthalten mehr als die Antwort auf jene Frage. Sie greifen hinüber auf das rein prozessualische Gebiet. Sie bestimmen die Anwendungssphäre von Rechtssätzen, welche nicht im B.G.B., sondern in der C.P.O. stehen. — Eklatant wird dieser Umstand in dem I. Entwurfe durch den § 40, welcher folgerichtig bestimmt: „An die Stelle des § 661 der Zivilprozeſsordnung tritt folgende Stelle:" u. s. w. u. s. w. — Diese letztere Vorschrift hat Gebhard selbst im II. Entwurfe zurückgezogen. Aber die §§ 36, 37 sind aufrecht erhalten, und wenn auch die Erstreckung auf die prozessualischen Folgen im § 37 nicht wie im § 36 ausdrücklich ausgesprochen ist, so muſs sie doch auch für das Urteil aus dem Zusammenhang des § 37 mit dem § 36 geschlossen werden. Mit diesem Sachverhalt steht die Bemerkung nicht im Einklang, welche sich in der (amtlichen) Ausgabe des Entwurfes eines Einführungsgesetzes zum B.G.B. auf S. 15 findet: „Sollte der von der Kommission beschlossene Abschnitt über die räumliche Herrschaft der Rechtsnormen in das Gesetzbuch aufgenommen werden, so wird der § 661 der C.P.O. dahin zu ändern sein:

„Das Vollstreckungsurteil ist ohne Prüfung der Gesetzmäſsigkeit der Entscheidung zu erlassen.

Dasselbe ist nicht zu erlassen, wenn die Anerkennung des Urteiles des ausländischen Gerichtes nach den Vorschriften des bürgerlichen Rechtes ausgeschlossen ist."

Der letztere Satz würde nicht richtig gefaßt sein, wenn er blos eine Bezugnahme auf die im **bürgerlichen Gesetzbuch enthaltenen Vorschriften** ausdrücken sollte. Denn prozeßrechtliche Vorschriften kann man nicht deshalb als Vorschriften des bürgerlichen Rechtes bezeichnen, weil sie ihren äußeren Platz im bürgerlichen Gesetzbuch haben. Darum ist der Schluß nahe gelegt, daß die Gesetzgebungskommission in ihren nicht bekannt gewordenen Beschlüssen die Gebhardschen Vorschläge derart modifiziert hat, daß lediglich die in dem B. G. B. bestimmten **privatrechtlichen** Folgen des Prozeßbeginns und des Urteils in ihrer internationalen Beziehung bestimmt werden. Damit würde ein zweifelloser Fehler der G.'schen Vorschläge beseitigt sein.

Es ist jedoch zu erwägen, ob nicht aus Opportunitätsgründen noch weiter zu gehen ist und die Beantwortung der oben mit b) bezeichneten Frage wegen ihrer nahen Beziehung zum formalen Prozeßrecht so erfolgen soll, daß im B. G. B. dieserhalb auf die Prozeßgesetze verwiesen und somit ein Verfahren eingeschlagen wird, welches dem von der Gesetzgebungskommission a. a. O. befürworteten entgegengesetzt ist. Für ein derartiges Verfahren kann vor allem geltend gemacht werden, daß es natürlich und wünschenswert sei, die Anerkennung prozeßrechtlicher Folgen einerseits und materiellrechtlicher Folgen andererseits hinsichtlich der im Ausland sich vollziehenden prozessualischen Thatsachen nicht von verschiedenen Voraussetzungen abhängig zu machen, daß aber der Schwerpunkt der Bedeutung prozessualischer Thatsachen im Prozeßrechte liege, in diesem Sinne also die Prozeßgesetze sedes materiae seien. Indessen, dieser an sich zutreffende Gesichtspunkt überhebt doch nicht den Gesetzgeber der Aufgabe, im einzelnen zu prüfen, inwiefern die vorhandenen Vorschriften des internationalen Prozeßrechtes für die in Frage stehenden materiellen Rechtssätze passend erscheinen. Nur soweit es der Fall ist, wird aus dem angegebenen Gesichtspunkte die Verweisung auf die Prozeſsgesetze aus äufseren Gründen zu empfehlen sein. Soweit es nicht der Fall ist, wird zu prüfen sein, ob sich empfiehlt, auch die bestehenden Vorschriften des internationalen Prozeſsrechtes entsprechend den Grundsätzen zu ändern, welche für das internationale Privatrecht zum Gesetz erhoben werden sollen. Im Bejahungsfall wird es dann in der That richtiger sein, die betreffenden Vorschriften den Prozeſsgesetzen einzufügen und im B. G. B. darauf Bezug zu nehmen. Das ist aber spätere Sorge, und es ist hier einstweilen nur das Resultat zu verzeichnen, daſs die Frage b) nicht weniger als die Frage a) **materiell im B. G. B.** entschieden werden muſs. Es ist schon hier darauf hinzuweisen, daſs es sich dabei nicht nur um Prozeſsbeginn und Urteil handelt, sondern um eine Reihe anderer prozeſsualischer Momente.

§ 3.
Sonstige leitende Gesichtspunkte.

I.

Es kann hier nicht die Aufgabe sein, die Prinzipien der Gesetzgebungskunst zu erörtern, was ohne Eingehen auf die Grundfragen der juristischen Wissenschaft und überhaupt der Gesellschaftslehre nicht möglich ist. Auch die theoretischen Grundlagen des internationalen Privatrechts können und brauchen hier nicht weiter, als bereits geschehen, behandelt zu werden. Da aber ohne Stellungnahme zu jenen Grundfragen eine methodisch sichere Behandlung auch einer einzelnen Gesetzgebungsfrage nicht stattfindet, so seien die Hauptgesichtspunkte, von denen die folgenden Vorschläge und deren begründende Erörterungen ausgehen, hiermit programmartig angegeben:

1) Die juristische Technik, das heifst die logische Verwendung fester Begriffe, ist durch das Bedürfnis gleichmäfsiger und konsequenter Rechtspflege geboten. Ihre Bewahrung und Ausbildung hat der Gesetzgeber sich im Anschlufs an die juristische Wissenschaft zur Aufgabe zu machen.

2) Die Gesetzgebung hat aber den Gesichtspunkt formaler Folgerichtigkeit den Kulturaufgaben unterzuordnen, für deren Erfüllung die rechtliche Ordnung Mittel und Voraussetzung ist.

3) Diese Kulturaufgaben sind zur Zeit wesentlich im Rahmen der nationalen Gemeinschaft zu erfüllen. Die Interessen dieser Gemeinschaft sind daher vorerst und hauptsächlich wahrzunehmen.

4) In zweiter Linie kommt die internationale Kultur- und Rechtsgemeinschaft in Betracht. Es ist Aufgabe der Rechtsordnung des einzelnen Staates, diese Gemeinschaft zu fördern, soweit es das wohlverstandene Interesse des nationalen Gemeinwesens erlaubt. Dem wohlverstandenen nationalen Interesse entspricht die völkerrechtliche Idee, dafs die Gesetzgebung des einzelnen Staates die internationalrechtlichen Fragen unter dem Gesichtspunkt der Kultur- und Rechtsgemeinschaft der Nationen zu behandeln hat. Mit dieser Idee steht es nicht im Widerspruch, sondern es ist zu ihrer Geltendmachung notwendig, dafs gegenüber denjenigen Staaten, die dieser Idee widerstreben, die Nachteile engherzig nationaler Rechtspolitik fühlbar gemacht werden.

II.

Zwei Gesichtspunkte grundsätzlicher Natur, die gleichfalls bei jeder gesetzgeberischen Aufgabe in Erwägung kommen, bedürfen hier noch besonderer Betrachtung. Es sind die Fragen: a) inwieweit der Anschlufs an das vorhandene Recht zu erstreben sei, b) wie weit in der Kasuistik der Rechtsfragen gegangen werden solle.

a) Die erste Frage ist hier in dem Umfange zu verstehen, daſs sie nicht nur die Frage der **historischen Kontinuität** innerhalb des eigenen Rechtsgebietes, sondern auch die Rücksicht auf das **in anderen Staaten geltende Recht** umfaſst.

Was die Beobachtung der **historischen Kontinuität** anlangt, so ist diese für viele Fragen ausgeschlossen durch die in Deutschland bestehende partikulare Rechtsverschiedenheit in Sachen des internationalen Privatrechts, und in vielen anderen Fragen durch die bestehende Zweifelhaftigkeit. Soweit aber für das Reichsgebiet durch Gesetz oder Gewohnheit einhellige Grundsätze zur Anerkennung gelangt sind, haben diese Anspruch auf Beibehaltung in dem Sinn, daſs besondere Gründe vorliegen müssen, wenn von ihnen im B.G.B. abgewichen werden soll[1]. Eine ähnliche Kraft muſs denjenigen Grundsätzen beigemessen werden, welche in reichsgesetzlichen Normen bereits Anerkennung gefunden haben, wenn auch nur in einzelnen Anwendungen oder in Staatsverträgen gegenüber einzelnen auswärtigen Staaten.

Was die Berücksichtigung des **in anderen Staaten geltenden Rechtes** angeht, so kommt hier weniger die belehrende und anregende Kraft in Betracht, welche in der vergleichenden Betrachtung auswärtigen Rechtes stets zur Wirkung kommt, als das praktische Bedürfnis möglichster Annäherung des Rechtes der verschiedenen Staaten. So gewiſs es ist, daſs die Idee eines absolut einheitlichen Weltrechtes verfehlt ist, so

---

[1] Von Kontinuität im strengen Sinn kann natürlich nur insoweit die Rede sein, als auch die Rechtssätze selbst, deren Anwendungssphäre durch die Kollisionsnormen bestimmt wird, im alten und im neuen Rechte übereinstimmen. Praktisch aber kann auch dort von Kontinuität gesprochen werden, wo die Prinzipien der Kollisionsnormen beibehalten werden. Im letzteren Sinn ist hier davon die Rede.

gewifs ist es andererseits, dafs die Rechtsentwickelung des Erdballs die Tendenz der Vereinheitlichung hat und haben mufs. Weil der Weltverkehr ein Kulturbedürfnis ist, so ist auch ein Weltverkehrsrecht Kulturbedürfnis. Soweit daher internationale Übereinstimmung in Bezug auf das internationale Privatrecht ganz oder annähernd besteht, soll der Gesetzgeber sich dieser Übereinstimmung nicht ohne besondere Gründe entziehen, und zwar ist dieser Gesichtspunkt von noch stärkerer Bedeutung als die Beobachtung der historischen Kontinuität der Rechtsentwickelung im eigenen Rechtsgebiet, so dafs Sonderbestimmungen des bislang in Geltung befindlichen deutschen Rechtes, welche dem sonst geltenden Rechte widersprechen, aufgegeben werden müssen, wenn nicht besonders starke Gründe für die Beibehaltung sprechen.

b) Die Verfehltheit der spezifisch kasuistischen gesetzgeberischen Methode ist in der Gegenwart allgemein anerkannt. Das Streben nach erschöpfender Kasuistik ist auch auf dem Gebiete des internationalen Privatrechts aus denselben Gründen wie auf anderen Gebieten verwerflich. Es kommt aber hier noch ein besonderes Moment hinzu. Jede vom Gesetzgeber zu lösende internationalrechtliche Frage setzt sich, wie oben ausgeführt wurde, aus zwei Fragen zusammen, einmal: wann die eigenen Rechtssätze nicht Anwendung finden sollen und dann: welches fremde Recht in die Lücke eintreten soll. Die erste Frage könnte, rein theoretisch genommen, in annähernd erschöpfender Kasuistik beantwortet werden. Die kasuistische Behandlung der zweiten Frage ist durch das Wesen der Sache absolut ausgeschlossen. Denn sie würde die durchgehende Kommensurabilität der Rechtssätze der verschiedenen Rechtsordnungen voraussetzen, während in Wirklichkeit die Rechtsordnungen selbst der kulturverwandten Staaten in den Einzelheiten derart auseinandergehen, dafs genau korrespondierende einzelne Rechtssätze sich nur ausnahmsweise und immer nur für einige Staaten in unmittelbaren

Vergleich stellen lassen. Damit ist zugleich der Maſsstab bezeichnet für die im B. G. B. innezuhaltende Oekonomie. Das B. G. B. wird in seinen Kollisionsnormen Gruppen von Rechtssätzen zusammenfassen müssen, welche durch Rechtsbegriffe gedeckt werden, die den Kulturstaaten gemeinsam sind. Wo die Differenzierung der Rechtsbegriffe beginnt, hört die Möglichkeit der kasuistischen Regelung auf. Beispielsweise sind die Begriffe: Geschäftsfähigkeit, dingliches Recht, Rechtsgeschäft, unerlaubte Handlung „einende" Rechtsbegriffe und daher eine geeignete Grundlage für die Normierung. Dagegen würden z. B. die Begriffe: notarieller Abschluſs, Dienstbarkeit, Auslobung, Schuldübernahme, in einer Kollisionsnorm nicht vorkommen dürfen, da sie nicht den Rechtssystemen aller Kulturvölker gemeinsam sind. Praktisch bereitet die Abgrenzung keine erheblichen Schwierigkeiten, weil jeder Versuch, in der Kasuistik weiter zu gehen, als die einenden Rechtsbegriffe reichen, von selbst scheitert, und weil die Probleme des internationalen Privatrechtes demgemäſs sowohl in der Gesetzgebung als in der theoretischen Litteratur im Anschluſs an die einenden Rechtsbegriffe typische Gestalt gewonnen haben. Diesen Kategorieen muſs der Gesetzgeber sich anschlieſsen. Es ist Klarheit darüber notwendig, warum dies geschehen muſs. Wegen der in Bezug auf die Kategorisierung selbst herrschenden Einhelligkeit bedarf aber die im folgenden zu Grunde gelegte Abgrenzung des Stoffes im allgemeinen keiner weiteren Begründung. Im einzelnen wird sich Veranlassung ergeben, auf den grundsätzlichen Gesichtspunkt zurückzukommen.

§ 4.
Redaktionelles.

Der im vorhergehenden vertretene Standpunkt führt folgerecht zu der Forderung, daſs auch in redaktioneller Hinsicht die beiden Funktionen der gesetzlichen Kollisionsnormen nicht ohne Not verdunkelt werden, die negative, welche den Anwendungsbereich der heimischen Rechtssätze ausschliefst, und die positive, welche eine fremde Rechtsordnung in die Lücke beruft. Fast selbstverständlich erscheint diese Forderung in Bezug auf solche Bestimmungen, welche nur die negative Funktion haben. Eine solche Vorschrift ist z. B. Absatz 1 des § 8 der Gebhardschen Entwürfe, wofür unbedingt die Fassung zu empfehlen sein würde: „Die Vorschriften der §§ — — finden auf Ausländer keine Anwendung."[1] Aber nicht weniger ist jene Forderung prinzipiell in Bezug auf solche Vorschriften zu stellen, welche beide Funktionen erfüllen sollen. An Stelle z. B. des § 6 der Gebhardschen Entwürfe würde demgemäfs grundsätzlich etwa folgende Fassung zu empfehlen sein: „Die §§ — — dieses Gesetzbuches finden keine Anwendung auf Personenvereine, Stiftungen und andere juristische Persönlichkeiten, welche ihren Sitz im Auslande haben. Hinsichtlich dieser sind die Gesetze des Ortes mafsgebend, an welchem sie ihren Sitz haben." Desgleichen würde folgerecht § 7 Abs. 1 des II. Gebhardschen Entwurfes etwa die Fassung erhalten müssen: „Die §§ — — dieses Gesetzbuches finden keine Anwendung auf Ausländer. Für diese sind die Gesetze des Staates anzuwenden, dem sie angehören."

Indessen sprechen Opportunitätsgründe gegen die konsequente Durchführung dieser Forderung. Ihre Durchführung würde unter anderem voraussetzen, dafs der Wortlaut des Gesetzbuches danach eingerichtet wäre. Dies ist hinsichtlich des vorliegenden Entwurfes des B.G.B. vielfach nicht der Fall, und es ist praktisch ebenso aussichtslos als unnötig, zu

---

[1] Der Absatz 2 gehört, wie schon hier bemerkt sei, nicht in das B.G.B., sondern in das Einführungsgesetz.

fordern, dafs der Text des Entwurfes von diesem Gesichtspunkt aus umgearbeitet werde. Es würde z. B. redaktionell ungeschickt sein zu sagen: „Der § 1 des B. G. B.[1] findet auf Ausländer keine Anwendung. Für diese ist das Recht des Staates mafsgebend, dem sie angehören", obwohl materiell die Frage wohl aufzuwerfen ist, inwieweit beispielsweise ausländische Rechtssätze, welche nicht nur die vollendete Geburt, sondern die Lebensfähigkeit fordern, und inwiefern die nach ausländischem Recht in Gestalt des „bürgerlichen Todes" eintretende Rechtsunfähigkeit anzuerkennen sei. Wie hier, so ist in allen den Fällen die fragliche Formulierung anstöfsig, wo es sich um einen Satz handelt, dessen allgemeine Anerkennung auch seitens des ausländischen Rechtes im Sinne eines Maximums vorauszusetzen ist, hinsichtlich dessen aber etwaigen einschränkenden Bestimmungen des auswärtigen Rechtes Berücksichtigung gewährt werden soll.

Aus diesen und anderen äufseren Gesichtspunkten erscheint es nicht opportun, die konsequente Durchführung der Normalformel für das B. G. B. zu fordern. Es kann auf sie aber auch ohne praktische Nachteile verzichtet und an ihre Stelle die von den meisten modernen Gesetzbüchern und Gesetzesvorschlägen, insbesondere auch von den Gebhardschen Entwürfen gewählte Fassung gesetzt werden, welche die negative Funktion nur konkludent bezeichnet und die positive Funktion so ausdrückt, als ob der Gesetzgeber prinzipiell den Anwendungsbereich aller auswärtigen Rechtssysteme in derselben Weise mitbestimmen wolle, wie diejenigen seines eigenen Gesetzbuches, dafs es sich also um eine Gesetzgebung „inter nationes" handle. Diese Fassung wird um so unbedenklicher anzuwenden sein, als ja materiell der Gesetzgeber

---

[1] „Die Rechtsfähigkeit des Menschen beginnt mit der vollendeten Geburt und endigt mit dem Tode."

sich in der That möglichst auf den Standpunkt der internationalen Kultur- und Rechtsgemeinschaft stellen soll und den Organen der Rechtspflege dieser Standpunkt durch jene Ausdrucksweise nachdrücklichst zum Bewufstsein gebracht wird, was nicht überflüssig erscheint, da die Organe der Rechtspflege erfahrungsgemäfs aus menschlichen Gründen dem exklusiv nationalen Standpunkte mehr zuneigen. —

Zweites Kapitel.
Allgemeine Grundsätze.

§ 5.
Ergänzende allgemeine Vorschrift für die nicht durch besondere Bestimmungen geregelten Fragen.

In der Theorie des internationalen Privatrechts stehen sich in Bezug auf das Prinzip, nach welchem Lücken des positiven internationalen Privatrechts auszufüllen seien, zwei Ansichten gegenüber, die als die Wächtersche (Archiv XXIV 265 ff., Pandekten I 146) und die Savignysche (System VIII 27 ff.)[1] oder als „Exklusivitätsprinzip" und „Internationalitätsprinzip"[2] bezeichnet werden können. Wächters „Hülfssatz" lautet bekanntlich: „Im Zweifel muſs der Richter das Recht seines Staates anwenden", während nach Savigny der Richter sich in Ermangelung ausdrücklicher Kollisionsnormen auf den Standpunkt der völkerrechtlichen Gemeinschaft der Nationen zu stellen und von hier aus das anzuwendende Recht internationalistisch zu ermitteln, „den

---

[1] Vgl. Bar, Theorie I 72 ff., Lehrbuch 15.
[2] Niemeyer, Zur Methodik des intern. Privatrechts, S. 30.

Sitz des einzelnen Rechtsverhältnisses aufzusuchen" hat. Die Savignysche Ansicht ist von der grofsen Mehrzahl der Theoretiker aller Kulturländer und in der Praxis der meisten Rechtsgebiete adoptiert und insbesondere in Deutschland (hier wesentlich unterstützt durch das einflufsreiche Buch Bars) zu solcher Herrschaft gelangt, dafs im gemeinrechtlichen Gebiete die gewohnheitsrechtliche Geltung des Savignyschen Hülfssatzes behauptet werden kann[1]. Trotzdem ist entschieden zu bestreiten, dafs das Internationalitätsprinzip sich von selbst verstehe, das heifst, dafs es überall dort, wo nicht etwas anderes durch ausdrückliche Rechtsnormen bestimmt sei, als positives Recht anzuerkennen sei. Solche Geltung könnte nur entweder auf dem Völkerrecht oder auf dem positiven Inhalt der einzelnen Rechtsordnung beruhen. Das Völkerrecht fordert aber zweifellos nicht den Savignyschen Hülfssatz, denn in einer Reihe von Gesetzbüchern ist das Gegenteil bestimmt, dafs nämlich das heimische Recht stets anzuwenden sei, soweit nicht das heimische Recht selbst etwas anderes ausdrücklich bestimme, — und niemand hat bisher behauptet, dafs jene Bestimmungen einen Bruch des Völkerrechts enthalten. Ebensowenig läfst sich aber behaupten, dafs jede einzelne Rechtsordnung, die nichts anderes ausdrücklich bestimme, den Savignyschen Satz anerkenne. Es sei einmal zugegeben, dafs die Natur der Sache in dem Sinne positives Recht schaffe, dafs im Zweifel die Natur der Sache entscheiden mufs. Aber ist damit positive Geltung erwiesen für irgend eine Meinung über das, was Natur der Sache sei? Solange verschiedene Meinungen darüber bestehen, sicher nicht. Der Gegner kann die Gegenmeinung für gänzlich unverständig erklären und damit Recht haben, aber er wird damit so wenig die **positive Geltung** seiner eigenen Rechtsansicht beweisen, wie jemand

---

[1] Niemeyer, Positives internationales Privatrecht I 86.

einen Gegner dadurch tötet, daſs er behauptet, derselbe existiere nicht.

Es fragt sich nun, wie der Gesetzgeber sich zu der Frage stellen soll.

Die Gebhardschen Entwürfe enthalten keine Bestimmung über das Prinzip, Rocholls Vorschläge stehen auf dem Boden des Exklusivitätsprinzipes (woran natürlich der Vorbehalt „des öffentlichen Rechtes und der Staatsverträge" nichts ändert). Mommsen schlägt „für das Gebiet und die Angehörigen des Deutschen Reiches" das Exklusivitätsprinzip vor und läſst die Frage für ausländisches Gebiet und für Nichtdeutsche dahingestellt.

Das Verfahren Mommsens ist nicht geeignet, Zweifeln zu begegnen, sondern Zweifel zu erzeugen. Denn es ist nicht abzusehen, wie danach Fälle behandelt werden sollen, in denen Deutsche und Ausländer an demselben Rechtsverhältnis beteiligt sind. Die Tragweite ferner des Begriffes „Gebiet" bleibt durchaus zweifelhaft und endlich, wenn auch e contrario die Absicht mit einiger Wahrscheinlichkeit zu schlieſsen ist, daſs für Ausländer und ausländisches Gebiet die „Natur der Sache" gemäſs dem Internationalitätsprinzip entscheiden soll, so ist dieser Absicht doch nicht mit der wünschenswerten Deutlichkeit Ausdruck verliehen.

Rocholls Vorschlag, mit welchem eine Reihe der vorhandenen Gesetzbücher, insbesondere das sächsische Gesetzbuch (§ 6), übereinstimmt, hat den Vorzug völliger Deutlichkeit und glatter Erledigung aller Zweifelsfragen. Es läſst sich auch nicht sagen, daſs eine solche Bestimmung an sich engherzig in dem Sinne sei, wie das Exklusivitätsprinzip unter Umständen wirken kann. Inwieweit das der Fall sein würde, kommt darauf an, welche speziellen Kollisionsnormen der Gesetzgeber aufstellt. Als Hülfssatz neben einer eingehenden und dem Internationalitätsgedanken Rechnung tragenden Kodifikation, wobei für Zweifelsfragen denn nur ein schmaler Raum übrig bliebe, hat das Wächtersche „in dubio lex fori" eine ganz andere praktische Bedeutung, als in einem Rechtsgebiet, wo positive Kollisionsnormen so gut wie gar nicht existieren. Neben eingehenden und umsichtig gehaltenen positiven Kollisionsnormen bedeutet eine dem Rochollschen Vorschlage entsprechende Bestimmung nur die redaktionelle Zusammenfassung einer Reihe von einheimischen Rechtssätzen, für welche absolute Geltung bestimmt wird. Unter solchen Voraussetzungen schwindet aber auch der sachliche Wert einer solchen Bestimmung auf ein sehr geringes Maſs zusammen, und der Gesetzgeber wird sich daher leicht entschlieſsen können, auf sie zu verzichten, wenn für solchen Verzicht Veranlassung vorliegt.

Solche Veranlassung dürfte vorhanden sein, zwar nicht in Gestalt logisch zwingender Gründe, aber in Gestalt von allgemeinen Erwägungen, die sich namentlich auch auf Erfahrungen in den Rechtsgebieten stützen, wo, wie im Königreich Sachsen, eine entsprechende Bestimmung in Kraft steht. Hiernach ist nämlich die Gefahr begründet, daſs die Rechtspflege eine solche an sich gar nicht engherzige Bestimmung doch im Sinne engherziger Exklusivität handhabt, indem auf sie in allen Fällen zurückgegriffen wird, wo Interpretationsschwierigkeiten und Zweifel in Bezug auf die speziellen Kollisionsnormen auftreten. Mit anderen Worten: eine solche Bestimmung wird leicht im Sinne einer **Präsumtion** zu Gunsten der Anwendbarkeit des heimischen Rechts gehandhabt und beeinträchtigt auf diese Weise praktisch den internationalen Gedanken und die diesem Gedanken entsprechenden Kollisionsnormen.

Es kommt hinzu, daſs in der Sache selbst Bedenken gegen die Klausel der subsidiären Geltung der lex fori, auch neben einer sorgfältigen Kodifikation, vorhanden sind. Die Umsicht des Gesetzgebers reicht niemals an die Fülle und Mannigfaltigkeit des praktischen Rechtslebens heran, am wenigsten auf dem Gebiete des internationalen Privatrechts, wo jeder Tag neue überraschende Kombinationen der rechtlichen Beziehungen hervorbringt. Es bleibt stets eine große Reihe von möglichen Erscheinungen vom Gesetzgeber unvorhergesehen, die der Richter entscheiden muſs, ohne unmittelbaren Anhalt in der positiven Rechtsordnung zu finden. Wenn der Grundsatz der subsidiären Exklusivität des heimischen Rechts vom Gesetzgeber proklamiert ist, so muſs es dazu kommen, daſs viele Fragen nach der lex fori beurteilt werden, die der Gesetzgeber, wären sie ihm vor Augen gewesen, anders normiert haben würde. Der dem Baco zugeschriebene Satz: „optima lex quae minimum relinquit judicis arbitrio" darf, um Anspruch auf Richtigkeit zu machen, jedenfalls nicht so verstanden werden, daſs um jeden Preis der Gesetzgeber den Richter binden müsse. In der vorliegenden Frage kann das Schweigen des Gesetzgebers, wie oben ausgeführt, nicht als Ausdruck des Internationalitätsprinzipes gelten, was die Gebhardschen Entwürfe ad oculos demonstrieren, da aus ihnen in der That weder das eine noch das andere Prinzip zu ersehen ist. Die ausdrückliche Anordnung des Internationalitätsprinzips ist daher notwendig.

§ 6.
Ergänzende allgemeine Bestimmung der absoluten Geltung gewisser einheimischer und der Nichtanerkennung gewisser ausländischer Rechtssätze.

Die modernen Zivilgesetzbücher und die Vorschläge zur Kodifikation des internationalen Privatrechts enthalten meistens eine clausula generalis bezüglich solcher heimischer Rechtssätze, welche in der neueren deutschen Litteratur mit dem — wenig passenden — Namen „Prohibitivgesetze" zusammengefaſst zu werden pflegen[1], während in der auſser-

---

[1] Böhlau, Mecklenburgisches Landrecht I 491 wendet den besseren Ausdruck „exklusive" Rechtssätze an.

deutschen juristischen Litteratur[1] das Stichwort „ordre public" (italienisch: ordine pubblico, spanisch: orden público, englisch: public order, griechisch: κοινὴ τάξις, δημοσία τάξις etc.) sich dafür eingebürgert hat. Bar (Theorie I 127) sagt: „Allgemein wird der Satz aufgestellt, daſs in gewissen Fällen auswärtige Rechtsnormen von aller und jeder Anwendung oder Berücksichtigung ausgeschlossen seien, nämlich dann, wenn sie sogenannten zwingenden oder Prohibitivgesetzen des Inlandes widerstreiten." Ein Erkenntnis des Reichsgerichts (Entsch. XII 311) bezeichnet es als einen in der deutschen Gerichtspraxis anerkannten Satz, daſs das ausländische Recht, obgleich es prinzipiell entscheidend wäre, doch ausnahmsweise dann ausgeschlossen bleibt, „wenn nach Geist und Zweck der Rechtsnormen des Inlandes die Anwendung des betreffenden ausländischen Rechtes zu einem Ergebnis führen würde, welches den absolut gebietenden oder verbietenden Normen des inländischen Rechtes widerspricht". — In den Gesetzesvorschlägen und in den Gesetzen ist die Klausel sehr verschieden gefaſst. Domin Petruševecz, Laurent, Rocholl wenden den Ausdruck „öffentliches Recht" (droit public) an, die Gesetzbücher von Griechenland, Montenegro, Italien sowie der Berner Entwurf sprechen von „öffentlicher Ordnung und guten Sitten", das italienische Gesetzbuch auch von „leggi proibitive", der Entwurf der belgischen Revisionskommission von „intérêt social", das argentinische Gesetzbuch von „öffentlichem Recht, Kriminalrecht, Geist der Gesetzgebung, Religion, religiöser Toleranz, Moral und guten Sitten, Geist der Gesetzgebung etc.", der Code Napoléon und die ihm nachgebildeten Gesetzbücher von „lois de police et de sûreté" („Po-

---

[1] Eine monographische Abhandlung darüber (spanisch): Bustamente, El orden público. Habana 1893.

lizei- und Sicherheitsgesetzen", „leyes de policía y de seguridad", „leggi di polizia e sicurezza pubblica", „περὶ ἀστυνομίας καὶ ἀσφαλείας νόμοι" etc.), wozu bemerkt werden muſs, daſs die zuletzt angeführten Bestimmungen zwar keine spezielle und ausdrückliche Beziehung zum internationalen Privatrecht haben, aber in der Praxis mehr oder weniger allgemein im Sinne einer Kollisionsnorm angewendet werden.

Bar (Theorie I 132) schlägt die Formulierung vor:

„Die Anwendung auswärtiger Rechtsnormen ist insoweit ausgeschlossen, als sie dazu dienen würde, im Gebiete des Staates Rechtsverhältnisse zu verwirklichen oder Handlungen und Leistungen zu erzwingen, welche nach der Gesetzgebung des Staates daselbst nicht geduldet, beziehungsweise daselbst nicht erzwungen werden sollen."

Mommsens Vorschlag schlieſst sich wörtlich dem sächsischen Gesetzbuch an, das einen eigenen Weg einschlägt, auf den nachher näher einzugehen ist. Die Gebhardschen Entwürfe sind ebenfalls demnächst besonders zu erörtern.

Der Kern des gesetzgeberischen Bedürfnisses, woraus alle diese Formulierungen hervorgegangen sind, ist von Savigny (System VIII 32 ff.) dahin bezeichnet, daſs es zwei Gesichtspunkte gebe, unter denen die Anwendung ausländischen Rechts ausgeschlossen sein könne. Der eine sei die „streng positive, zwingende Natur" der heimischen Rechtssätze, der zweite der, daſs das in Frage kommende Rechtsinstitut des ausländischen Rechtes „in dem unsrigen überhaupt nicht anerkannt sei".

Zu den Fällen der ersten Art zählt Savigny diejenigen „absoluten" Gesetze, welche auf sittlichen Gründen und auf Gründen des öffentlichen Wohles (utilitas publica) beruhen. Als Beispiele führt er an: a. das Verbot der Polygamie und die Gleichstellung der Konfessionen, b. die beschränkte Erwerbsfähigkeit der toten Hand und der Juden.

Als einzige Beispiele für die Ausschliefsung der zweiten Art führt er an: den bürgerlichen Tod und die Sklaverei.

Savignys Ausführungen sind von Bar (Intern. P.R. 108, Theorie I 92, 127, Lehrbuch 24) und Mommsen (194) mit Recht bekämpft worden.

Was zunächst die zweite Kategorie anlangt, so ist die Frage, wann ein fremdes Rechtsinstitut bei uns „überhaupt nicht anerkannt werde", eine petitio principii; die Kriterien der Nichtanerkennung hat Savigny anzugeben unterlassen. Die gänzliche Ignorierung eines fremden Rechtsinstitutes schiefst aber auch in jedem Fall über das Ziel hinaus, da es, wie Bar mit Recht bemerkt, nicht gerechtfertigt wäre, z. B. dem durch einen Sklaven für den Herrn im Auslande gemachten Eigentumserwerb die Anerkennung zu versagen oder (wenn man die Polygamie hierher rechnet) die Descendenz eines Mohamedaners aus polygamischer Ehe als unehelich zu behandeln.

Bar und Mommsen[1] haben die Formulierung bezüglich der Behandlung dieser Kategorie dahin verbessert, dafs die heimische Rechtsordnung nur die Mitwirkung zur Realisierung derjenigen Wirkungen eines von uns perhorreszierten Rechtsinstitutes zu versagen habe, welche wir als solche verwerfen. „Der Stamm, der in fremder Rechtsordnung steht, ist unserer Einwirkung entzogen, und würde der Zweig oder Schöfsling, der bei uns hervortritt, eine schädliche Wirkung zu äufsern nicht vermögen, würde er nicht mit unserer Rechtsordnung in Kollision treten, so wäre es verkehrt und ungerecht, ihn deshalb zu vernichten, weil der Stamm, wenn er auf unserem Boden stünde, hier nicht geduldet werden könnte."[2]

---

[1] Desgleichen Goldschmidt, Handbuch des Handelsrechts 2. Aufl., I 383.

[2] Bar, Theorie I 129.

Was die Voraussetzungen betrifft, unter denen im Sinne dieser Darlegung das einheimische Recht sich ablehnend verhalten soll, so wird weder von Bar noch von Mommsen die zweite Kategorie Savignys gesondert ins Auge gefaſst, anscheinend deswegen, weil die Unterscheidung beider Kategorieen von ihnen für wertlos oder falsch gehalten wird. Bar spricht nur in Bezug auf das ganze Problem von „stark abweichenden sittlichen und socialen Anschauungen" (Theorie I 132), Mommsen von einem Resultat, „welches nach dem einheimischen Recht als ein unsittliches zu betrachten ist", während Savigny zwar zugiebt, daſs bei der Sklaverei die sittliche Verwerflichkeit zu dem von ihm zu Grunde gelegten Prinzip hinzutrete, aber eben dadurch den sittlichen Gesichtspunkt aufs deutlichste als unmaſsgeblich für seine zweite Kategorie bezeichnet. Obgleich hiernach diese zweite Kategorie in Ermangelung gehöriger Präzision untauglich zur gesetzgeberischen Verwertung erscheinen könnte, so liegt, wie weiterhin gezeigt werden soll, ihr dennoch ein richtiger Gedanke zu Grunde.

Zunächst bedarf noch die erste Kategorie Savignys einer kurzen Erörterung. Auch sie ist von Savigny falsch abgegrenzt. Auf Gründen des öffentlichen Wohles beruht die ganze Rechtsordnung, und es giebt eine grofse Reihe von Rechtssätzen (insbesondere im Gebiete des Familienrechts), welche auf sittlichen Gründen beruhen, und welche zweifellos niemand als Prohibitivgesetze im Sinne des internationalen Privatrechts behandelt wissen will.

Trotzdem, wie gesagt, liegt in der Savignyschen Unterscheidung ein richtiger Gedanke, dem Bar und Mommsen nicht gerecht werden[1], und dessen Nichtbeachtung die gesetzgeberische Formulierung dieser Schriftsteller mit einem

---

[1] Die Zweiteilung wird anerkannt von Stobbe I 233, Roth I 283, Unger I 163, während Windscheid I 79 sie verwirft.

Mangel behaftet. Der richtige Gedanke ist der, daſs es zweierlei ist, ob die einheimischen Rechtssätze positiv absolute Geltung beanspruchen, so daſs die Anwendung ausländischen Rechtes gar nicht in Frage kommt, oder ob an und für sich die Anwendung des ausländischen Rechts zugelassen ist und nur gegenüber dem besonderen Inhalte eines bestimmten ausländischen Rechts die heimische Rechtsordnung sich negativ verhält. Diese Unterscheidung ist augenscheinlich begründet und bedarf hier um so weniger der Rechtfertigung, als sie aus der hier zu Grunde gelegten Anschauung mit logischer Notwendigkeit unmittelbar hervorgeht.

Die Formulierungen von Bar und Mommsen, ebenso wie die beiden Gebhardschen Entwürfe treffen nur den zweiten Gesichtspunkt. Das Gleiche gilt von dem Beschluſs des Institut de droit international (Oxford), den Vertragsentwürfen von Lima und Montevideo sowie dem argentinischen Gesetzbuch. Umgekehrt wird nur der erste Gesichtspunkt getroffen durch Laurents Avantprojet und den bernischen Entwurf sowie die Vorschrift des Napoleonischen Gesetzbuches Art. 3, Al. 1 bezw. deren Wiederholungen in anderen Gesetzbüchern. Dagegen haben beide Seiten des Verhältnisses Ausdruck gefunden in dem italienischen Gesetzbuch, dem griechischen Gesetz von 1856 und dem belgischen Entwurf, während das montenegrinische Gesetzbuch nicht über eine etwas modifizierte, wenig klare Wiedergabe der Savignyschen Formulierung hinausgekommen ist.

Für das B.G.B. ist hiernach zunächst die Frage aufzuwerfen, ob eine Bestimmung im Sinne des ersten Gesichtspunktes Aufnahme finden soll. Die Frage ist zu bejahen. Eine generelle Bestimmung über die Exklusivität gewisser Vorschriften des B.G.B. ist nicht zu entbehren. Die exklusiven Sätze einzeln aufzuzählen, verbietet sich schon aus redaktionellen Gründen. Eine solche Aufzählung würde aber auch sachlich mangelhaft sein. Sie würde teils zu eng, teils zu weit sein, weil die zu ziehenden Grenzen der Exklusivität nicht äufserlich mit den im Gesetz geformelten Sätzen zusammenfallen. Ebensowenig glücklich würde aber der Versuch sein, allgemeine Merkmale für die Exklusivität aufzustellen. Die Bestimmung der Merkmale würde wieder entweder zu allgemein ausfallen und darum nichts nützen, oder zu speziell und darum falsch werden. Den letzteren Fehler zeigen das argentinische Gesetzbuch und der Laurentsche Entwurf. Dem ersteren Fehler ist die Theorie des „ordre public"[1] und die Reihe derjenigen Kodifikationsversuche verfallen, welche das Merkmal mit den Schlagworten „intérêt social", „gute Sitten", „Polizei- und Sicherheitsgesetze", „öffentliches Recht" etc. zutreffend bezeichnet zu haben glauben. Mit Recht haben Bar und Mommsen[2] geltend gemacht, dafs mit solchem „Hülfs- und Hausmittel" alles und nichts begründet werden kann und es vergebliche Mühe ist, allgemeine Merkmale von wirklich kennzeichnender Art zu suchen. Dafs der Terminus „öffentliche Ordnung"[3] ungeeignet ist, ist in dem Entwurf des B.G.B. zweiter Lesung (gegenüber den §§ 106, 684, 743, 747 des ersten Entwurfes) stillschweigend anerkannt. Damit ist auch die schwache äufsere Stütze gefallen, welche für die Anwendung des Terminus im Gebhardschen Entwurfe allenfalls geltend gemacht werden konnte.

Die Freiheit der Beurteilung, welche jene allgemeinen Klauseln thatsächlich herbeiführen, und welche in Wahrheit

---

[1] S. dawider Bar, Theorie I 95 ff., und die daselbst angeführte Litteratur, besonders in Note 5. — Wie willkürlich die Theorie des ordre public ist, zeigt sich auch lehrreich in der Schrift von Bustamente.

[2] Vgl. aufserdem namentlich Böhlau (I 490), Windscheid (I 79), Dernburg, preufs. Privatrecht (I § 26).

[3] Vgl. dagegen unter anderem Zitelmann in Bekker und Fischers Beiträgen, Heft 8 (1889), S. 58.

einem Bedürfnis entspricht, wird der Gesetzgeber, der sie gewähren will, am besten offen formulieren, anstatt sie in der täuschenden Gestalt eines „Kautschukbegriffes" zu präsentieren.

Die Frage, ob aufserdem eine Klausel in das B. G. B. aufgenommen werden soll, welche die Anwendung gewisser ausländischer Rechtsvorschriften wegen ihres besonderen Inhaltes ablehnt, ist, nachdem ihre logische Notwendigkeit dargethan ist, nun nach ihrer materiellen Seite zu prüfen. Es fragt sich, ob ein praktisches Bedürfnis besteht, die Nichtanwendbarkeit ausländischen Rechtes, das nach den allgemeinen Grundsätzen anwendbar sein würde, ausnahmsweise zu statuieren. Das ist in zweifacher Richtung zu bejahen. Einerseits giebt es Rechtseinrichtungen, deren Verwirklichung nach der bei uns herrschenden Auffassung **sittlich verwerflich** sein würde. Der Kreis und die Tragweite solcher ausländischer Rechtseinrichtungen läfst sich nicht kasuistisch erschöpfen. Sklaverei und Polygamie, vertragsmäfsige Schuldknechtschaft, Züchtigungsrecht des Ehemanns, jus vitae ac necis des Vaters sind Beispiele dafür. Aber es würde kurzsichtig sein, derartige Fälle durch Einzelnbestimmungen treffen zu wollen, da deren Bestand im wechselvollen Rechtsinventar des Erdballs sich nicht übersehen läfst, ganz abgesehen davon, dafs die Formulierung für die einzelnen Fälle kaum erschöpfend sein könnte und immer Zweifel übrig lassen würde.

Gemäfs den von Bar und Mommsen gemachten Vorschlägen ist die Anwendung des auswärtigen Rechts nur insoweit abzulehnen, als sie die **Verwirklichung von Rechtsverhältnissen oder Rechtsansprüchen im Inlande** enthalten würde, welche uns verwerflich erscheinen müfste. Dabei ist nur das sittlich Verwerfliche zu berücksichtigt. Die blofse Verschiedenheit der sozialen Anschauung (Bar) oder das soziale Interesse (belgischer Entwurf) reicht nicht hin, eine derartige Ablehnung zu rechtfertigen, welche nur als Abwehr der stärksten Gegensätze für seltene Ausnahmefälle gutzuheifsen ist.

Es giebt aber noch eine zweite Reihe von Möglichkeiten, für welche eine ablehnende Generalklausel notwendig ist, obwohl merkwürdigerweise die Gesetzbücher und Gesetzesvorschläge sie ignorieren und auch sonst in der Litteratur des internationalen Privatrechts davon kaum anders als mit einer flüchtigen Bemerkung die Rede ist. Es handelt sich um **das Recht unzivilisierter Völker.** Rechtsordnungen, in denen der Religionskultus mit der Rechtsordnung verquickt, Straf-, Prozefs- und Privatrecht noch nicht getrennt, geschweige die feineren Begriffe des Zivilrechts ausgebildet sind, können nicht auf eine Stufe mit den Rechtsordnungen der Kulturvölker gesetzt werden. Die Vorschriften über internationales Privatrecht, die für den Verkehr der zivilisierten Nationen berechnet sind, würden sich hier gröfstenteils als undurchführbar, durchweg als unangebracht erweisen. Damit ist nicht gesagt, dafs die Berücksichtigung des Rechts der unzivilisierten Völker ausgeschlossen sein soll. Alle Kolonialmächte haben sich genötigt gesehen, das Recht der Eingeborenen mehr oder weniger zu berücksichtigen. Auch für die deutschen Schutzgebiete erweist sich dies als unumgänglich[1]. Aber Ziel und Methode sind hier anders als bei der Regelung des Privatrechtsverkehrs der Kulturvölker. Insbesondere wird auch, wenn das B. G. B. für die Konsulargerichte und für die Schutzgebiete eingeführt werden wird, was in Abänderung des Reichsgesetzes über die Konsulargerichtsbarkeit und der für die Schutzgebiete bestehenden Gesetze nötig sein wird, auf eine entsprechende Modifizierung der Vorschriften über das inter-

---

[1] Vgl. darüber Zeitschrift für internationales Privat- und Strafrecht III 339 ff. und Niemeyer, Positives internationales Privatrecht I 24. Über die lehrreichen Verhältnisse im Congostaat vgl. Hébette (L.) und Petit (L.), Les codes du Congo, 2. Ausgabe, Brüssel und Paris 1892, S. VIII.

nationale Privatrecht Bedacht zu nehmen sein. Für die Rechtspflege im Gebiete des Deutschen Reiches ist eine Vorschrift angezeigt, welche den Richter ermächtigt, das Recht unzivilisierter Völker, soweit es sich nicht zur Berücksichtigung eignet, von der Anwendung auszuschliefsen. Es ist aber hervorzuheben, dafs nicht das Recht eines unzivilisierten Volkes als solches, sondern nur dessen inkommensurable Bestandteile abzulehnen sind.

§ 7.
Bestimmung über die Zulässigkeit privatautonomischer Unterwerfung unter ausländisches Recht.

Die „stillschweigende Unterwerfung der Parteien" unter ein bestimmtes Recht spielt seit Savigny (System VIII 110, 169, 203 ff., 248, 328, 331, 303) in Theorie und Praxis des internationalen Privatrechts eine hervorragende Rolle. Auch viele Gesetzgebungen haben die Frage in ihren Bereich gezogen, teilweise negativ, das heifst die Schranken der Privatautonomie bezeichnend (in diesem Sinn behandelt die Praxis die Bestimmung in Art. 6 des französischen Gesetzbuchs und in den zahlreichen, ihn wiederholenden Bestimmungen anderer Gesetzbücher)[1], teils positiv, das heifst die Privatautonomie ausdrücklich anerkennend, sei es allgemein (so z. B. die Gesetzbücher von Peru, Sachsen, Schaffhausen, Zug, Zürich), sei es für das Gebiet der Vertragsobligationen

---

[1] S. Teil II S. 9 ff., wo die Reproduktionen des code Napoléon in Beispielen mitgeteilt sind. — In Art. 6 (und dessen Wiederholungen) ist augenscheinlich nicht zunächst an das internationale Privatrecht gedacht. Aber die Vorschrift wird in diesem Sinn fast durchgehends verwertet. S. Niemeyer, Positives internationales Privatrecht I 79, 99. Vgl. Barazetti, Einführung in das französische Civilrecht 164, 207; Zachariä von Lingenthal, Handbuch des französischen Civilrechts I 113.

(Argentinien, Canada, Congostaat, Griechenland, Italien, Liv-, Est- und Kurland, Luzern, Montenegro, Österreich, Schaffhausen, Serbien, Solothurn, Unterwalden, Zug)[1].

Mit Recht ist von Bar (Theorie II 3 ff., Lehrbuch 106), Unger (I 180), Thöl (130, 174) und anderen darauf hingewiesen, daß das maßgebende Recht lediglich durch die Rechtsordnung bestimmt werde und dem Privatwillen Bedeutung nur kraft der Rechtsordnung zukomme. Regelsberger (Pandekten I 167) spitzt diesen Gedanken zu der Bemerkung zu: „Das positive Recht unterwirft die Personen und ihre Verhältnisse seiner Herrschaft ganz unabhängig von ihrer Wahl. Die Parteien sind nur frei in der Herstellung der thatsächlichen Voraussetzungen für die Herrschaft eines Rechts. Welches Recht darauf in Anwendung kommt, entscheidet eine ihnen überlegene Macht, die Rechtsordnung. Die Parteien können zwar bestimmen, daß für ihr Vertragsverhältnis, z. B. für ihre ehelichen Güterverhältnisse, ein bestimmtes örtliches Recht, z. B. das Ansbacher Provinzialrecht, gelten soll. Allein damit wird nicht das Herrschaftsgebiet des Ansbacher Provinzialrechts erweitert, sondern es wird diejenige Regelung zur vertragsmäßigen erhoben, welche sich im Ansbacher Provinzialrecht als gesetzliche findet." Dernburg (Pandekten I 109), der gegen diese Bemerkung polemisiert, giebt den Regelsbergerschen Gedanken nicht richtig wieder, wenn er sagt: „Für Regelsberger ist die Beachtung des Parteiwillens bei Bestimmung des maßgebenden Rechts nichts als ein falscher, auch in gerichtlichen Erkenntnissen viel spukender Gedanke." Denn die „Beachtung des Parteiwillens" lehnt Regelsberger nicht ab. Nur stellt er den Gesichtspunkt richtig, unter welchem die Beachtung stattzufinden hat. Freilich macht sich in den Einzelausführungen Regels-

---

[1] S. Teil II S. 92 ff.

bergers, insbesondere bezüglich der Vertragsobligationen, eine thatsächliche Unterschätzung des privatautonomischen Momentes geltend, welche durch das von ihm an die Spitze gestellte richtige Prinzip nicht bedingt ist, und dieser Unterschätzung gegenüber ist wiederum Dernburgs Bemerkung gerechtfertigt: „In der That handelt es sich um einen praktisch zweckmäfsigen, ja kaum entbehrlichen, durch den Gerichtsgebrauch befestigten Rechtssatz."

Die rechtsdogmatische Frage nach der Natur der Privatautonomie[1] und deren Verhältnis zum dispositiven Recht, in welcher der Schwerpunkt der im vorstehenden berührten Kontroverse liegt, braucht hier nicht verfolgt zu werden, da es nicht fraglich sein kann, dafs der Gesetzgeber es in der Hand hat, die „Willkürung" ausländischen Rechtes nach Art und Mafs zu bestimmen.

Als das Mafs, in welchem die Zulassung der Willkürung legislatorisch zu empfehlen ist[2], ergiebt sich ganz von selbst das in dem sächsischen Gesetzbuch und dem Vorschlage Mommsens bezeichnete Gebiet, nämlich der Bereich des dispositiven Rechts. Es ist kein prinzipieller Grund dafür vorhanden, die klausularische oder auch konkludente Unterwerfung unter ein fremdes Recht auszuschliefsen, soweit die Befugnis vorhanden ist, durch spezielle und ausdrückliche Festsetzung den Inhalt des fremden Rechts zum Inhalt einer rechtsgeschäftlichen Willenserklärung zu machen. Beides kommt begrifflich auf dasselbe Resultat hinaus.

---

[1] Vgl. darüber Dernburg, Pand. I 71, Hölder, Pand. I 67, Regelsberger, Pand. I 128, Lotmar, Causa 10 ff., Kohler, Jahrbücher f. Dogmatik XVIII 134 ff., Lenel, ebenda XIX 153 ff., Thudichum, ebenda XXIII 148, Bechmann, Kauf II 1 ff., Thon, Rechtsnorm 350 ff., Bülow, Archiv f. civil. Praxis 64, 87 ff., Hartmann, Jahrb. f. Dogmatik XX 73, Bar, Theorie I 94, II 4.

[2] Vgl. Windscheid, Pand. I 82, Anm. 8: „Es macht sich hier der Gegensatz zwischen zwingendem und nachgiebigem Rechte geltend." Vgl. auch Stobbe I 234, Böhlau I 457.

Allerdings läfst sich geltend machen, dafs es sich aus praktischen Gründen empfehle, die verweisende Willkürung zu verbieten, nämlich entweder um eine Garantie zu schaffen, dafs die Beteiligten sich die Tragweite ihrer Erklärungen genau zum Bewufstsein bringen, oder um die Willkürung auswärtigen Rechtes zu erschweren wegen der dadurch bedingten Schwierigkeiten der Rechtsanwendung und wegen der Besorgnis, „das Lebendigwerden der neuen Rechtsordnung zu gefährden". Von diesem Gesichtspunkte geht augenscheinlich § 1332 des Entwurfes des B. G. B. (§ 1334 des ersten Entwurfes) aus, welcher bestimmt: „Der Güterstand kann nicht durch Verweisung auf nicht mehr geltendes oder auf ein ausländisches Gesetz bestimmt werden." Zu dem gleichen Resultate könnten die gleichen Erwägungen, insbesondere auch für die Bestimmung der Erbfolge durch Testament und Erbvertrag, aber auch für das Gebiet des Obligationenrechts führen.

Jene Erwägungen haben indessen kein durchschlagendes Gewicht.

Die Vorschrift des § 1332 des Entwurfes kann dabei als Prüfstein dienen, da in der That beim Ehevertrag jene Erwägungen schwerer als sonstwo ins Gewicht fallen[1]. Gerade hier zeigt sich, dafs die Ausschliefsung der verweisenden Willkürung nicht zu empfehlen ist. Denn sie verfehlt ihren Zweck. Eine solche Willkürung, sofern sie überhaupt auf Bewufstsein beruht, was ja nach allgemeinen Grundsätzen Voraussetzung ihrer Berücksichtigung ist, wird praktisch nicht stattfinden, ohne dafs die Beteiligten zureichende Kenntnis des fremden Rechts haben, und ohne dafs sehr starke Motive für die Willkürung vorhanden sind. Wenn dies aber der Fall ist, so erledigen sich damit einerseits obige Bedenken gegen die verweisende Willkürung zum guten Teil, andererseits wird,

---

[1] Vgl. dazu die „Motive" zum I. Entwurf Bd. IV 309 ff.

soweit sie bestehen bleiben, materiell durch eine ausschliefsende Vorschrift nach Art des § 1332 nichts genützt. Die Motive a. a. O. sagen: „Selbstverständlich ist es den Ehegatten (durch § 1334) nicht verwehrt, ihren Güterstand nach Mafsgabe des materiellen Inhalts eines fremden Rechts durch Ehevertrag zu regeln, soweit dies mit den allgemeinen Grundsätzen des Gesetzbuches vereinbar ist. Nur die allgemeine Bezugnahme auf ein ausländisches Gesetz in Eheverträgen ist ausgeschlossen." Von jener Befugnis wird aber Gebrauch gemacht werden, so oft es den Beteiligten überhaupt darum zu thun ist, das ausländische Recht zu Grunde zu legen. Es wird dies dank der durch § 1333 des Entwurfes vorgeschriebenen Hülfe des Notars oder des Gerichtes in der durch technische Fertigkeit zu ermöglichenden Ausdehnung stattfinden. Aus diesen Gründen ist die Streichung des § 1332 auf das entschiedenste zu empfehlen[1]. Aus denselben Gründen sind alle anderen Einschränkungen ähnlicher Art abzulehnen, und ist die im sächsischen Gesetzbuch und von Mommsen adoptierte Regel materiell jedenfalls festzuhalten. Dafs sie auch formell ausgesprochen werde, ist darum zu befürworten, weil den **beiden in der Theorie bestehenden Auffassungen** auf diese Weise Genüge geschieht und künftiger Fortsetzung der Kontroverse dadurch vorgebeugt ist. Aufserdem aber ist es wünschenswert, dadurch die Verwechselung des privatautonomischen Gesichtspunktes mit einem anderen Gesichtspunkt auszuschliefsen, welcher sich sehr häufig sowohl in der theoretischen Litteratur als in der Judikatur in schädlicher Verquickung mit dem Gedanken der Willkürung findet. Dies ist der **Gesichtspunkt der präsumtiven Intention der Beteiligten**, wobei es sich in Wahrheit nicht um die Fest-

---

[1] Bezüglich des „nicht mehr geltenden Rechts" und der gefürchteten „Anhänglichkeit" an dasselbe (Motive IV 310) gelten die Erwägungen des Textes in verstärktem Mafse.

stellung des konkreten Inhalts einer rechtsgeschäftlichen Willenserklärung, sondern um die Entscheidung einer nicht in das Bewufstsein der Beteiligten getretenen Frage nach Erwägungen der Billigkeit handelt [1].

In Bezug auf Vertragsobligationen wird später auf die Frage zurückzukommen sein.

§ 8.

Bestimmung über die Ermittelung auswärtigen Rechtes.

Der Gesetzgeber mufs mit der Thatsache rechnen, dafs die Ermittelung des ausländischen Rechtes nicht nur oft Schwierigkeit bereitet, sondern häufig praktisch unmöglich ist. Selbst wenn der Gesetzgeber sich entschliefsen sollte, dem Richter die Feststellung ausländischen Rechtes grundsätzlich gerade so zur Pflicht zu machen, wie solche Pflicht nach dem Grundsatz „jura novit curia" bezüglich des einheimischen Rechtes besteht, ist eine Vorschrift unentbehrlich für den Fall, dafs der Inhalt des auswärtigen Rechtes, dessen Anwendung vorgeschrieben ist, trotz aller aufgewendeten Bemühungen nicht zu ermitteln ist, oder doch die Ermittelung mit solchen Schwierigkeiten und Opfern an Zeit, Kraft und Geld verbunden ist, dafs sie praktisch so gut wie unausführbar ist (Unkenntnis der fremden Sprache beim Mangel jeder Dolmetscherhülfe). Wenn für den Fall der Nichtermittelung des ausländischen Rechtes der Gesetzgeber keine Bestimmung treffen würde, so würde der Richter notgedrungen zwischen folgenden beiden Auskunftsmitteln wählen müssen: Entweder er müfste verfahren wie der III. Senat des Reichsoberhandelsgerichts in dem berühmten Erkenntnis vom 28. April 1879 (Entscheidungen des R. O. H. G. XXV 53 ff.), nämlich den in Frage stehenden An-

---

[1] Vgl. Bar, Theorie II 3 ff.

spruch abweisen, ein Verfahren, welches das R.O.H.G. a. a. O. schwerfällig im Ausdruck, aber in der Sache zutreffend dahin charakterisiert: „demjenigen Behelf, zu dessen Durchführung die Subsumtion des für denselben fundamentalen Thatbestandes unter das Recht des Auslandes notwendig ist wegen der Unmöglichkeit, den für diejenige Partei, welche jenen Behelf geltend macht, möglicherweise günstigen Schluſs zu vollziehen nicht Geltung gewähren, also die Konsequenzen ziehen, welche sich ergeben, wenn jener Behelf nicht durchgreift". Der zweite Weg besteht darin, daſs der Richter präsumiert, „das ausländische Recht stimme mit dem einheimischen Recht überein". Dieser Weg ist z. B. von dem R.O.H.G. in den Erkenntnissen Bd. II S. 39, Bd. III S. 44, Bd. VII S. 6[1] eingeschlagen und ist der von der Praxis fast aller Rechtsgebiete bei weitem am häufigsten benutzte[2].

Der erste Weg ist der korrekte. Die in dem genannten Erkenntnis des R.O.H.G. enthaltenen Ausführungen sind vollkommen zutreffend, wenn man nicht die positive Geltung des Rechtssatzes voraussetzt, daſs der Inhalt des ausländischen Rechtes im Zweifel als mit dem inländischen übereinstimmend anzusehen sei. Daſs indessen das Ergebnis jenes Verfahrens dem Rechtsbedürfnis zuwiderläuft, kann nicht bezweifelt werden. Es kommt unter Umständen einer Rechtsverweigerung gleich, bewirkt aber jedenfalls das gerade Gegenteil von dem, was die Regeln des internationalen Privatrechts erreichen wollen: die Sicherheit des internationalen Rechtsverkehrs.

Darum ist für das B.G.B. eine Bestimmung im Sinn der zweiten Alternative geboten, was übrigens schon dann der Fall sein würde, wenn man Zweifel darüber hegen könnte,

---

[1] Unter Berufung auf Goldschmidt, Handbuch des Handelsrechts 2. Aufl. § 38 Note 19.

[2] Vgl. Bar, Theorie I 132 ff.

ob wirklich im Falle des Schweigens der Richter das zuerst gekennzeichnete Verfahren einschlagen müfste. Die blofse Möglichkeit des hier übereinstimmend mit dem R.O.H.G. eingenommenen Standpunktes macht es rätlich, die vorgeschlagene Bestimmung zu treffen.

Es kann sich nur fragen, ob noch weiter gegangen und — in Übereinstimmung mit den Gesetzbüchern von Argentinien, Costa Rica, Guatemala, Montenegro — die Anwendung ausländischen Rechtes abhängig gemacht werden soll von dem Beweise seines Inhaltes durch diejenige Partei, welche „einen Behelf darauf stützt". Eine solche Behandlung setzt voraus, dafs die Behauptung eines von der inländischen Rechtsordnung abweichenden Inhaltes des ausländischen Rechtes von seiten einer Partei die Voraussetzung der Anwendung des ausländischen Rechtes bildet, läuft also darauf hinaus, dafs ausländisches Recht nur auf Anrufen einer Partei zu geschehen hat, wie dies das argentinische Gesetzbuch folgerichtig vorschreibt[1][2]. Dieser Standpunkt, der von der Theorie sowie von der deutschen Praxis gegenwärtig ziemlich allgemein verworfen wird[3], entspricht nicht den Gesichts-

---

[1] Vgl. Mittermaier, Über den Beweis ausländischer Gesetze in Rechtsstreitigkeiten, Archiv f. d. civ. Praxis XVIII 67 ff., Langenbeck, Beiträge zur Lehre von dem Beweise fremder Rechte vor inländischen Gerichten, Archiv f. d. civ. Praxis XLI 129 ff.

[2] Über die Anwendung des gleichen Grundsatzes in der Judikatur von England, Frankreich, Italien, Holland vgl. Bar, Theorie I 132, sowie Journal de droit internat. privé: 1891, S. 257, 1892 S. 681, 990, 1893 S. 630, 1894 S. 601. Auch in der deutschen Praxis war die entsprechende Auffassung früher häufig zu finden. Vgl. z. B. Seuffert, Archiv VIII 124, XI 321, Stricthorst, Archiv XXVI 49. Heute trifft man sie seltener.

[3] Vgl. Wächter XXIV 310 ff., Goldschmidt, Handbuch des Handelsrechts 2. Aufl. I 384, Stobbe I 232, Bar, Theorie I 132, II 183 und die dort angeführte Litteratur. Aus der Judikatur vgl. Seuffert, Archiv XII 78, Entsch. des R.O.H.G. VII 6, VIII 12, XXV 54, Entsch. des R. G. XXIII 32.

punkten, welche für das internationale Privatrecht leitend sind. Die Anwendbarkeit ausländischen Rechtes wird nicht als eine Konzession an das Belieben der Parteien blofs zugelassen, sondern auf Grund objektiver Erwägungen vom Gesetzgeber befohlen. Zutreffend hat das zuerst angeführte Erkenntnis des R.O.H.G. hinsichtlich des geltenden Rechtes (vor Inkrafttreten des § 265 C.P.O.) ausgeführt, es könne zwar eine Partei, deren Behelf sich auf ein nach dem ausländischen Recht zu beurteilendes Verhältnis gründet, faktisch in eine der Stellung einer beweispflichtigen und beweisfälligen Partei gleichartige Lage geraten: diese Lage beruhe aber auf einem wesentlich anderen Grund, als die eigentliche Beweislast und die zivilprozessuale Beweisführung. „Einer Partei den Nachweis der Abweichung des ausländischen Rechtes aufzuerlegen bei Vermeidung der Annahme der Übereinstimmung mit dem inländischen Rechte", hält das R.O.H.G. mit Grund nur dann für zulässig, wenn eine positive Gesetzesvorschrift dazu nötigt. Auf keinen anderen Standpunkt stellt nach richtiger Auffassung [1] der § 265 der Reichszivilprozefsordnung den Richter, und es würde verfehlt sein, von diesem Standpunkt im B.G.B. abzuweichen.

Hiernach ist insbesondere auch die Fassung des § 172 des sächsischen Gesetzbuches zu verwerfen, desgleichen die Wendung der Gebhardschen Entwürfe: „Wird im Laufe des Rechtsstreites von den Parteien nicht nachgewiesen" etc. — In der Sache selbst will auch Gebhard damit keinen anderen als den hier vertretenen Standpunkt zur Geltung bringen, wie aus dem Schlufssatz hervorgeht: „Die Befugnis des Gerichtes, ausländische Rechtsnormen von Amtswegen zu ermitteln (C.P.O. § 265), wird durch diese Vorschrift nicht berührt." Aber abgesehen davon, dafs es überflüssig und gegenüber dem sonst

---

[1] Vgl. z. B. L. Seuffert, Kommentar, Planck, Lehrbuch des Civilprozefsrechtes I 444 ff.

im Entwurf des B. G. B. beobachteten Verfahren inkonsequent sein würde, im B. G. B. die Aufrechterhaltung einer Vorschrift der C. P. O. auszusprechen, ist diese Formulierung auch sonst nicht ansprechend. Der Zusatz ist augenscheinlich aus der — berechtigten — Besorgnis hervorgegangen, in dem ersten Satz möchte die Auffassung Nahrung finden, es handle sich um eine Beweislast im technischen Sinne. Diese Intention dürfte aber geeigneter durch die im nachstehenden Entwurf vorgeschlagene Fassung ausgedrückt werden. Es ist in derselben auf § 265 C. P. O. Bezug genommen, mit leichter Hervorhebung der dort mehr vorausgesetzten als ausgesprochenen Verpflichtung des Richters, die ihm selbst zu Gebote stehenden Hülfsmittel seinerseits zu erschöpfen.

§ 9.

Rückverweisung?

Die Gebhardschen Entwürfe (§ 31) haben das in der neuesten Litteratur vielverhandelte Prinzip der Rückverweisung für diejenigen Fälle angenommen, in welchen grundsätzlich die Staatsangehörigkeit maſsgebend sein soll (Familiengüter- und Erbrecht, Handlungsfähigkeit, Eheschlieſsung, Ehescheidung, Eltern- und Kindesverhältnis, Vormundschaft). Gesetzgeberisch ist das Prinzip der Rückverweisung bisher, soviel bekannt, nur in den Kodifikationen von Schaffhausen (§ 2), Zürich (§ 3), Zug (§ 2) und Graubünden (§ 1 No. 4, b) sowie in dem schweizerischen Gesetz vom 25. Juni 1891 Art. 28 No. 2 ausgesprochen[1].

Bar hat sich mit den Gebhardschen Vorschlägen (Lehrbuch 49 Anm. 5 am Ende) vorbehaltlos einverstanden erklärt. Im übrigen ist die Frage de lege ferenda so gut wie gar

---

[1] S. unten Teil II Nr. 203, 284, 212, 493, 205.

nicht behandelt. Die in der theoretischen Litteratur und in der Judikatur für und gegen die Zulassung der Rückverweisung laut gewordenen Ansichtsäufserungen beziehen sich auf das geltende Recht. Die Frage wird indessen fast durchweg mit Argumenten behandelt, welche nicht auf der Interpretation einzelner positiver Rechtssätze, sondern auf Erwägungen allgemeiner Natur beruhen, die im wesentlichen auf eine verschiedene Auffassung von der Aufgabe und Funktion der Kollisionsnormen überhaupt hinauslaufen. Wie daher die Gründe für und wider hinsichtlich der verschiedenen Rechtsgebiete die gleichen sind, so decken sie sich auch de lege lata und de lege ferenda zum grofsen Teil.

Gegen die Rückverweisung haben sich ausgesprochen: Laurent (Sirey 1881 IV 41), Labbé (Journ. de d. intern. XII 1 ff.), Kahn (Jahrb. f. Dogm. XXX 21 ff.), Clunet (Journ. de dr. intern. XIII 1 74, Note), Regelsberger (Pand. I 164, 165), für die Rückverweisung: Brocher (Journ. de dr. intern. VIII 13), Martin (Journ. de dr. intern. X 31), Bar (Theorie I 278 ff., Lehrbuch 48), Fiore (Journ. de dr. intern. XIII 173), Jaques (Verhandlungen des 18. deutschen Juristentages, 1886, II 135, 136). Die Praxis der Gerichte, in Deutschland wie im Auslande, ist meist schwankend. Die Rück-(und Weiter-)verweisung wird in konstanter Praxis von den badischen Gerichten angewendet[1]. Für die Rückverweisung haben sich ferner entschieden z. B. die Erkenntnisse des deutschen Reichsgerichts vom 4. Juni 1886 (Bolze III No. 28), 27. Januar 1888 (Entsch. XX 351), 22. September 1891 (Annalen der bad. Gerichte LI 373), sowie das Erkenntnis in Seufferts Archiv XIV 163. Ausländische Urteile in demselben Sinn sind bei Kahn a. a. O. S. 9 ff. mitgeteilt. Die italienische, französische, englische Praxis scheint der Rückverweisung überwiegend stattzugeben. Gegen dieselbe

---

[1] Niemeyer, Positives intern. P. R. I § 128.

haben sich in neuerer Zeit erklärt: die Erkenntnisse des deutschen Reichsgerichts vom 8. Mai 1880 (Entsch. II 13), 4. Januar 1882 (Entsch. VII 21), 31. Mai 1889 (Entsch. XXIV 326), ferner ein Erkenntnis des Landgerichts Strafsburg vom 13. Juni 1892 und ein solches des Oberlandesgerichts zu Kolmar vom 19. Mai 1893 (Zeitschrift für internationales Privat- und Strafrecht III 520, IV 152). Es darf wohl gesagt werden, dafs, wie namentlich die zuletzt genannten Urteile erkennen lassen, die Tendenz der Rechtsprechung in Deutschland neuerdings gegen die Rückverweisung gerichtet ist. Es ist anzunehmen, dafs die Ausführungen Kahns a. a. O. dazu beitragen werden, diese Tendenz zu verstärken. Dieselben sind so eingehend und überzeugend, dafs auf sie hier rundweg Bezug genommen und darauf die Forderung gegründet werden kann, von dem Gebhardschen Vorschlage abzusehen. Nur folgende Bemerkungen sind noch hinzuzufügen.

Für die Rückverweisung hat Bar (Theorie I 279) geltend gemacht: wenn das inländische Recht die Staatsangehörigkeit zur Grundlage des Personalstatuts mache, so sei die Tragweite solcher Norm begrifflich insofern vom ausländischen Recht abhängig, als es das ausländische Recht in der Hand habe, zu bestimmen, wann eine Person die dortige Staatsangehörigkeit habe. Wenn aber das ausländische Recht das sog. persönliche Recht vom Wohnsitz und nicht von der Staatsangehörigkeit abhängig mache, so heifse das nichts anderes „als dafs es nach dieser Gesetzgebung eine Staatsangehörigkeit im technischen Sinne für das Gebiet des Privatrechts nicht gebe". Darum bleibe dann nichts übrig, als die lex domicilii anzuwenden. Kahn a. a. O. S. 35 richtet gegen diese Argumentation die zutreffende Bemerkung, dafs, wenn die Staatsangehörigkeit zur Grundlage genommen werde, damit nicht eine eigens zu konstruierende privatrechtliche Staatsangehörigkeit, sondern dasjenige gemeint sei, was man allgemein darunter verstehe. De lege ferenda aber kommt

jenes Barsche Argument gar nicht in Betracht, weil
jedenfalls der Gesetzgeber frei bestimmen kann, in welchem
Sinn er die Staatsangehörigkeit zu Grunde legen
will. Es kann daher hier auch darauf verzichtet werden, die
sonstigen Fehler des Barschen Argumentes zu erörtern. Bar
fügt aber die de lege ferenda relevante Bemerkung hinzu,
seine Auffassung führe auch zu einem praktisch besseren Ergebnis
(Theorie I 280); aus der gegenteiligen Behandlung entstehe
sehr leicht eine unheilbare Verwirrung der Rechtsverhältnisse
der Beteiligten (Lehrbuch 49), während die Anerkennung
der Rückverweisung eine auch in dem anderen Staat
anerkannte Entscheidung liefere, „um so mehr, da die Gesetzgebung
dieses letzteren Staates schwerlich, wenn sie die Entscheidung
materiell dem Domizilgesetz zuweist, sich selbst,
d. h. den eigenen Gerichten noch eine prozessuale Kompetenz
vorbehalten wird" (Theorie I 281). Die letztere Bemerkung
entbehrt sicher jeder praktischen Bedeutung. Nach der
von Bar selbst (Theorie II 478 ff.) festgestellten Lage der
Sache ist nicht zu besorgen, dafs einem deutschen Urteil die
Anerkennung in einem auswärtigen Gebiet deswegen versagt
werde, weil das in jenem Gebiet geltende Recht zu Grunde gelegt
worden ist und nicht das deutsche[1] Recht. Äufserstenfalls
könnte es sich um ganz vereinzelte Urteile handeln, und
Bar selbst hat sich a. a. O. mit guten Gründen gegen solches
Verfahren erklärt. Dafs aber ein fremder Staat den eigenen
Gerichten in solchem Fall noch dazu die Kompetenz absprechen
sollte, weil er nicht will, dafs sein eigenes Recht angewendet
werde, wäre vollends unerhört und widerspricht aller Erfahrung

---

[1] Verweigerung der Anerkennung im umgekehrten Fall ist
seitens englischer Gerichte vorgekommen. S. die bei Wharton, Conflict
of laws, § 647, mitgeteilten englischen Entscheidungen. Aber nach
dem Zeugnis von Gillespie in der Übersetzung des Barschen Werkes
(2. Aufl. S. 953 Anm. 41) ist die Praxis in England nunmehr davon zurückgekommen.

und Wahrscheinlichkeit. Worin daher die von der Ablehnung der Rückverweisung nach Bar zu befürchtende Verwirrung bestehen sollte, ist nicht einzusehen. Mit mehr Grund könnte man zu Gunsten des Gebhardschen Vorschlages anführen, dafs dadurch die Zahl der „ausdrücklichen Gesetzeskollisionen" im Gebiete des internationalen Privatrechtes vermindert werden würde. Das ist aber nur unter der Voraussetzung richtig, dafs nicht in dem anderen Rechtsgebiet nach dem gleichen Grundsatz verfahren wird. Denn wenn dort ebenfalls die Rückverweisung befolgt wird, so ist die Zahl der Differenzen dieselbe, wie wenn beide Rechtsordnungen die Rückverweisung ablehnen, nur dafs die Rollen der Staaten vertauscht sind. Dafs aber die deutsche Gesetzgebung, wenn sie nach dem Gebhardschen Vorschlag verführe, ohne Nachahmung bleiben würde, darf nicht erwartet werden. Thatsächlich wird das Ausland dem Vorbilde um so mehr zu folgen geneigt sein, als gerade die Autorität Bars solchem Vorgehen das Wort redet. Andererseits verstöfst es gegen die höheren Gesichtspunkte, die der Gesetzgeber sich setzen mufs, wenn er ohne Not ein Verfahren einschlägt, dessen verallgemeinerte Anwendung er selbst nicht wünscht. Übrigens wird die Zahl der ausdrücklichen Gesetzeskollisionen, denen durch die Rückverweisung entgegengetreten werden könnte, um so geringer werden, je mehr die bisher an der lex domicilii als Personalstatut noch festhaltenden Staaten veranlafst sein werden, anstatt dessen die Staatsangehörigkeit zu Grunde zu legen. Diese Veranlassung wird um so stärker sein, je energischer und vorbehaltloser in anderen Kodifikationen das letztere Prinzip vertreten wird. Deutschlands bürgerliches Gesetzbuch ist berufen, Epoche zu machen. Es hiefse das Ansehen der deutschen Gesetzgebungsarbeit (das im Ausland gröfser ist, als in dem kritikgeneigten Vaterlande selbst) unterschätzen und gefährden, wenn man allzu ängstlich Opportunitäten erwägen und auf abweichende Rechtsordnungen übertriebene Rücksicht nehmen würde, anstatt die für richtig erkannten Prinzipien mit vorbildlicher Konsequenz selbständig zu verfolgen. — Dies gilt vollends gegenüber dem Gedanken, daſs zufolge des Rückverweisungsprinzipes die deutschen Gerichte seltener in der Lage sein würden, ausländisches Recht anzuwenden.

Während somit die für die Rückverweisung geltend gemachten praktischen Momente von geringer Kraft sind, sprechen andere Erwägungen praktischer Art auf das entschiedenste dagegen.

Soweit das Prinzip ausführbar wäre (was, wie sogleich gezeigt werden soll, teilweise nicht der Fall sein würde), würde das Ergebnis im wesentlichen sein, daſs die in Deutschland wohnenden Ausländer grundsätzlich in zwei Klassen zerfielen, solche, die nach ihrem Heimatrecht beurteilt würden, und solche, die nach deutschem Recht beurteilt würden. Zur ersten Kategorie würden z. B. gehören: Österreicher, Holländer, Belgier, Franzosen, Spanier, Portugiesen, Italiener, Griechen, Rumänen, Schweden, die Angehörigen der zentralamerikanischen und der meisten südamerikanischen Staaten, zur zweiten Kategorie: Engländer, Dänen, Norweger, Argentinier[1]. Dem unbefangenen Rechtsbewuſstsein würde dieses Ergebnis als eine unbegründete Bevorzugung der ersten Kategorie und als eine Zurücksetzung der zweiten erscheinen, mindestens aber als eine unerklärliche Zwiespältigkeit der Behandlung. Sowohl das Rechtsbewuſstsein der deutschen Bevölkerung als dasjenige der beteiligten Ausländer würde die Unterscheidung als Willkür des Gesetzgebers empfinden, und es würde auch fortgesetzter Übung schwerlich gelingen, Verständnis und Anerkennung für das in der Rückverweisung

---

[1] Die Angehörigen der südamerikanischen Staaten, welche dem Vertrage von Montevideo beigetreten sind, gehören nicht hierher, weil jener Vertrag das Domizilprinzip nur im Verhältnis der beteiligten Vertragsstaaten einführt.

liegende juristische Kunststück zu erzeugen. — Der Kunstgriff
würde aber auch teilweise versagen oder doch mit unerträglichen Schwierigkeiten verbunden sein. Das erstere gilt
für diejenigen Staaten, in denen lokale Rechtsverschiedenheiten hinsichtlich des „Personalstatuts" bestehen, namentlich in Rufsland, wo für Est-, Liv- und Kurland gesetzlich die
lex domicilii, für Polen die Staatsangehörigkeit mafsgebend
ist[1]. Das zweite gilt für diejenigen Rechtsgebiete, in denen
die Nachforschung nach dem daselbst geltenden Recht zu
zweifelhaften Resultaten führt, weil gesetzliche Bestimmungen
fehlen und die Praxis schwankend ist, wie z. B. bezüglich
Ungarns, in gewissem Sinn auch bezüglich Englands. Der
Grundsatz, dafs im Zweifel die Übereinstimmung des ausländischen Rechts mit dem einheimischen anzunehmen sei, würde hier
eine Zuflucht gewähren, die der Intention des Rückverweisungsgedankens schlecht entsprechen und zu dem wunderlichen Resultat führen würde, dafs im Zweifel ausländisches
Recht anzuwenden wäre. Das nobile officium judicis würde
aber darum doch nicht befreit von vorgängigen Erhebungen
unerquicklicher und unfruchtbarer Art, die der Gesetzgeber
den Gerichten ersparen kann.

§ 10.

Gleichstellung der Ausländer mit den Inländern. Retorsion.

Die Gesetzgebungen enthalten über die Rechtsstellung der
Fremden mannigfaltige Bestimmungen, welche zwischen den
Extremen prinzipieller Rechtlosigkeit der Fremden und unbedingter Gleichstellung der Ausländer mit den Inländern sich
abstufen: **a)** Einige Gesetzgebungen (z. B. Chile, Columbia,

---

[1] Im übrigen Rufsland bevorzugt die Praxis die Staatsangehörigkeit.

Bolivia, Venezuela) sprechen nur die Gleichstellung in Bezug auf die **Rechtspflichten** aus, b) andere die **Gleichberechtigung** (z. B. Congostaat, Italien, Spanien), c) wieder andere Gesetzgebungen (z. B. Holland, Ticino) fassen beide Seiten objektiv zusammen; d) das französische Zivilgesetzbuch und einige seiner Tochterkodifikationen (z. B. Baden, Belgien, Bolivia, Genf) stellen die Fremden den Inländern nur in denjenigen Beziehungen gleich, in denen durch **Staatsverträge** den Inländern die Gleichstellung in dem betreffenden ausländischen Staate verbürgt ist; e) der code civil des Kantons Waadt räumt den Fremden nur Recht ein „d'après les lois qui leur sont relatives"[1]; f) andere Gesetzgebungen (z. B. Bayern, Monaco, Österreich, Serbien, Wallis) bestimmen die zivilrechtliche Gleichberechtigung der Fremden unter der Bedingung der **Reziprozität**, oder g) behalten sich allgemein die **Retorsion** vor; (so die oben S. 40 angeführten deutschen Rechtsordnungen und z. B. Bern, Freiburg, Solothurn, Montenegro); h) einige Gesetzgebungen schliefsen die Fremden in Bezug auf einzelne Rechtsinstitute aus (oder beschränken ihre Rechte), soweit die Inländer in dem betreffenden fremden Staat in gleicher Weise zurückgesetzt werden; (so z. B. in Bezug auf das Erbrecht Baden, Chile, Ecuador, Frankreich, Holland, Honduras, Salvador, einige Schweizerkantone)[2]; i) endlich schliefsen einzelne Gesetzgebungen die Fremden von gewissen Rechten — ganz oder teilweise — schlechthin aus. (So z. B. Rumänien[3] bezüglich der Erwerbung von Grundeigentum.)

Aus dieser Stufenfolge kommen für die Kodifikation des internationalen Privatrechts im B. G. B. ernstlich in Betracht

---

[1] Huber, System und Geschichte I 148, bemerkt mit Recht, dafs die letztgenannten Bestimmungen prinzipiell die Rechtlosigkeit der Fremden bedeuten. Vgl. auch Bar, Theorie I 283 ff.

[2] Vgl. darüber Huber a. a. O. I 149.

[3] Rumänische Verfassungsurkunde von 1879 Art. 7 § 5.

nur die Gesichtspunkte der Reziprozität und der Retorsion (f, g, h).

Die zu a) genannten Klauseln sind der Ausdruck des Grundsatzes, dafs auch die Fremden dem im Staate geltenden Recht unterworfen sind. Soweit dieser Grundsatz materiell richtig ist, ist er selbstverständlich und bedarf daher keiner gesetzlichen Formulierung, sofern sich nämlich für Kulturländer von selbst versteht, dafs nicht die Fremden als solche exterritorial sind. Der Grundsatz ist aber nicht zutreffend, soweit die Exterritorialität reicht, und er ist ferner zum Teil unzutreffend für diejenigen Rechtsverhältnisse, für welche die Staatsangehörigkeit als Personalstatut gilt. In ersterer Hinsicht ist darauf hinzuweisen, dafs, wenngleich die Exterritorialität prinzipmäfsig nur die Befreiung von der Jurisdiktion und der polizeilichen Exekutive bedeutet, die Konsequenz dieser Exemtion auch das Privatrecht ergreift, da durch die Zuständigkeit der Heimatgerichte auch die Anwendung des für diese mafsgebenden Rechts, also insbesondere der für sie mafsgebenden Grundsätze des internationalen Privatrechts, bedingt ist. Es kommt also eher in Frage, ob nicht, wie z. B. im preufsischen Landrecht (Einleitung §§ 36 bis 39) und im österreichischen Zivilgesetzbuch (§ 38), eine Bestimmung hinsichtlich der Exterritorialen aufgenommen werden soll. Dies ist indessen abzulehnen, da das Privatrecht eben genau nur soweit durch die Exterritorialität berührt wird, als die inländische Amtsgewalt durch sie beschränkt wird. Der Sitz der Materie ist also nicht im B. G. B., sondern in den die Amtsgewalt betreffenden Gesetzen. Für das deutsche Reich ist die Materie hinsichtlich der Jurisdiktion folgerichtig in §§ 18—21 des Gerichtsverfassungsgesetzes geregelt[1].

Ebensowenig ist die Aufnahme einer Bestimmung der zu

---

[1] Vgl. Bar, Theorie II 621 ff.

b) und c) bezeichneten Art in das B. G. B. angezeigt. Von dem Satze zu c) gilt hinsichtlich der **Verpflichtungen** der Ausländer dasselbe, was zu a) bemerkt wurde. Was aber die **Gleichberechtigung** der Ausländer betrifft, so ist es überflüssig, sie auszusprechen. Es versteht sich insbesondere bei der von uns zu Grunde gelegten Auffassung von selbst, dafs das B. G. B. auf Ausländer nur insoweit nicht Anwendung findet, als das B. G. B. dies bestimmt. Es ist die Aufgabe der speziellen Kollisionsnormen, darüber Vorschriften zu geben. Die dem italienischen Gesetzbuch in der internationalistischen Litteratur so hoch angerechnete Bestimmung[1]: „Lo straniero è ammesso a godere dei diritti civili attribuiti ai cittadini" hat einen sympathischen Klang. Aber eine materielle Bedeutung hat sie nicht. Es ist ein Programmsatz, dessen Wert und Inhalt davon abhängt, wie weit im einzelnen damit Ernst gemacht ist; im italienischen Gesetzbuch ist das, nebenbei gesagt, in liberalster Weise geschehen[2].

Der Grundsatz des französischen Gesetzbuches sowie derjenige des code vaudois stehen in offenbarem und schroffem Widerspruch zu der Idee der internationalen Rechtsgemeinschaft und zu den Bedürfnissen des Rechtsverkehrs. De lege ferenda kann dafür kein anderes Moment geltend gemacht werden, als dafs dem Staate damit ein starkes Mittel gegeben ist, die Fremden im Interesse der Politik zu bedrücken. Mit Recht bemerkt dawider **Bar** (Theorie I 287): „Man untergräbt dadurch geradezu einen durch Praxis und Gewohnheitsrecht bestehenden befriedigenden Rechtszustand, um dafür die unsichere Aussicht auf internationale Verträge einzutauschen,

---

[1] Vgl. Gemma im Archivio giuridico Bd. 49 S. 432 ff., Bar, Theorie I 285.

[2] Über Art. 6 des holländischen Gesetzes vom 15. Mai 1829 vgl. T. M. C. Asser in der Revue de droit international I 113 ff.

deren Abschluſs von den mannigfachsten Zufälligkeiten abhängt."

Noch schroffer und kulturfeindlicher sind zum Teil die in einzelnen Ländern geltenden direkten gesetzlichen Beschränkungen der Fremden (1). Zum andern Teil sind sie allerdings harmloser und nicht ganz ohne Berechtigung. So z. B. wenn Angehörige fremder Staaten von der Führung einer Vormundschaft ausgeschlossen werden. Inwieweit derartige Beschränkungen für das B.G.B. zu empfehlen sind, ist innerhalb der Spezialmaterien zu untersuchen.

Es erübrigen die Gesichtspunkte der Reziprozität und der Retorsion[1].

Beide Verfahrensarten beruhen auf demselben Grundgedanken[2]: Durch Vergeltung soll auf Beseitigung der rechtlichen Zurücksetzung der Angehörigen des die Vergeltung übenden Staates im Auslande — präventiv oder repressiv — hingewirkt werden. Der Gesichtspunkt der „Ahndung" im Sinne der Bestrafung oder der Rache, das Talionsprinzip in diesem Sinne, kommt daneben für den Gesetzgeber nicht in Betracht, wenngleich die Retorsion unter Umständen auch im Sinne einer Genugthuung wirken kann. Es fragt sich vielmehr nur, ob und wie weit das praktische Bedürfnis vorliegt, den Deutschen im Auslande einen solchen Schutz zu gewähren, und ob hierfür, sei es der Grundsatz der Reziprozität, sei es die Retorsion ein genügendes Mittel gewährt.

---

[1] Nur um Retorsion im speziellen Sinne („quod quisque juris in alterum statuerit, ut ipse eodem jure utatur" Dig. 2,2) kann es sich handeln, nicht um irgendwelche Repressalien. Solche kann ein Gesetzbuch nicht vorsehen. Sie können nur von Fall zu Fall, sei es durch Gesetze, sei es durch administrative oder militärische Maſsregeln bewirkt werden.

[2] S. Bar, Theorie I 299: „Retorsion und Reziprozität sind in Wahrheit ein und dasselbe Prinzip; nur ist bei beiden die Präsumtion verschieden angewendet."

Dafs bei dem gegenwärtigen Rechtszustand und den derzeitigen politischen Verhältnissen des Erdballes rechtliche Zurücksetzungen der Fremden überhaupt und der Deutschen insbesondere nicht in berücksichtigenswerten Mafse vorhanden oder zu besorgen seien, läfst sich nicht behaupten. Es ist sogar gegenwärtig bei mehreren europäischen Staaten unverkennbar eine steigende Tendenz hinsichtlich der Zurücksetzung der Fremden vorhanden. Die Nichtanerkennung ausländischer juristischer Personen und die Ausschliefsung der Fremden vom Grundeigentum sind notorische Beispiele aus dem Gebiete speziell des Privatrechts, und zwar desjenigen Teiles des Privatrechts, den das B. G. B. regelt. Andere Zurücksetzungen können leicht im Gebiete des Erbrechtes erfolgen, nicht zu gedenken der Fragen des materiellen Prozefsrechtes, auf welche in anderem Zusammenhang näher eingegangen werden mufs.

Der Grundsatz der Reziprozität kann nun gegenüber solchen — vorhandenen oder möglichen — Zurücksetzungen entweder allgemein oder speziell aufgestellt werden. Beispiele allgemeiner Formulierung gewähren die Zivilgesetzbücher von Monaco und von Serbien[1], Beispiele von speziellen Reziprozitätsklauseln die oben S. 41 genannten Vorschriften, sowie die in der Note[2] bezeichneten Bestimmungen.

Dafs mit speziellen Reziprozitätsklauseln das Bedürfnis nicht voll gedeckt werden kann, um welches es sich handelt, bedarf keiner eingehenden Begründung, da es auf der Hand liegt, dafs sich die mannigfachen Formen nicht übersehen, namentlich nicht voraussehen lassen, in denen privatrechtliche Zurücksetzungen der Deutschen im Auslande vorkommen können. Kasuistische Erschöpfung ist nicht möglich. Wenn das Prinzip der Reziprozität überhaupt richtig und seine gesetzgeberische

---

[1] Teil II Nr. 90, 95.
[2] Unten Teil II Nr. 474, 478, 483, 490, 492, 499, 500, 516, 526.

Anwendung empfehlenswert ist, dann ist seine Anwendung gegenüber allen Möglichkeiten geboten, das heifst es muss entweder eine **allgemeine Reziprozitätsklausel** oder eine **allgemeine Retorsionsklausel**[1] in das B. G. B. aufgenommen werden. Inwieweit eventuell **neben der letzteren spezielle Reziprozitätsklauseln** für einzelne Rechtsmaterien angezeigt sein könnten, ist eine daneben an und für sich noch offen bleibende Frage. Keinenfalls wird durch spezielle Reziprozitätsklauseln die Retorsionsklausel entbehrlich.

Die Alternative „Allgemeine Reziprozitäts- oder Retorsionsklausel" ist nun mit Entschiedenheit zu Gunsten der letzteren zu lösen, und zwar namentlich deswegen, weil in der weit überwiegenden Mehrzahl der in Betracht kommenden internationalen Beziehungen die Gegenseitigkeit thatsächlich verbürgt ist, also die statistische Rechtfertigung für die dem Ausländer ungünstige Präsumtion fehlt Wenn dem in Deutschland Recht suchenden Ausländer der Nachweis abgefordert würde, dafs sein Heimatstaat die Deutschen nicht zurücksetze, so würde das zudem eine auch bei thatsächlichem Vorhandensein der Gleichstellung formell oft schwer zu erfüllende und daher unbillige Beweispflicht bedeuten. Sofern aber dem nobile officium judicis die Prüfung der Reziprozität auferlegt würde, wäre das eine ebenso lästige, als in den meisten Fällen überflüssige Belastung für die Organe der Rechtspflege. Endlich würde wahrscheinlich durch die Reziprozitätsklausel das Gegenteil von dem erreicht werden, was dadurch erreicht werden soll. Denn es liegt äufserst nahe, dafs die (die Mehrheit darstellenden) Staaten, welche bisher liberal verfahren, dadurch veranlafst werden würden, nun ihrerseits Retorsion zu üben.

Es kann nun aber ferner nicht zweifelhaft sein, dafs die

---

[1] Nur sog. **absolute Reziprozität** kommt in Frage. S. Bar, Theorie I 286, Note 23.

gleichen Erwägungen auch gegen alle speziellen Reziprozitätsklauseln sprechen. Es wird damit eine Frage wieder aufgenommen, welche bereits (oben S. 42) berührt wurde. Es ist hier zu wiederholen, dafs die aus den Gegenseitigkeitsklauseln sich für die internationale Vertragspolitik ergebenden Vorteile nicht erheblich genug sind, um die gegen dieselben vorhandenen Bedenken aufzuwiegen. Engherziges Mifstrauen pflegt sich überdies auch in der internationalen Politik schlecht bezahlt zu machen. Die Vorteile, welche auf dem Wege der Reziprozität zu erreichen sind, können im wesentlichen bei energischer Handhabung auch durch die Retorsionsklausel erzielt werden.

Zu Gunsten der letzteren spricht auch das Vorbild des § 4 der Reichskonkursordnung, während die §§ 102 (Al. 2 Nr. 1), 106, 661 (Al. 2 Nr. 5) der Reichszivilprozefsordnung, die allerdings die Gegenseitigkeitsklausel enthalten, wegen der Besonderheit der betreffenden Rechtsvorschriften hier nicht in Vergleich kommen. Bar (Theorie I 286 ff., 299) spricht sich auch für die Retorsion aus. Er scheint (Lehrbuch 51 Anm. 3) auch dem Vorschlage in § 39 der Gebhardschen Entwürfe zuzustimmen. In der That dürfte nichts anderes gegen den Gebhardschen Vorschlag einzuwenden sein, als das, was sich gegen jede Retorsionsklausel sagen läfst, welche die Retorsion in die Hände der Staatsregierung legt, dafs sie nämlich praktisch nicht das leiste, was man theoretisch von ihr erwarten könne. Dieser Einwand findet allerdings eine Stütze in den Erfahrungen, welche mit den bisher in Deutschland geltenden Retorsionsbestimmungen, sowohl mit denen des Partikularrechts, als mit § 4 der Konkursordnung gemacht sind. Diese Erfahrungen lehren, dafs die Staatsregierungen durch Rücksichten der allgemeinen Politik im Gebrauch der ihr vom Gesetzgeber eingeräumten Retorsionsbefugnis beengt sind. Reichskanzler und Bundesrat werden sich nicht leicht entschliefsen, die privatrechtliche Zurücksetzung der Deutschen im Auslande zum Anlafs einer politischen Aktion zu nehmen, und solche bedeutet freilich die Retorsion in den Händen dieser Instanzen stets. Aber der Nachteil, der aus einer Verwaltung des Retorsionsrechtes durch Gerichte und andere Behörden entstehen würde, wäre noch gröfser, da die Rücksichten des allgemeinen Staatswohles, welche durch solche Verwaltung verletzt werden könnten und deren Wahrung durch die Kompetenz des Reichskanzlers und des Bundesrates ermöglicht wird, wichtiger sind, als die Wahrung der privatrechtlichen Interessen deutscher Unterthanen im Auslande. — Daher ist dem Gebhardschen Vorschlag beizutreten.

§ 11.

Form der Rechtsakte.

Im geltenden Recht ist durchweg dem Recht des Ortes, wo eine Rechtshandlung, insbesondere ein Rechtsgeschäft vorgenommen wird, bezüglich der Formvorschriften eine mehr oder weniger erhebliche Bedeutung zugewiesen. Auch die vorhandenen Gesetzesvorschläge stimmen damit überein. Dieser Behandlung wird landläufig mit der Formel „locus regit actum" Ausdruck gegeben und der allgemeine Gebrauch, dessen sich diese Wortformel erfreut, kann bei oberflächlichem Anschauen die Meinung erwecken, als ob es sich hier um die allgemeine Anerkennung einer festen Rechtsregel handle. Das ist thatsächlich nicht der Fall. Der Sinn, in welchem die Parömie gebraucht wird, ist sehr wechselnd, und sachlich ist die internationalistische Behandlung der Formvorschriften in den verschiedenen Rechtsgebieten und von seiten der verschiedenen theoretischen Schriftsteller sehr verschieden. Der einheitliche Gedanke, welcher in der Mannigfaltigkeit der durch das Motto „locus regit actum" bezeichneten Rechtssätze und Dogmen als

Kern zu erkennen ist, besteht lediglich in der Verbindung der Begriffe „Formvorschrift" und „lex loci actus".

Die gesetzgeberische Frage, welche sich daran anschliefst, geht somit, ganz allgemein formuliert, dahin, inwiefern eine solche besondere Verbindung angezeigt ist, oder anders ausgedrückt, inwiefern für die Rechtssätze, welche die Form der Rechtshandlungen betreffen, als solche der Anwendungsbereich durch den Ort der Vornahme bestimmt werden soll, unabhängig (und eventuell verschieden) von dem Anwendungsbereich der übrigen die Rechtshandlungen betreffenden Rechtssätze. Die Frage ist, da sie alle juristischen Willenserklärungen betrifft, bei denen Formvorschriften vorkommen, eine das ganze Rechtssystem im Querschnitt berührende; sie betrifft in diesem Sinne einen allgemeinen Grundsatz. Die Berechtigung desselben ist, wie sich zeigen wird, für die einzelnen Rechtsmaterien verschieden zu beurteilen. Aber da der Begriff „Formvorschrift" ein allgemeiner ist, ist auch das Prinzip auf der Basis des ganzen Privatrechtssystems zu erörtern. Der Begriff „Formvorschrift" reicht weiter als der Begriff „Rechtsgeschäft", weswegen in der Überschrift dieses Paragraphen der allgemeinere Ausdruck „Rechtsakte" gebraucht ist. Praktisch handelt es sich aber nur um Rechtsgeschäfte (wenn man das Wort im weitesten Sinne nimmt), weswegen im folgenden der geläufigere Ausdruck Rechtsgeschäft gebraucht werden soll.

Die zunächst aufzuwerfende Vorfrage ist nun die, ob es gerechtfertigt ist, in internationalistischer Hinsicht einen grundsätzlichen Unterschied zu machen zwischen Formvorschriften, wie sie hier fortan kurzweg genannt werden sollen, und materiellen Vorschriften (einem ungenauen, aber zweckmäfsigen Ausdruck).

Schwierigkeit bietet von vornherein die Bestimmung der Grenze zwischen beiden Arten von Rechtssätzen. Zwar läfst sich bei einer Reihe von Bestimmungen entschieden sagen, dafs sie Formvorschriften sind[1], bei einer Reihe von anderen Rechtssätzen ebenso entschieden, dafs sie keine Formvorschriften sind. Bei anderen Rechtssätzen aber kann die Antwort zweifelhaft sein[2]. In Theorie und Praxis gehen denn auch die Ansichten über die Tragweite des Begriffes Formvorschrift auseinander[3]. Schon diese Unsicherheit der Grenze spricht gegen die grundsätzliche Trennung der beiden Kategorien. Entscheidend spricht aber gegen dieselbe die negative Erwägung, dafs es keinerlei inneren Grund giebt, wodurch sich die grundsätzliche Absonderung der Formvorschriften rechtfertigen liefse. Die älteren Versuche, eine innere Notwendigkeit dafür zu deduzieren, sind heute als mifsglückt allgemein anerkannt[4], und zutreffend sagt Bar (a. a. O. 340): „Die Form eines Rechtsgeschäftes ist eine der Voraussetzungen des letzteren und mufs daher nach demselben Rechte beurteilt werden, dem das Rechtsgeschäft überhaupt unterliegt"[5]. Dieser prinzipiellen Auffassung geben auch die Gebhardschen Entwürfe im ersten Satze des § 9 Ausdruck. Der Satz ist an und für sich selbstverständlich, und er würde völlig überflüssig sein, wenn nicht eine abweichende Auffassung im Anschlufs an die Regel „locus regit actum" aufserordentlich verbreitet und es deshalb nötig wäre, den Standpunkt des Gesetzgebers gegen alle Zweifel sicherzustellen. In den Gesetzgebungen von Aar-

---

[1] Aus dem Entwurf des B.G.B. gehören dahin z. B. §§ 105, 108, 263, 265, 465, 794 ff., 1222 ff., 1333.

[2] Vgl. z. B. Entwurf des B.G.B. §§ 107, 143, 269 Al. 1, 288 Al. 1, 310, 1114.

[3] Vgl. Bar, Theorie I 345 ff.

[4] S. die Litteratur bei Bar, Theorie I 337 ff. (besonders Wächter, XXIV 287 ff. u. XXV 369 ff.).

[5] Vgl. auch die bei Bar, a. a. O. Anm. 13, angeführte Litteratur, sowie Regelsberger, Pandekten I 170 („Die Form eines Rechtsgeschäfts wird durch dasselbe örtliche Recht bestimmt, dem das zu gründende, abzuändernde, aufzuhebende Rechtsverhältnis unterliegt"). Übereinstimmend Unger I 207. S. auch Savigny VIII 349.

gau, Argentinien, Baden, Bayern, Bern, Chile, Columbien, Ecuador, Griechenland, Holland, Honduras, Luzern, Rumänien, Salvador, Solothurn, Spanien, Unterwalden, Uruguay ist das entgegengesetzte Prinzip zum vorbehaltlosen Ausdruck gekommen, desgleichen in den Rechtshülfeverträgen der deutschen Staaten[1], in den Gesetzesvorschlägen von Käppeli, Rocholl, Dudley Field und in dem Vertragsentwurf von Lima. — Aber auch diejenigen Formulierungen, in denen die Regel „locus regit actum", wie man sich auszudrücken pflegt, nur fakultativ[2], das heifst mit dem Vorbehalte ausgesprochen ist, dafs auch die Beobachtung des sonst für das Rechtsverhältnis („materiell") mafsgebenden Rechtes „genüge", kehren das natürliche Verhältnis um. Dies gilt namentlich auch von dem Mommsenschen Vorschlag, welcher im übrigen vor den anderen hierher gehörenden Gesetzesvorschlägen (abgesehen von dem Laurentschen Entwurf in Art. 212) und gesetzlichen Bestimmungen sich dadurch auszeichnet, dafs er allein „das Recht, dem das Geschäft überhaupt unterworfen ist", als das in der Alternative stehende bezeichnet. Von den übrigen Gesetzesvorschlägen und Gesetzen wird statt dessen teils „das Recht des Ortes, an welchem das Geschäft in Wirksamkeit treten soll", genannt, (Bernischer Entwurf, Liv-, Est- und Kurland, Vertrag von Montevideo, Sachsen)[3], teils das Heimatrecht der beteiligten Personen[4] (Belgischer Entwurf, Congostaat, Freiburg, Japanischer Entwurf, Italien, Venezuela), teils Heimatrecht und Recht des Erfüllungsortes (Costarica, Guate-

---

[1] S. Niemeyer, Positives i. P. R. I, §§ 118—120.
[2] S. Savigny VIII 558.
[3] So formulieren auch für das gemeine Recht Windscheid, Pand. I § 35; Dernburg, Pand. I 109; s. auch R.G. Entsch. I 322.
[4] S. auch z. B. Savigny VIII 359; Bar, Theorie I 357—58.

mala, Mexico), teils auch die lex fori (Montenegro, Schaffhausen, Zürich, Zug).

Dem hier vertretenen Standpunkt entsprechen die Gesetzgebungen von Canada und Graubünden[1], indem sie unter Verschweigung des als selbstverständlich vorausgesetzten Prinzipes, wonach die Form eines Rechtsgeschäftes demselben Recht untersteht, wie das betreffende Rechtsverhältnis, lediglich die Ausnahmebestimmung aussprechen, daſs die im Ausland gemäſs den dortigen Formvorschriften geschlossenen Rechtsgeschäfte nicht wegen Formmangels ungültig sind. — Der Gebhardsche Entwurf ist aber der erste gesetzgeberische Versuch, das Verhältnis von Prinzip und Ausnahme in der natürlichen und sachgemäſsen Weise rund zu formulieren, wie es sich darstellt, wenn man sich der Voreingenommenheit entschlägt, welche durch die traditionelle Zauberformel „locus regit actum" erzeugt wird. Die Abweichungen der in dem nachstehenden Entwurf vorgeschlagenen Bestimmung von dem Gebhardschen Entwurf sind nur redaktioneller Natur.

Wächter (XXIV 287, XXV 369 ff.) und Savigny (VIII 349, 358) haben übereinstimmend und mit überzeugender Energie darauf hingewiesen, daſs die Regel locus regit actum sich entgegen der Rechtskonsequenz, lediglich auf Grund eines praktischen Bedürfnisses herausgebildet habe. Daſs ein solches Bedürfnis thatsächlich vorhanden ist, wird durch die fast völlige Einhelligkeit bewiesen, mit welcher der Grundsatz in Praxis und Theorie adoptiert worden ist. Daſs man seine Ausnahmenatur verkennt und ihn zum Prinzip erhebt, spricht aufs stärkste für das Bedürfnis, wenngleich gegen das Vorhandensein zutreffender Würdigung des juristischen Gesichtspunktes.

Das Hauptmoment, welches für die (fakultative) Berück-

---

[1] Graubünden (§ 2) s. Teil II im Anhang. — Wallis (Note 3) würde hierher zu rechnen sein, wenn es auſser Zweifel stünde, daſs diese Vorschrift sich auf die Form beziehe.

sichtigung der lex loci actus spricht, liegt darin, daſs nicht überall die Erfüllung der Formen möglich ist, welche durch das materiell entscheidende Recht vorgeschrieben sind. Typisch dafür ist das von Savigny (VIII 350) angeführte Beispiel, welches nur insofern der Korrektur bedarf, als man unterstellen muſs, eine in Preuſsen domizilierende Person habe Veranlassung, in Frankreich ein Testament zu errichten. Sie kann dies nicht in der (gerichtlichen) Form, welche das preuſsische L.R. vorschreibt, weil nach dem Code civil Artt. 971 ff. in Frankreich die Gerichte sich nicht mit Testamentsaufnahme befassen. Ein anderes Moment zu Gunsten der lex loci actus besteht darin, daſs bei Abgabe der Willenserklärung nicht immer mit Sicherheit vorauszusehen ist, welches Recht demnächst materiell über das Rechtsverhältnis entscheiden wird. Dies gilt namentlich von letztwilligen Verfügungen, in gewissem Maſse auch von Eheverträgen, aber auch von allen denjenigen Rechtsgeschäften, welche infolge positiver Differenzen des internationalen Privatrechts der verschiedenen Gebiete verschiedener Beurteilung verfallen, je nachdem die Gerichte des einen oder des anderen Gebietes mit der Entscheidung etwaiger Streitigkeiten befaſst werden. Weniger fällt ins Gewicht, daſs häufig eine gewisse Bewuſstseinsbeziehung der beteiligten Personen zu den Formvorschriften des Ortsrechtes vorhanden ist, unter dessen Herrschaft ein Rechtsgeschäft abgeschlossen wird. Dagegen spricht sehr entschieden für das Ortsrecht der Geschäftserrichtung die übereinstimmende Berücksichtigung desselben in fast allen modernen Gesetzgebungen[1]. Auch Artt. 85, 86 der Deutschen Wechselordnung stehen auf dem gleichen Standpunkt.

Die Schwierigkeiten, welche sich der Feststellung des Ortes der Geschäftserrichtung entgegenstellen können, nament-

---

[1] Eine eigentümliche Ausnahme bilden die Gesetzgebungen von Georgia und Louisiana.

lich wenn ein Vertrag inter absentes geschlossen ist, erledigen sich damit, dafs dann die Ausnahmebestimmung, da sie sich nicht anwendbar erweist, aufser Betracht bleibt und das für die materiellen Rechtsvorschriften mafsgebende Recht anzuwenden ist. Sofern dieses gleichfalls die lex loci actus ist, somit hier dieselben Schwierigkeiten eintreten, mufs gesetzgeberische Fürsorge für sachgemäfse Lösung getroffen werden. Dieserhalb ist anläfslich der einzelnen Materien näheres zu erwägen.

Eine Ausnahme von der Ausnahme mufs für die Rechtsgeschäfte bestimmt werden, welche auf Begründung, Übertragung, Aufhebung von dinglichen Rechten gerichtet sind; Theorie und Praxis sind darüber einig. Insbesondere hat sich auch die deutsche Judikatur dafür entschieden[1]. Die Gründe dafür ergeben sich aus den überhaupt für die lex rei sitae sprechenden Erwägungen, während die für die lex loci actus geltend gemachten Argumente hier wegfallen.

Umgekehrt nötigen triftige Gründe dazu, in Bezug auf die Form der Eheschliefsung die Regel „locus regit actum" im absoluten Sinne vorzuschreiben. Dies ist im Zusammenhange der eherechtlichen Vorschriften näher zu erörtern.

Ein Vorbehalt ist für diejenigen Rechtsgeschäfte zu machen, welche vor diplomatischen oder konsularischen Vertretern des Deutschen Reiches innerhalb der Zuständigkeit derselben vorgenommen werden. Nach Sinn und Zweck der betreffenden Vorschriften müssen diese Rechtsgeschäfte von deutschen Behörden, insbesondere Gerichten, absolut respektiert werden. Materiell versteht sich das von selbst. Die Aufnahme einer entsprechenden Klausel in das B.G.B. ist deswegen zu empfehlen, damit der mehr bewegliche Charakter jener speziellen und durch wechselnde Bedürfnisse bedingte Bestimmungen zu den

---

[1] Vgl. die Nachweisungen bei Bar. Theorie I 615 ff., sowie Regelsberger, Pand. I 170.

Kollisionsnormen des B.G.B. zum angemessenen Ausdruck gebracht wird [1].

Keine Berücksichtigung verdient der Gesichtspunkt der „in fraudem legis domesticae" im Ausland abgeschlossenen Rechtsgeschäfte. Die deutsche Wissenschaft und Praxis ist darüber einig [2].

---

[1] Vgl. über die Materie Bar, Theorie I 359.

[2] Vgl. darüber Bar, Theorie I 350 ff. und die dort angeführte Litteratur, besonders Wächter XXV 413 ff., ferner Regelsberger, Pand. I 170.

Drittes Kapitel.

Die Anknüpfungsmomente für die speziellen Kollisionsnormen.

§ 11.

Prinzipielle Gesichtspunkte.

Die Aufgabe des Gesetzgebers gegenüber dem internationalen Privatrecht besteht, formal betrachtet, wie oben (S. 27 ff.) ausgeführt wurde, darin, die lokalen und personalen Thatbestandsmomente zu bestimmen, durch deren Vorhandensein der Anwendungsbereich der einheimischen Rechtssätze in internationaler Hinsicht bedingt sein soll, und eventuell in der Bestimmung desjenigen ausländischen Rechtes, welches in die Lücke treten soll. Jene Thatbestandsmomente sollen hier als Anknüpfungsmomente[1] bezeichnet werden. Es fragt sich nun, welche Anknüpfungsmomente der Gesetzgeber wählen und wie er sie verwerten soll. Von dem Gesichtspunkt

---

[1] „Anknüpfungsmomente" und nicht „Anknüpfungsbegriffe" ist gewählt mit Rücksicht auf die von Kahn a. a. O. eingeführte Terminologie, wonach der letztere Ausdruck weiter reicht und z. B. den Begriff „Immobiliarqualität" umfafst.

ausgehend, daſs diese Frage prinzipiell zu beantworten sei, kann man sie bezeichnen als die Frage nach dem materiellen Prinzip des internationalen Privatrechts[1]. Man muſs sich aber klar darüber sein, daſs die Frage nicht das erste und oberste Problem des internationalen Privatrechts betrifft. Jene Frage bewegt sich nur innerhalb des Kreises, in welchem der Gesetzgeber sich entschlieſst, internationalistisch vorzugehen, das heiſst, einheimisches und ausländisches Recht gleichwertig nebeneinander zu stellen und die Anwendbarkeit des einen und des anderen von einem einheitlichen Anknüpfungsmoment abhängig zu machen. Dabei wird die negative und die positive Funktion der Kollisionsnormen (s. oben S. 55) durch ein und dasselbe Anknüpfungsmoment verbunden, was nicht begriffsnotwendig, aber praktisch durchaus geboten ist (s. oben S. 32, 56). Es handelt sich hiernach, genau gesprochen, um das materielle Prinzip der speziellen Kollisionsnormen. Darum ist auch erst hier, nach Erörterung der allgemeinen Grundsätze (Kapitel II), durch welche das Gebiet der speziellen Kollisionsnormen umschränkt wird, der Ort, die aufgeworfene Frage zu verfolgen. Hier nun erst ist auch der Punkt, wo man sagen kann (vgl. oben S. 28), daſs es die Koexistenz verschiedener Rechtsordnungen ist, welche den Grund des internationalrechtlichen Problems enthält, nämlich insofern, als für das internationalistische Vorgehen des Gesetzgebers die Erwägung maſsgebend ist, daſs der internationale Verkehr schwer beeinträchtigt und

---

[1] Die hier de lege ferenda gestellte Frage ist nicht identisch, aber kongruent mit der gleichlautenden Frage de lege lata, sofern die Privatrechtsordnungen dem Richter und bezw. der Wissenschaft überlassen, die Kollisionsfragen zu lösen. Praxis und Wissenschaft haben hier im wesentlichen dieselbe Aufgabe, wie der Gesetzgeber. Darum darf im folgenden von der begrifflichen Differenz des Standpunktes abgesehen und auf die Meinungsäuſserungen der Schriftsteller Bezug genommen werden, ohne Unterschied, ob sie de lege lata oder de lege ferenda sprechen.

der Rechtssicherheit beraubt ist, wenn jede der verschiedenen Privatrechtsordnungen ihre Vorschriften rücksichtslos zur Geltung bringt, wenn also die rechtliche Behandlung eines Thatbestandes des Verkehrslebens so oder anders ausfällt, je nachdem — unvorhersehbar — die Beteiligten in dem Machtbereich dieses oder jenes Staates Rechtsschutz zu suchen gezwungen sind. Remedur gegen diese „Rechtsunordnung" ist das Ziel, welches dem Gesetzgeber vor Augen steht, wenn er sich anschickt, den Anwendungsbereich seiner Rechtssätze einzuschränken zugunsten ausländischer Rechtssätze.

Bei Verfolgung dieses Zieles ist der Gesetzgeber nun in der unbehaglichen Lage, sich sagen zu müssen, dass die völlige Erreichung des Zieles aufserhalb seiner Macht liegt. Eine wirkliche Remedur ist schlechterdings nur im Wege einer für alle Rechtsgebiete übereinstimmenden Regelung möglich. Auch wenn der Gesetzgeber die liberalsten und sachgemäfsesten Bestimmungen trifft, so nützt das dem **internationalen** Verkehr wenig, wenn nicht die übrigen Staaten das gleiche Verfahren einschlagen. Der Umstand, dafs im Machtbereiche eines einzelnen Gesetzgebers eine von internationalistischem Geiste getragene Behandlung der Kollisionsfragen stattfindet, hebt die Unsicherheit nicht auf, die darin liegt, dafs in dem Machtbereich anderer Gesetzgebungen die gleichen Fragen eine abweichende Behandlung erfahren.

Aber das internationalistische Vorgehen auch des einzelnen Gesetzgebers leistet doch dem internationalen Rechtsbedürfnis relativ erhebliche Dienste.

Vor allem ist einleuchtend, dafs auch der einzelne Gesetzgeber zur **Verminderung der Zahl der Kollisionsfälle** beitragen kann. Dies ist freilich nicht dadurch zu erreichen, dafs der Gesetzgeber den Idealplan eines internationalen Privatrechts entwirft und ohne Rücksicht auf das in anderen Staaten positiv geltende internationale Privatrecht jenen Plan zum Gesetz erhebt. Dadurch würde teilweise das Gegenteil von dem erreicht werden, was beabsichtigt ist. Denn wenn andere Gesetzgeber sich von der internationalen Idealordnung ein anderes Bild machen und ihre Gesetzgebung danach gestalten, so werden auf jene Weise — gleichgültig, welches Bild das bessere ist — nur neue Konflikte erzeugt[1]. Darum kann es geraten sein, die noch so wohlbegründete eigene Ansicht von dem Idealplan hintan zu stellen gegenüber der Rücksicht auf den Stand des in anderen Staaten geltenden positiven Rechtes. Beispielsweise, wenn auch die stärksten sogenannten inneren Gründe dafür sprechen möchten, Vertragsobligationen dem Recht des Erfüllungsortes zu unterstellen, so könnte es doch, falls sich ergäbe, daſs die ausländischen Gesetzgebungen sämtlich oder doch weit überwiegend die lex loci contractus für maſsgebend erklären, richtig sein, auch im B. G. B. das Recht des Vertragsortes zu Grunde zu legen. Das Gleiche gilt z. B. auch hinsichtlich der Frage, ob Wohnsitzrecht oder Heimatrecht als Personalstatut zu bevorzugen sei.

Indessen, die Anpassung an das anderwärts geltende internationale Privatrecht ist nicht der einzige und keineswegs der vorwiegende Gesichtspunkt, welchem der Gesetzgeber zu folgen hat. (S. auch oben S. 84.) Grundsätzlich wichtiger als die unmittelbar zahlenmäſsige Verminderung der internationalrechtlichen Kollisionsfälle ist der Gesichtspunkt, daſs der Gesetzgeber in seinem Wirkungsbereich den internationalen Rechtsfragen eine an und für sich dem Ideal der internationalen Rechtsgemeinschaft (s. oben S. 51) möglichst angenäherte Lösung giebt. Denn wenn die internationale Übereinstimmung in der Behandlung der Kollisionsfragen als letztes gesetzgeberisches Ziel festzuhalten ist, so folgt daraus doch nicht, daſs es für den internationalen Rechtsverkehr gleichgültig

---

[1] Vgl. Kahn, Jahrbücher f. Dogmatik XXX 1 ff.

wäre, in welcher Weise die einzelnen Staaten inzwischen die Kollisionsfragen behandeln. Und zwar ist die internationalistische Behandlung nicht nur ein auf der luftigen Grundlage des Ideals erwachsender frommer Wunsch, sondern ein durch das wohlverstandene nationale Interesse gebotener Grundsatz.

Das liegt in manchen Beziehungen klar zu Tage.

Es giebt gewisse Grundanschauungen über die „Natur der Sache" und gewisse praktische Bedürfnisse, welche mit solcher Kraft ausgestattet sind, daß ihre Nichtberücksichtigung von den betroffenen Personen unbedingt als Unrecht empfunden wird. Zu diesen Sätzen gehört z. B. die Regel, daß der Schutz erworbener Rechte dem Berechtigten nicht lediglich infolge einer von seinem Willen unabhängigen örtlichen Veränderung von Sachen oder Personen versagt werden soll[1]. Ferner gehört dahin der Grundsatz, daß die Folgen von Rechtsgeschäften nicht nach einem Recht beurteilt werden sollen, mit welchem die beteiligten Personen bei der Errichtung gar nicht rechnen konnten, da dasselbe ganz außerhalb ihres Gesichtskreises lag. Der Verkehr vertraut unbewußt darauf, daß derartige Grundsätze im positiven Rechte der Kulturstaaten anerkannt und befolgt werden. Wenn das Ausland in dem Vertrauen auf die Wahrung solcher Grundsätze getäuscht wird, und wenn den darauf gegründeten Ansprüchen und Interessen der Rechtsschutz versagt wird, so muß der Staat, der sie versagt, seinen Rechtskredit einbüßen. Seine Bürger werden diesen Verlust unter Umständen teuer bezahlen müssen, da er den Verlust ihres wirtschaftlichen Kredites

---

[1] Dieses in der älteren Litteratur in seiner Bedeutung überschätzte Prinzip (s. die Nachweisungen bei Wächter XXV 1 ff.) ist neuerlich bei den Juristen in unverdienten Mißkredit gekommen. Insbesondere ist Wächter a. a. O. ihm nicht ganz gerecht geworden (vgl. aber auch Pand. I 153). Bar, Theorie I 67, 109 nimmt einen zutreffenden vermittelnden Standpunkt ein.

herbeiführen kann. Sind aber die Rechtsuchenden selbst Angehörige des Staates, so liegt es auf der Hand, daſs der Staat unmittelbar die Rechtsschutzpflicht verletzt, die er seinen Bürgern schuldet. Und daſs auch die eigenen Staatsangehörigen im internationalen Verkehr oft genug in die Lage kommen, die Anwendung ausländischen Rechtes durch die heimischen Gerichte gemäſs den angedeuteten Grundsätzen voraussetzen und wünschen zu müssen, bedarf keiner näheren Ausführung, wenn man sich erinnert, wie groſs die Zahl der im Ausland lebenden Deutschen ist, und wie zahllose Rechtsgeschäfte von Deutschen im Ausland errichtet werden.

Das Vorhandensein eines nationalen Interesses an der internationalistischen Behandlung der Kollisionsfragen liegt nun allerdings nicht immer so klar zu Tage. Aber das Interesse ist keineswegs nur da vorhanden, wo es zu Tage liegt. Das Verhältnis des einzelnen Staates zu der Staatengesellschaft steht unter demselben Gesetz, wie das Verhältnis des Individuums zur staatlichen Gemeinschaft. Das Interesse des einzelnen Gliedes der Gemeinschaft an der rechtlichen Ordnung darf nicht beurteilt werden nach Maſsgabe einer einzelnen, aus dem Zusammenhang des Ganzen herausgerissenen Beziehung. Gegenstand des Interesses ist vielmehr das Ganze der Rechtsordnung. Darum nimmt der Gesetzgeber die Interessen seiner eigenen Staatsangehörigen am besten wahr und handelt der Rechtsschutzpflicht des Staates am gemäſsesten, wenn er die Koinzidenz der internationalen und der nationalen Interessen als regelmäſsig vorhanden voraussetzt und dementsprechend grundsätzlich so verfährt, wie ein internationaler Gesetzgeber vernünftigerweise verfahren müſste.

Der vorbildliche Wert, welchen dieses Verfahren für die internationale Gesamtentwickelung enthält, kommt dabei zwar nicht als bestimmendes Ziel, aber als bedeutsame Reflexwirkung in Betracht. (S. oben S. 38, 84.)

Als materielles Prinzip, welches der Gesetzgeber bei der

Wahl und Verwertung der Anknüpfungsmomente zu befolgen hat, läfst sich hiernach die **Idee der internationalen Rechtsgemeinschaft** bezeichnen. Diese Idee giebt nun allerdings so wenig eine unmittelbare Anweisung für den Inhalt der zu treffenden Entscheidungen, wie es die Idee der staatlichen Rechtsgemeinschaft für die einzelnen innerstaatlichen Rechtsvorschriften giebt. Eine erschöpfende, allgemeingültige Formel, unter welche man die einzelnen zu regelnden Fragen einfach zu subsumieren hätte, um die Entscheidung zu finden, darf aber auch gar nicht verlangt werden. Sie ist für das internationale Privatrecht so unmöglich wie für das interne Privatrecht, weil die Rechtsfragen so verschieden sind, dafs eine Zusammenfassung nur in höchst allgemeiner Form möglich ist. Will man die Idee der internationalen Rechtsgemeinschaft noch näher charakterisieren, so kann das nur insofern geschehen, als die Idee des Rechtes und der Begriff der internationalen Gemeinschaft einer analysierenden Betrachtung unterzogen werden. Man gelangt dann zu Umschreibungen, wie sie z. B. Regelsberger (Pandekten I 165) giebt, wenn er als Aufgabe des Richters bezeichnet: „aus dem Wesen der zu beurteilenden Thatsachen nach dem Bedürfnis eines gesicherten Rechtsverkehrs, kurz aus der Natur der Sache die rechtliche Unterwerfung zu ermitteln" oder, wie es an anderer Stelle[1] bezeichnet wurde, dasjenige Recht zu finden, „dessen Anwendung gemäfs dem Wesen und der Aufgabe der Rechtspflege im Sinne friedlicher und gemeinsamer Kulturarbeit der verschiedenen staatlichen Verbände vernünftig erscheint", oder, wie Bekker (Kouponsprozesse 67) kurz und treffend sagt: „friedliche Weiterbildung des Retorsionsrechtes".

Spezieller gefafste Formeln erweisen sich bei genauer Betrachtung als zu eng. Das gilt insbesondere von dem

---

[1] Niemeyer, Positives internationales Privatrecht I § 166.

Savignyschen Bilde des „Sitzes der Rechtsverhältnisse im Raum", einer Formel, welche insbesondere nicht dem Anknüpfungsmoment „Staatsangehörigkeit" gerecht wird[1], dessen Unentbehrlichkeit de lege ferenda heute aufser Zweifel steht. Wenn man der Staatsangehörigkeit eine ortsanzeigende Funktion beimifst, so beruht das auf Täuschung. Man „projiziert", psychophysiologisch gesprochen, die räumlichen Beziehungen der durch die Staatsangehörigkeit in Bezug genommenen Rechtsordnung auf den zu regelnden Thatbestand, indem man sich durch die Vorstellung „Staatsgebiet" irreleiten läfst. In Wahrheit bezeichnet die Staatsangehörigkeit an sich ebensowenig ein räumliches Verhältnis, wie es z. B. die Eigenschaft eines Gesandten thut, obwohl an sie die Exterritorialität geknüpft ist. Der Gesetzgeber giebt einem Thatbestand eine räumliche Beziehung zu dem Raumgebiet des Heimatstaates, indem er das „Heimatrecht" der beteiligten Person für mafsgebend erklärt. Das ist aber etwas anderes, als wenn er die in einem Thatbestand an und für sich liegende räumliche Beziehung als Anknüpfungsmoment benutzt. Wenn für eine Rechtsfrage das Heimatrecht einer beteiligten Person für mafsgebend erklärt wird, so sind hierfür andere Erwägungen mafsgebend, als die Rücksicht auf die in dem regelungsbedürftigen Thatbestand an und für sich enthaltenen räumlichen Beziehungen. Sollte man einwenden, dafs die Savignysche Formel hier doch insofern passe, als eben der Gesetzgeber dem Rechtsverhältnis einen Sitz im Raume gebe, so ist dies an und für sich richtig, und es ist zuzugeben, dafs Savigny selbst die Formel so gebraucht, dafs sie die Lokalisierung auch in diesem Sinne einbegreift. Aber es ist nur

---

[1] Savigny (System VIII 15) sagt selbst: „Die Volksabstammung (Nationalität) als Grund und Grenze der Rechtsgemeinschaft hat zunächst einen ganz persönlichen und unsichtbaren Charakter." Darauf, dafs die „Nationalität" durch die „Territorialität" verdrängt sei, gründet er a. a. O. (S. 17–18, insbesondere auch Note c) gerade seine Formel.

insofern zuzugeben, daſs die Formel auch hier „paſst", als sie dem Wortlaute nach zutrifft. Das, was sie bedeuten müſste, um den gewünschten Dienst einer Richtschnur für die einzelnen Entscheidungen zu leisten, bedeutet sie hinsichtlich der Staatsangehörigkeit nicht[1]. So bleibt es denn dabei, daſs Savignys Formel nur eine Verhüllung des Umstandes ist, daſs die einzelnen Entscheidungen sich aus keinem anderen gemeinsamen Prinzip ableiten lassen, als dem, daſs gemäſs der Idee der internationalen Rechtsgemeinschaft, der Anwendungsbereich der verschiedenen Rechtsordnungen gegen einander abzugrenzen ist. Mehr Allgemeingültiges läſst sich nicht sagen. Insbesondere ist auch nichts damit gewonnen, daſs man etwa das Prinzip aufstellt, es müsse für einen Thatbestand diejenige Rechtsordnung für maſsgebend erklärt werden, zu welcher der zu regelnde Thatbestand **vorwiegend** in Beziehung stehe. Denn die Entscheidung darüber, welche Beziehung als vorwiegend anzusehen sei, hängt von Gesichtspunkten ab, die sich wiederum nicht einheitlich bezeichnen lassen.

Die Zahl der praktisch in Betracht kommenden Anknüpfungsmomente ist nicht groſs. Es sind:

a) **Aufenthaltsort, Domizil, Staatsangehörigkeit eines Menschen;**

b) **Sitz einer juristischen Person;**

---

[1] Auch der Parteiwille, als Anknüpfungsmoment betrachtet, stellt keine lokale Beziehung des Thatbestandes eines Rechtsgeschäftes dar. Die Eigenschaft eines lokalen Anknüpfungsmomentes ihm beizulegen, kann man nur dadurch verleitet werden, daſs man die lokalen Beziehungen der gewillkürten Rechtsordnung mit den lokalen Momenten des Rechtsgeschäftes verwechselt. Die gewillkürten Rechtssätze (richtiger: die gewillkürten Rechtsfolgen) brauchen übrigens gar keinen territorialen Anwendungsbereich zu besitzen. Man denke z. B. an die in manchen Ländern anerkannte personale Geltung des mohamedanischen und des jüdischen Rechtes sowie an das moderne ägyptische Fremdenrecht.

c) Sitz einer Behörde, insbesondere eines Gerichtes;
d) Lage einer Sache;
e) Ort eines Ereignisses, eines stattgefundenen (z. B. Vertragsschluſs) oder eines zu erwartenden (z. B. Erfüllung);
f) Parteiwille.

Theoretisch kommen noch manche andere Gesichtspunkte in Frage, so z. B., daſs der Gesetzgeber die Anwendbarkeit seiner eigenen Vorschriften ausschlieſsen und an deren Stelle ausländisches Recht für maſsgebend erklären könnte (immer oder in gewissen Fällen), wenn eine ausländische Rechtsordnung Anwendung beansprucht; ferner die direkt materielle rechtliche Exterritorialität von Personen und Sachen. Praktisch aber kann von diesen und anderen Möglichkeiten abgesehen werden, da sie für das B.G.B. nicht ernstlich in Frage kommen. Es würde nun zweifellos lehrreich sein, zunächst jedes einzelne jener Anknüpfungsmomente in der Weise einer Betrachtung zu unterwerfen, daſs Wesen und Wert derselben grundsätzlich festgestellt und so vorweg ein allgemeiner Maſsstab für ihre Verwertung bei den einzelnen Rechtsfragen gewonnen würde. Indessen würde diese Betrachtung doch alsbald ergeben, daſs bezüglich der unter b) bis e) genannten Anknüpfungsmomente die Erörterung thatsächlich auf eine Würdigung der speziellen Kollisionsfragen hinausliefe. Anders ist es bezüglich der zu a) und f) genannten Anknüpfungsmomente. Von Parteiwillen ist schon in anderem Zusammenhange die Rede gewesen[1].

---

[1] Der Parteiwille muſste schon oben (§ 7) einer prinzipiellen Erörterung unterzogen werden, weil dem Parteiwillen vielfach eine Bedeutung zugesprochen wird, welche über die Funktion eines Anknüpfungsmomentes hinausgeht. Diese Überschätzung muſste dort zurückgewiesen werden und es war zweckmäſsig, sogleich bei jener Gelegenheit auch festzustellen, in welchem Umfang es sich legislatorisch empfiehlt, den Parteiwillen als Anknüpfungsmoment zu verwerten.

Dagegen sind die zu a) genannten Anknüpfungsmomente nunmehr zunächst einer allgemeinen Würdigung zu unterziehen.

§ 12.
Staatsangehörigkeit, Wohnsitz.

Die legislatorische Bedeutung der in der Überschrift genannten Anknüpfungsmomente fällt zusammen mit dem Problem des „statutum personale". Das will nur sagen, dafs der Ausdruck „Personalstatut" als Stichwort dient. Sachlich herrscht über den Kern des Problems wenig Einvernehmen und nicht immer Klarheit. Nur in Bezug auf die Wirkung ist man einig. Nach dieser Seite hin besteht das Wesen des Personalstatuts unzweifelhaft darin, dafs es zur Anwendung kommt für alle juristischen Thatbestände, an welchen die Person betheiligt ist, gleichgültig, welche räumlichen und personalen Beziehungen die in Frage stehenden Thatbestände sonst enthalten. Dagegen besteht nicht blofs hinsichtlich der Voraussetzungen im Einzelnen eine erhebliche Verschiedenheit der Anschauungen sowie der positiven Rechtssätze, sondern es fehlt auch Klarheit in betreff des die ganze Kategorie bestimmenden Grundgedankens. Um den Inhalt und die Berechtigung dieses Grundgedankens festzustellen, wird man fragen müssen, welche Erwägungen dazu führen, den Anwendungsbereich gewisser Rechtssätze in der angegebenen Weise mit der Person zu verknüpfen. Diese Frage mufs dahin beantwortet werden, dafs es Rechtssätze giebt, welche ihrem Sinn und Wesen nach die Rechtsbeziehungen der Person als solcher **gleichmäfsig** und **dauernd** zu regeln bestimmt sind, und deren Anwendungsbereich darum durch ein Anknüpfungsmoment bedingt werden mufs, welches die Person **dauernd** mit einer bestimmten Rechtsordnung verbindet. Dieser Gesichtspunkt der dauernden Verknüpfung wird in den zahlreichen Erörterungen über den Gegenstand meist nicht ausgesprochen, sondern stillschweigend vorausgesetzt. Dafs er aber die Lehre vom Personalstatut thatsächlich beherrscht, ist unverkennbar. Der Gedanke des Personalstatuts ist also nicht zu Ende gedacht, wenn man die ratio desselben darauf stützt, dafs es sich handle um den „Zustand der Person an sich" (Unger I 168), „die allgemeine Rechtsstellung der Person" (Stobbe I 234, Regelsberger, Pand. I 166, Verhandlungen des 18. Deutschen Juristentags II 120), „den Mittelpunkt der privatrechtlichen Persönlichkeit" (Böhlau I 470), „den Mittelpunkt des juristischen Daseins" (Unger I 164). Diese Formulierungen ebenso wie die Ausdrücke: Rechtszustand, status, état, stato, estado, staat etc. sind Konsequenzen der Vorstellung, dafs die Rechtsordnung den Personen Eigenschaften gebe. Aber es ist eben doch nur ein (naheliegendes und treffendes) Bild, wenn man von rechtlichen Eigenschaften einer Person spricht. Die sachliche Grundlage dieses Bildes besteht darin, dafs an persönliche Thatbestandsmomente Rechtsfolgen geknüpft sind. Wenn nun das internationale Anwendungsgebiet solcher Rechtssätze derart bestimmt wird, dafs sie auf die in einer bestimmten Beziehung zu der heimischen Rechtsordnung stehenden Personen Anwendung finden sollen, gleichviel, welche sonstigen räumlichen oder personalen Beziehungen einem in Frage stehenden Thatbestande eigen sind, so liegt es nahe, zu sagen, dafs dies deswegen geschehe, weil rechtliche Eigenschaften die Person überall hin begleiten[1].

---

[1] Charakteristisch ist die von Meili, Geschichte und System 66 mitgeteilte Bemerkung Hubers: „qualitates personales certo loco alicui jure impressas ubique circumferri et personam comitari cum hoc effectu ut ubivis locorum eo jure, quo tales personae alibi gaudent vel subjecti sunt fruantur et subjiciantur." Desgleichen Glück (Pandekten I 398): „Der status ... ein Zubehör einer Person, welcher derselben anklebt und sie überall hin begleitet, wo sie sich auch immer aufhalten mag."

Der eigentliche Gesichtspunkt ist aber der, daſs jene personalen Thatbestandsmomente vorhanden sind, wann und wo immer die Person an einem Thatbestande beteiligt ist. Da jene Eigenschaften nicht nur die Bedingung, sondern auch den Grund der daran geknüpften Rechtsfolgen bilden, so müssen — dies ist der weitere Gedanke — die Rechtsfolgen eintreten, unabhängig von den zufälligen räumlichen Beziehungen eines in Frage stehenden Thatbestandes. Wie man sieht, ist damit nichts für die Frage gewonnen, welche Rechtsordnung für jene Rechtsfolgen maſsgebend sein soll, sondern nur der Grundsatz aufgestellt, daſs immer dieselbe Rechtsordnung maſsgebend sein soll[1]. Der Kern des Personalstatuts ist demnach nicht der Gesichtspunkt der rechtlichen Eigenschaften der Person, sondern derjenige der dauernden Beziehung einer Person zu einer bestimmten Rechtsordnung. Der letztere Gesichtspunkt reicht weiter als der erstere. Beispielsweise die Anwendung des Heimat- oder Wohnsitzrechtes des Erblassers in Bezug auf das Erbrecht ist aus dem ersteren Gesichtspunkt nicht abzuleiten, wohl aus dem letzteren.

Der Ausdruck Personalstatut ist bei alledem eine brauchbare Bezeichnung für das Verhältnis, nicht nur weil er eingebürgert ist, sondern weil es ja in der That die Person ist, um deren dauernde Beziehung es sich handelt. Soweit ferner als Personalstatut das durch die Staatsangehörigkeit bezeichnete Recht fungiert, kommt hinzu, daſs die personale Natur des Anknüpfungsmomentes dadurch angemessen zum Ausdruck gebracht wird.

Von dem so gewonnenen Standpunkte aus kann keinen Augenblick bezweifelt werden, daſs das Heimatrecht[2] als

---

[1] Gierke, Deutsches Privatrecht I 220: „Im Personenrecht entscheidet grundsätzlich das Recht des Gebietes, mit dem die Persönlichkeit dauernd verknüpft ist. Man bezeichnet dieses Recht noch heute als Personalstatut."

[2] „Heimatrecht" soll hier (vgl. auch Niemeyer, Zur Metho-

Personalstatut grundsätzlich den Vorzug verdient vor dem Wohnsitzrecht. Denn es braucht nicht weiter ausgeführt zu werden, daß die Staatsangehörigkeit seltener gewechselt wird, als der Wohnsitz. Der Gesetzgeber wird grundsätzlich das Heimatrecht überall vor dem Wohnsitzrecht bevorzugen müssen, wo das Bedürfnis anzuerkennen ist, ein Anknüpfungsmoment zu verwenden, welches die Person dauernd mit einer bestimmten Rechtsordnung verbindet. Dieser Grundsatz wird nur dann eine Einschränkung erfahren müssen, wenn entweder das Kriterium der Staatsangehörigkeit den Dienst versagt — namentlich wenn eine Person keine Staatsangehörigkeit besitzt[1] —, oder soweit Rücksichten des Verkehrs und der Billigkeit stärker sind als das Prinzip.

Dieses Ergebnis steht im Einklang mit den meisten neueren Gesetzgebungen, sowie mit der in der heutigen Doktrin herrschenden Auffassung, und insbesondere nehmen die Gesetzgebungsvorschläge fast durchweg den gleichen Standpunkt ein.

Von den Gesetzgebungen sind zu nennen[2]: Aargau, Baden, Belgien, Bern, Chile, Columbien, Congostaat, Costa Rica, Ecuador, Frankreich, Freiburg, Freiburg, Genf, Graubünden, Griechenland, Haiti, Holland, Honduras, Ionische Inseln, Italien, Luzern, Mexiko, Monaco, Montenegro, Neuenburg, Polen, Portugal, Rumänien, Salvador,

---

dik 13) das Recht des Staates bezeichnen, dem die Person angehört, während „Wohnsitzrecht" das Recht bezeichnen soll, welches am Domizil der Person gilt.

[1] S. aber auch unten S. 125 ff.
[2] S. unten Teil II Nr. 151, 153, 156, 159, 160, 161, 235, 485, 162, 166, 167, 168, 169, 171, 172, 244, 494, 173, 174, 175, 179, 180, 254, 187, 191, 192, 377, 194, 196, 197, 200, 201, 202, 273, 328, 379, 203, 275, 204, 206, 207, 208, 209, 210, 211, 212, 213, 284, 535.

8*

Sachsen, Schaffhausen, schweizerisches Bundesgesetz über die Handlungsfähigkeit, Solothurn, Spanien, Ticino, Unterwalden, Uruguay, Venezuela, Wallis, Zug, Zürich. Gewohnheitsrechtlich gilt das Heimatrecht als Personalstatut in Rufsland[1] und Schweden[2].

Von deutschen Schriftstellern haben sich mehr oder weniger entschieden für das Heimatrecht ausgesprochen: Bar (Theorie I 263 ff.), Bähr (Jahrb. f. Dogm. XXI 343), Böhm (D. räumliche Herrschaft der Rechtsnormen 31 ff.), Bulmerincq (Handbuch des öffentl. Rechts V 1, 2 § 33), Gierke (Deutsches Privatrecht I 221), Goldschmidt (Handbuch des Handelsrechts, 2. Aufl. I 382), Jaques, Revue de droit international XVIII 563 ff., König (Das Gesetz über die civilrechtlichen Verhältnisse der Niedergelassenen und Aufenthalter, Basel 1889), Renaud (Deutsches Privatrecht 103), Rosshirt (Arch. f. d. civ. Praxis 46 S. 311 ff.). Martin (Arch. f. prakt. Rechtswissenschaft V 262 ff.), Mommsen (Arch. f. d. civ. Praxis 61 S. 150 ff., s. auch unten Teil II Nr. 190, 265, 350, 376, 515), Sicherer (Personenstand 134 ff.), Regelsberger (Pandekten I 167), Rocholl (s. unten Teil II Nr. 199), Stobbe (Deutsches Privatrecht I 239 bei Anm. 15)[3].

---

[1] Lehr, Éléments de droit civil russe I 6; Asser in der Revue de droit international I 402; Zeitschrift für Handelsrecht XXXVI 433.

[2] Asser in der Revue de droit international VII 401; Zeitschrift für internationales Privat- und Strafrecht I 227 Anm. 2; Böhm, Handbuch der internationalen Nachlafsbehandlung, 2. Aufl. S. 405.

[3] Die ausländischen Schriftsteller, abgesehen von der englischen und nordamerikanischen Litteratur, treten fast durchweg für das Prinzip des Heimatrechtes ein. — Martens (Völkerrecht, deutsche Ausgabe von Bergbohm II 297) äufsert charakteristisch: „Selbst in Deutschland lassen sich Stimmen vernehmen, welche die Vorzüge dieses Prinzipes vor dem Gesetz des Wohnsitzes hervorheben." Vgl. ferner beispielsweise Asser-Rivier, Éléments de droit international 45 ff., Laurent, Droit civil international II 206 ff., Fiore, Diritto internazionale privato, 3. edizione I 80 ff.

Von besonderer Bedeutung ist, daſs der 18. deutsche Juristentag (unten Teil II Nr. 163) sich mit sehr groſser Mehrheit für das Prinzip der Staatsangehörigkeit ausgesprochen hat, und daſs sich bei der Beratung nur eine Stimme entschieden dagegen geäuſsert hat.

Von formulierten Gesetzes- bezw. Vertragsvorschlägen folgen dem Grundsatz des Heimatrechtes: die belgischen Entwürfe (unten Teil II Nr. 155, 181), der bernische und der japanische Entwurf (Teil II Nr. 157, 176, 442), Käppelis Entwurf (Teil II Nr. 255), die Beschlüsse des Institut de droit international (Teil II Nr. 177, 178, 253, 504), der Haager Konferenz (Teil II Nr. 246, 495), des Kongresses von Lima (Teil II Nr. 182, 259, 507), des mexikanischen Código de estranjeria (Teil II Nr. 188).

Für das Wohnsitzrecht als Personalstatut hat sich bekanntlich Savigny (System VIII 95 ff.) ausgesprochen, und ihm ist die Doktrin und Praxis des gemeinen deutschen Rechtes fast einhellig gefolgt[1]. Savignys Ausführungen sind aber ohne Belang für die gegenwärtige gesetzgeberische Frage. Sie bezweckten lediglich die Feststellung des damals geltenden Rechtes auf der Basis der historischen Entwickelung. Die Staatsangehörigkeit konnte hierfür nicht in Betracht kommen, weil der Begriff derselben in Deutschland zu wenig entwickelt war[2]; de lege lata war vollkommen richtig, was Savigny (in Bezug auf das preuſsische Gesetz vom 31. Dezember 1842,

---

[1] Vgl. Windscheid, Pand. I 80, Roth, System I 283, Stobbe I 234, Dernburg, Pand. I 104, Regelsberger, Pand. I 167, Gierke, Deutsches Privatrecht I 220.

[2] Bezeichnend für die Sachlage ist, daſs Wächter Wohnsitz und Staatsbürgertum in dem Aufsatz von 1841 (Archiv f. d. civ. Praxis XXIV, XXV) gar nicht auseinander hält, während in den (nach seinem Tode veröffentlichten) Pandekten (I 140 ff.) lediglich vom Staatsbürgertum die Rede ist.

G. S. 1843 S. 15) geltend machte, dafs nämlich die Gesetze über die Staatsangehörigkeit nur Verhältnisse des öffentlichen Rechtes zu regeln bestimmt seien. Auch die Ausführungen zu Gunsten des Wohnsitzrechtes von Böhlau (Mecklenburg. Landrecht I 470) und Unger (I 165) stehen auf gleicher Basis. Dafs die älteren deutschen Gesetzgebungen[1] das Wohnsitzrecht als Personalstatut verwenden, erklärt sich gleichfalls aus der damaligen Rechtslage. In gleichem Schritt mit der Entwickelung der Staatsangehörigkeit hat sich unwiderstehlich die Tendenz der Gesetzgebung geltend gemacht, das Heimatrecht als Personalstatut zu verwenden. Die „Gravitation" der Entwickelung nach der Seite des Heimatrechtes ist sehr gut dargelegt in einem Erkenntnis des Reichsgerichtes vom 9. Juni 1883 (Entsch. IX 393).

Insbesondere hat auch die Gesetzgebung des deutschen Reiches in Art. 84 der Wechselordnung sowie in §§ 61, 62 des Gesetzes vom 11. Juni 1870 (R. G. B. 1870 S. 353) und des Gesetzes vom 9. Januar 1876 (R. G. B. 1876 S. 8) das Prinzip des Heimatrechtes adoptiert. In allen **Staatsverträgen** des Reiches ferner, welche die Frage berühren, ist der gleiche Grundsatz in Bezug auf Vormundschaft und Erbrecht angenommen[2]. — Für Militärpersonen statuieren die **Militärkonventionen** im Verhältnis deutscher Bundesstaaten dasselbe Prinzip[3]. Von besonderem Gewicht ist die Stellungnahme des **sächsischen Gesetzbuchs**[4].

Dasselbe historische Entwickelungsverhältnis zeigt sich

---

[1] Preufsen s. unten Teil II Nr. 198, 353, Bayern, Nr. 102, 103, 476, vgl. auch Österreich, Nr. 195.

[2] Die Bestimmungen sind abgedruckt: Niemeyer, Positives internationales Privatrecht I 30 ff. — Hinzuzufügen ist der Vertrag mit Columbien vom 23. Juli 1892 (R.G.B. 1894 S. 471 ff.).

[3] Abgedruckt sind die Bestimmungen: Niemeyer a. a. O. S. 70 ff. — Vgl. dazu Niemeyer, Methodik S. 18.

[4] Unten Teil II Nr. 202.

auf dem ganzen Erdball. Allerdings wird gewohnheitsrechtlich das Wohnsitzprinzip noch festgehalten in **Dänemark**[1], **Norwegen**[2], **England**[3] und den **Vereinigten Staaten von Nordamerika**[4]; auf älterer gesetzlicher Grundlage gilt es ferner in **Esth-, Liv- und Kurland**[5]. Aber mit Recht bemerkt **Bar** (Theorie I 91), dafs die Beibehaltung im allgemeinen nicht auf inneren Momenten, sondern auf der Macht der Tradition beruht.

Das letztere ist nun allerdings nicht völlig zutreffend hinsichtlich der in neuerer Zeit erfolgten gesetzlichen Einführung des Domizilprinzipes in **Argentinien** (unten Teil II Nr. 152, 474) und der **Schweiz** (Teil II Nr. 205, 528)[6], sowie hinsichtlich des Vertrages von **Montevideo** (Teil II Nr. 193, 351, 518). Hier liegt ein neues bewufstes Moment zu Grunde, dem der Juristenkongrefs von **Lissabon**

---

[1] Zeitschr. f. intern. Priv.- u. Strafrecht I 104, 227, II 391; Journal de droit int. privé XX 230; **Böhm**, Handbuch 161; Actes de la conférence de la Haye, La Haye 1893 p. 47.

[2] Zeitschr. f. intern. Priv.- u. Strafrecht I 227, **Böhm**, Handbuch 159.

[3] **Westlake**, Lehrbuch, deutsche Ausgabe, S. 51, **Gillespies** Übersetzung von **Bars** Theorie etc. I 199.

[4] **Wharton** §§ 20 ff., **Story** §§ 39 ff.

[5] Unten Teil II Nr. 184, 346, 509.

[6] Der Standpunkt des schweizerischen Bundesgesetzes vom 25. Juni 1891 hat scharfen Tadel erfahren durch **König** a. a. O., welcher u. a. (S. 18) sagt: „Wenn sich daher ergiebt, dafs für den bei weitem gröfsten Teil der schweizerischen Bevölkerung das Heimatprinzip die Regel bildet und in der ganzen historischen Entwickelung begründet ist, so darf man mit Recht die Frage aufwerfen, wie die Bundesbehörden dazu kommen, das gerade Gegenteil zu empfehlen; und wenn alle umliegenden Staaten unwiderstehlich dem Nationalitätsprinzip zutreiben, so darf man doch erwarten, Gründe zu vernehmen, weshalb in der Schweiz gleiche Ursachen entgegengesetzte Wirkungen hervorbringen sollen, und welches Interesse dieselbe haben könne, sich von allen umgebenden Staaten in so wichtigen Fragen zu isolieren und Grundsätze aufzustellen, welche Konflikte mit ihnen herbeizuführen geeignet und überdies nicht durchführbar sind."

(s. unten Teil II Nr. 183) eine relative Berechtigung in der These zuerkannt hat, dafs in Europa und in allen anderen Gebieten mit ständiger und einheitlicher Bevölkerung das Nationalitätsprinzip, dagegen in Ländern mit wechselnder und international gemischter Bevölkerung das Wohnsitzprinzip sich empfehle. In ähnlichem Sinne haben sich auch Bar (Krit. Vierteljahrsschrift XV 61, Theorie I 272), Goldschmidt (Handbuch des H.R. 2. Aufl. I 382), Stobbe (I 241), Gierke (Deutsches Privatrecht I 221 Anm. 13) ausgesprochen. Auch Wharton (§ 32) rechtfertigt die Geltung des Domizilprinzipes in den Vereinigten Staaten aus dem gleichen Gesichtspunkt. Aufserdem tritt zu dem vorstehend hervorgehobenen Gesichtspunkt ein zweiter hinzu, nämlich die Auffassung, dafs das Domizilprinzip sich für diejenigen Gebiete empfehle, wo verschiedene Rechte in demselben Staat bezw. Bundesstaat nebeneinander bestehen.

Keiner von diesen beiden Gesichtspunkten ist geeignet, für das deutsche Gesetzbuch die Empfehlung des Wohnsitzprinzipes zu begründen, weil die thatsächlichen Voraussetzungen hier fehlen. Die Rechtszersplitterung in Deutschland fällt für die durch das B.G.B. geordneten Materien künftig hinweg, und die Bevölkerung in Deutschland weist keine stärkere internationale Mischung auf, als diejenige irgend eines anderen grofsen Kulturstaates. Aber auch für Staaten mit lokalen Rechtsverschiedenheiten und für Länder mit stärker gemischter Bevölkerung enthalten jene Gesichtspunkte keine stichhaltigen Argumente gegen das Staatsangehörigkeitsprinzip. Wenn man auf den Grund geht, so mufs man sich überzeugen, dafs es sich um Bedürfnisse handelt, die überall die gleichen sind, und welche für kein Rechtsgebiet zur Verwerfung des Staatsangehörigkeitsprinzipes, sondern lediglich zur Aufstellung gewisser Hülfsnormen führen, die in allen Gebieten so ausreichend als wünschenswert sind.

Der dem Beschlusse von Lissabon zu Grunde liegende

Gedanke, welcher bemerkenswerter Weise auch bei den Verhandlungen des 18. deutschen Juristentages[1] als hauptsächlichstes Argument gegen das Heimatprinzip geltend gemacht wurde, beruht in dem Bedürfnis, dafs die Kriterien der Handlungsfähigkeit einer Person für jedermann, der mit ihr Verkehrsgeschäfte schliefst, leicht erkennbar sein müssen. Mit Recht macht man geltend, dafs es oft nicht thunlich und fast immer mit Schwierigkeiten verbunden ist, sich über die Staatsangehörigkeit und über den Inhalt des Heimatrechtes einer Person zu unterrichten, und dafs bei den Geschäften des täglichen Verkehrs der Gedanke an Beschränkungen der Handlungsfähigkeit, die das ausländische Heimatrecht eines Mitkontrahenten verfügt, aufserhalb des Gesichtskreises des anderen Kontrahenten liegt. Natürlich macht sich dieses Moment um so mehr fühlbar, je mehr eine Bevölkerung international gemischt ist. Daraus ergiebt sich aber nur das Bedürfnis einer Bestimmung, welche für zweiseitige Verkehrsgeschäfte die Anwendung des Personalstatutes zu Gunsten des Ortsrechtes des Geschäftsschlusses ausnahmsweise beschränkt, und deren Inhalt an anderer Stelle[2] genauer erörtert werden soll. Mit solcher Bestimmung findet der bezeichnete Gesichtspunkt seine völlige Erledigung. Die Prinzipienfrage wird dadurch nicht berührt.

Was den zweiten Gesichtspunkt betrifft, so handelt es sich ebenfalls um ein für alle Rechtsgebiete im Prinzip gleichartiges Bedürfnis. Die lex domicilii mufs als Ersatz für die Staatsangehörigkeit eingestellt werden, soweit letztere den Dienst versagt infolge des Umstandes, dafs in einem Staate verschiedene Rechte gelten[3]. Auch diese Notwendigkeit macht sich deutlicher und häufiger bemerkbar in einem

---

[1] S. besonders Bd. II S. 122.
[2] S. unten S. 168 ff.
[3] Vgl. unten Teil II Nr. 176 (§ 8), 177, ferner Bar, Theorie I 275, Stobbe I 239, Gierke I 221.

Staate, der selbst verschiedene Rechtsgebiete umfaſst, als in einem Staate, der Rechtseinheit besitzt. Es ist auch begreiflich, wenn der Gesetzgeber eines solchen Staates, für dessen Unterthanen also lediglich die lex domicilii als Personalstatut möglich ist, sich nicht darauf einläſst, Ausländer ihrem Heimatrecht zu unterstellen. Billigenswert ist vom internationalistischen Standpunkt aus solches Vorgehen nicht. Für das B.G.B. fehlt, wie gesagt, jede Veranlassung zu diesem Verfahren.

Das ernstlichste Bedenken gegen das Heimatrecht als Personalstatut ist das Vorkommen mehrfacher Staatsangehörigkeit und des Mangels jeder Staatsangehörigkeit[1]. Mehrfache Staatsangehörigkeit tritt namentlich in den zahlreichen Fällen ein, wo in einem Staate, welcher allen in seinem Gebiet geborenen Personen seine Staatsangehörigkeit oktroyiert[2], Kinder geboren werden, deren Eltern einem Staate angehören, welcher seinerseits den Kindern der eigenen Unterthanen seine Staatsangehörigkeit zuweist[3], sowie wenn Naturalisation erfolgt, ohne Entlassung aus dem bisherigen Staatsverbande[4], und ferner bei dem vielfach erleichterten[5] Rücktritt der Witwe in die vor der Verheiratung besessene Staatsangehörigkeit, während sie zugleich Angehörige des Staates bleibt, dessen Angehörige sie durch die Verheiratung geworden ist. Die

---

[1] Vgl. zum Folgenden Kahn, Jahrb. f. Dogm. XXX 57 ff.

[2] Vgl. Cahn, Das Reichsgesetz vom 1. Juni 1870, Berlin 1889, S. 21 ff., S. 340 ff., Weiſs, Traité théorique et pratique de droit international privé Paris 1892 I 222 ff. und über die Konflikte überhaupt I 677 ff. — Sehr zahlreiche Fälle doppelter Staatsangehörigkeit werden durch die französischen Gesetze vom 26. Juni 1889 und vom 22. Juli 1893 (vgl. darüber Annuaire de législation française 1894 S. 186) veranlaſst.

[3] S. § 3 des Reichsgesetzes vom 1. Juni 1870 und dazu Cahn a. a. O. S. 19, S. 340 ff., Weiſs a. a. O. I 51 ff., 212 ff.

[4] Cahn a. a. O. S. 72 ff., S. 340 ff., Weiſs a. a. O.

[5] Cahn a. a. O. S. 41 ff., Weiſs a. a. O. I 570 ff.

Fälle des Mangels jeder Staatsangehörigkeit sind zwar nicht so zahlreich, wie diejenigen der mehrfachen Staatsangehörigkeit, kommen aber gerade bei ehemaligen Deutschen infolge der mißlichen Verjährungsbestimmung in § 21 des Reichsgesetzes vom 1. Juni 1870 (B. G. B. 1870 S. 355) oft genug vor [1].

Auch diese Bedenken sind aber nicht imstande, die Momente aufzuwiegen, welche zu Gunsten des Heimatprinzipes sprechen.

Zunächst ist darauf hinzuweisen, daß ähnliche Schwierigkeiten auch bei Bestimmung des Domizils obwalten. Insbesondere bildet auch hier die Verschiedenheit der in verschiedenen Rechtsgebieten geltenden Domizilkriterien eine Quelle von Verwickelungen [2]. Es kommt aber noch ein anderes Moment in Betracht. Während mehrfache Staatsangehörigkeit und Heimatlosigkeit lediglich Ausflüsse der bestehenden Verschiedenheiten hinsichtlich der Kriterien der Staatsangehörigkeit sind, die im Rahmen einer einzelnen Rechtsordnung zu vermeiden sind [3], und deren anzustrebende und zu erhoffende Ausgleichung durch internationale Vereinbarungen eine Konsequenz des Begriffes ist, sind doppeltes Domizil und Domizillosigkeit in den einzelnen Rechtsordnungen selbst anerkannt und vorgesehen. Man kann in diesem Sinne sagen, daß Mehrheit und Mangel der Staatsangehörigkeit pathologisch, Mehrheit und Mangel des Domizils normal sind. Vielleicht ist man versucht, hiergegen einzuwenden, daß de lege ferenda kein Hindernis bestehe, den Domizilbegriff im B.G.B. so zu bestimmen, daß Mehrheit und Mangel des Domizils ausgeschlossen sind [4]. Aber wenn dies geschehen würde, so wäre damit ein Begriff des Wohnsitzes geschaffen, welcher verschieden ist von

---

[1] S. Cahn a. a. O. S. 151 ff.

[2] S. Kahn, Jahrb. f. Dogm. XXX 70 ff.

[3] Innerhalb Deutschlands ist die mehrfache Staatsangehörigkeit bekanntlich noch möglich. S. Bar, Theorie I 257.

[4] Vgl. § 77 des Entwurfes des B.G.B.

dem in der Lehre vom Personalstatut bislang zu Grunde gelegten und de lege ferenda empfohlenen, dessen Vorzug und Wesen ja darin gefunden wird, dafs er sich an das rein thatsächliche Verhältnis des Wohnens anlehnt. Der Domizilbegriff, der in Gestalt des notwendigen und des abgeleiteten Domizils sich ohnehin von der rein faktischen Grundlage erheblich entfernt, würde von der realen Basis des Wohnens noch mehr losgelöst werden. Die internationale Rechtsausgleichung würde zudem durch solches Verfahren nicht gefördert werden. Die erörterten Bedenken erledigen sich hinsichtlich der Staatsangehörigkeit dadurch, dafs für die Fälle der mehrfachen Staatsangehörigkeit und der Heimatlosigkeit Aushülfebestimmungen getroffen werden. Es ist zweckmäfsig, hier sogleich zu erörtern, in welcher Weise dies im B.G.B. geschehen soll.

Keine der bestehenden Gesetzgebungen berücksichtigt den Fall der doppelten Staatsangehörigkeit. Auch die Gebhardschen Entwürfe sehen ihn nicht vor. Die belgischen Entwürfe (Teil II, Nr. 155, 176) und der japanische Entwurf (Teil II, Nr. 176) nehmen Rücksicht auf ihn. Die Bestimmungen der belgischen Entwürfe sind künstlich und unbillig. Der japanische Entwurf, mit welchem Bars Ausführungen (Theorie I 261) übereinstimmen, trifft offenbar in der Hauptsache das Richtige. Wenn die deutsche Staatsangehörigkeit mit einer anderen konkurriert, so kann das B.G.B. nur die erstere geltend lassen, da die Staatsangehörigkeit ihrem Begriffe nach ausschliefslich[1] ist und daher der deutsche Gesetzgeber hier lediglich seine eigenen Rechtssätze entscheiden lassen mufs. Wenn aber mehrere fremde Staatsangehörigkeiten konkurrieren, so ist zu unterscheiden, ob der Erwerb derselben gleichzeitig oder successiv erfolgt ist. Im ersteren Fall (es ist der häufigste) versagt das Moment der Staatsangehörigkeit den Dienst, und es bleibt nichts übrig, als das

---

[1] S. auch Mommsen a. a. O. S. 162.

Wohnsitzrecht entscheiden zu lassen. Im letzteren Fall bietet sich die Möglichkeit, die zuerst oder die zuletzt erworbene Staatsangehörigkeit zu Grunde zu legen. Die Gesetzgebung wird sich gemäfs dem Prinzip des Personalstatutes im letzteren Sinn zu entscheiden haben [1], weil die zuletzt erworbene Staatsangehörigkeit dem Erfordernis der Dauerbeziehung am vollkommensten entspricht. Denn wenn man die Hauptfälle ins Auge fafst (Naturalisation ohne Entlassung, Rücktritt der Witwe in die vor der Verheiratung besessene Staatsangehörigkeit), so zeigt sich, dafs die zuerst erworbene Staatsangehörigkeit sozusagen nur widerwillig getragen wird, um möglichst bald abgeschüttelt zu werden. Die betreffende Person selbst und diejenigen Personen, welche mit ihr in Berührung kommen, werden regelmäfsig nur die neuerworbene Staatsangehörigkeit als mafsgebend betrachten, meistens sogar sie als allein vorhanden ansehen, da es vom Publikum im allgemeinen als selbstverständlich angesehen wird, dafs der Erwerb einer neuen Staatsangehörigkeit den Verlust der bisherigen zur unmittelbaren Folge habe.

Was den Fall angeht, dafs eine Person keinem Staate zugehört, so ist zunächst derjenige Thatbestand ins Auge zu fassen, welcher bei weitem am häufigsten ist, dafs nämlich die Person früher eine Staatsangehörigkeit besessen hat. Das montenegrinische Gesetzbuch (Teil II, Nr. 192) enthält für diesen Fall die Bestimmung, dafs die frühere Staatsangehörigkeit entscheidet. Mommsens Vorschläge (Teil II, Nr. 190) und die Gebhardschen Entwürfe [2] stimmen damit überein. Diese Behandlung erscheint durchaus sachgemäfs. Die „Nationalität" bildet auch dann noch ein starkes Band, wenn die staatsrechtliche Beziehung zur Heimat gelöst ist. Der Fall, welcher deutschen Gerichten am häufigsten

---

[1] Vgl. auch Lohr, Revue de droit international XII 316.
[2] S. auch Bar, Lehrbuch 49, Gierke, Deutsch. Privatr. I 221.

vorkommen wird, ist der, daſs deutsche Unterthanen ihre Staatsangehörigkeit durch Verjährung verloren haben ohne eine andere Staatsangehörigkeit erworben zu haben. Das Reichsgesetz vom 1. Juni 1870 (§ 21 Al. 4 und 5) erkennt an, daſs hier das rechtliche Verhältnis der betroffenen Person zum deutschen Vaterlande bloſs gelockert, nicht zerstört ist, indem dem Expatriierten die deutsche Staatsangehörigkeit wieder erteilt werden muſs, wenn er sich im Reiche niederläſst, und verliehen werden kann, auch ohne daſs letzteres geschieht, wenn er keine andere Staatsangehörigkeit erworben hat. Damit stimmt die thatsächliche Handhabung des diplomatischen und konsularischen Schutzes überein, welcher Personen von deutscher Nationalität nicht versagt zu werden pflegt, die durch Verjährung im Rechtssinne die Eigenschaft als Deutsche verloren haben. Dem entspricht es, daſs gemäſs § 11 des Reichsmilitärgesetzes die durch Verjährung expatriierten Deutschen, welche eine andere Staatsangehörigkeit nicht erworben haben, der Militärpflicht unterliegen, wenn sie ihren dauernden Aufenthalt wiederum in Deutschland nehmen.

Diese Bestimmungen beruhen auf der billigenswerten Auffassung, daſs die vollen Konsequenzen des Verlustes der Staatsangehörigkeit nicht gezogen werden sollen, solange der Expatriierte nicht eine andere Staatsangehörigkeit erworben hat. Die gleiche Auffassung findet sich auch in ausländischen Gesetzgebungen, namentlich im französischen Zivilgesetzbuch[1] und dessen zahlreichen Nachbildungen.

Der seltene Fall, daſs eine Person auch früher keine Staatsangehörigkeit besessen hat, betrifft hauptsächlich die Kinder von solchen Eltern, die ihre Staatsangehörigkeit verloren haben. Es ist konsequent und entspricht zugleich der Billigkeit, daſs diese so behandelt werden, wie ihre Eltern. Daſs auch die Eltern niemals eine Staatsangehörigkeit besessen haben,

---

[1] Art. 18, abgeändert durch das Gesetz vom 26. Juni 1889.

wird äufserst selten vorkommen. In diesen Fällen mufs die aus praktischen Gründen auch sonst unentbehrliche Bestimmung aushelfen, dafs das Wohnsitzrecht mafsgebend ist hinsichtlich der Personen, deren Staatsangehörigkeit nicht zu ermitteln ist. Mit dieser Bestimmung wird auch § 33 der Gebhardschen Entwürfe entbehrlich.

Der japanische Entwurf (Teil II, Nr. 176), die Oxforder Beschlüsse des Institut de droit international (Teil II, Nr. 177) und das Laurentsche avant-projet (Teil II, Nr. 181) wollen beim Mangel der Staatsangehörigkeit das Wohnsitzrecht entscheiden lassen. Es ist zuzugeben, dafs das Wohnsitzrecht in diesen Fällen den Vorzug leichterer Kenntlichkeit besitzt und dafs die verlorene Staatsangehörigkeit nicht immer die vorwaltende und dauernde Beziehung einer Person darstellt. Aber der Regel nach wird letzteres doch der Fall sein, und die Konsequenz fordert, dafs von dem Staatsangehörigkeitsprinzip nur abgewichen wird, soweit es unbedingt notwendig ist. Es ist dabei zu bedenken, dafs die Frage des Personalstatutes eine nationalpolitische Seite hat, welche in gewisser Hinsicht wichtiger ist als die technisch juristische Seite. Nachdem die Mehrzahl der Staaten das Heimatprinzip angenommen hat, fordert das deutsche Nationalbewufstsein und insbesondere die Rücksicht auf die im Ausland wohnenden Deutschen, dafs das Staatsangehörigkeitsprinzip in möglichst energischer Weise zur Geltung gebracht wird. Das Entgegenkommen gegenüber dem Nationalgefühl der in Deutschland wohnenden Ausländer wird nur dazu dienen, das Ansehen der deutschen Rechtspflege und somit des deutschen Reiches im Auslande zu fördern. Gegenüber den bislang noch dem Wohnsitzprinzipe huldigenden Staaten wird endlich durch weitgehende Anwendung des Heimatprinzipes die gleiche Behandlung der Deutschen wirksam vorbereitet.

Noch erübrigt die Frage, wie die Eventualitäten mehrfachen Domizils und der Domizillosigkeit behandelt werden sollen. Der erstere Fall bedarf offenbar besonderer Regelung nur dann, wenn die Domizile in verschiedenen Rechtsgebieten liegen. Savigny (System VIII 101) läfst hier den zuerst erworbenen Wohnsitz entscheiden. Diese Entscheidung erledigt zwar nicht den Fall, dafs beide Wohnsitze gleichzeitig begründet wurden. Aber dieser Fall ist von solcher Seltenheit, dafs er keine Berücksichtigung erheischt. Jedenfalls aber wäre es falsch, auf Grund dieser Möglichkeit für alle Fälle mehrfachen Domizils das Recht des Aufenthaltsortes zu substituieren, da der Aufenthaltsort z. B. des Erblassers zur Zeit des Todes ein dritter Ort sein kann, dessen Zugrundelegung dem Prinzip des Personalstatutes schlecht entsprechen und unter Umständen höchst mifsliche Konsequenzen haben würde, welche durch Annahme der Savignyschen Lösung vermieden werden. Wenn eine Person keinen Wohnsitz hat, so führt der Grundgedanke des Personalstatuts zur Substituierung des zuletzt innegehabten Wohnsitzes. Die von Mommsen (Teil II, Nr. 190) vorgeschlagene und auch in dem Vertrag von Montevideo enthaltene Heranziehung des Aufenthaltsortes, dessen Recht insbesondere für die Konsequenzen eines Todesfalles (Erbrecht, Vormundschaft) der inneren Beziehung völlig ermangelt, ist nur dann zu empfehlen, wenn auch ein früherer Wohnsitz nicht zu ermitteln ist, was nur sehr selten vorkommen wird. Savigny (System VIII, 102), Stobbe (I, 239), Gierke (I, 220) äufsern sich in demselben Sinn, und im Kern steht auch § 18 der deutschen Zivilprozefsordnung auf demselben Standpunkt[1]: „Der allgemeine Gerichtsstand einer Person, welche keinen Wohnsitz hat, wird durch den Aufenthaltsort im deutschen Reich und, wenn ein solcher nicht bekannt ist, durch den letzten Wohnsitz bestimmt."

---

[1] Vgl. auch Art. 5 des schweizerischen Gesetzes vom 25. Juni 1891 (Teil II, Nr. 205).

Viertes Kapitel.
Personenrecht.

§ 13.

Natürliche Personen. Trennung von Rechtsfähigkeit, Handlungsfähigkeit, Status.

Früher herrschte im allgemeinen[1] unbefangenes Einverständnis darüber, dafs das Personalstatut unterschiedlos über Rechts- und Handlungsfähigkeit und Status der Personen entscheiden müsse. Neuerdings hat sich die Erkenntnis Bahn gebrochen, dass die Frage nicht in Bausch und Bogen erledigt werden darf, dafs vielmehr Unterscheidungen erforderlich sind. Diese Erkenntnis ist namentlich durch Bar (Intern. Privat- und Strafrecht §§ 42 ff., Theorie I 377 ff., Lehrbuch 59 ff.) gefördert und in der deutschen Litteratur durch Stobbe (I 241 ff.), neuestens durch Regelsberger (Pandekten (I 168 ff.) vertreten[2].

---

[1] Anders die englisch-nordamerikanische Praxis. S. unten S. 169, Note 1.
[2] Vgl. auch Martens, Völkerrecht II 297 ff.

Auch die Gebhardschen Entwürfe folgen dieser Richtung, indem sie Rechtsfähigkeit (§ 5), Geschäftsfähigkeit (§ 7), sonstige Handlungsfähigkeit (§§ 12, 16) und Statusverhältnisse (vgl. §§ 21, 22, 25, 26, 28) unterscheiden, und indem sie die Rechtsfähigkeit (§ 5) nicht dem Personalstatut unterstellen, bezüglich der Geschäftsfähigkeit dem Ort der Geschäftserrichtung eine wesentliche Bedeutung zuerkennen. Die Ausscheidung der Rechtsfähigkeit aus dem Bereich des Personalstatuts findet sich auch in dem montenegrinischen Gesetzbuch, die Berücksichtigung des Ortsrechtes des Geschäftsschlusses in mehrfacher Abstufung in den Gesetzgebungen von Bern, Griechenland, Sachsen, Ticino, Zug, in der schweizerischen Bundesgesetzgebung, desgleichen in dem bernischen, japanischen, Laurentschen, Mommsenschen Entwurf. Die englisch-amerikanische Praxis mifst der lex loci actus eine souveräne Bedeutung bei, und die französisch-belgische Jurisprudenz räumt ihr wenigstens eine bedingte Wirksamkeit ein.

Es kann in der That keinem Zweifel unterliegen, dafs der Gesetzgeber die Begriffe Rechtsfähigkeit, Handlungsfähigkeit, Status trennen und die einzelnen Anwendungen dieser Begriffe ins Auge fassen mufs, um zu einer sachgemäfsen Entscheidung zu gelangen. Die summarische Behandlung, welche sich an die Stichworte „Rechts- und Handlungsfähigkeit", „état et capacité", „personel, civil capacity", „stato e capacità", „estado y capacidad", „estado e capacidade", „starea civila şi capacitatea persónelor" zu knüpfen pflegt, ist kurzsichtig und unzureichend. Volle Zustimmung verdient die Bemerkung Bars (Lehrbuch 59): „Es mufs zwischen den die Rechtsfähigkeit einer- und den die Handlungsfähigkeit andererseits betreffenden Rechtssätzen unterschieden werden, und so wenig der Satz, dass der Status einer Person überall derselbe sein müsse, ist juristisch hinsichtlich der Konsequenz verwertbar der Ausdruck Fähigkeit; denn der sogenannte Status einer Person ist nicht eine natürliche, überall sich gleichbleibende Eigenschaft, sondern bezeichnet nur kurz eine Summe von Rechtssätzen, welche auf eine Person Anwendung finden, und welche selbstverständlich in einem anderen Territorium andere sein können, während die Schlufsfolgerung aus dem Ausdrucke „Fähigkeit" deshalb verkehrt ist, weil eine Menge von Rechtssätzen, bei welchen keineswegs das Personalstatut ausschliefslich Platz greift, z. B. Rechtssätze, welche die Form der Rechtsgeschäfte betreffen, als Fähigkeiten der beteiligten Personen sich bezeichnen lassen."

Rechtsfähigkeit und Handlungsfähigkeit sollen in den beiden folgenden Paragraphen erörtert werden. Hier soll zunächst der Begriff des Status und seine Bedeutung für das internationale Privatrecht klargestellt werden.

Beim Gebrauch des Wortes Status (und der entsprechenden anderssprachigen Ausdrücke) wird vielfach zweierlei vermengt: Status als Thatbestandbegriff und Status als Rechtsfolgebegriff. Einen Thatbestandbegriff bezeichnet das Wort, sofern damit die natürlichen und rechtlichen Eigenschaften (Alter, Geschlecht, Geisteszustand, Adel, Ausländereigenschaft, Ordensmitgliedschaft, Beamteneigenschaft, Sklaverei) begriffen werden, an welche die Rechtssätze über Rechts- und Handlungsfähigkeit anknüpfen. Einen Rechtsfolgebegriff bezeichnet das Wort insofern, als damit gewisse Rechtsstellungen von dauerndem Charakter und absoluter Natur begriffen werden, wie Namenrecht, Stand, Verwandtschaft, Ehe, Prodigalität. Die Verwechselung beider Gesichtspunkte wird dadurch veranlafst, dafs der Status im letzteren Sinne zum Teil auch zugleich Status im ersteren Sinne ist.

Hier soll nur von dem Rechtsfolgebegriff die Rede sein. Nur dieser ist den Begriffen Rechtsfähigkeit und Handlungsfähigkeit koordiniert. Soweit der Rechtsfolgebegriff zugleich als Thatbestandbegriff für die Normierung der

9*

Rechts- und Handlungsfähigkeit fungiert, wird die Behandlung der die letzteren betreffenden Rechtssätze natürlich durch die für den Status maſsgebenden Grundsätze mitbestimmt.

Seinen Schwerpunkt findet der Statusbegriff innerhalb des öffentlichen Rechtes. Staatsangehörigkeit, Gemeindeangehörigkeit, Gewerbestand, Beamtentum, Soldateneigenschaft, Genuſs und Ausschlieſsung der bürgerlichen Ehrenrechte, Zugehörigkeit zu einer Religionsgemeinschaft als Rechtsfolgebegriffe beziehen sich nur ausnahmsweise auf privatrechtliche Rechtsverhältnisse, und soweit letzteres der Fall ist, besteht der Inhalt der Rechtsfolge lediglich darin, daſs Rechts- und Handlungsfähigkeit durch den Status beeinfluſst werden. Diese Funktion des Status wird im Zusammenhang der Rechts- und Handlungsfähigkeit ihre Erörterung finden. Einen selbständigen zivilrechtlichen Rechtsfolgeinhalt, das heiſst einen Inhalt, der über die Funktion eines Thatbestandmomentes für die Bestimmung der Rechts- und Handlungsfähigkeit hinausgeht, enthält das Statusverhältnis der **Sklaverei** (hier im weitesten Sinn genommen). Dieser Rechtsfolgeinhalt, nämlich das absolute Unterwerfungsverhältnis gegenüber dem Herrn, kann gemäſs dem Gesichtspunkt ethischer Verwerflichkeit (s. oben S. 69) von uns schlechterdings nicht anerkannt werden, und es ist nur die Frage aufzuwerfen, ob dieserhalb eine besondere Bestimmung für das B.G.B. zu empfehlen ist, wie sie sich z. B. in dem **montenegrinischen** Gesetzbuch (Teil II Nr. 43) findet. Die Frage ist zu verneinen, da die allgemeine Klausel, welche oben (S. 69) erörtert wurde, dem Bedürfnis genügt. Der Einfluſs der Sklaverei auf die Rechts- und Handlungsfähigkeit des Sklaven ist später (S. 144 ff.) zu erörtern. — Eine andere Gruppe von Statusverhältnissen bleibt deswegen hier auſser Betracht, weil sie Rechtsmaterien angehören, welche nicht im B.G.B., sondern in anderen Reichsgesetzen geregelt sind, so die Kaufmannseigenschaft, das Firmenrecht und andere „Persönlichkeitsrechte" im Gebiet der immateriellen Rechte.

Alle übrigen Statusverhältnisse und Persönlichkeitsrechte gehören dem **Familienrecht** an. Dies gilt auch vom **Namenrecht** und vom **Adelsrecht**, welche, von besonderen publizistischen Begründungs- und Verlustarten abgesehen, sich als Ausflüsse familienrechtlicher Beziehungen darstellen. Hiernach kann der Gesichtspunkt des Status an dieser Stelle auf sich beruhen bleiben und seine fernere Erörterung dem Rahmen des Familienrechtes überlassen werden.

§ 14.

Natürliche Personen. Rechtsfähigkeit.

Mit dem Worte Rechtsfähigkeit bezeichnet man zweierlei, und es ist ein Mangel der herrschenden Terminologie, dafs die beiden Bedeutungen des Wortes nicht scharf auseinander gehalten werden. Einerseits versteht man unter Rechtsfähigkeit die Fähigkeit, überhaupt Träger von Rechten und Rechtspflichten zu sein[1], das heifst die **Rechtspersönlichkeit**, andererseits die Fähigkeit, Träger bestimmter Arten von Rechten und Rechtspflichten zu sein, oder anders ausgedrückt: die **besonderen Rechtsfähigkeiten**. Wenn man diese beiden Gesichtspunkte als „Vorhandensein der Rechtsfähigkeit" und „Umfang der Rechtsfähigkeit" bezeichnet[2], so schliefst das die Gefahr in sich, zu denken, es handle sich bei dem sogenannten Umfang der Rechtsfähigkeit um ein Mehr oder Minder der Rechtspersönlichkeit. Die Rechtspersönlichkeit ist aber ein Unteilbares. Sie ist vorhanden oder nicht vorhanden; sie kann nicht in höherem oder geringerem Mafse vorhanden sein. Darum soll im folgenden die Rechtsfähigkeit im ersteren Sinne als **Rechtspersönlichkeit**

---

[1] Vgl. statt aller Regelsberger, Pand. I 234.
[2] Vgl. z. B. Gierke, Deutsches Privatrecht I 222, 356.

bezeichnet werden und der Ausdruck **Rechtsfähigkeit** nur für die besonderen Rechtsfähigkeiten verwendet werden.

Was nun die Rechtssätze betrifft, welche die Voraussetzungen der **Rechtspersönlichkeit** („Erwerb", Verlust", „Ausschluſs") bestimmen, so scheint es auf den ersten Blick unbedingt geboten, sie dem Personalstatut zu unterstellen. Denn es scheint, es sei hier mehr als in irgend einem anderen Verhältnis das Bedürfnis begründet, den Anwendungsbereich der Rechtssätze durch eine **dauernde** Beziehung zu bestimmen. Indessen, wenn man die einzelnen in Betracht kommenden Rechtsbeziehungen genauer untersucht, so ergiebt sich, daſs das Herrschaftsgebiet des Personalstatutes durch entgegengesetzte besondere Gesichtspunkte erheblich beeinträchtigt wird und daſs für das Personalstatut nur ein verhältnismäſsig kleines Gebiet übrig bleibt.

Die Rechtssätze und dementsprechend die Rechtsdifferenzen, welche in Betracht kommen, sind von zweierlei Art. Einesteils handelt es sich um die rechtliche Entscheidung von Zweifeln betreffs des natürlichen Beginns und Endes der Persönlichkeit, andernteils um die Versagung der Rechtspersönlichkeit in Fällen, wo die physische Existenz keinem Zweifel unterliegt.

Was die erste Art von Rechtssätzen anlangt, so gehören aus dem (zweiten) Entwurf des B.G.B. hierher: die Vorschriften über die Todeserklärung (§§ 2—9), ferner § 1: „Die Rechtsfähigkeit des Menschen beginnt mit der vollendeten Geburt und endigt mit dem Tode", und § 10: „Sind mehrere Menschen in einer gemeinsamen Gefahr umgekommen, so wird vermutet, daſs sie gleichzeitig gestorben seien."

Um zunächst die **Todeserklärung** zu erörtern, so ist bemerkenswert, daſs der erste Entwurf des B.G.B. namentlich insofern von dem zweiten Entwurf und von den Gebhardschen Vorschlägen abweicht, als er die internationalistische Frage im Zusammenhang der **Verschollenheitsbestimmungen** im § 5 berührt, welcher lautet: „Ein Deutscher, welcher verschollen ist, kann durch Urteil für todt erklärt werden"[1], während die Gebhardschen Vorschläge (bezw. der Kommissionsentwurf) und der zweite Entwurf des B.G.B. die Bestimmung des internationalen Anwendungsbereiches in den Zusammenhang der Kollisionsnormen verweisen. — Das letztere Verfahren verdient den Vorzug, weil kein Grund vorhanden ist, die internationalistische Frage hier anders zu behandeln, als sonst, das heifst anders als im Zusammenhang der Kollisionsnormen.

Die Frage umfafst begrifflich zwei Momente: einmal die Zuständigkeit der deutschen Gerichte und ferner die Frage des materiell mafsgebenden Rechtes. Das Verhältnis beider Momente ist aber ein anderes als das Verhältnis der Lehre vom zivilprozessualischen Forum gegenüber dem — materiellen — internationalen Privatrecht. Bei letzterem Verhältnis sind beide Momente auch praktisch trennbar: bei der Todeserklärung kann kein anderes Recht als die lex fori mafsgebend sein, so dafs mit der Zuständigkeitsfrage auch die materielle Frage entschieden ist. Das ergiebt sich aus folgendem: Während der Inhalt des zivilprozessualischen Urteils aus der Fassung des letzteren selbst erkennbar ist, läfst die Todeserklärung in der Regel an und für sich völlig im Dunkeln, was sie besagen soll. Ihr Inhalt ist nur gegeben in der stillschweigenden Bezugnahme auf das Recht des Gerichtsortes. Die Wirkungen der Todeserklärung können lediglich nach diesem Recht bestimmt werden, wenn nicht die Todeserklärung selbst ausspricht, dafs ein anderes Recht dafür mafsgebend sein solle, oder anders ausgedrückt, dafs es sich nicht

---

[1] In beachtenswerter Weise ist hier die Einsicht durchgedrungen, dafs die Feststellung des Anwendungsbereiches der Rechtssätze ein „wesentliches Glied" der einzelnen Rechtssätze bildet, wie oben S. 32 ausgeführt wurde.

um eine Todeserklärung im Sinne der lex fori, sondern um eine solche im Sinne eines anderen Rechtes handle, also z. B. um „déclaration d'absence" gemäfs Art. 115 ff. des französischen Zivilgesetzbuches oder um eine Todeserklärung gemäfs Art. 684 des montenegrinischen Gesetzbuches oder um eine Verschollenheitserklärung gemäfs dem russischen Recht (vgl. Lehr, Eléments de droit civil russe I 156 ff.). Die Voraussetzungen der Todeserklärung können aber in jedem gegebenen Falle nur durch dasselbe Recht bestimmt werden, wie ihre Wirkungen. Dies gilt sowohl von den materiellen Voraussetzungen als von der Form des Verfahrens. Sämtliche Bestandteile, Vorbedingungen und Wirkungen des Verfahrens hängen untrennbar zusammen. Wenn hier also überhaupt ausländisches Recht angewendet werden soll, so mufs dies in jeder Beziehung geschehen. Dies durchzuführen, erweist sich aber als einfach unmöglich. Es bedarf blofs eines Blickes z. B. auf das französische und auf das russische Recht, um sich zu überzeugen, dafs das Verschollenheitsverfahren dieser Rechtssysteme nur möglich ist im Lande selbst. Es ist abhängig von der Gerichtsverfassung, ja teilweise von der Organisation der allgemeinen Staatsverwaltung. Es ist normiert in der Voraussetzung, dafs nur die inländischen Behörden damit befafst werden können. Umgekehrt ist das Verschollenheitsverfahren (Aufgebot!) des B.G.B. so geartet, dafs seine Anwendung im Auslande nicht zu erwarten, teilweise nicht möglich ist.

Hiernach vereinfacht sich die gesetzgeberische Aufgabe dahin, dafs die internationalistischen Voraussetzungen zu bestimmen sind, unter denen deutsche Gerichte eine Todeserklärung erlassen sollen, und diejenigen, unter welchen eine ausländische Todes- oder Verschollenheitserklärung als wirksam anzuerkennen ist. Diese Frage ist grundsätzlich im Sinne des Personalstatuts zu entscheiden. Ob, unter welchen

Voraussetzungen und mit welchen Wirkungen eine Person für tot oder verschollen erklärt werden kann, mufs prinzipiell nach demjenigen Recht entschieden werden, welches über die Rechtswirkungen entscheidet, die sich an den wirklich eingetretenen Tod knüpfen. Denn auch von der Todeserklärung kann man sagen: naturam imitatur. Nun ist zwar nicht zuzugeben (vgl. Bar, Theorie I 374), dafs es sich dabei nur um Familien- und Erbrechtsverhältnisse handle. Man denke z. B. an Personalservituten und Lebensversicherung. Aber dafs in den Fragen des Familien- und Erbrechtes der Schwerpunkt der Todeserklärung liegt, ist unleugbar. Da nun, wie später ausgeführt werden soll, für Familien- und Erbrecht das Personalstatut zu Grunde zu legen ist, so ergiebt sich folgerecht die Mafsgeblichkeit des letzteren auch für die Todeserklärung. Es kommt hinzu: Wenngleich die Todeserklärung veranlafst wird durch das Verlangen derjenigen Personen, welche die Todeserklärung wünschen, so beruht doch andererseits das Verfahren wesentlich auf dem Gedanken, dafs die Interessen des Verschollenen durch die Organe des Staates amtlich wahrgenommen werden, und dafs vor der Zulassung der Interessenten zu den durch den Tod bedingten Rechtsfolgen alle zu Gebote stehenden Mittel erschöpft werden sollen, um dem Verschollenen, wenn er lebt, Gelegenheit zu geben, sich zu melden. Dieser Gesichtspunkt eines dem Verschollenen zu gewährenden Schutzes fällt jedenfalls bei der Lösung der internationalistischen Frage wesentlich ins Gewicht. Es entspricht ebensowohl dem internationalen als dem nationalen Rechtsgedanken, dafs soweit als möglich der Heimatstaat darüber wacht, dafs ein Verschollener in seinen Rechten nicht verkümmert werde. In diesem Sinne ist die Todeserklärung ein nationales Rechtsinstitut. Das Prinzip des § 8 der Gebhardschen Entwürfe verdient daher völlige Billigung. Nur ist nicht einzusehen, warum die Todeserklärung von Ausländern lediglich negativ [1] behandelt und insofern die internationalistische Frage nur halb gelöst ist. Als Ergänzung der Gebhardschen Vorschriften fordert das internationalistische Prinzip die Bestimmung, daſs die Todes- oder Verschollenheitserklärung eines Ausländers anzuerkennen ist, wenn sie von einem nach dem Heimatrecht des Verschollenen zuständigen Gerichte ausgesprochen ist, und zwar mit den Wirkungen, welche das Recht des Gerichtsortes bestimmt. Es ist kein Grund vorhanden, die Todeserklärung von Ausländern nach einem anderen Prinzip zu behandeln, als deren Familien- und Erbrecht. Es ist aber auch positiv durch das nationale Bedürfnis dringend geboten, die Todeserklärung von Ausländern im B.G.B. zu regeln. Es liegt auf der Hand, daſs für die Fälle, wo verschollene Ausländer deutsche Erben oder Erbschaftsobjekte in Deutschland hinterlassen, die Gebhardschen Vorschläge eine Lücke aufweisen. Aber auch wenn es sich z. B. um die deutsche Naturalisation der minderjährigen Kinder oder der Ehefrau eines verschollenen Ausländers oder um die Fälligkeit einer Lebensversicherung handelt, wobei der Destinatär ein Deutscher ist, oder die Versicherungsgesellschaft ihren Sitz in Deutschland hat, macht sich das gleiche Bedürfnis geltend.

Eben dieses Bedürfnis macht es nun aber nötig, von dem soeben entwickelten Grundsatz eine Ausnahme zu machen, wenn zufolge des im Ausland bestehenden Rechtszustandes die Todeserklärung eines bestimmten Ausländers nicht möglich ist, während doch innerhalb der Aufgaben der deutschen Rechtspflege das Bedürfnis entsteht, die durch die Verschollenheit bedingte Unsicherheit zu beseitigen. Nicht alle Rechtssysteme kennen die Todes- oder Verschollenheitserklärung.

---

[1] Daſs es nicht etwa die Meinung der Gebhardschen Entwürfe war, die Todeserklärung gemäſs § 37 der Entwürfe zu behandeln, geht aus dem Zusammenhang deutlich hervor.

Nicht nur in unzivilisierten Gebieten, sondern z. B. auch in England[1] und in dem gröfsten Teil der Vereinigten Staaten von Amerika ist das Institut der gerichtlichen Todeserklärung unbekannt[2]. Indessen auch in Ländern, wo das Institut besteht, wird es infolge der dort geltenden Zuständigkeitsbestimmungen oft unmöglich sein, die diesseitig erwünschte Todeserklärung dortiger Unterthanen zu erlangen. Dies gilt insbesondere gegenüber den Staaten, deren Gerichte für die Todeserklärung nur zuständig sind, wenn der Verschollene seinen letzten bekannten Wohnsitz in jenem Lande gehabt hat[3]. Will man daher nicht auf die Todeserklärung für viele internationalistisch gelagerte Fälle ganz verzichten, für andere Fälle ihre Durchführung wenigstens fraglich lassen, so mufs man sich entschliefsen, die Kompetenz der deutschen Gerichte weiter auszudehnen, als es nach dem entwickelten Prinzip an und für sich angezeigt wäre. Der Entwurf zweiter Lesung (Note 1 zu § 9) schlägt vor, in die C.P.O. die Bestimmung einzufügen: „Zuständig ist das Gericht, in dessen Bezirk der Verschollene den letzten inländischen Wohnsitz hatte. In Ermangelung eines solchen Wohnsitzes wird das zuständige Gericht für Angehörige eines deutschen Bundesstaates von der obersten Justizverwaltungsbehörde dieses Staates, für andere Verschollene von dem Reichskanzler bestimmt." Diese Vor-

---

[1] Lehr, Éléments de droit civil anglais. Paris 1885, S. 30.

[2] S. Stimson, American Statute Law, Boston 1886, § 2510 ff. — Die Todesvermutung auf Grund teils siebenjähriger, teils fünfjähriger, teils fünfzehnjähriger Abwesenheit deckt das Bedürfnis nicht, sofern sie nur als Inzidentpunkt in einem gerichtlichen Verfahren entschieden werden kann und nur inter partes rechtskräftig wird.

[3] Vgl. hinsichtlich des französischen Rechtes Vincent und Pénaud, Dictionnaire de droit international privé nro. 14 ff., besonders nro. 20, Zachariä v. Lingenthal, Handb. des französ. Civilrechts, 8. Aufl., bearb. v. Crome, Freiburg 1894, S. 243. Auch das russische Recht scheint auf demselben Standpunkt zu stehen; Lehr, Éléments de droit civil russe, Paris 1877, I 156 ff.

schrift läfst, entsprechend dem hier behaupteten Bedürfnis, die Möglichkeit offen[1], dafs auch Ausländer, und zwar auch solche, die niemals einen Wohnsitz in Deutschland besessen haben, von deutschen Gerichten für tot erklärt werden können. Sie ist daher wünschenswert. Indessen es würde dem internationalistischen Prinzip und naheliegenden Zweckmäfsigkeitserwägungen zuwiderlaufen, wenn die Bestimmung in der Weise ausgeführt würde, dafs ohne Rücksicht auf die Konkurrenz ausländischer Gerichte in allen Fällen, in welchen die Todeserklärung eines Ausländers beantragt werden würde, der Reichskanzler ein deutsches Gericht mit dem Verfahren beauftragen dürfte. Auch würde es bewährten Grundsätzen widersprechen, wenn die Entscheidung, ob die Thätigkeit deutscher Gerichte eintreten solle oder nicht, im Verwaltungswege erginge. Es ist Aufgabe der Gesetzgebung, zu bestimmen, unter welchen Voraussetzungen deutsche Gerichte mit Todeserklärungen von Ausländern befafst werden sollen, und zwar mufs, wie nach dem vorher Gesagten nicht näher begründet zu werden braucht, das B.G.B. dies bestimmen, nicht etwa die C.P.O.

Hier ist nun festzuhalten, dafs es sich um eine Ausnahmebestimmung handelt, welche nicht weiter gehen darf, als das Bedürfnis es durchaus gebietet. Wenn man die Todeserklärung von Ausländern allgemein zuläfst im Falle des Hervortretens irgend welchen Bedürfnisses in Deutschland, so bringt das die Gefahr mit sich, dafs die Todeserklärungen deutscher Gerichte im Auslande überhaupt nicht anerkannt werden, und dafs derselbe Verschollene mehrmals für tot erklärt wird, woraus infolge der Verschiedenheit der Voraussetzungen und

---

[1] Zwingend ist der Schlufs, dafs an diese Möglichkeit gedacht sei, nicht, weil an den Fall der Reichsangehörigkeit ohne Zugehörigkeit zu einem Bundesstaat gedacht sein kann. (§ 6 des Gesetzes, betr. die Rechtsverhältnisse der deutschen Schutzgebiete vom 15. März 1888, R.G.Bl. S. 71 ff.)

Wirkungen der Todeserklärung in den verschiedenen Rechtssystemen sich die mifslichsten Folgen ergeben. — Das in Frage stehende Bedürfnis ist nach zwei Seiten bedingt. Einerseits mufs der Effekt der Todeserklärung sich in Beziehungen äufsern, deren Regelung als Aufgabe der deutschen Rechtspflege zu betrachten ist. Dies ist der Fall, wenn sich entweder Vermögen des Verschollenen im Deutschen Reich befindet, oder wenn an der Todeserklärung Personen interessiert sind, denen das Deutsche Reich Rechtsschutz schuldig ist. Das letztere Kriterium ist zweifellos gegeben, wenn die Interessenten Deutsche sind, die in Deutschland wohnen. Es kann in Zweifel gezogen werden, ob es auch gegeben ist, wenn die Interessenten Deutsche sind, die im Ausland wohnen. Indessen mufs dies bejaht werden in Konsequenz des Grundsatzes des Art. 3 der Reichsverfassung: „Dem Auslande gegenüber haben alle Deutschen gleichmäfsig Anspruch auf den Schutz des Reiches"[1]. Dagegen ist es nicht als Aufgabe der deutschen Rechtspflege anzuerkennen, sich mit der Todeserklärung eines Ausländers zu befassen, wenn nur Ausländer daran interessiert sind, mögen diese auch ihren Wohnsitz in Deutschland haben. Die zweite Bedingung ist die, dafs im Heimatstaat des Verschollenen die Todeserklärung oder eine im wesentlichen dieser gleichstehenden Verschollenheitserklärung nicht zu erreichen ist, sei es, dafs ein derartiges Institut nicht bekannt, sei es, dafs gegebenenfalls die Zuständigkeit der dortigen Gerichte nicht begründet ist oder die Todeserklärung im konkreten Fall von den ausländischen Gerichten aus einem anderen Grunde abgelehnt ist.

---

[1] Als Analogie kann § 568 Al. 2 C.P.O. angeführt werden. Vgl. dazu Entsch. des R.G. IX S. 397 und die Ausführungen S. 77 ff. der Motive eines Einführungsgesetzes zum B.G.B., Amtliche Ausgabe, Berlin und Leipzig 1888. — Vgl. auch Reichsgesetz v. 4. Mai 1870 (R.G.Bl.).

Es ist nunmehr zur Erörterung der übrigen Rechtssätze über Beginn und Ende der Persönlichkeit überzugehen. Was die Bestimmung in § 1 des zweiten Entwurfes des B.G.B. angeht, so ist sie entbehrlich und sollte gestrichen werden. Positiven Inhalt hat sie nicht, da weder ein normgebender Rechtssatz, noch eine rechtliche Definition darin enthalten ist. Allem Anschein nach haben die Redaktoren in der That nur im Sinn gehabt, etwas Negatives auszusprechen, dafs nämlich Beginn und Ende der Rechtspersönlichkeit nicht durch andere Voraussetzungen als durch Geburt und Tod bedingt sein sollen. Dies auszusprechen, ist aber im Rahmen einer Kodifikation überflüssig, sofern damit nur gesagt sein soll, dafs das Gesetzbuch keine Rechtssätze enthalte, welche engere Grenzen aufstellen. Soll damit aber mehr gesagt werden, dafs nämlich derartige Rechtssätze, wenn sie sich in **ausländischen** Rechten finden, von den Organen der deutschen Rechtspflege nicht angewendet werden sollen, so ist das nicht zureichend ausgedrückt, würde übrigens in den Zusammenhang der Kollisionsnormen gehören und vor allem: es würde inhaltlich nur zum Teil zu billigen sein. Die Vorschrift kann daher hier nicht als Ausgangspunkt dienen. Es mufs die Frage dahin gerichtet werden, ob und inwiefern ausländische Rechtssätze, welche als Voraussetzungen der Rechtspersönlichkeit andere Kriterien als Geburt und Tod aufstellen, Anerkennung finden sollen. — Die hauptsächlichste Frage, welche in Betracht kommt, ist die, wie der Anwendungsbereich der Rechtssätze zu behandeln sei, welche das Kriterium der **Vitalität** aufstellen. Den weitestgehenden Ausdruck giebt dem Gesichtspunkt der Vitalität das **bernische Zivilgesetzbuch** (Satz 9): „Die Persönlichkeit eines Menschen hebt in dem Zeitpunkte an, wo er **lebendig und lebensfähig zur Welt kommt.**" Das **spanische** Zivilgesetzbuch (Art. 30) bestimmt: „Para los efectos civiles, sólo se reputará nacido el feto que tuviere figura humana y viviere veinticuatro horas enteramente desprendido del seno materno." Das peruanische Zivilgesetzbuch (Art. 4) bestimmt: „El nacido y el que está por nacer necesitan, para conservar y trasmitir estos derechos, que su nacimiento se verifique pasados seis meses de su concepción; que vivan cuando ménos veinticuatro horas, y que tengan figura humana." Das französische Zivilgesetzbuch (Artt. 725, 906) fordert Lebensfähigkeit als Voraussetzung der Erbfähigkeit und der Erwerbsfähigkeit für Schenkungen. Das italienische Zivilgesetzbuch (Art. 724) fordert für die Erbfähigkeit Vitalität, präsumiert jedoch die letztere. Auch sonst finden sich in den Gesetzgebungen mannigfache Abstufungen. Fragt man nach der praktischen Bedeutung derartiger Vorschriften, so mufs man sich überzeugen, dafs auch für diejenigen Rechtsgebiete, in welchen die Vitalität zur allgemeinen Voraussetzung der Rechtsfähigkeit erhoben ist, praktisch allein die aktive und passive Erbfähigkeit des Kindes in Betracht fällt. Schenkungen an ein Kind in den ersten Lebensstunden kommen nicht oft vor und kaum jemals unter solchen Umständen, dafs daraus ernstliche rechtliche Differenzen entstehen. Andere Rechtsgeschäfte des Kindes sind thatsächlich und rechtlich ausgeschlossen. Die Statusverhältnisse sind nach dem Tode des Kindes nur noch indirekt von Belang. Es ergiebt sich somit, dafs es sich praktisch bei den Vitalitätsbestimmungen nicht eigentlich um die Rechtspersönlichkeit, sondern nur um besondere Rechtsfähigkeit im Sinne der oben vorgeschlagenen Terminologie handelt. Es soll nachfolgends dargethan werden, dafs es sachgemäfs ist, die besonderen Rechtsfähigkeiten durchweg nach denjenigen Gesetzen zu beurteilen, welche — um mit § 5 der Gebhardschen Entwürfe zu reden — „über das Rechtsverhältnis, bei dem sie in Frage kommen, entscheiden". Für die Anwendung dieses Grundsatzes auf das Erfordernis der Vitalität und also gegen die Anwendung des Personalstatutes spricht die besondere

Erwägung, daſs es sich hier gar nicht um die eigenen Interessen des Kindes handelt, dem ja die in Frage stehenden Rechte nur theoretisch zufallen, sondern um die Interessen seiner Erben. Das Kind kommt nicht als **Träger von Rechten**, sondern nur als **gedachter Durchgangspunkt in Betracht**. — Eine Prüfung der sonstigen Rechtssätze über Geburt und Tod ergiebt, daſs es mit ihnen eine ähnliche Bewandtnis hat, wie mit den Vitalitätsbestimmungen. Ihrer praktischen Bedeutung nach charakterisieren sie sich als vorwiegend oder ausschlieſslich **erbrechtliche** Bestimmungen. Das gilt z. B. von der Bestimmung des **argentinischen** (Art. 88) und des **spanischen** Zivilgesetzbuches (Art. 31) über das Altersverhältnis der **Zwillinge**, von der in schweizerischen Gesetzbüchern (vgl. Huber, Schweizerisches Privatrecht I 100) enthaltenen **Präsumtion für Lebendiggeborensein**, von den Rechtssätzen über den **nasciturus**, sowie endlich von den Rechtssätzen über **Kommorienten**. Ihr internationaler Anwendungsbereich ist gegeben durch den Anwendungsbereich der erbrechtlichen Sätze, sowie der etwa sonst noch in Betracht kommenden besonderen Rechtsinstitute. — Es ist zu erwähnen, daſs die **Lebensvermutung** hinsichtlich eines Verschollenen, sofern eine solche sich an die **Verschollenheitserklärung** knüpft, nicht hierher gehört. Vgl. aber Entsch. R.G. XXV S. 143.

Die **Versagung der Rechtspersönlichkeit** in Gestalt der **Sklaverei** gehört zu denjenigen Rechtseinrichtungen, zu deren unmittelbarer Verwirklichung unsere Rechtsordnung die Hand nicht bieten darf. Darüber herrscht Einverständnis[1]. Fraglich ist indessen, wie weit in der

---

[1] Vgl. Bar, Theorie I 406 ff. und die dort angeführte Litteratur, ferner Gierke, Deutsches Privatrecht I 223, Regelsberger, Pandekten I 168.

Nichtanerkennung dieser Rechtseinrichtung gegangen werden soll. Der Gesichtspunkt der sittlichen Verwerflichkeit ist nicht ohne weiteres durchschlagend. Daraus, daſs in unserem eigenen Kulturgebiet der Grundsatz der Freiheit und Gleichheit alles dessen, was Menschenantlitz trägt, als sittliches Ideal empfunden wird (ein Ideal, mit dem doch nur in einzelnen Beziehungen Ernst gemacht wird), folgt nicht, daſs der Sklaveneigentümer unsittlich handelt, wenn er sich der Rechtsform der Sklaverei in einem Lande bedient, wo eine andere Form des Dienstverhältnisses unbekannt ist. Noch weniger folgt daraus, daſs keinerlei Konsequenzen dieses Rechtsverhältnisses im Bereich unserer Rechtsordnung anerkannt werden dürfen. Insbesondere ist nicht zuzugeben, daſs infolge der Miſsbilligung der Versagung der **Rechtspersönlichkeit** wir dem Sklaven unbeschränkte **Erwerbsfähigkeit** oder gar völlige **Handlungsfähigkeit** vindizieren, geschweige, daſs wir sein Verhältnis zum Eigentümer in Anschung des für diesen gemachten Erwerbes ignorieren müssen. Das würde sich gar nicht durchführen lassen. Indessen es ist nicht erforderlich, hier die sehr heiklen Fragen zu verfolgen, welche in der Fortsetzung dieser Gedankenreihe liegen. Denn einerseits werden die Fälle, in welchen derartige Fragen auftreten, praktisch ungemein selten sein. Andererseits würde es vergebliche Mühe sein, die möglichen Schwierigkeiten im voraus übersehen und kasuistisch regeln zu wollen. Der Gesetzgeber muſs sich auf eine sachgemäſse Einzelbehandlung dieser Fragen durch die Gerichte verlassen und es bei der clausula generalis bezüglich der Nichtanerkennung gewisser ausländischer Rechtssätze bewenden lassen, welche oben (S. 62 ff.) empfohlen wurde. Auch eine Nachahmung der Bestimmung des preuſsischen Gesetzes vom 9. März 1857: „Sklaven werden von dem Augenblick an, wo sie preuſsisches Gebiet betreten, frei. Das Eigentumsrecht des Herrn ist von diesem Zeitpunkt ab erloschen"[1], ist nicht zu empfehlen. Es führt, wie Bar (Theorie I 406 ff.) mit Recht geltend macht, zu unhaltbaren Konsequenzen, wenn an ein blofs vorübergehendes Verweilen des Sklaven im Gebiet des Deutschen Reiches, konsequent also auch an das Betreten eines deutschen Schiffes, die Rechtsfolge geknüpft wird, dafs nach der Rückkehr in den Sklavenstaat der Sklave von uns als freier Mann betrachtet wird. Die Sklaveneigenschaft mufs vernünftigerweise in diesem Falle genau so viel und so wenig berücksichtigt werden, wie wenn der Sklave das Gebiet des Sklavenstaates niemals verlassen hätte.

Was von der Sklaverei gilt, trifft im wesentlichen für alle Rechtsinstitute zu, wodurch einem Menschen die Rechtspersönlichkeit versagt wird, möge die Versagung unter dem Namen **Leibeigenschaft, bürgerlicher Tod** oder sonstwie auftreten. Diejenigen Konsequenzen dieser Begriffe, welche uns unsittlich erscheinen, müssen im Bereich der deutschen Rechtspflege abgelehnt werden, andere Konsequenzen sind anzuerkennen, wenn nach sonstigen Grundsätzen die Anwendung des betreffenden Rechtes geboten ist. Es hiefse das Kind mit dem Bade ausschütten, wenn man den Beschränkungen der Rechtsfähigkeit, welche wir einzeln nicht für unsittlich halten, die Anerkennung versagen wollte, falls sie in der Häufung und als Konsequenz eines Institutes auftreten, das wir als solches für unsittlich halten. Nur denjenigen Beschränkungen müssen wir die Anerkennung versagen, welche ihrem **Inhalte** nach (z. B. Versagung der Parteifähigkeit im Zivilprozefs) oder dem **Motive** nach (z. B. Rechtsbeschränkungen aus konfessionellen Gründen) uns als unsittlich erscheinen. Wenn z. B. nach dem an und

---

[1] Ähnlich sächsisches bürgerliches Gesetzbuch § 31, österreichisches bürgerl. Gesetzbuch § 16 Al. 2, holländisches burgerlijk wetboek Art. 2 Al. 2.

für sich maſsgebenden Recht eine Person, deren Erbberechtigung in Frage steht, bürgerlich tot ist, so wird man kein Bedenken tragen dürfen, ja genötigt sein, sie von der Erbfolge auszuschlieſsen. Die Zulassung zur Erbfolge würde weder durch den sittlichen noch durch einen anderen zwingenden Maſsstab gerechtfertigt sein. Die Sachlage wäre ihrem Wesen nach nicht anders, als wenn es sich z. B. um die Erbberechtigung eines nach Sibirien deportierten Russen handelte, welcher nach russischem Recht (Lehr, Éléments de droit civil russe I 399) successionsunfähig (nicht bürgerlich tot) ist. Kasuistische Bestimmungen über die Grenze, bis zu welcher die Rechtskonsequenzen des bürgerlichen Todes anzuerkennen sind, sind so wenig am Platze, wie hinsichtlich der Sklaverei.

Die zuletzt erörterten Fragen berühren bereits das Gebiet der besonderen Rechtsfähigkeiten. Wenn die Versagung der Rechtspersönlichkeit im Sinne der vorstehenden Ausführungen gehandhabt wird, so heiſst das mit anderen Worten: die Versagung der Rechtspersönlichkeit gemäſs einem ausländischen Recht ist als solche nicht anzuerkennen; jedoch[1] sind diejenigen Beschränkungen der Rechtsfähigkeit und die sonstigen Konsequenzen anzuerkennen, welche nicht gegen absolute Grundsätze unserer Rechtsordnung verstoſsen. Damit ist die Frage, welches Recht über die aus der Sklaverei u. s. w. entspringenden Mängel der Rechtsfähigkeit entscheiden solle, reduziert auf die Frage, wie die besonderen Rechtsfähigkeiten behandelt werden sollen. Zur Erörterung dieser Frage soll nunmehr übergegangen werden.

---

[1] Man darf nicht einwenden, daſs damit der oben eingenommene Standpunkt verlassen sei, wonach eine quantitative Teilung der Rechtspersönlichkeit begrifflich ausgeschlossen ist. Das hier eingeschlagene Verfahren beruht darauf, daſs die Rechtspersönlichkeit aller Menschen schlechthin anzuerkennen ist.

Die Frage ist, wie schon angedeutet, in Übereinstimmung mit § 5 der Gebhardschen Entwürfe[1] dahin zu beantworten, dafs diejenigen Gesetze entscheiden müssen, welche im übrigen über das betreffende Rechtsverhältnis entscheiden, — lex causae kann man vielleicht sagen.

Die Berechtigung dieses Standpunktes ergiebt sich hauptsächlich daraus, dafs die verschiedenen Beziehungen eines und desselben Rechtsverhältnisses nicht ohne Not auseinander gerissen und verschiedenen Rechtssystemen unterstellt werden dürfen. Die Trennung, welche im Gebiet des internationalen Privatrechts mehrfach unvermeidlich ist, ist doch stets nur als ein notwendiges Übel anzusehen, und wegen der bestehenden Unvollkommenheiten in der Normierung der Staatsangehörigkeit ist die Konkurrenz mehrerer Personalstatute besonders unerwünscht. Die Erwägungen, welche oben (S. 95 ff.) gegen die Trennung von Formvorschriften und materiellen Vorschriften grundsätzlich geltend gemacht wurden, finden hier eine Analogie. Die Analogie betrifft auch die Schwierigkeit (in vielen Fällen Unmöglichkeit), aus einem Rechtsverhältnis das subjektive Moment der Rechtsfähigkeit herauszulösen. Diese Schwierigkeit zwingt die grundsätzlichen Vertreter des Personalstatutes, thatsächlich hinsichtlich der Rechtsfähigkeit einen sparsamen Gebrauch vom Personalstatut zu machen.

Es giebt verhältnismäfsig wenige Rechtssätze, welche sich unter dem Gesichtswinkel der „besonderen Rechtsfähigkeiten" betrachten lassen. Dazu kommt, dafs für die als Beschränkungen der Rechtsfähigkeit charakterisierbaren Rechtssätze, läfst man sie einzeln Revue passieren, gröfstenteils auch aus besonderen Gründen die Behandlung nach dem Prinzip des Personalstatutes sich als unangebracht erweist. Im folgenden

---

[1] Übereinstimmend auch Bar, Lehrbuch S. 60, Stobbe I 240—41, vgl. Wharton § 98.

sollen die wichtigsten in Betracht kommenden Einzelfragen einer summarischen Erörterung unterzogen werden.

Eine besondere Betrachtung fordern zunächst die Rechtsbeschränkungen der **geistlichen Ordenspersonen**. Ob durch das B.G.B. die partikularrechtlichen Vorschriften über den Klostertod aufgehoben werden, wie der Entwurf will (Einführungsgesetz §§ 32, 48 und Motive dazu S. 168 ff.), läfst sich nicht vorhersehen. Es ist in der gegenwärtigen politischen Lage nicht ausgeschlossen, dafs die Beibehaltung von gewisser Seite verlangt und durchgesetzt wird. In diesem Falle mufs grundsätzlich auch das Partikularrecht die Kollisionsfrage entscheiden. Geschieht dies aber nicht und wird die oben (S. 45) vorgeschlagene Bestimmung Gesetz, so ist bei Regelung der hier zu erörternden Frage auch auf die innerhalb des Deutschen Reiches verbleibenden Rechtsverschiedenheiten Rücksicht zu nehmen. Die für die Entscheidung mafsgebenden Erwägungen sind indessen in dieser Hinsicht keine anderen als die im Verhältnis zum Auslandrecht in Betracht kommenden. Das Besondere in der Rechtsstellung der Ordenspersonen ist nun lediglich quantitativer Art und liegt darin, dafs es sich nicht um Ausschliefsung einer einzelnen Rechtsfähigkeit, sondern um eine gröfsere Summe von Rechtsbeschränkungen handelt. Die Bezeichnung „bürgerlicher Tod" („mundo mortuus" c. 8 C. XVI qu. 1), welche oft für das Verhältnis gebraucht wird, ist eine Übertreibung. Wenn z. B. das preufsische Landrecht, II 11 § 1199, bestimmt, dafs Mönche und Nonnen in Ansehung aller weltlichen Geschäfte als verstorben angesehen werden, so statuiert es damit nicht den bürgerlichen Tod im eigentlichen Sinne. Es braucht nur darauf hingewiesen zu werden, dafs nach §§ 1193 ff. a. a. O. „die Sachen und Effekten, welche der in das Kloster tretenden Person zu ihrem eigenen Gebrauche mitgegeben werden", Eigentum der Ordensperson bleiben und dafs hinsichtlich der Kostbarkeiten, die dazu gehören, die Ordensperson ab intestato beerbt wird. Eine vergleichende Betrachtung der verschiedenen Rechtssysteme lehrt, dafs im ausländischen Recht Sonderbestimmungen über die privatrechtliche Stellung der Klosterpersonen sich überhaupt nur selten und fast durchweg in einer Form finden, welche keinen Zweifel darüber läfst, dafs es sich nur um **einzelne Beschränkungen** der Rechtsfähigkeit handelt; so z. B. im **österreichischen Zivilgesetzbuch §§ 63, 192, 573**, im **russischen Recht** (vgl. Entsch. des R.G. XXXII S. 173 ff.), im **peruanischen Gesetz vom 23. Dezember 1869**[1][2]. Sollte aber irgend ein Recht wirklich den bürgerlichen Tod an das Ordensgelübde knüpfen, so würde in dieser Hinsicht das vom bürgerlichen Tod oben Gesagte zu wiederholen sein, das heifst, es würde sich für uns doch nur um eine Summe von Rechtsbeschränkungen handeln, deren Behandlung von Fall zu Fall zu erwägen wäre. Hiernach ist die Frage des Klostertodes nicht wesentlich verschieden von der Frage der Rechtsfähigkeit der Ausländer, Juden, Beamten, Soldaten, Frauen in Bezug auf Immobiliarsachenrecht, Erbrecht, Vormundschaftsrecht, der Adeligen in Bezug auf Familienfideikommisse, Lehen u. s. w.

Was die Beschränkungen der **Ausländer** angeht, so bedarf es keines Wortes der Begründung, um die Unbeachtlichkeit der im **Auslandrecht** enthaltenen Rechtsbeschränkungen der Ausländer darzuthun. Was aber die nach **Inlandrecht** etwa geltenden Rechtsbeschränkungen der Ausländer angeht, so ist deren absolute Kraft im Inland ebenso selbstverständlich.

Die Beachtung der im Ausland bestehenden Rechtsbeschränkungen der **Juden** ist ausgeschlossen, weil darin ein

---

[1] Código civil del Perú . . . . por M. A. de La Lama, Lima 1893, S. 392.

[2] Das **französische** Recht kennt den Klostertod nicht, desgleichen nicht das **schweizerische** Recht (Huber I 141, II 35).

Verstofs gegen ethische Prinzipien unserer Rechtsordnung liegen würde.

Hinsichtlich der **Beamten**, **Soldaten**, **Frauen** ist festzustellen, dafs Beschränkungen derselben im Gebiet des **Vermögensrechtes** kaum in Betracht kommen. Von Belang sind nur die Rechtsbeschränkungen derselben im **Vormundschaftsrecht**. Hier aber ist die Einheitlichkeit der rechtlichen Behandlung so augenscheinlich geboten, dafs auch die prinzipiellen Vertreter des Personalstatutes meist der Einheit des Verhältnisses das Wort reden [1]. Die „Fähigkeit zur Vormundschaft" ist nichts anderes, als die Gewährleistung derjenigen Eigenschaften, welche das Interesse des Bevormundeten fordert, und es leuchtet ein, dafs diese Frage nicht aus dem Zusammenhang des ganzen vormundschaftlichen Verhältnisses losgelöst werden darf. Nicht das Personalstatut des Vormundes, sondern das des Mündels mufs hier bestimmend sein.

Geht man andererseits von den verschiedenen **Rechtsmaterien** aus, so gelangt man gleichfalls durchgehends zu dem Postulat der Beurteilung der Rechtsfähigkeit gemäfs der **lex causae**.

Besondere Erwägungen stehen der Durchführung unseres Prinzipes zunächst hinsichtlich des **Immobiliarsachenrechtes** zur Seite. Zwar hat sich noch neuestens Gierke (Deutsches Privatrecht I 227) in dieser Hinsicht zu Gunsten des Personalstatutes [2] ausgesprochen, indessen ohne in die Prüfung der besonderen Fragen einzutreten. Der vorliegende

---

[1] So Gierke I 242. Vgl. im übrigen Bar, Theorie I 582 ff.

[2] S. dagegen Bar, Theorie I 623, Lehrbuch 99—100, Roth, Deutsch. Privatrecht I 292, Regelsberger, Pand. I 169. — Auch Dernburg, Pand. I 108 ist, obgleich Gierke ihn für seine Auffassung aufruft, anscheinend in der Sache mit uns einverstanden. Er will die Frage der **Handlungsfähigkeit** dem Personalstatut unterstellen, setzt aber hinzu: „Dagegen sind die Immobiliarstatuten mafsgebend, soweit sie die Fähigkeit zum Erwerb von Grundstücken von besonderen Erfordernissen abhängig machen."

Entwurf des B.G.B. enthält keine Rechtssätze, welche für den Erwerb dinglicher Rechte an Immobilien besondere Eigenschaften, etwa die deutsche Staatsangehörigkeit, oder für Rittergüter die Adelseigenschaft vorschreiben. Wäre es der Fall, so würde schwerlich ein Zweifel daran bestehen können, daſs die Vorschriften absolute Anwendung hinsichtlich deutscher Immobilien finden müſsten. Der innere Grund dafür beruht darin, daſs derartige speziell Immobilien betreffende Rechtssätze ihrem Sinn und Zweck nach exklusiv gemeint sind. Man muſs aber weiter gehen und behaupten, daſs auch die Anerkennung ausländischer Rechtsbeschränkungen, welche an und für sich nicht bloſs für Immobiliarrechte gelten, also z. B. der Klostertod, in Beziehung auf deutsche Immobilien durch Sinn und Zweck des deutschen Immobiliarsachenrechtes ausgeschlossen ist. Dem System der Grundbücher wohnt der Gedanke ausschlieſslicher Geltung der lex rei sitae auch in dieser Beziehung inne. Die Berücksichtigung ausländischer Rechtsbeschränkungen widerstrebt dem Prinzip des öffentlichen Glaubens und dem Konsensprinzip oder, besser gesagt, dem Korrelat desselben: der Ausschlieſsung der Offizialthätigkeit (vgl. den Entwurf einer Grundbuchordnung, Motive S. 73—74). Ohne eines dieser beiden Prinzipien unzweckmäſsig zu beschränken, ist eine praktisch wirksame Berücksichtigung ausländischer Rechtsfähigkeiten nicht möglich.

Was das Mobiliarsachenrecht und das Obligationenrecht anlangt, so ist hier die praktische Bedeutung der Rechtsunfähigkeit ungemein gering. Diese kommt, soweit sich übersehen läſst, nur in der Form der allgemeinen Vermögensunfähigkeit vor. Die Behandlung nach dem von uns vertretenen Prinzip wird hier praktisch keine Schwierigkeiten ergeben. Wenn Ordensleute Vermögensklagen anstellen, für deren Beurteilung ein anderes als das Recht des Personalstatutes maſsgebend ist, so wird praktisch allen berechtigten Rücksichten auf das Ordensverhältnis unter dem

Gesichtspunkt entsprochen, dafs die legitimatio ad causam nicht dem Kläger, sondern dem Orden zusteht, sofern der Erwerb des in Frage stehenden Rechtes von seiten des Klägers in Stellvertretung des Ordens geschehen ist. Dasselbe gilt für den Fall, dafs ein Sklave ein Recht geltend macht, welches nach Mafsgabe des Sklavereiverhältnisses dem Herrn bestimmt ist. Wenn ein Klostergeistlicher oder ein Sklave ein Objekt, das ihm übertragen war, einem Dritten weiter übertragen hat, so läfst sich der letztere Rechtsübertragungsakt als unwirksam betrachten, gleichfalls unter dem Gesichtspunkt des Stellvertretungsverhältnisses bei dem ersteren Rechtsübertragungsakt. — Soweit nach ausländischen Rechten Versagung der Vermögensfähigkeit ohne Vermögenssubstituten vorkommt, also namentlich beim (eigentlichen) bürgerlichen Tod, werden allerdings nur dann die Vermögensklagen jener Personen abzuweisen und Rechtsübertragungen an sie und von ihnen als wirkungslos zu betrachten sein, wenn es sich um Rechtsfragen handelt, für welche das Personalstatut zugleich lex causae ist.

Was das Gebiet des Erbrechtes anlangt, so läfst sich eine Transmission des Erb- oder Vermächtnisrechtes auf den Orden oder den Sklavenherrn unter dem Gesichtspunkt des Stellvertretungsverhältnisses nicht konstruieren. Nach unserem Prinzip mufs dem Erben oder Vermächtnisnehmer, der nach seinem Personalstatut vermögens- oder doch erbunfähig ist, Erb- oder Vermächtnisrecht zugestanden werden, wie es nach dem für den Erbfall sonst mafsgebenden Recht jener Person zukommt[1]. Dies ist durch das Wesen der Erbfolge wohl begründet, da der Nachlafs nach jeder Richtung hin einheitlich

---

[1] Eine andere, hier nicht zu erörternde Frage ist, ob nicht eine Sonderbestimmung angezeigt ist, welche auch den indirekten Erwerb der toten Hand, der in diesen Fällen ja zu erwarten ist, ausschliefst oder beschränkt.

behandelt werden mufs, soweit dies irgendwie ausführbar ist. Ein Hauptargument für diesen Grundsatz liegt in der Beziehung des Erbrechtes zum Willen des Erblassers. Der Erblasser mufs die vermögensrechtliche Tragweite seines Todes möglichst übersehen können. Er mufs wissen können, inwieweit zur Herstellung einer bestimmten Successionsordnung seine letztwilligen Verfügungen nötig sind. Dies ist nicht der Fall oder doch erschwert, wenn die Erbfähigkeit sich nicht nach demselben Recht richtet wie die sonstigen erbrechtlichen Fragen. Der Erblasser würde, wenn die Erwerbfähigkeit sich nach dem Personalstatut der Bedachten richtete, nur dann mit Sicherheit testieren (oder je nach Umständen von letztwilligen Dispositionen absehen) können, wenn er einerseits die Staatsangehörigkeit, andererseits das in dem Heimatstaat hinsichtlich der Erwerbfähigkeit geltende Recht bezüglich der in Betracht kommenden Personen übersehen könnte. Dafs die hierdurch bedingten Schwierigkeiten und Zweifel nicht gerade häufig eine praktische Rolle spielen werden, verschlägt nichts, da es sich hier nur darum handelt, wie die Fälle zu behandeln sind, in denen sie thatsächlich vorliegen. — Wie der Erblasser, so werden auch alle anderen am Schicksal des Nachlasses interessierten Personen, Gläubiger, Erben, Vermächtnisnehmer, eventuell der Fiskus, durch Hineinziehung des Personalstatutes der bedachten Personen in eine unsichere Lage versetzt. Vom Standpunkte der juristischen Technik fällt ferner gegen das Personalstatut der Bedachten ins Gewicht, dafs es öfters schwer zu bestimmen ist, ob die Ausschliefsung des Erwerbes bestimmter Personen als persönliche Unfähigkeit oder als Vorrecht der an ihrer Statt berechtigten Personen anzusehen ist. Man denke z. B. an das relative Pflichtteilsrecht der Geschwister gegenüber einer persona turpis, an Indignität und Inkapazität nach römischem Recht.

Im geltenden Recht ist die hier erörterte erbrechtliche Frage nur ausnahmsweise zum Gegenstand einer positiven

Bestimmung gemacht. Das argentinische Zivilgesetzbuch (s. unten Teil II Nr. 474), welches das Wohnsitzrecht des Erben über dessen „capacidad para succeder" entscheiden läfst, steht, soweit sich übersehen läfst, allein. Die Bestimmung beruht, wie sich aus der Note in der offiziellen Ausgabe ergiebt (Código civil de la República Argentina, Buenos Aires 1890), auf Savignys Autorität. Das englischamerikanische common law steht auf dem von uns vertretenen Standpunkt (Wharton §§ 576 ff.). Die Praxis der übrigen Länder[1] schwankt. Die älteren deutschen Schriftsteller haben sich meist zu Gunsten des Personalstatuts ausgesprochen. Neuestens ist Gierke (Deutsch. Privatrecht I 245) dafür eingetreten. Im allgemeinen überwiegt heute aber die entgegengesetzte Meinung. Insbesondere wird sie von Bar (Theorie I 314 ff., Lehrbuch 160), Roth (Deutsch. Privatrecht I 294), Dernburg (Pand. I 107), Regelsberger (Pand. I 182) vertreten. Stobbe (I 286) will die absolute Erbunfähigkeit (z. B. der Mönche) und die relative Erbfähigkeit (z. B. unehelicher und legitimierter Kinder) unterscheiden und nur erstere nach dem Personalstatut des Erben bestimmen; ebenso Gierke (I 245). Das Institut de droit international hat sich in den Oxforder Beschlüssen (unten Teil II Nr. 504 verb. „quant à la determination des personnes successibles") für unser Prinzip entschieden, desgleichen der Entwurf von Lima (s. unten Teil II Nr. 507 Art. 20) und der Vertrag von Montevideo (unten Teil II Nr. 518 Art. 45 b). Dagegen hat die Konferenz im Haag (Teil II Nr. 495) sich für das Personalstatut erklärt; aus welchen Gründen, ist nicht bekannt

---

[1] Über die französische Praxis vgl. Vincent und Pénaud, Dictionnaire S. 826 ff. S. im übrigen die bei Bar, Theorie I 314 ff., angeführte Litteratur sowie Böhms Handbuch der intern. Nachlafsbehandlung, passim.

geworden¹. Im allgemeinen darf behauptet werden, daß die Vertreter dieses Standpunktes sich mehr durch die Begriffskonsequenz als durch praktische Erwägungen leiten lassen, und daß sie wesentlich von der Vorstellung der „rechtlichen Eigenschaften der Personen" bestimmt werden. Bedenkt man, daß der Kern der Lehre vom Personalstatut, wie oben (S. 113 ff.) dargelegt wurde, durch diese Vorstellung nur angedeutet, nicht gekennzeichnet wird, und daß nur das **Bedürfnis dauernd gleicher Beurteilung gewisser Rechtsfragen bei ein und derselben Person die Anwendung des Personalstatutes rechtfertigt**, so wird man nicht zaudern, de lege ferenda auch bezüglich des Erbrechtes dem Gebhardschen Standpunkte sachlich zuzustimmen.

Im Vorstehenden sind die Rechtsbeschränkungen noch nicht berücksichtigt, die an ein Strafurteil geknüpft sind. Wenn man vom bürgerlichen Tod absieht, so kommen von derartigen Rechtsbeschränkungen nur in Betracht: die Erbunfähigkeit, die Unfähigkeit zur Vormundschaft (im weitesten Sinne; vgl. R.St.G.B. § 34 Nr. 4) und die Unfähigkeit, Instrumentszeuge zu sein. Die Strafe des bürgerlichen Todes ist in fast allen Kulturstaaten abgeschafft². Soweit sie noch vorkommt, ist sie nach den schon entwickelten Grundsätzen (oben S. 147) nicht als Versagung der Rechtspersönlichkeit anzuerkennen, sondern als Summe einzelner Rechtsbeschränkungen zu behandeln.

Die Meinungen sind hinsichtlich der Behandlung der auf Strafurteil beruhenden zivilrechtlichen Folgen geteilt zwischen grundsätzlicher Nichtanerkennung ausländischer Urteile, also

---

[1] Die „Actes de la 2ᵉ conférence de la Haye . . . de droit international privé" S. 126 enthalten gerade für Art. 6 keine Begründung.

[2] Vgl. aber über die Gesetzgebung einiger Schweizerkantone Huber, Schweizer. Privatrecht I 140.

in diesem Sinne lex fori[1], und dem Prinzip des Personalstatutes[2]. Keine dieser beiden Behandlungsarten befriedigt
vollkommen. Die erstere pflegt man auf die Grundsätze des
internationalen Straf- und Prozefsrechtes zu stützen. Indessen
die Rechtsfrage selbst ist doch zivilistischer Natur, und daran
wird nichts geändert durch den Umstand, dafs etwa die
Rechtsminderung im Zusammenhang der strafrechtlichen Vorschriften ausgesprochen ist, noch dadurch, dafs das Urteil
die Rechtsfolgen eines Deliktes ausspricht, noch endlich dadurch, dafs Rechtskraft und Vollstreckbarkeit des Urteils auf
prozessualen Voraussetzungen beruhen. Hinsichtlich der zivilrechtlichen Folgen ist das Strafurteil ein Thatbestand wie
jeder andere. Wenn z. B. hinsichtlich des Erbrechtes das
russische Zivilgesetzbuch (Lehr, Droit civil russe I 399) bestimmt: „Unfähig zu erben sind .... die Personen, welche
aller Familienrechte infolge von Verurteilung zu Zwangsarbeit
oder Deportation nach Sibirien verlustig gegangen sind," so
ist dies unzweifelhaft ein Zivilrechtssatz. Sein Anwendungsbereich im Verhältnis zum Auslandrecht ist nicht (jedenfalls
zunächst nicht) nach den Grundsätzen des internationalen
Straf- und Strafprozefsrechtes zu bestimmen, sondern nach den
Gesichtspunkten des internationalen Privatrechtes. Es ist eine
erbrechtliche Frage, um die es sich handelt. Ebenso gehört
die Frage nach dem Anwendungsbereich eines Rechtssatzes,
der an ein Strafurteil die Unfähigkeit zur Vormundschaft
knüpft, dem Vormundschaftsrecht an. Die Frage endlich nach
dem Anwendungsbereich eines Rechtssatzes, der als Folge
strafgerichtlicher Verurteilung den Verlust der Fähigkeit,
als Instrumentszeuge zu fungieren, eintreten läfst, ist

---

[1] Bar, Theorie I 409 ff., Lehrbuch 61 und dort angeführte
Litteratur; französische Judikatur bei Vincent und Pénaud, Dictionnaire de droit international privé S. 359 Nr. 61.

[2] Vgl. z. B. Brocher, Revue de droit international III 435 ff.
Gierke, Deutsches Priv.-Recht I 223.

eine Frage der Instrumentssolennitäten, also der Form. Hieraus ergiebt sich, wenn man dem von uns sonst für die Rechtsfähigkeit befürworteten Prinzip folgt: Unsere Rechtspflegeorgane müssen die Frage, ob eine zivilistische Rechtsbeschränkung der in Rede stehenden Art als Folge eines ergangenen Strafurteils im gegebenen Fall anzuerkennen sei, bejahen, wenn die Rechtsordnung die Frage bejaht, welche durch unsere Rechtsordnung für das betreffende Rechtsverhältnis als sonst mafsgebend erklärt ist. Handelt es sich um die Erbschaft eines Russen, so ist gemäfs den für die internationale Behandlung des Erbrechtes nachfolgend befürworteten Grundsätzen das russische Recht auch dafür mafsgebend, ob eine zur Deportation verurteilte Person erbfähig ist. Steht ein in Frankreich errichtetes notarielles Testament in Frage, so mufs, soweit nach den Grundsätzen des B. G. B. das französische Recht für die Formgültigkeit überhaupt mafsgebend ist, das französische Recht auch darüber entscheiden, ob ein beteiligter Zeuge infolge Strafurteils die Zeugnisfähigkeit eingebüfst hat, und von welchem Einflufs dies auf die Formgültigkeit des Testamentes ist. Damit ist allerdings die Frage noch nicht unmittelbar beantwortet, welchen Anforderungen internationalistisch ein Strafurteil entsprechen mufs, damit unsere Rechtspflegeorgane die von dem mafsgebenden Auslandrecht an ein solches Urteil geknüpften Folgen als gegeben anzusehen haben, mit anderen Worten die Frage, die Strafurteile welcher Gerichte in der fraglichen Rücksicht als wirksam anzuerkennen seien. Diese Frage ist dahin zu beantworten, dafs prinzipiell die Strafurteile derjenigen Gerichte und nur dieser anzuerkennen sind, welche im Gebiet des sonst materiell mafsgebenden Rechtes ihren Sitz haben. Diese Lösung mag auf den ersten Blick befremden. Ihre Sachgemäfsheit dürfte aber allen ernstlichen Bedenken entrückt sein, wenn man folgendes erwägt. Einem Strafurteil wie jedem anderen Urteil darf vernünftigerweise keine andere

Folge gegeben werden, als diejenige, die es selbst bestimmt. Das Strafurteil, welches eine Minderung der zivilistischen Rechtsfähigkeit ausspricht oder welches kraft der lex fori ohne weiteres eine solche Minderung zur Folge hat, hat keine anderen Zivilrechtssätze im Auge als diejenigen der lex fori. Wenn in § 34 des R. St. G. B. an die Aberkennung der bürgerlichen Ehrenrechte unter Nr. 5 die Unfähigkeit geknüpft wird, „Zeuge bei Aufnahme von Urkunden zu sein", so ist dabei an Zeugen und Urkunden im Sinne des in Deutschland geltenden Rechtes gedacht, so gut wie unter Nr. 4 nur die Ausübung politischer Rechte in Deutschland gemeint ist. Entsprechend ist in Nr. 6 a. a. O. an Vormundschaften im Sinne des deutschen Rechts gedacht. Der territoriale Charakter der Aberkennung der Ehrenrechte findet auch in § 37 des R. St. G. B. (Nachverfahren behufs Aberkennung der Ehrenrechte) eine indirekte Bestätigung. Entsprechendes gilt auch von den ausländischen Strafurteilen. Deutsche Strafurteile wollen demnach im allgemeinen ihrem eigenen Inhalte nach nicht auf solche Rechtsverhältnisse angewendet werden, welche ihren Mafsstab im ausländischen Zivilrecht finden. Man kann dies umgekehrt auch dahin ausdrücken, dafs die Zivilrechtssätze, welche an Strafurteile Rechtsbeschränkungen knüpfen, sich nur auf Strafurteile der inländischen Gerichte beziehen. Man mag das Verhältnis von der einen oder von der anderen Seite betrachten: sowohl der Inhalt des einzelnen Strafurteils als der Inhalt des die zivilrechtliche Folge bestimmenden Rechtssatzes ergiebt den unlösbaren Zusammenhang des Strafurteils mit dem inländischen Zivilrecht. Damit ist natürlich sehr wohl vereinbar, dafs die lex fori für die Folge des inländischen Strafurteils absolute Geltung beansprucht. Das heifst dann aber zugleich, dafs der betreffende Zivilrechtssatz absolute Geltung beansprucht. Sollte z. B. das deutsche Recht (wie das russische Recht) als Folge eines Strafurteils die Erbunfähigkeit kennen, so könnte dies im

Sinne absoluter Geltung zu interpretieren und ein entsprechendes deutsches Urteil von den deutschen Rechtspflegeorganen auch dann als wirksam anzuerkennen sein, wenn es sich um einen im übrigen nach ausländischem Recht zu beurtheilenden Erbfall handeln würde. Es läge eine erbrechtliche Bestimmung vor, welche ausnahmsweise das sonst für das Erbrecht geltende Prinzip des Personalstatutes durchbräche. In entsprechender Weise kann auch **negativ** die Anwendbarkeit ausländischer Rechtssätze bezw. Strafurteile hinsichtlich der Rechtsminderung ausgeschlossen sein oder sich doch de lege ferenda verbieten. Aber derartige nationale Exklusivitäten sind nur durch das besondere Wesen der einzelnen Rechtsfrage, nicht schon durch das Dogma gerechtfertigt: „**Strafurteilen kommt keine extraterritoriale Wirkung zu**". Somit ist die absolute Kraft deutscher Strafurteile hinsichtlich der zivilrechtlichen capitis deminutio sowie die absolute Ausschliefsung der Anerkennung ausländischer Strafurteile **als Prinzip** nicht zu billigen. Was die Wirkung deutscher Strafurteile angeht, wofür nur § 34 Nr. 5 und 6 St.G.B. in Betracht kommt, so ist hier auch die ausnahmsweise Statuierung nicht geboten. Eine absolute Wirkung hinsichtlich der Instrumentszeugeneigenschaft liegt nicht im Bedürfnis. Die Frage nach der Wirkung hinsichtlich der Vormundschaft erledigt sich durch den Grundsatz, dafs das Gesetz des Staates mafsgebend ist, dem die Vormundschaftsbehörde angehört. Bei Vormundschaften, die zur Kompetenz deutscher Behörden gehören, sind die deutschen Strafurteile schlechthin mafsgebend. Die Wirkung auf andere Vormundschaften auszudehnen, liegt thatsächlich kaum eine Möglichkeit und in keinem Fall ein Bedürfnis vor. Was andererseits die Berücksichtigung auswärtiger Strafurteile anlangt, so läfst sich nicht übersehen, inwieweit im einzelnen Falle gebieterische Gründe die Ablehnung fordern. Das von Bar (Theorie I 410) für die grundsätzliche Ablehnung geltend gemachte Argument, dafs „Strafübel durch unsere Rechtsordnung nicht anders realisiert werden dürfen, als wenn unsere Rechtsordnung sich selbst nach Mafsgabe ihres Verfahrens von der Gerechtigkeit des Übels überzeugt hat", ist offenbar nicht durchschlagend, da einige durch Strafurteil begründete Rechtsbeschränkungen nicht oder doch nicht allein ein Strafübel, sondern vorbeugenden Schutz für dritte Personen darstellen. Das gilt namentlich im Vormundschaftsrecht. Aber auch im Erbrecht kann dieser Gesichtspunkt vorwalten. Die auf Strafurteil beruhenden Erbrechtsbeschränkungen unterscheiden sich der Tendenz nach nicht wesentlich von der Indignität und dem Pflichtteilsrecht der Geschwister gegenüber personae turpes nach gemeinem Recht.

Eine besondere Bestimmung bezüglich der auf Strafurteil beruhenden Rechtsbeschränkungen ist hiernach nicht erforderlich. Ihre Behandlung im Sinne der vorstehenden Ausführungen ergiebt sich aus dem für die Rechtsfähigkeit aufgestellten Prinzip.

Die Konkurseröffnung bewirkt nach den bekannten Rechtssystemen nicht eine Beschränkung der Rechtsfähigkeit, sondern eine Entziehung der Verfügung über die Konkursmasse[1]. Es braucht daher der Konkursfall hier nicht berücksichtigt zu werden. Ebensowenig kommt hier die Entmündigung in Betracht, da sie nach allen bekannten Rechtsordnungen nur die Handlungsfähigkeit einschränkt. Soweit nach dem Recht irgend eines Staates Konkurseröffnung, Entmündigung oder ein ähnliches gerichtliches Verfahren die Rechtsfähigkeit beeinflussen sollte, würde analog dem über Strafurteile Gesagten zu verfahren sein. —

---

[1] Vgl. Entsch. R. G. 14 S. 405 ff.

§ 15.

Natürliche Personen. Handlungsfähigkeit.

Auch im Gebiete der Handlungsfähigkeit, das als Domäne des Personalstatutes bezeichnet werden kann, ist nur mittelst Würdigung der einzelnen Rechtsfragen zu einer sachgemäfsen gesetzgeberischen Regelung zu gelangen.

Zunächst ist innerhalb der Handlungsfähigkeit die Deliktsfähigkeit dem Bereiche des Personalstatutes zu entziehen und demjenigen Recht zu unterstellen, welches die rechtliche Beurteilung der Delikte sonst beherrscht. Darüber besteht Einhelligkeit, wenngleich der Grundsatz meist nur stillschweigend vorausgesetzt wird. Auch der (zweite) Gebhardsche Entwurf spricht ihn nicht direkt aus, stellt aber seine Anerkennung durch die Fassung der §§ 7 und 13 aufser Zweifel. Nur für die Geschäftsfähigkeit soll das Personalstatut normgebend sein. Auch die Gesetzgebungen von Freiburg, Luzern, Montenegro, Österreich, Solothurn bedienen sich des Wortes Geschäftsfähigkeit, wogegen sonst in Gesetzen und Gesetzesvorschlägen von Handlungsfähigkeit die Rede ist. Gegen den Ausdruck Geschäftsfähigkeit läfst sich geltend machen, dafs er nach verbreitetem Sprachgebrauch die Rechtshandlungen nicht umfafst, die weder Delikte noch Rechtsgeschäfte im engeren Sinne sind, z. B. Besitzerwerb, Ratihabition, Wohnsitzbegründung, Verzicht. Indessen verdient jener Sprachgebrauch keine Billigung; das Wort Geschäftsfähigkeit steht in keiner notwendigen Abhängigkeit von dem Worte Rechtsgeschäft. Auch das letztere Wort soll übrigens im folgenden in dem weiteren Sinne, also gleichbedeutend mit Rechtshandlung, gebraucht werden.

Zwei Grundgedanken sind bei Bestimmung des für die Handlungsfähigkeit normgebenden Rechtes zu würdigen. Auf der einen Seite ist das Bedürfnis vorhanden, die verschiedenen Beziehungen eines Rechtsverhältnisses nach einem und demselben Recht zu beurteilen. Auf der anderen Seite besteht das Bedürfnis, dafs ein und dieselbe Person in Fragen der Handlungsfähigkeit möglichst überall und immer nach demselben Recht beurteilt werde. Diese beiden Erwägungen wirken in divergierender Richtung. Da nicht, wie beim Parallelogramm der physischen Kräfte, eine mathematisch bestimmte Mittellinie den Widerstreit vermittelnd löst, so ist es geboten, von Fall zu Fall das Übergewicht einer dieser beiden Erwägungen festzustellen. Doch würde es verfehlt sein, die Prüfung auf die beiden angegebenen Gesichtspunkte zu beschränken, da deren Entscheidungskraft durch Erwägungen besonderer Art teilweise aufgehoben wird.

Die Mafsgeblichkeit des Personalstatutes für die Handlungsfähigkeit geniefst fast ausnahmslose Anerkennung im Gebiete des Familienrechts, also für die Fähigkeit zur Eheschliefsung, Kindesanerkennung, Emanzipation, Adoption, zum Abschlufs von Ehepakten. Die Zugrundelegung des Personalstatutes bedarf hier einer besonderen Erörterung um so weniger, als die communis opinio nicht nur für die Geschäftsfähigkeit, sondern auch für die sonstigen Voraussetzungen und für die Wirkungen der Rechtsakte hier das Personalstatut fordert und dieser Standpunkt auch für das B.G.B. befürwortet werden mufs.

Im Gebiete des Sachenrechtes liegt das Verhältnis nicht ebenso zweifellos. Die Gründe, welche für die lex causae hinsichtlich der Rechtsfähigkeit sprechen, lassen sich mit einigem Schein auch hinsichtlich der Handlungsfähigkeit geltend machen, besonders in Bezug auf Immobilien. Indessen, die Sache liegt dennoch bezüglich der Geschäftsfähigkeit wesentlich anders, als hinsichtlich der Rechtsfähigkeit. Der „personale Charakter" (um gemäfs der herrschenden Auffassung zu reden) der die Handlungsfähigkeit normierenden

Rechtssätze ist sehr ausgeprägt und die Trennung der sonstigen Rechtsfragen von der Geschäftsfähigkeit läfst sich hier ohne Schwierigkeiten vornehmen. Den Bedenken, welche erübrigen, wird wirksam begegnet durch die weiterhin (S. 168) zu erörternde Ausnahmebestimmung für die im Inlande abgeschlossenen Rechtsgeschäfte. Beim Sachenrechte eine andere Behandlung eintreten zu lassen, als beim Obligationenrechte, ist zudem nicht ausführbar, so dafs sich an die Ablehnung des Personalstatutes hinsichtlich des Sachenrechtes konsequent die Ablehnung für den ganzen Vermögensverkehr anschliefsen müfste, womit das Personalstatut in der Hauptsache aufser Funktion gesetzt wäre. Gesetzgebung, Litteratur und Judikatur haben denn auch im Sachenrecht sich überwiegend für das Personalstatut als Grundlage der Geschäftsfähigkeit entschieden.

Keineswegs kontroversenfrei liegt das Problem im Gebiet des Erbrechtes. Zwar betreffs der Fähigkeit zum Erbschaftsantritt herrscht Einverständnis zu Gunsten des Personalstatuts [1]. Dagegen haben sich Stimmen dafür erhoben [2], dafs für die Testierfähigkeit nicht das Personalstatut als solches, sondern das für die Erbfrage sonst normgebende Recht mafsgeblich sein müsse. Da auch nach Meinung der Vertreter dieser Ansicht das letzte Personalstatut des Erblassers Erbfolgegesetz sein soll, wie es zweifellos nach dem B.G.B. der Fall sein mufs und wird, so reduziert sich praktisch die Frage darauf, welcher Zeitpunkt oder welche Zeitpunkte für die Testierfähigkeit mafsgebend sein sollen. Die Frage betrifft sowohl die Errichtung als die Aufhebung letztwilliger Verfügungen. Zweifellos ist nun von vornherein, dafs die thatsächlichen Grundlagen, an welche die Fähigkeit durch die einzelne Rechtsordnung geknüpft ist,

---

[1] S. z. B. Bar, Theorie II 342, Stobbe I 285, 86, Regelsberger I 183, Gierke I 245.

[2] Wächter, Archiv XXV 381, Pand. I 150, Bar, Theorie II 317 ff., Lehrbuch 161.

lediglich nach dem Zeitpunkt der Willenserklärung in Betracht kommen können. Niemand wird im Ernste fordern, dafs in dieser Hinsicht auf die Zeit des Todes gesehen werde. Die Rechtsordnungen fast aller Kulturländer [1] stimmen darin überein, dafs nachträglich eingetretene Fähigkeit eine wegen Handlungsunfähigkeit zur Zeit der Errichtung ungültige Willenserklärung nicht gültig macht, und dafs eine gültig abgegebene Willenserklärung durch nachträglich eingetretene Handlungsunfähigkeit nicht ungültig wird. Wo in einzelnen Fällen das Gegentheil bestimmt ist, hat dies den Charakter der Ausnahme. Es fragt sich hiernach nur, ob die aus der thatsächlichen Sachlage zur Zeit der Willenserklärung hinsichtlich der Testierfähigkeit resultierenden Rechtsfolgen nach dem Personalstatut zur Zeit der Willenserklärung oder nach dem letzten Personalstatut oder wahlweise nach einem von beiden im Sinne des favor negotii oder unter Kumulation der Anforderungen beider beurteilt werden sollen.

Die Entscheidung mufs zu Gunsten des Personalstatutes zur Zeit der Willenserklärung ausfallen. —

Zu Gunsten des letzten Personalstatuts bemerkt Bar: „Letztwillige Verfügungen und Erbverträge bestehen ihrem Wesen nach in einer Einwirkung des Willens des Erblassers auf die gesetzliche Erbfolge", „Gesetze über Testamentsfähigkeit haben wesentlich die Sicherheit und das Beste der Intestaterben im Auge", „Wenn über die Intestaterbfolge ein anderes Gesetz entscheiden soll, als über die Testamentsfähigkeit, könnten Intestat- und Testamentserbfolge zugleich statt-

---

[1] Vgl. Windscheid, Pand. III § 563 Anm. 4, ferner beispielsweise: Huber, Schweiz. Priv.-Recht II 170. Eine Ausnahme macht Art. 583 des Zivilgesetzbuches für Wallis. — Es braucht kaum erwähnt zu werden, dafs hier nur von Testierfähigkeit im Sinne der Handlungsfähigkeit, nicht vom Testierrecht im Sinne der Rechtsfähigkeit die Rede ist. Vgl. Windscheid a. a. O., Regelsberger, Pand. I 183.

finden." Der erste Satz beweist zu viel. Jede rechtsgeschäftliche Willenserklärung besteht ihrem Wesen nach in einer Einwirkung auf bestimmte Rechtsverhältnisse. Wenn der Barsche Satz durchschlagend wäre, würde bei jedem Rechtsgeschäft an die Stelle des Personalstatuts das sonst für das Rechtsverhältnis mafsgebliche Recht gestellt werden müssen. Der zweite Satz setzt voraus, dafs der Grund für die Mafsgeblichkeit des Personalstatuts lediglich in dem Schutzgedanken liege. Es ist aber nicht zuzugeben, dafs die Beschränkungen der Handlungs- und insbesondere der Testierfähigkeit durchweg den Schutz des Handlungsunfähigen bezwecken. Man denke z. B. an Ehrenstrafen und Interdiktion. Wenn es aber auch wahr wäre, dafs die Handlungsunfähigkeit immer den Schutz der betreffenden Person bezweckte, so würde daraus keineswegs folgen, dafs der entscheidende Grund für die Mafsgeblichkeit des Personalstatutes jener Schutzgedanke sei. Im letzten Grunde ist es thatsächlich nicht der Fall. Der Grund liegt vielmehr in dem Bedürfnis eines möglichst dauernden Anknüpfungsmomentes für die Beurteilung der Handlungsfähigkeit, wie oben (S. 113 ff.) ausgeführt wurde. Der dritte Barsche Satz ist gleichfalls nicht treffend. Es ist unbedenklich, die Frage, ob ein vorhandenes Testament aus dem Gesichtspunkt der Handlungsfähigkeit gültig sei, nach dem einen Rechte zu beurteilen und im Verneinungsfalle die Intestaterbfolge des anderen Rechtes eintreten zu lassen, wie auch im Bejahungsfalle über die inhaltliche Gültigkeit des Testamentes das letztere Recht entscheidet. Gegen die reine Anwendung des letzten Personalstatutes sprechen ebenso wie gegen die Zulassung einer favorablen Wahl die Konsequenzen. Ein nichtiges Testament würde durch Erwerb einer anderen Staatsangehörigkeit seitens des Testators gültig werden, z. B. wenn ein Engländer von 17 Jahren (Testierfähigkeit tritt nach englischem Recht mit 21 Jahren ein, Lehr, Droit civil anglais S. 653) Deutscher wird. Ein gültiges Testament würde bei

Anwendung des letzten Personalstatutes im umgekehrten Falle entkräftet werden. Dafs der Widerruf eines Testamentes, welcher gültig erfolgt ist, durch Wechsel der Staatsangehörigkeit ungültig wird (— soll das Testament hier wieder in Kraft treten? —), wird seltener vorkommen. Die Möglichkeit ist aber krafs genug, um gegen die vorbehaltlose Anwendung des letzten Personalstatutes zu sprechen. Bar und die übrigen Vertreter des letzten Personalstatutes verschliefsen sich einem Teil dieser Bedenken nicht. Sie wollen eine nach dem Personalstatut zur Zeit der Errichtung ungültige Willenserklärung nicht konvaleszieren lassen, wenn sie nach dem letzten Personalstatut gültig sein würde. Sie kumulieren die Anforderungen beider Statute. Praktisch weit wichtiger ist aber der umgekehrte Fall. Denn der Testator wird, wenn er einmal ein gültiges Testament errichtet hat, sich darauf verlassen, dafs er demgemäfs beerbt wird. Es wird bei Laien kein Verständnis finden, es wird mindestens dem Gesichtskreis derselben sehr fern liegen, dafs der Wechsel der Staatsangehörigkeit eine gültig errichtete Willenserklärung solle hinfällig machen. Bemerkenswert ist, dafs die englische Gesetzgebung (Teil II Nr. 491) die angedeuteten Bedenken für schwerwiegend genug erachtet hat, um gegenüber dem common law den von uns vertretenen Grundsatz zur Geltung zu bringen. Auch das schweizerische Gesetz vom 25. Juni 1891 (Teil II Nr. 205, Art. 7) steht auf demselben Standpunkte. Sonst findet sich der Grundsatz in dem geltenden Recht[1] bisher allerdings nirgendwo vertreten. Der Vertrag von Montevideo (Teil II Nr. 518) und die Haager Konferenz[2] (Teil II

---

[1] Zur deutschen Judikatur vgl. Entsch. des R.G. XXXI 154.

[2] Zu Art. 4 ist in dem Kommissionsbericht („Actes de la deuxième conférence de la Haye" p. 126, nro. 4) bemerkt: „Il est certain que le testateur doit être capable de disposer, au moment de son décès et au moment où il dispose, et que la capacité, acquise par un changement de nationalité, est sans effet sur le testament." Dem

Nr. 495) sind zu einem abweichenden Ergebnis gelangt. Von den Gesetzesvorschlägen stehen die Gebhardschen Entwürfe und der Berner Entwurf (Teil II Nr. 480, 157) auf unserem Standpunkt. Ihn abzulehnen, weil er einigermafsen isoliert ist, liegt keine Veranlassung vor. Internationalistische Rechtsverwickelungen sind aus seiner Festhaltung im B. G. B. nicht zu besorgen und das oben (S. 104 ff.) hervorgehobene Postulat möglichster Übereinstimmung mit dem Auslandrecht greift hier nicht durch, weil das Auslandrecht mehr unentwickelt als bewufst abweichend ist und weil die Änderung des Auslandrechtes hier zu erstreben und mit der Zeit zu erwarten ist.

Dafs bezüglich der **Erbverträge** kein anderer Grundsatz gelten darf, als bezüglich der einseitigen Verfügungen von Todeswegen, liegt auf der Hand. Die Gründe, welche für das Personalstatut im Augenblick des Abschlusses sprechen, werden hier noch verstärkt durch das **Vertragsmoment**. Der Mitkontrahent würde geprellt werden, wenn durch Wechsel des Personalstatuts auf Seite des anderen Teils der Erbvertrag hinfällig gemacht würde.

Bei den Rechtsgeschäften des **Obligationenrechtes**, sowie bei den sonstigen bisher noch nicht erörterten Rechtshandlungen, wie z. B. Wohnsitzwechsel, Ratihabition, Verzicht, unterliegt das Prinzip des Personalstatutes keinerlei Bedenken. Es kann hier von einer weiteren Erörterung abgesehen werden, da darüber in Gesetzgebung, Doktrin und Praxis Einhelligkeit waltet.

Es ist bereits (S. 121) gesagt, dafs das Prinzip des Personalstatutes im Interesse der Sicherheit des inländischen Rechtsverkehrs eine Einschränkung erfahren mufs. Über die

---

letzteren ist beizustimmen; das erstere ist unrichtig. Die in unserem Text aufgeworfene Frage scheint in der Konferenz nicht nach allen Seiten gewürdigt zu sein.

Grenze, bis zu welcher hier zu gehen ist, herrscht indessen auch unter denjenigen wenig Übereinstimmung, welche das Bedürfnis an sich anerkennen.

Das englisch-nordamerikanische Recht[1] ist teilweise so weit gegangen, das Personalstatut im Interesse jenes Bedürfnisses überhaupt abzulehnen und die lex loci contractus schlechthin entscheiden zu lassen. Das Verkehrsbedürfnis rechtfertigt eine solche Abkehr vom Prinzip des Personalstatutes nicht. Auch die englische Praxis neigt neuerdings infolgedessen dem Personalstatut zu[2].

In eigentümlicher Weise trägt die französische Jurisprudenz dem Bedürfnis Rechnung. Sie behandelt einen Ausländer, der in Frankreich mit einem Franzosen kontrahiert, als handlungsfähig, wenn der Ausländer nach französischem Recht handlungsfähig sein würde, und wenn der französische Kontrahent ihn „sans imprudence et de bonne foi" für geschäftsfähig gehalten hat. Bar[3] (Theorie I 400) billigt diese Behandlung und hat die Bestimmung vorgeschlagen: „Toutefois, une partie ayant agi de bonne foi et sans imprudence grave, le contrat serait valable quant à la capacité personelle, selon la loi du contrat." Eine ähnliche Bestimmung des Laurentschen avant-projet (Teil II Nr. 181 Art. 15) ist von der belgischen Revisionskommission (Teil II Nr. 155) gestrichen. Für das B.G.B. ist die Aufnahme einer derartigen Bestimmung nicht zu empfehlen. Das Kriterium des „guten Glaubens" ist, wo es sich um die Beurteilung komplizierter Rechtsfragen handelt, höchst bedenklich. Die Frage der Beweislast und die Beweisführung bieten unüberwindliche Schwierigkeiten. Unlautere Manipulationen werden hier nahe gelegt.

---

[1] Wharton 175 ff., Story 96 ff., Burge I 27 ff., Foote 31; vgl. aber Gillespie 309 ff., Westlake 50 ff. — S. ferner unten Teil II Nr. 170, 186, 189.

[2] S. Gillespie a. a. O.

[3] S. auch Regelsberger, Pandekten I 169.

Anstatt der Sicherung des Rechtsverkehrs wird das Gegenteil bewirkt. Der Laurentsche Vorschlag vollends, der, wie Bar richtig bemerkt, eine Art professio legis einführen will, ist gekünstelt und unpraktisch; er würde verkehrerschwerend wirken und sein Sinn von dem Publikum, dem damit doch eine Richtschnur gegeben werden soll, nicht verstanden werden.

Der gesetzgeberische Gedanke, um den es sich handelt, ist der, daſs die über das einheimische Recht hinausgehenden ausländischen Beschränkungen der Geschäftsfähigkeit bei Verkehrsgeschäften im allgemeinen auſserhalb des Gesichtskreises des inländischen Rechtsverkehrs liegen. Weder die Ausländereigenschaft eines Mitkontrahenten noch die Vorschriften des Heimatrechtes desselben pflegen und brauchen den im Inland kontrahierenden Personen bekannt zu sein. Der Satz: „quis cum alio contrahit vel est vel esse debet non ignarus conditionis ejus" ist hier nicht anzuerkennen. Logisch ist allerdings nur geboten, daſs, wenn im konkreten Falle Unkenntnis vorliegt, dies der betreffenden Person nicht schaden darf. Aber praktisch muſs man weiter gehen. Der Gesetzgeber muſs die Frage der konkreten Kenntnis überhaupt ausschlieſsen. Da Kenntnis der Ausländereigenschaft und des Auslandrechtes im Inland bei Verkehrsgeschäften nicht verlangt werden kann, muſs das Inlandrecht bei derartigen Inlandgeschäften schlechthin zur Anwendung kommen, falls die Anwendung des Auslandrechtes den Mitkontrahenten schlechter stellen würde, als die Anwendung des Inlandrechtes, dessen Maſsgeblichkeit vorausgesetzt werden durfte.

Es geht zu weit, wenn das sächsische Gesetzbuch (Teil II Nr. 202) die Handlungsfähigkeit des Ausländers in Bezug auf Inlandgeschäfte schlechthin dem Inlandrecht unterwirft. Das bedeutet Aufgeben des Prinzipes des Personalstatutes. Man braucht sich nur zu vergegenwärtigen, welches Verhältnis entstehen würde, wenn alle

Staaten den gleichen Grundsatz aufstellen würden, um sich von der internationalistischen Unhaltbarkeit des Satzes zu überzeugen.

In anderer Hinsicht verstofsen gegen das internationalistische Prinzip die Gesetzbücher von Schaffhausen und Zug (s. Teil II Nr. 203, 213), welche stets, wenn Inländer mit Ausländern kontrahieren, — auch bei Vertragsschlufs im Auslande —, die Frage der Handlungsfähigkeit des Ausländers dem Inlandrecht unterstellen. Auch diese Behandlung ist offenbar nicht verallgemeinerungsfähig.

Einen vermittelnden Standpunkt nehmen ein: das **griechische, montenegrinische und das ticinische** Gesetzbuch, das **schweizerische Bundesgesetz** über die persönliche Handlungsfähigkeit, der **bernische, japanische, Mommsensche und der Gebhardsche Entwurf**[1]. Jedoch weichen im einzelnen diese Gesetzesvorschriften und -Vorschläge in mehreren Beziehungen von einander ab, und als völlig befriedigend kann keine der bezeichneten Formulierungen anerkannt werden.

Unzureichend ist zweifellos die Beschränkung der Bestimmung auf die Fälle der **Verpflichtung**, wie sie sich in den Gesetzbüchern von **Bern** und **Ticino**, in dem **schweizerischen Bundesgesetz** und dem **Mommsenschen Vorschlage** findet. Dafs **Veräufserungen** (im weitesten Sinne) ebenso behandelt werden müssen, wie die Eingehung von Verpflichtungen, kann nicht wohl bestritten werden. Es ist kein Grund erfindlich, warum bei dem Erwerb dinglicher Rechte und beim Erwerb von Forderungsrechten im Wege der Zession das Auslandrecht in höherem Mafse berücksichtigt werden müfste, als beim Erwerb obligatorischer Rechte durch Schuldnerwillenserklärung.

---

[1] S. unten Teil II Nr. 172, 192, 208, 204, 157, 176, 190. Vgl. auch Deutsche Wechselordnung Art. 84.

Die Gesetzbücher von Griechenland und Montenegro sowie der japanische Entwurf sprechen nur von Verträgen, die Gesetzbücher von Schaffhausen und Zug allgemeiner von „Verkehrsverhältnissen zwischen Fremden und Kantonsbürgern". Die Gebhardschen Entwürfe gehen weiter, indem sie auch die einseitigen Rechtsgeschäfte einbeziehen. Diese Einbeziehung ist durchaus zu befürworten. Auslobung, Anweisung, bindende Offerte, Ratihabition, Vollmachterteilung, Verzicht, Wohnsitzwechsel, Dereliktion, Widmung einer Sache zum öffentlichen Gebrauch berühren die Interessen anderer zwar nicht ebenso direkt, aber ebenso stark, wie die mehrseitigen Rechtsgeschäfte und bedingen wie diese das Bedürfnis, dafs das Vertrauen anderer auf die Rechtsgültigkeit der Akte nicht durch unerwartete Intervention ausländischer Rechtssätze getäuscht werde.

Andererseits schränken die Gebhardschen Entwürfe das Gebiet der fraglichen Rechtsvorschrift ein, indem der erste Entwurf die dem Familien- und Erbrecht angehörenden, der zweite Entwurf die nicht vermögensrechtlichen Rechtsgeschäfte ausschliefst. — Der Standpunkt des ersten Entwurfes ist de lege ferenda zu empfehlen. Die Rücksicht auf den Verkehr fordert nur bei eigentlichen Verkehrsgeschäften den favor negotii im Sinne der fraglichen Bestimmung. Dazu gehören weder die Rechtsgeschäfte des Familienrechtes, noch die des Erbrechtes. Bei den Verträgen des Familienrechtes und des Erbrechts handelt es sich um Willensentschliefsungen, welchen in jeder Hinsicht eine sorgsame Erkundigung und Überlegung vorherzugehen pflegt und vorhergehen mufs[1]. Eheschliefsung, Ehepakten, Adoption, Erbverträge sind Vorgänge, bei denen die Regel: „quis cum alio contrahit vel est vel esse debet non ignarus conditionis ejus" in der That zutreffend ist. Was aber die einseitigen Rechtsakte, wie

---

[1] Vgl. Bar, Theorie I 442, 443.

Kindesanerkennung, Vormundernennung, Emanzipation, letztwillige Verfügung, Erbschaftsantretung und -Ausschlagung betrifft, so ist hier die Rücksicht auf das Vertrauen in die Rechtswirksamkeit des Aktes auf seiten der „Interessenten" nicht am Platze. Diese Rechtsakte haben ihren Schwerpunkt derart in der Person des Disponenten, dafs Konzessionen an das Verkehrsinteresse nicht gerechtfertigt sind.

Es kann in Frage kommen, ob nicht an Stelle der Ausnahme die Regel auch für solche Rechtsgeschäfte wieder eintreten soll, welche sich auf ausländische Immobilien beziehen. Indessen dafür ist keine genügende Veranlassung vorhanden. Obligatorische Rechtsgeschäfte dieser Art unterscheiden sich nicht von anderen Inlandgeschäften. Die etwaige Nichtanerkennung der Gültigkeit solcher Geschäfte seitens des Ortsrechtes der belegenen Sache rechtfertigt keine Sonderbehandlung. Wenn auch die Realexekution ausgeschlossen ist, so kann doch durch Geltendmachung des Interesses im Inlande unserem Rechtssatz Konsequenz gegeben werden. Die Sachlage ist keine andere, als bei anderen obligatorischen Rechtsgeschäften, deren reale Exekution nur durch Anrufung ausländischer Gerichte möglich ist. Was aber die dingliche Seite der Rechtsgeschäfte betrifft, so liegt keine Veranlassung vor, eine Bestimmung zu treffen, deren Realisierung gänzlich aufserhalb des Bereiches der deutschen Rechtspflegeorgane liegt.

Eine Ausnahme von der Ausnahme ist — mit Mommsen — für den Fall zu befürworten, dafs Angehörige desselben fremden Staates im Inlande miteinander kontrahieren. Für die von Inländern mit Inländern im Auslande geschlossenen Verträge wird die Anwendung des Heimatrechtes von den S. 171 in der Note bezeichneten Gesetzgebungen und Gesetzesvorschlägen anerkannt. Die Versagung des entsprechenden Grundsatzes für die Verträge der Ausländer im Inlande ist ungerecht, wird durch das Verkehrsbedürfnis nicht gefordert und führt zu dem Resultat, welches die Gesetzgebung möglichst vermeiden soll, dafs derselbe Thatbestand von den Gerichten verschiedener Rechtsgebiete verschieden beurteilt wird. Daher mufs für den bezeichneten Fall die Regel in **Kraft bleiben**. In dem Mommsenschen Vorschlag ist jedoch die Klausel zu streichen, dafs der Mitkontrahent „eine Kunde davon haben müsse, dafs der sich Verpflichtende demselben Staate wie er selbst angehört". Dafür ist kein Bedürfnis vorhanden und die Frage nach der konkreten Kenntnis der Staatsangehörigkeit kann die Quelle unerwünschter Verwickelungen bilden, sowohl hinsichtlich der thatsächlichen als hinsichtlich der rechtlichen Grundlagen. Wenn man den Kontraktschlufs Deutscher mit Deutschen im Auslande ins Auge fafst, so wird man es nicht für wünschenswert halten, dafs ein Kontrahent geltend machen dürfe, er habe nicht gewufst, dafs der andere Deutscher sei und er wolle sich daher die Beurteilung nach deutschem Rechte nicht gefallen lassen. Nach internationalistischem Prinzip müssen wir aber den Ausländer so behandeln, wie wir wünschen, dafs der Deutsche im Auslande behandelt wird.

Welche Rechtssätze als solche anzusehen sind, die im Sinne der in Rede stehenden Bestimmung die Geschäftsfähigkeit betreffen, kann der Gesetzgeber nicht kasuistisch bestimmen. Im einzelnen sind Zweifel möglich. Insbesondere nähern sich die Beschränkungen der Geschäftsfähigkeit nicht selten dem Charakter der Formvorschriften. Es kann dieserhalb auf die Ausführungen von Bar, Theorie §§ 150, 153, verwiesen werden. Auch die Grenze zwischen Rechts- und Handlungsfähigkeit kann zweifelhaft werden. Diese wie andere Subsumtionsfragen müssen aber der Rechtsanwendung überlassen werden. Eine besondere Vorschrift könnte nur in Frage kommen bezüglich derjenigen die Geschäftsfähigkeit bestimmenden Momente, welche auf Spezialakten publizistischen Charakters beruhen, wie namentlich **venia aetatis**,

Entmündigung und die an Strafurteile geknüpften Beschränkungen der Geschäftsfähigkeit. Es ist hier indessen dieselbe Erwägung entscheidend, welche hinsichtlich des Einflusses der Strafurteile auf die Rechtsfähigkeit (oben S. 156) geltend gemacht wurde. Die von den Organen der Rechtsordnung des Personalstatutes bewirkten Rechtsakte müssen als wirksam anerkannt werden, wenn nicht aus besonderen Gründen, wie es namentlich bei Strafurteilen sich aus ethischen Gesichtspunkten ergeben kann, die Anerkennung sich verbietet. Der Zusammenhang der betreffenden publizistischen Akte mit dem materiellen Zivilrecht des Personalstatutes fordert grundsätzlich die Anerkennung der ersteren. Eine besondere Bestimmung in diesem Sinne ist nicht erforderlich[1]. Der Grundsatz ergiebt sich aus dem Prinzip des Personalstatutes als logische Folge.

Einer Prüfung bedarf noch die Frage, welchen Einfluſs der Wechsel des Personalstatutes (regelmäſsig also der Wechsel der Staatsangehörigkeit) auf die Geschäftsfähigkeit haben soll. Daſs dem Wechsel nicht rückwirkende Kraft beigemessen werden darf, kann als selbstverständlich im Gesetzbuch mit Stillschweigen übergangen werden. Die Bestimmung in Art. 13 des belgischen Entwurfes (Teil II Nr. 155) ist überflüssig. Eine besondere Vorschrift ist auch nicht erforderlich für den Fall, daſs das neue Personalstatut der Person eine vollkommenere Handlungsfähigkeit einräumt, als das bisherige[2]. In dieser Hinsicht ist materiell gegen den Laurentschen Satz (Teil II Nr. 181 Art. 18) nichts einzuwenden: „Le statut personnel se perd avec la perte de la nationalité à laquelle il est attaché"[3]. Die Laurentsche Formulierung ist aber überflüssig und in mehr als einer Beziehung sogar bedenklich,

---

[1] Vgl. auch Bar, Theorie I 417 ff., Lehrbuch 66 ff.
[2] Vgl. Bar, Theorie I 421, Lehrbuch 66.
[3] S. auch die folgende Note: Art. 138.

Die belgische Revisionskommission hat sie darum mit Recht fallen lassen. Auch die umgekehrte Situation, das heifst, wenn das neue Personalstatut eine beschränktere Handlungsfähigkeit gewährt, als das bisherige, bedarf im Prinzip keiner anderen Behandlung. Sofern etwa nach dem neuen Personalstatut die Bestimmung des Mazedonianischen Senatsbeschlusses gilt, mufs sie angewendet werden, wenn auch ein früheres Personalstatut die Beschränkung nicht enthielt, — vorbehaltlich immer der vorhin erörterten Ausnahmebestimmung zu Gunsten der lex loci contractus. Das Gleiche gilt von anderen sogenannten „besonderen Handlungsunfähigkeiten" (Bar, Theorie I, 429). Nur für den Fall ist eine Ausnahme angezeigt, dafs eine Person nach ihrem bisherigen Personalstatut das Alter der Grofsjährigkeit erreicht hat, während das neue Personalstatut die Grofsjährigkeit erst mit einer Altersgrenze eintreten läfst, welche die Person noch nicht erreicht hat. Für diesen Fall mufs die erreichte Grofsjährigkeit als fortdauernd anerkannt werden. Gesetzlich ausgesprochen ist dieser Grundsatz, soweit sich sehen läfst, bisher nur im argentinischen Zivilgesetzbuch[1]. Er wird aber in der Praxis, wie es scheint, überwiegend[2] angewendet und von den meisten deutschen Schriftstellern[3] befürwortet. Auch der Gebhardsche Entwurf folgt ihm. Über

---

[1] Código civil de la república Argentina:
Art. 138: „El que mude su domicilio de un país estranjero al territorio de la república, y fuese mayor ó menor emancipado segun las leyes de este código, será considerado como tal, aun cuando sea menor ó no emancipado segun las leyes de su domicilio anterior."
Art. 139: „Pero si fuese ya mayor ó menor emancipado segun las leyes de su domicilio anterior, y no lo fuese por las leyes de este código, prevalecerán en tal caso aquellas sobre estas, reputándose la mayor edad ó emancipacion como un hecho irrevocable."

[2] Über preufsische, bayrische, österreichische Praxis s. Zitate bei Bar, Theorie a. a. O. Anders die dänische Judikatur, Zeitschr. f. intern. Priv.- und Strafrecht I 227.

[3] Savigny VIII 167 ff., Stobbe I 246, Bar, Theorie I 418 ff., Lehrbuch 66, Regelsberger, Pandekten I 169.

die Gründe, auf welche der Satz zu stützen ist, herrscht Meinungsverschiedenheit. Weder die von Savigny noch die von Bar vorgebrachten Argumente sind einzeln überzeugend. Durchschlagend dürfte die Erwägung sein, welche im Vorstehenden wiederholt als oberstes Prinzip des Personalstatutes bezeichnet wurde, dafs eine Person hinsichtlich der Handlungsfähigkeit möglichst dauernd demselben Recht zu unterstellen ist. Im gegebenen Falle ist dieses Postulat erfüllbar, ohne dafs irgendwelche Interessen verletzt werden. Der nach seinem bisherigen Heimatrecht Grofsjährige ist dem Bedürfnis persönlicher Schutzmafsregeln entwachsen und entwöhnt; und dritte, die mit ihm in Verbindung treten, haben kein Interesse an der Beschränkung seiner Handlungsfähigkeit. Es kommt hinzu, dafs § 8 Nr. 1 des Reichsgesetzes vom 1. Juni 1870 die Naturalisation allein von der Dispositionsfähigkeit des zu Naturalisierenden „nach den Gesetzen der bisherigen Heimat" abhängig macht. Es würde widersinnig sein, die Dispositionsfähigkeit, welche die Bedingung der Naturalisation ist, infolge der Naturalisation selbst wegfallen zu lassen.

Was von der Erreichung des Grofsjährigkeitsalters gesagt wurde, gilt mutatis mutandis auch von der venia aetatis. Auch diese mufs, wenn sie einmal gemäfs dem Personalstatut eingetreten ist, trotz des Wechsels des Personalstatutes, als fortwirkend anerkannt werden. Der vorerwähnte Gesichtspunkt ist auch hier entscheidend.

Gegen die Gebhardschen Entwürfe ist zu bemerken, dafs kein Grund erfindlich ist, warum nur von Erwerb der deutschen Staatsangehörigkeit die Rede ist, da doch das Problem dasselbe ist, wenn ein Ausländer oder ein Deutscher die Staatsangehörigkeit in einem ausländischen Staate erwirbt. Diese Eventualität bedarf nicht weniger als der im Gebhardschen Entwurf vorgesehene Fall einer Regelung, und es ist keine Veranlassung gegeben, ihn anders zu behandeln, da es sich ja nicht um den Schutz spezifisch deutscher Interessen handelt, sondern um die gerechte und konsequente Verfolgung eines internationalistischen Gesichtspunktes. — In Bezug auf die Formulierung ist an dem (zweiten) Gebhardschen Vorschlag auszusetzen, dafs die Schlufsworte „auch wenn .... nach den deutschen Gesetzen ...." auf den Fall der venia aetatis nicht passen. Denn bei der im Ausland erteilten venia aetatis steht nicht in Frage, ob sie „nach den deutschen Gesetzen begründet sein würde", sondern ob sie, obgleich im Auslande erteilt, von den deutschen Gerichten anerkannt wird.

Was die mit der venia aetatis verwandte Frage der Ent mündigung betrifft, so ist dieselbe in einem anderen Zusammenhange eingehender zu erörtern. Hier ist nur soviel zu bemerken, dafs dieselbe prinzipiell und rein theoretisch nicht anders zu beurteilen ist, als die venia aetatis, da auch bezüglich ihrer in erster Linie der Gesichtspunkt Berücksichtigung verdient, dafs die Handlungsfähigkeit möglichst dauernd nach derselben Rechtsordnung zu richten ist. Indessen bezüglich der Entmündigung ist eine gleiche Bestimmung wie bezüglich der venia actis dennoch nicht angezeigt, und zwar aus Gründen, die sich aus der gesonderten Betrachtung der verschiedenen Arten der Entmündigung ergeben. Wechsel des Personalstatuts einer wegen Geisteskrankheit entmündigten Person ist überhaupt nicht möglich, verdient jedenfalls keine Anerkennung in unserer Rechtsordnung. Die Entmündigung wegen Verschwendung aber ist nach Voraussetzungen und Wirkungen in verschiedenen Rechtsgebieten so verschieden, dafs die in einem Rechtsgebiet ausgesprochene Entmündigung in den Rahmen eines anderen Personalstatuts vielfach gar nicht pafst, inkommensurabel gegenüber den Vorschriften einer anderen Rechtsordnung ist. In England, den Vereinigten Staaten von Amerika. Argentinien ist die Prodigalitätserklärung überhaupt unbekannt (s. Bar, Theorie I, 427). In diesem Sinn ist die Interdiktion wegen Verschwendung ein positiv nationales Rechtsinstitut. Es entstehen internationalistisch weniger Verwickelungen, wenn dementsprechend die Anerkennung der Prodigalitätserklärung an den Fortbestand der Staatsangehörigkeit geknüpft wird, als im umgekehrten Falle.

§ 16.
Juristische Personen.

In Bezug auf die juristischen Personen ist es von besonderer Wichtigkeit, sich streng zu vergegenwärtigen, welche Aufgabe das B.G.B. gegenüber den Problemen des internationalen Privatrechts zu erfüllen hat. Es ist dieserhalb auf das oben S. 28 ff., 43 ff., 54 ff. Gesagte zu verweisen. Aus den dortigen Ausführungen ergiebt sich für die Behandlung der juristischen Personen folgendes.

Das B.G.B. hat nicht den Anwendungsbereich der in anderen Reichsgesetzen oder der im Landesrecht enthaltenen Rechtssätze über juristische Personen zu regeln. Gerade die praktisch wichtigsten internationalistischen Fragen hinsichtlich der juristischen Personen, namentlich die Frage der Anerkennung auswärtiger Aktiengesellschaften, gehören nicht in den Bereich des B.G.B. Eine Bestimmung, wie die in den Gebhardschen Entwürfen in § 6 vorgeschlagene, wodurch das ganze Gebiet der juristischen Personen umfaßt wird, würde nicht nur ein methodischer Mißgriff und ein logischer Fehler sein, sondern sie würde auch mißliche praktische Folgen haben. Es läßt sich noch nicht übersehen, inwieweit die Regelung der Lehre von den juristischen Personen im Zusammenhang der kommenden Kodifikation dem Landesrecht vorbehalten werden wird[1]. Daß es in einem nicht ganz unerheblichen Maße der Fall sein wird, läßt sich mit großer Wahrscheinlichkeit vermuten.

---

[1] S. Entwurf eines B.G.B., zweite Lesung I S. 11 Note.

Wenn aber der dem Landesrecht belassene Spielraum in internationalistischer Hinsicht durch die Zwangsbestimmung eingeschränkt werden würde: „Die juristische Persönlichkeit wird nach den Gesetzen des Ortes beurteilt, an welchem die Person ihren Sitz hat," so wäre damit die Wirksamkeit der Landesgesetzgebung in zweck- und sinnwidriger Weise beschnitten. Denn die Landesgesetzgebung wäre gezwungen, ausländischen juristischen Personen zu gewähren, was sie vielleicht inländischen zu versagen sich veranlaſst sähe. Das würde z. B. kraſs hervortreten, wenn der Antrag zum Gesetz erhoben würde (s. Entwurf zweiter Lesung S. 11 Note): „Die landesgesetzlichen Vorschriften, nach welchen Religionsgesellschaften.... Korporationsrechte nur durch ein besonderes Gesetz erlangen, bleiben unberührt." Wenn man einwenden sollte, daſs hier der zwingende Charakter der landesgesetzlichen Normen den in dem Gebhardschen Vorschlag enthaltenen Satz durchbrechen würde, so würde damit zugegeben sein, daſs der Gebhardsche Satz sich gegenüber landesgesetzlicher Normierung der einschlägigen Fragen gar nicht durchsetzen lasse, daſs er mehr sagt, als er sagen soll. — Aber auch nach anderer Seite würde der Satz praktische Bedenken gegen sich haben. Er würde geeignet sein, im Verhältnis zum Auslande Konflikte zu erzeugen. Wenn im Gegensatze zu seinem Wortlaute ausländischen juristischen Personen die Anerkennung durch die Landesgesetzgebung versagt werden würde, so könnte der ausländische Staat darin eine Zurücksetzung seiner Angehörigen contra legem, einen Rechtsbruch erblicken. Mindestens aber würden die ausländischen Interessenten, die sich auf die Geltung des Satzes verlassen, sich in ihrem Vertrauen auf die anscheinend ihnen gewährte Anerkennung getäuscht sehen, und das würde die auswärtigen Beziehungen des Reiches und seiner Angehörigen nicht fördern, sondern benachteiligen. Ferner aber ist hinsichtlich der Handelsgesellschaften eine reichsgesetzliche Anerkennung aus diplomatischen Gründen nicht zu empfehlen.

Bekanntlich ist durch eine Reihe von Staatsverträgen (mit Belgien, Griechenland, England, Italien, Österreich-Ungarn, Rumänien, Rußland, Serbien, der südafrikanischen Republik) die gegenseitige Anerkennung der Handelsgesellschaften stipuliert. Die Aufrechterhaltung dieser Stipulationen und das Zustandekommen ähnlicher Verträge mit anderen Staaten würde gefährdet sein, wenn das B.G.B. den Auslandstaaten ohne Gegenseitigkeitsverhältnis dasjenige gewährleistete, was jene Verträge korrespektiv verbürgen. Diese Erwägungen sind, wie gesagt, unterstützend. Entscheidend bleibt, daſs das B.G.B. das Recht der Aktien- und anderer Handelsgesellschaften nach der internationalistischen Seite nicht zu regeln hat, weil es deren Regelung in keiner anderen Hinsicht auf sich nimmt.

Den angedeuteten Bedenken wird Rechnung getragen durch eine Formulierung der S. 55 bereits angedeuteten Art, natürlich mit Anpassung an die demnächstige definitive Fassung des B.G.B.

Es ist jedoch die Frage aufzuwerfen, ob die hiernach im Rahmen des B.G.B. zu beantwortenden Fragen angesichts der Vorschriften des Entwurfes zweiter Lesung in der liberalen Weise geregelt werden sollen, wie es die Gebhardschen Entwürfe vorschlagen. Zwar kann darüber kein Zweifel obwalten, daſs die Vorschriften des B.G.B. über die Verfassung und die sonstigen Rechtsverhältnisse der juristischen Personen nicht auf ausländische juristische Personen angewendet werden können, daſs vielmehr die an und für sich in ihrer Existenz anzuerkennenden juristischen Personen des Auslandes nach dem Rechte ihres Sitzes beurteilt werden müssen, — unbeschadet natürlich der Abweichungen, welche sich aus besonderen Gesichtspunkten ergeben. Fraglich ist nur, ob nicht die Bestimmungen des Entwurfes zweiter Lesung über Vereinsregister und staatliche Genehmigung (§§ 23 ff.) die Konsequenz fordern, daſs auch die Anerkennung ausländischer juristischer Personen von einer speziellen staatlichen Genehmigung abhängig gemacht werde. Die Eintragung in ein deutsches Vereinsregister kann nicht ernstlich in Frage kommen, schon weil es für ausländische Vereine ein zuständiges Amtsgericht im Sinne der §§ 23, 49 des Entwurfes nicht giebt. Ein besonderes Register für ausländische Vereine einzurichten, würde aber absurd sein. Was die staatliche Genehmigung anlangt, so kann die Genehmigung durch das Reich oder durch die Bundesstaaten in Betracht kommen. Die Genehmigung durch einen Bundesstaat ist aber schon deswegen abzuweisen, weil damit die unerfreuliche Möglichkeit geschaffen würde, dafs eine ausländische juristische Person, nachdem ihr die nachgesuchte Genehmigung in einem Bundesstaate abgeschlagen wäre, sich mit Erfolg an die Regierung eines anderen Bundesstaates wenden könnte. So oft ein ernstliches Interesse für eine ausländische juristische Person vorhanden sein würde, würde sie höchstwahrscheinlich bei einer der Staatsregierungen ihr Ziel erreichen. Da es sich um eine für das ganze Reichsgebiet wirkende Mafsnahme handelt, würde der Reichskanzler die natürliche Instanz für Erteilung der Genehmigung sein. Für diese Kompetenz würde auch sprechen, dafs die politischen Erwägungen, welche hier in Betracht kommen können, insbesondere der Gesichtspunkt der Retorsion, am geeignetsten der Entscheidung der politischen Zentralinstanz zugewiesen werden. Aber die Bedenken gegen eine solche Regelung sind doch stärker als ihre Vorteile. Die Genehmigung des Reichskanzlers würde nicht im konstitutiven, sondern nur im deklaratorischen Sinne erteilt werden können. Sie würde nur unter der Voraussetzung als rechtswirksam gelten dürfen, dafs nach dem am Sitze der juristischen Person geltenden Recht deren Rechtspersönlichkeit begründet sei. In jedem einzelnen Falle, wo die Rechtspersönlichkeit einer ausländischen juristischen Person in Frage stünde, würden daher die deutschen Rechtspflegeorgane in die Prüfung der letzteren Frage eintreten müssen. Die Genehmigung des Reichskanzlers (oder irgend einer anderen Instanz) würde den juristischen Bestand zu gewährleisten weder rechtlich bestimmt noch thatsächlich imstande sein. Die rechtlichen und die thatsächlichen Praemissen des rechtlichen Bestandes aller ausländischen juristischen Personen, welche die Genehmigung nachsuchen, einer erschöpfenden Prüfung zu unterziehen, würde nicht nur eine gewaltige Geschäftsbürde bedeuten, sondern schlechterdings unausführbar sein. Die Kompetenz zur Erteilung der Genehmigung würde daher thatsächlich nichts weiter bedeuten, als die Möglichkeit, aus politischen Gründen gegen die Anerkennung bestimmter juristischer Personen in Deutschland Veto einzulegen. Derselbe Effekt aber wird durch Ausübung des Retorsionsrechtes (s. oben S. 93) im wesentlichen zu erreichen sein. Noch ist zu bemerken, daſs bislang in den meisten Rechtsgebieten, welche die „Korporationsrechte" von besonderer Verleihung abhängig machen [1], z. B. im Gebiet des preuſsischen Landrechts, die Anerkennung ausländischer juristischer Personen von staatlicher Genehmigung nicht abhängig gemacht worden ist, und zwar ohne daſs, soviel man hört, daraus Nachteile entstanden wären.

---

[1] Vgl. Roth, Deutsches Privatrecht I 405, 409 ff., Förster-Eccius, Theorie und Praxis des preuſs. Privatrechts I § 11 bei Anm. 17 ff., Niemeyer, Posit. intern. Privatr. I § 105.

Fünftes Kapitel.
Familienrecht (einschliefslich Vormundschaftsrecht).

§ 17.

Eheschliefsung.

In Bezug auf die Eingehung der Ehe unterscheidet man allgemein und mit Recht zwischen den materiellen Voraussetzungen und der Form der Eheschliefsung. Die ersteren unterstellt man dem Personalstatut, die letztere dem Ortsrecht der Eheschliefsung. Die Gebhardschen Vorschläge (§ 16) folgen diesen Gesichtspunkten und geben ihnen einen konsequenten und klaren Ausdruck. Die zahlreichen Meinungsverschiedenheiten, welche im einzelnen bestehen, sind damit im wesentlichen befriedigend erledigt. Nur ist ein Zusatz zu befürworten, welcher dem Vorbehalt in Art. 1 der Haager Beschlüsse (Teil II Nr. 246) entspricht: „sauf à tenir compte soit de la loi du lieu de la domicile, soit de la loi du lieu de la célébration, si la loi nationale le permet." Im folgenden sollen diese Grundsätze näher begründet werden, unter Beschränkung der Erörterung auf diejenigen Punkte, über welche Meinungsverschiedenheiten ernstlich möglich sind.

Wenn vorstehend das für die materiellen Voraussetzungen der Eheschließung maßgebende Heimatrecht als **Personalstatut** bezeichnet wurde, so geschah dies in Anlehnung an den herrschenden Sprachgebrauch. Es ist aber zu bemerken, daß der Begriff und das Prinzip des Personalstatutes hier nicht eigentlich zutreffen. Daß es sich bei den Voraussetzungen der Eheschließung (negativ ausgedrückt: bei den Ehehindernissen) um Eigenschaften der Personen handelt, läßt sich zwar hinsichtlich der Ehemündigkeit sagen, allenfalls auch von dem Ehehindernis der Verwandtschaft und Schwägerschaft, nicht aber von dem Erfordernis des Aufgebotes, des Ablaufes der Trauerzeit, des Konsenses der Eltern, Vormünder, Behörden, von den Grundsätzen über Zwang, Betrug, Irrtum[1]. Noch weniger läßt sich sagen, daß das Bedürfnis bestehe, das für die Eheschließung maßgebende Recht (wie das für die Geschäftsfähigkeit maßgebende Recht) an eine Dauerbeziehung in dem Sinne zu knüpfen, daß eine Person, so oft sie eine Ehe schließen wolle, nach demselben Recht beurteilt werden müßte. Nur in Bezug auf die **Wirkungen** der Ehe ist dauernd gleiche Beurteilung geboten. Diesem Bedürfnis würde aber vollkommen entsprochen werden, wenn die lex loci actus über die materiellen Voraussetzungen der Eheschließung entscheiden würde. Der richtige Standpunkt ist vielmehr der, daß die Zugrundelegung der Staatsangehörigkeit nicht durch das umwegige Argument zu rechtfertigen ist, daß das **Personalstatut** Platz greifen müsse, sondern unmittelbar dadurch, daß das besondere Band der **Staatsangehörigkeit** die für die Voraussetzungen des Eheschließungsrechtes als

---

[1] Vgl. auch **Savigny**, System VIII S. 324: „Das Familienrecht hat am meisten **Ähnlichkeit** mit dem Zustand der Person an sich", S. 326: „Die Bedingungen der Möglichkeit der Ehe gründen sich teils auf die persönlichen Eigenschaften der Ehegatten, teils auf das Verhältnis derselben zu einander."

normgebend zu behandelnde Beziehung darstellt[1]. Die Eheschliefsung ist der für den staatlichen Organismus wichtigste privatrechtliche Akt. Er ist die regelmäfsige Grundlage der Staatsangehörigkeit selbst. Die an die Staatsangehörigkeit sich knüpfenden privatrechtlichen und öffentlichrechtlichen Konsequenzen werden in der Mehrzahl der Fälle durch die Eheschliefsung vermittelt. Für die aus der Ehe hervorgehenden Kinder vermittelt sie den Erwerb, für die Ehefrau häufig den Verlust einer Staatsangehörigkeit. Es ist konsequent und es liegt im Interesse der Vermeidung internationaler Konflikte, dafs die Eheschliefsung von keiner Rechtsordnung anerkannt wird, wenn nicht die Staaten sie anerkennen, deren Unterthanenverband durch die Eheschliefsung alteriert wird. Hiervon abgesehen fällt ins Gewicht, dafs die Rechtssatzungen über Ehehindernisse, insbesondere diejenigen über die Ehemündigkeit, sich zum Teil anlehnen an die besonderen physischen und sozialen Verhältnisse der nationalen Gemeinschaft, zum Teil zusammenhängen mit ethischen und religiösen Anschauungen, welche im Heimatstaat so unbedingt herrschen, wie sie anderwärts perhorresziert werden, ohne dafs Veranlassung vorläge, dem Ausländer einen anderen Mafsstab als den seiner heimatlichen Verhältnisse zu oktroyieren. Endlich ist zu bedenken, dafs die Ehehindernisse zum gröfsten Teil als Schutzwälle aufgerichtet sind gegen übereilte und unheilvolle Eheschliefsungen, im Interesse, aber wider den Willen der Ehelustigen selbst. Die Natur der Menschen und die Erfahrung lehrt, dafs solche vorschauenden Mafsregeln gering geachtet und am liebsten abgeschüttelt werden, wenn die Absicht vorhanden ist, zur Ehe zu schreiten. Gretna-Green und

---

[1] Derselbe Gesichtspunkt kehrt im Erbrecht wieder, wo gleichfalls nicht das letzte Personalstatut als solches, sondern das durch die letzte Staatsangehörigkeit gegebene Recht als solches mafsgebend zu sein verdient.

Helgoland und Siebenbürgen wissen davon zu erzählen. Sollen jene Schutzmafsregeln volle Wirkung haben, so müssen sie auch jenseits der Grenzpfähle gelten. Diese Erkenntnis veranlafst auch die Rechtspflege in den Vereinigten Staaten, während im Prinzip dort die lex loci actus zu Grunde gelegt wird[1], die im Auslande „in fraudem legis domesticae" geschlossenen Ehen amerikanischer Bürger als ungültig zu behandeln.

Aus dem Gesagten folgt unmittelbar, dafs nicht einseitig das Heimatrecht des Ehemannes für die Voraussetzungen der Eheschliefsung mafsgebend sein darf, wie manche Schriftsteller[2] wollen und wie das sächsische Gesetzbuch (Teil II Nr. 273) es vorschreibt, sondern dafs die Ehe nur dann als gültig anzuerkennen ist, wenn sie dem Heimatrecht beider Beteiligten entspricht. Es sei aber noch besonders darauf hingewiesen, wie mifslich es sein würde, wenn in Deutschland eine Eheschliefsung zwischen einer Deutschen und einem Ausländer abgelehnt werden müfste wegen eines Ehehindernisses in der Person der Braut, das nach dem deutschen Recht nicht vorhanden und nur nach dem Heimatrecht des Mannes begründet ist, andererseits aber auch die nicht seltenen Ehen als ungültig behandelt werden müfsten, welche Deutsche im Auslande mit Ausländerinnen schliefsen, die nach ihrem Heimatrecht ehefähig sind, nach deutschem

---

[1] Vgl. Bar, Theorie I 441 und die dortigen Zitate; s. ferner unten Teil II 226, 227, 230, 233, 237, 252, 256, 257, 268, 269, 282; vgl. auch Nr. 240 Artt. 547, 548.

[2] S. Wharton 263 ff. und unten Teil II Nr. 231, 243, 261, 262, 264. — Vgl. aber auch preufs. A.L.R. II 1 § 170.

[3] Savigny VIII 326, Thöl, Einleitung 180, Roth I 288, Böhlau I 480, Gierke I 235, Mommsen (Teil II Nr. 265). Vgl. hingegen im Sinne des Textes: Wächter XXV 186, Stobbe I 268, sowie dort angeführte Litteratur, Dernburg, Pandekten I 106, Förster-Eccius I § 11 Nr. 6.

Rechte nicht. Auch die Haager Konferenz (Teil II Nr. 246) hat sich in unserem Sinne ausgesprochen.

Eine Mittelmeinung, welche von Unger (I § 23 Note 118a), Bar (Theorie I 451 ff., Lehrbuch 70 ff.), Regelsberger (Pand. I 177) vertreten wird und wonach nur ein Teil der Ehehindernisse, welche nach dem Heimatrecht der Braut begründet sind, berücksichtigt werden sollen, verdient nach dem Gesagten ebenfalls keinen Beifall. Die Kollisionsfragen werden dadurch unnötig kompliziert.

Das Prinzip der lex loci actus, welches aufser in den Vereinigten Staaten (s. oben S. 187 Note 1) in den Gesetzbüchern von Argentinien, Hawaii, Mexiko, in dem Vertrage von Montevideo (s. unten Teil II Nr. 225, 248, 263, 267) und in der schweizerischen Bundesgesetzgebung[1][2] vertreten ist, bietet allerdings den Vorteil, dafs Zweifel über das mafsgebliche Recht ausgeschlossen werden. Aber die vorerwähnten Erwägungen sind stärker, und namentlich die Gefahr der Umgehung heimatlicher Vorschriften fällt durchschlagend ins Gewicht. Zutreffend ist die von Bar (Theorie I 443) angezogene Bemerkung Durands: „Wenn irgendwo eine sonst überall verbotene Ehe erlaubt wäre, so würde dies eine Gesetz genügen, um die Gesetze der gesamten übrigen Welt zu umgehen."

---

[1] Die schweizerische Bundesverfassung vom 29. Mai 1874 Art. 54 und das Bundesgesetz vom 24. Dezember 1874, betr. den Zivilstand, Art. 25, bestimmen: „Die in einem Kantone oder im Auslande nach der dort geltenden Gesetzgebung abgeschlossene Ehe soll im Gebiete der Eidgenossenschaft als Ehe anerkannt werden." Das zuletzt genannte Gesetz bestimmt aber in Art. 37 weiter: „Ist der Bräutigam Ausländer, so kann die Trauung nur auf Vorlage einer Erklärung der zuständigen auswärtigen Behörde erfolgen, worin die Anerkennung der Ehe mit allen ihren Folgen ausgesprochen ist, das Dispensationsrecht der Kantonsregierungen . . . . vorhalten."

[2] Vgl. aber auch die S. 189 Anm. 2 genannten Gesetzgebungen.

Das Prinzip des Heimatrechtes hat denn auch in den meisten europäischen Rechtsgebieten Anerkennung gefunden[1][2] und wird de lege ferenda überwiegend befürwortet[3]. Für das B.G.B. ist von besonderer Bedeutung, daſs das Reichsgesetz vom 4. Mai 1870 (R.G.Bl. S. 599) den Grundsatz der Staatsangehörigkeit in der vorstehend empfohlenen Weise angenommen hat.

Die **Haager Konferenz** hatte im Jahre 1893[4] beschlossen: „Le droit de contracter mariage est réglé par la loi nationale de chacun des futurs époux, **à moins que cette loi ne s'en rapporte, soit à la loi du domicile, soit à la loi du lieu de la célébration.**" Lainé hat im Journal de droit international privé, 1894, S. 247 ff., diese Fassung beanstandet und statt der gesperrten Worte die Bestimmung vorgeschlagen: „Toutefois, s'il existe dans la législation nationale de chacun des futurs époux une disposition concernant le conflit des lois qui permette l'application soit de la loi du domicile, soit de la loi du lieu de la célébration, le mariage conforme à l'une ou l'autre de ces deux dernières lois ne devra nulle part être considéré comme nul."

---

[1] S. Bar, Theorie I 440 ff., ferner unten Teil II Nr. 229 (Belgien), 244 (Griechenland), 254 (Italien). Über die österreichische Praxis s. Jettel, Handbuch des internationalen Privat- und Strafrechts, S. 30 ff. Über die französische Praxis s. Vincent und Pénaud, Dictionnaire de droit international privé, Art. Mariage, Nr. 87, 103, 115 ff., 129, 131, 186, über das russische Recht Lehr, Éléments de droit civil russe I 6.

[2] In einseitiger Weise wird das Heimatrecht für die Inländer für maſsgeblich erklärt in den Gesetzgebungen von Chile, Costarica, Ecuador, Guatemala, Haiti, Honduras, Salvador, Uruguay, Venezuela (s. unten Teil II Nr. 232, 236, 241, 245, 247, 251, 274, 278, 280), während im übrigen die lex loci actus entscheiden soll. Vgl. auch Teil Nr. 243 (Georgia).

[3] S. oben S. 187 Anm. 3, sowie unten Teil II Nr. 238, 246, 259, 265.

[4] Actes de la conférence de la Haye, La Haye 1893 S. 49.

Die Haager Konferenz hat mit Bezug auf die Lainéschen Einwendungen[1] sodann im Jahre 1894 die oben mitgeteilte Fassung beschlossen.

Auf den ersten Blick mag es scheinen, daſs die Befürwortung der Aufnahme einer entsprechenden Bestimmung in das B. G. B. ein Preisgeben der (oben S. 85, 86) gegen die Anerkennung der Rückverweisung geltend gemachten Bedenken in sich schlieſse. In Wahrheit ist dies nicht der Fall. Um eine Rückverweisung im engeren und eigentlichen Sinne handelt es sich nicht. Das System der Rück- (oder Weiter-)verweisung in dem Sinne, in welchem de lege ferenda dagegen zu protestieren ist, bedeutet das Zurückweichen des Gesetzgebers gegenüber dem Willen eines anderen Gesetzgebers in der Regelung einer Kollisionsfrage. Wenn die Rechtsordnung, deren Maſsgeblichkeit der Gesetzgeber seinerseits für angezeigt hält, nicht maſsgeblich sein will, läſst der Gesetzgeber dem Willen dieser Rechtsordnung den Lauf. **Nicht die an und für sich sachlich erwünschte Rechtsordnung, sondern eine andere Rechtsordnung soll dann normgebend sein.** So aber liegt die Sache bei dem Gegenstand des Haager Beschlusses nicht. Hier wird die loi nationale der Nupturienten nicht etwa bloſs unter der Bedingung zu Grunde gelegt, daſs sie selbst zu Grunde gelegt werden will. Vielmehr wird sie schlechthin für maſsgebend erklärt. Eine nach dem Heimatrecht gültige Ehe soll unbedingt gültig sein, auch wenn das Heimatrecht die Maſsgeblichkeit von sich ab- und der lex domicilii oder der lex loci actus zuweist. Aber es wird darüber hinaus die Gültigkeit der Ehe auch unter den beiden Voraussetzungen statuiert, 1) daſs die Ehe nach der lex domicilii oder nach der lex loci actus gültig ist, und 2) daſs das Heimatrecht, — sei es unbedingt, sei es fakultativ — die Beurteilung nach Wohnsitz-

---

[1] Actes de la conférence etc. 1894 S. 48.

recht oder Ortsrecht der Eheschliefsung vorschreibt. Das bedeutet keineswegs das Preisgeben der eigenen Auffassung des Gesetzgebers von der Kollisionsfrage zu Gunsten der abweichenden Auffassung eines anderen Gesetzgebers, vielmehr eine selbständige und definitive Regelung der Kollisionsfrage. Die methodischen und prinzipiellen Gründe gegen das Rückverweisungssystem fallen hier also fort. Ebensowenig treffen hier die praktischen Bedenken zu, welche gegen die Rückverweisung sprechen. Die praktische Durchführung der Vorschrift bietet nicht die oben (S. 86) bezüglich der Rückverweisung hervorgehobenen Schwierigkeiten, und die als mifslich bezeichnete Zweiteilung der Ausländer (oben S. 85) wird durch sie nicht veranlafst.

Positiv für die fragliche Bestimmung spricht die Erwägung, dafs es die Respektierung des die Staatsangehörigkeit normierenden fremden Staatswillens als solchen ist, welche uns zur Zugrundelegung des Heimatrechtes veranlafst, nicht, wie beim eigentlichen Personalstatut, nur der Gesichtspunkt, dafs die Staatsangehörigkeit die vollkommenste Dauerbeziehung darstellt. Darum ist, trotz des Widerspruchs von Lainé (S. 251 a. a. O.) der Gedanke zutreffend, welcher in dem Haager Kommissionsbericht ausgesprochen wurde (Actes etc. 1893 S. 46): „On se conformera à la loi nationale elle-même et on ne peut avoir la pretention de mieux protéger ses nationaux qu'elle ne le fait elle-même." Die Zahl der Gesetzeskollisionen wird zugleich vermindert (vgl. oben S. 84), und zwar, wie es wünschenswert ist, unter Verminderung der Zahl ungültiger Ehen.

Die entwickelten Grundsätze über die Voraussetzungen der Eheschliefsung dürfen nur innerhalb der absoluten Schranken gelten, welche der Anerkennung ausländischen Rechtes gewiesen sind (s. oben S. 62 ff.). Solche Schranken speziell hinsichtlich der Anerkennung der im Ausland geschlossenen Ehen aufzustellen, liegt keine Veranlassung vor. Viele Gesetzgebungen enthalten besondere Bestimmungen[1], sei es in Form einer allgemeineren Klausel, sei es in Gestalt einer speziellen Aufzählung der internationalistisch absolut zu beachtenden Ehehindernisse. Die Zahl der Ehehindernisse, welche nach unseren Anschauungen als derart absolute in Betracht kommen könnten, während sie im Auslande als Ehehindernisse nicht anerkannt sind, ist gering. Es dürfte sich nur um Polygamie, Inzest und die Ehe zwischen dem wegen Ehebruchs geschiedenen Ehegatten und dessen Mitschuldigem handeln. Aber auch hier hat unsere Rechtsordnung nur Veranlassung, an dem Ehehindernis insofern absolut festzuhalten, als in Deutschland eine polygame oder inzestuose Ehe auch von Ausländern nicht geschlossen werden darf, deren Heimatrecht sie gestattet, während wir keine Veranlassung haben, die Legitimität einer solchen Ehe zu leugnen, wenn sie im Auslande geschlossen ist. Wir werden der Legitimität der aus einer in der Türkei geschlossenen moslemitischen Ehe entstammenden Kinder die Anerkennung nicht versagen können, während wir andererseits eine solche Ehe als Hindernis für eine in Deutschland abzuschließende Ehe betrachten müssen, und zwar nicht aus dem Gesichtspunkt, daß auch eine nichtige Ehe, bevor sie für nichtig erklärt ist, ein Ehehindernis bildet, sondern weil sie gültig ist und eine Nichtigkeitsklage unangebracht wäre.

Hiernach ist allen Bedürfnissen genügt, wenn die Bestimmungen des B.G.B. über Polygamie, Inzest und ehebrecherische Ehe (§§ 1215, 1216, 1218 des zweiten Entwurfes) für die in Deutschland geschlossenen Ehen als schlechthin maßgebend erklärt werden.

Was die Form der Eheschließung angeht, so ist vor allem daran festzuhalten, daß innerhalb des deutschen Reiches

---

[1] S. Teil I Nr. 225 (Argentinien), 233 (Colorado), 236 (Costa Rica), 241 (Ecuador), 254 (Italien), 264 (Mississippi), 267 (Vertrag von Montevideo), 270 (Peru).

die durch das B.G.B. vorgeschriebene Form unbedingt obligatorisch sein muſs. In die Entwürfe des B.G.B. ist eine dem § 41 des Personenstandsgesetzes entsprechende Formulierung („Innerhalb des Gebietes des deutschen Reiches kann etc.") nicht aufgenommen, aber offenbar nur deswegen nicht, weil der Inhalt für selbstverständlich gehalten wurde, oder weil die Bestimmung im Personenstandsgesetz selbst aufrecht erhalten werden soll.

Ferner kann darüber kein Zweifel bestehen, daſs auch fernerhin im Ausland Eheschlieſsungen vor diplomatischen oder konsularischen Vertretern des deutschen Reiches in Gemäſsheit des Reichsgesetzes vom 4. Mai 1870 zuzulassen sind [1].

Da infolge der obligatorischen Zivilehe für Deutsche im Auslande das deutsche Eheschlieſsungsrecht hinsichtlich der Form nur in Gestalt der diplomatischen oder konsularischen Eheschlieſsung anwendbar ist, so steht ferner auſser Frage, daſs die nicht in dieser Form von Deutschen im Auslande geschlossenen Ehen von uns nur dann für gültig erklärt werden können, wenn sie dem am Ort der Eheschlieſsung geltenden Recht entsprechen. Es sind hiernach bloſs folgende Fragen offen:

1) Sollen für Eheschlieſsungen Deutscher im Ausland auſser der Form der lex loci actus noch besondere — an dem ausländischen Platzes erfüllbare — Formalitäten gefordert werden?

2) Soll, soweit ein nichtdeutscher Nupturient oder nur nichtdeutsche Nupturienten beteiligt sind, das Heimatrecht der Nichtdeutschen maſsgeblich sein, sei es:

---

[1] Die bereits (S. 100) empfohlene allgemeine Klausel hinsichtlich der vor diplomatischen und konsularischen Vertretern des deutschen Reiches abgeschlossenen Rechtsgeschäfte deckt auch die Eheschlieſsungen.

a) an Stelle der lex loci actus, oder
b) kumulativ neben der letzteren, oder
c) fakultativ.

Zu 1) kommt ernstlich überhaupt nur in Erwägung, ob die Vorschrift Nachahmung verdient, welche in Art. 170[1] des französischen Zivilgesetzbuches enthalten und in vielen anderen Gesetzbüchern[2] nachgebildet ist. Indessen kann die Nichtbeachtung der dort gestellten Anforderung doch keinenfalls als impedimentum dirimens behandelt werden, und somit mufs die Vorschrift thatsächlich wirkungslos bleiben, sofern nicht die lex loci actus selbst eine entsprechende Anforderung stellt; im letzteren Falle aber ist sie überflüssig. Noch weniger kommt in Betracht eine dem Art. 171[3] des französischen Zivilgesetzbuches entsprechende Vorschrift. Die dort geforderte nachträgliche Anmeldung zum Standesregister berührt nicht die Form der Eheschliefsung, geschweige die Gültigkeit der Ehe. Die Vorschrift hat nur den Charakter einer ordnungspolizeilichen Vorschrift, welche mit den besonderen Funktionen der französischen Standesregister zusammenhängt.

Was die Frage zu 2) betrifft, so ist die zu a) erwähnte Möglichkeit durch die allgemeinen Gründe ausgeschlossen, auf

---

[1] „Le mariage contracté en pays étranger, entre Français, et entre Français et étrangers, sera valable, s'il a été célébré dans les formes usitées dans le pays, pourvu qu'il ait été précédé des publications prescrites par l'article 63 au titre des actes de l'état civil, et que le Français n'ait point contrevenu aux dispositions contenues au chapitre précédent."

[2] S. z. B. Teil II Nr. 249 (Holland), 254 (Italien), 266 (Monaco). — Auch das badische Einführungsgesetz zum Personenstandsgesetz vom 9. Dez. 1875 hat die Bestimmung in § 23 aufgenommen.

[3] „Dans les trois mois après le retour du Français sur le territoire du royaume, l'acte de célébration du mariage contracté en pays étranger sera transcrit sur le registre public des mariages du lieu de son domicile". S. auch Teil II Nr. 247 (Haiti), 249 (Holland), 254 (Italien), 262 (Massachusets), 266 (Monaco). Auch Belgien hat in Art. 171 des code civil die französische Vorschrift beibehalten.

welche sich die Regel locus regit actum stützt (s. oben S. 98 ff.). Darüber herrscht allgemeines Einverständnis.

Über die Möglichkeit zu b) ist zu bemerken: den Gegensatz von kirchlicher und ziviler Eheschliefsung betreffend, verdient der Beschlufs der **Haager Konferenz** Art. 4 Absatz 2 (Teil II Nr. 246) keine Nachfolge. Die Zahl der internationalen Konflikte wird durch eine derartige Bestimmung nicht gemindert, und es besteht kein Grund, die Forderung des Heimatrechtes in höherem Mafse zu berücksichtigen, wenn es sich um die kirchliche Form, als wenn es sich um die standesamtliche oder eine andere Form handelt. — Im übrigen kommen an supplementären Anforderungen des Heimatrechtes hier thatsächlich wieder nur die Vorschriften des französischen Gesetzbuches über Aufgebot im Heimatstaat und nachträgliche Anmeldung zum Standesregister in Betracht, die auch hier aus denselben Gründen keine Berücksichtigung von unserer Seite verdienen, welche oben (S. 194) geltend gemacht wurden. Reale Bedeutung würde eine Bestimmung wie der Absatz 3 in Art. 4 der Haager Beschlüsse („Il est également entendu que les dispositions de la loi nationale, en matière de publications, devront être respectées") im Rahmen des B.G.B. nicht haben, während sie ja als Bestandteil einer internationalen Konvention etwas für sich haben mag.

Hiernach erübrigt nur die Frage, ob die Regel locus regit actum im absoluten Sinne oder in dem Sinne fakultativer Zulassung des Heimatrechtes Platz greifen soll. Für ersteres haben sich die Gesetzgebungen von **Argentinien**[1], **Belgien**, dem **Kongostaat** (Teil II Nr. 225, 229, 235) entschieden, desgleichen das sächsische Gesetz vom

---

[1] Der von Daireaux im Journ. de dr. int. priv. XIII 292 angeführte Art. 164 des código civil — vgl. Bar, Theorie I 463 Anm. 8 — ist durch das Ehegesetz von 1888 aufgehoben.

5. November 1875 [1], während die meisten Gesetzgebungen nur bestimmen, daſs bei Beobachtung der durch das Ortsrecht der Eheschlieſsung vorgeschriebenen Formen die Ehe gültig sei, ohne daſs zu der hier aufgeworfenen Frage damit Stellung genommen wäre. Für die absolute Maſsgeblichkeit des Orts rechtes haben sich ferner entschieden: Laurent (IV 441 ff.), Dudley Field (Teil II Nr. 240), das Institut de droit international, der Vertrag von Montevideo (Teil II Nr. 253, 267) und die Gebhardschen Entwürfe (§ 16). Die meisten Schriftsteller [2] sprechen sich im entgegengesetzten Sinne aus, und namentlich Bar hat sich sehr entschieden in diesem Sinne geäuſsert. Er behauptet (Theorie I 463), der § 41 des deutschen Personenstandsgesetzes habe „die Grenze der Gesetzgebungsgewalt, welche einem Staate in internationaler Beziehung zukommen kann, überschritten", und schlägt anstatt dessen vor: „Ehen deutscher Staatsangehöriger können innerhalb des deutschen Reiches nur vor dem Standesbeamten geschlossen werden." Daſs dieser Standpunkt mit dem Prinzip der obligatorischen Zivilehe nicht verträglich ist, dürfte einleuchten. Die Gegner dieses Prinzipes können wünschen, auf diesem Wege ein Stück kirchlicher Eheschlieſsung zu bewahren oder wiedereinzuführen. Dem Prinzip würde in der That damit der erheblichste Abbruch geschehen. Es würde ein erster Schritt sein auf dem Wege zur fakultativen kirchlichen Eheschlieſsung. Denn es ist nicht erfindlich, warum den eigenen Staatsangehörigen die Freiheit versagt sein soll, welche Fremden gewährt wird. Es liegt nun aber gar kein Grund vor, dem Ausländer, dessen Heimatrecht die kirchliche Ehe fordert, den standesamtlichen Akt zu erlassen,

---

[1] § 10: „Die bei Eheschlieſsungen zu beobachtende Form wird nach den Gesetzen des Ortes beurteilt, an welchem die Eheschlieſsung vorgenommen wird".

[2] S. Bar, Theorie I 460 ff. und dort angeführte Litteratur, Stobbe I 270, Regelsberger, Pand. I 177, Gierke I 235.

der für ihn und sein Heimatrecht nur ein superfluum non nocens ist.

Der gleiche Gesichtspunkt führt dazu, den Zivilstandsakt absolut für alle Ehen zu fordern, die in solchen ausländischen Gebieten geschlossen werden, wo die Zivilehe obligatorisch ist. Wenn man einwendet, dafs die kirchliche Eheschliefsung materiell von anderen Umständen abhänge als die standesamtliche Eheschliefsung, so ist das nicht zutreffend, wenn bezüglich der Voraussetzungen der Ehe, wie vorgeschlagen, das Heimatrecht entscheidet. Denn dann ist die standesamtliche Eheschliefsung an dieselben materiellen Voraussetzungen gebunden wie die kirchliche, z. B. unter Umständen an die Erlaubnis des Papstes.

Mifslicher ist die Situation in Ländern, wo, wie z. B. in Peru, die kirchliche Form der Eheschliefsung obligatorisch ist. Hier wird dem andersgläubigen Ausländer die Eheschliefsung gemäfs dem Ortsrecht äufserst erschwert, oft unmöglich gemacht. Da aber die Eheschliefsung in standesamtlicher Form hier nur vor diplomatischen oder konsularischen Beamten des Heimatstaates thunlich ist und keine Veranlassung besteht, die etwa nach dem Heimatrecht (z. B. Pennsylvanien) zulässige, ganz formlose oder so gut wie formlose Eheschliefsung zu begünstigen, so liegt auch in dieser Situation kein Moment zu Gunsten der fakultativen Zulassung der heimatlichen Form, sondern nur zu Gunsten der Einrichtung der diplomatischen Eheschliefsungen.

Es schliefst sich hier die Frage an, inwieweit die vor diplomatischen oder konsularischen Agenten ausländischer Staaten im Auslande geschlossenen Ehen anerkannt werden sollen. Zweifellos müssen dieselben dann anerkannt werden, wenn sie in dem Rechtsgebiete selbst anerkannt werden, in dem sie geschlossen sind. Das ist blofs eine Anwendung der lex loci actus. Wenn sie aber in dem betreffenden Rechtsgebiete nicht anerkannt werden, ist ein Grund, sie unsererseits anzuerkennen, streng genommen nur dann vorhanden, wenn in jenem Rechtsgebiet die Eheschliefsung in den Formen des Landesrechts Ausländern nicht möglich oder nicht zuzumuten ist, mit anderen Worten, wenn die Einrichtung der diplomatischen Standesbeamten in jenem Lande uns angemessen erscheint. Da aber eine Prüfung dieses Gesichtspunktes recht prekär ist, so erscheint es zweckmäfsig, — und es ist ganz unbedenklich — die vor diplomatischen und konsularischen Agenten im Auslande geschlossenen Ehen schlechthin anzuerkennen, soweit die Eheschliefsung dem Recht des Heimatstaates entspricht und beide Nupturienten dem Staate angehören, welchen der Beamte vertritt. Dieser Grundsatz ist auch von der Haager Konferenz (Art. 5) angenommen. Damit ist in einem gewissen beschränkten Sinne die fakultative Geltung der Regel locus regit actum anerkannt und der herrschenden Anschauung insoweit entgegen gekommen. — Grundsätzlich ist sogar nichts dagegen einzuwenden, dafs auch in Deutschland den Vertretern des Auslandes das Recht eingeräumt wird, als Standesbeamte bei Eheschliefsungen ihrer Staatsangehörigen zu fungieren. Die Aufnahme einer dementsprechenden Bestimmung in das B.G.B. ist nur aus diplomatischen Gesichtspunkten nicht zu empfehlen. Die Regelung dieser Verhältnisse wird man zweckmäfsig internationalen Vereinbarungen vorbehalten. Nach der Maxime do ut des ist die Position des Reiches in diesfälligen Verhandlungen besser, wenn eine Einräumung der bezeichneten Art nicht schon im B.G.B. enthalten ist.

Eine besondere Vorschrift hinsichtlich der in „fraudem legis domesticae" abgeschlossenen Ehen ist nicht angebracht. Vgl. oben S. 101.

Hinsichtlich des Verlöbnisses ist nur zu bemerken, dafs die Vorschrift des § 1203 des (zweiten) Entwurfes des B.G.B. in sich als absolute genügend kenntlich ist, während die Vorschriften der §§ 1204—1208 den für Obligationen geltenden Kollisionsnormen unterstehen.

§ 18.
Wirkungen der Ehe.

Die rechtlichen Wirkungen der Ehe machen sich nach vier Richtungen hin geltend: in Bezug auf das **persönliche Verhältnis der Ehegatten, das eheliche Güterrecht, das persönliche Verhältnis zu den Kindern und das vermögensrechtliche Verhältnis zu den Kindern.**

Es kann keinem Zweifel unterliegen, dafs diese verschiedenen Beziehungen praktisch in einem engen gegenseitigen Verhältnis stehen und dafs sie möglichst ein und demselben Recht unterstellt werden müssen. — Die führende Stellung des Mannes, am stärksten ausgeprägt in der ehemännlichen Vormundschaft, erstreckt sich auf Person und Vermögen der Frau. Die Verpflichtung zum Zusammenleben und die Unterhaltspflicht sind Korrelate. Die väterliche bezw. elterliche Gewalt ferner steht nicht nur in engster Beziehung zu dem vermögensrechtlichen Verhältnis zwischen Eltern und Kindern, sondern auch zu dem vermögensrechtlichen Verhältnis der Eltern zu einander. Die der Ehescheidung zu Grunde liegenden persönlichen Momente äufsern entscheidende Wirkungen auf das vermögensrechtliche Verhältnis der Ehegatten untereinander und zu den Kindern.

Mit dem hiernach begründeten Postulat der **Einheitlichkeit** der rechtlichen Beurteilung verbindet sich das Bedürfnis möglichster **Unwandelbarkeit** der rechtlichen Beurteilung. Ist es auch ein falscher Gesichtspunkt, die Wirkungen der Eheschliefsung auf einen stillschweigenden Vertragsschlufs, auf eine gewollte Unterwerfung der Nupturienten unter ein bestimmtes Recht zu gründen, so ist doch soviel richtig, dafs eine wenn auch noch so undeutliche und entfernte Bewufstseinsbeziehung zur eherechtlichen Ordnung bei den Eheschliefsenden stets vorhanden ist. Ein in gewissen nordamerikanischen Unionsstaaten zur Ehe schreitendes Paar macht sich eine andere Vorstellung von dem eherechtlichen Verhältnis als ein französisches und dieses wieder eine andere Vorstellung als ein deutsches Brautpaar. Sicher ist in vielen Fällen die Vorstellung sogar eine sehr deutliche und bewufste. In allen Fällen aber besteht zweifellos die Anschauung, dafs mit dem Eheschlufs wie das ethische und soziale, so auch das rechtliche Verhältnis in unwandelbarer Weise befestigt sei und dafs vor Auflösung der Ehe daran nicht gerüttelt werden könne. Nachträglich bei Wechsel des Wohnsitzes und der Staatsangehörigkeit mögen die Ehegatten freilich zu der Frage veranlafst werden, welchen Einflufs dieser Wechsel auf das eherechtliche Verhältnis habe. Aber die Frage beruht dann nur auf dem in der Erfahrung gegründeten Mifstrauen in die interlokale Harmonie der Rechtseinrichtungen, nicht auf dem Gefühl, dafs ein Wechsel des Eherechtes natürlich und gerecht sei. Jede Änderung in der rechtlichen Beurteilung verletzt vielmehr das unbefangene Rechtsgefühl. Dieses Rechtsgefühl ist in hohem Mafse berechtigt, und zwar nicht nur was das gegenseitige Verhältnis der Ehegatten angeht, sondern auch betreffs der Kinder. Die Familie ist beherrscht von der Idee einer in sich geschlossenen Gemeinschaft mit eigenen ethischen Anschauungen, Gewohnheiten, Regeln. Die Verfassung dieser Gemeinschaft ist ein Internum. Dritte haben nicht hinein zu reden. Dritte sind regelmäfsig auch nicht daran interessiert. Wo immer die Glieder der Familie sich gerade aufhalten mögen, wohin auch die Familie als solche verpflanzt werden mag, es wird dadurch an der inneren Organisation des Familienverhältnisses nichts geändert. Dementsprechend mufs auch grundsätzlich das rechtliche Verhältnis behandelt werden. Das Personalstatut ist somit hier mehr am Platze als irgendwo sonst.

Es treten Erwägungen hinzu, welche insbesondere und unmittelbar für die Zugrundelegung der Staatsangehörigkeit sprechen. Zum Teil sind es dieselben Momente, welche bei der Frage der Ehefähigkeit (oben S. 185 ff.) bereits Beleuchtung fanden. Das Familienverhältnis ist nicht nur in seinen Voraussetzungen, sondern auch in seinem Bestande und seinem Inhalt die Grundlage der staatlichen Gemeinschaft. Eines hängt vom anderen ab. Öffentlichrechtliche Beziehungen der mannigfachsten Art, Normen des Prozefs- und Strafrechtes, Konfessionsverhältnisse, Schulpflicht, Militärpflicht, Armenpflege, Steuerfragen knüpfen an die familienrechtlichen Grundlagen an und machen es zur Notwendigkeit, dafs der Staat seine eigenen Angehörigen im Familienrecht unbedingt mit dem Mafsstabe des eigenen Rechtes mifst. Man denke auch an die im Auslande vor diplomatischen oder konsularischen Beamten geschlossenen Ehen, die teilweise in dem Lande, wo die Eheleute wohnen, als Ehen nicht anerkannt werden[1]. Die Notwendigkeit der Anwendung des Heimatrechtes tritt hier sehr fühlbar hervor. Ferner ist auch hier schon hinzuweisen auf den engen Zusammenhang der Rechtsvorschriften über die Pflichten der Ehegatten mit den Rechtsvorschriften über die Ehescheidung. Letztere berühren wieder wie die Eheschliefsung unmittelbar die Voraussetzungen der Staatsangehörigkeit.

Dafs es die Staatsangehörigkeit des Ehemannes als des Hauptes der Familie ist, welche den Ausschlag geben mufs, wenn etwa die Ehegattin oder die Kinder eine andere Staatsangehörigkeit besitzen, bedarf keiner weiteren Rechtfertigung.

---

[1] S. Entsch. des R. G. IX 393 ff., Journal de droit intern. priv. XXI 635.

Hiernach erübrigt nur die Erörterung von Einzelfragen.

Was zunächst das **eheliche Güterrecht** anlangt, so ist die Hauptkontroverse dieser Materie die Frage, ob **Wandelbarkeit** oder **Unwandelbarkeit** zu befürworten sei. Diese Frage ist im Prinzip durch die vorstehenden Erörterungen bereits bejaht. Die Kontroverse gehört zu den meist verhandelten und gründlichst erörterten Problemen des internationalen Privatrechts. Es kann von einer Wiederholung der für die Unwandelbarkeit oft und erschöpfend erörterten Gründe hier um so mehr abgesehen werden, als sich in neuester Zeit in Deutschland communis opinio dahin gebildet hat, daß im Prinzip die Unwandelbarkeit geboten ist[1], jedoch verbunden mit gewissen Garantieen gegen die Verletzung der berechtigten Interessen Dritter. Welchen Umfang und welche Beschaffenheit diese Garantieen haben sollen, das allein ist bezüglich des B.G.B. der Erörterung bedürftig.

Die Gründe, welche für eine Verkehrssicherung der fraglichen Art sprechen, sind im wesentlichen dieselben, welche für die Wandelbarkeit des ehelichen Güterrechtes und auch für die Zugrundelegung des Wohnsitzrechtes anstatt des

---

[1] S. Bar, Theorie I 505 ff., Lehrbuch 92 ff., Böhm 50 ff., Stobbe I 274 ff., Dernburg I 106, Gierke I 238 ff., Regelsberger I 178 und die dort angeführte Litteratur, das Material s. unten Teil II Nr. 333 ff., sowie bei Niemeyer, Positives intern. Privatr. I §§ 109 ff., 135, 148, 149, 157, 158, 169 ff., 190, 198, 207. — Bemerkenswert ist, daß die deutsche Judikatur, insbesondere diejenige des Reichsgerichtes, heute sich gänzlich der Unwandelbarkeit zugewendet hat. Entsch. R.G. VI 223, 394, Zeitschr. f. intern. Priv.- u. Strafrecht II 471, IV 364, Journal de droit intern. priv. XXI 357. — Desgleichen in der Hauptsache die Judikatur Österreichs (Jettel S. 46) und Frankreichs (Barazetti, Einführung 228, Vincent und Pénaud, Dictionnaire S. 300 Nr. 144 ff.). Über die Schweiz s. Huber I 82 und unten Teil II Nr. 205. — Für die Unwandelbarkeit haben sich u. a. auch entschieden: das Institut de droit international (Teil II Nr. 342) und der Vertrag von Montevideo (Teil II Nr. 251).

Heimatrechtes geltend gemacht worden sind. Das Ergebnis dieser Gründe hat Mommsen (der ein grundsätzlicher Anhänger der Wandelbarkeit ist) dahin zusammengefafst: „Es ist, was das Verhältnis der Eheleute zu Dritten betrifft, eine Bestimmung zu treffen, um die für den Verkehr nötige Sicherheit zu gewinnen. Diese Bestimmung kann sich nur auf diejenigen Ausländer beziehen, welche im Inland ihren Wohnort haben. Von diesen wird man aber, damit es ihnen gestattet werde, sich Dritten gegenüber auf das für sie geltende ausländische eheliche Güterrecht zu berufen, dasselbe verlangen müssen, was von dem Inländer verlangt wird, damit er sich Dritten gegenüber auf ein von dem gesetzlichen ehelichen Güterrecht abweichendes vertragsmäfsiges Güterrecht berufen könne. Wird dies vorgeschrieben, so wird durch die Zulassung des ausländischen Rechtes die Sicherheit des Verkehrs nicht mehr gefährdet, als durch die Zulassung von Eheverträgen". Diese Ausführung ist offenbar nicht ohne Einflufs auf den § 20 des ersten Gebhardschen Entwurfes geblieben. Dieser § 20 verdient in der Hauptsache Zustimmung. Zu billigen ist die im zweiten Gebhardschen Entwurfe vorgenommene Redaktionsänderung, wonach konkret auf die betreffenden Vorschriften des B.G.B. Bezug genommen ist. Im zweiten Entwurfe des B.G.B. enthält § 1334 die fragliche Vorschrift. Der zweite Gebhardsche Entwurf enthält aufserdem insofern eine Änderung, als er den Fall erwähnt, dafs in Deutschland wohnende Ehegatten erst nach Eingehung der Ehe die deutsche Staatsangehörigkeit erworben haben. Jedoch ist die Fassung nicht zutreffend. Denn auch „ausländische Ehegatten" können infolge von Ehepakten in deutschem Güterstande leben, und auch „Ehegatten, die nach Schliefsung der Ehe die deutsche Staatsangehörigkeit erwerben", können in derselben Lage sein. Letztere können aber auch bis dahin ohne jede Staatsangehörigkeit gewesen sein, und es kann daher nach den allgemeinen Grundsätzen die Staatsangehörigkeit der Eltern oder der Wohnsitz für ihr eheliches Güterrecht maßgebend sein, und auf diesem Wege kann also für sie das deutsche Güterrecht unmittelbar gesetzlich begründet sein. Daher ist die Fassung zu empfehlen: „Ehegatten, für welche ein ausländischer Güterstand gilt etc."

Der Zusatz im zweiten Gebhardschen Entwurfe: „Zur Wirksamkeit des ausländischen Güterstandes gegen Dritte etc." ist nicht deutlich. Wenn er besagen soll, daß die bloße Nennung des betreffenden Auslandrechtes unter allen Umständen genüge, so verdient das keine Zustimmung. Es muß dem Registerbeamten überlassen bleiben, zu entscheiden, ob die in dem Eintragungsantrag gewählte Bezeichnung ausreichend ist. Eine allgemeine Regel ist nicht am Platze.

Der (zweite) Gebhardsche Entwurf trifft im letzten Absatz des § 20 ferner die Bestimmung, daß gewisse Vorschriften des B. G. B. absolute Anwendung auf alle in Deutschland domizilierte Ehegatten finden sollen. — Von den Bestimmungen des zweiten Entwurfes des B. G. B. kommen in dieser Hinsicht besonders die §§ 1257, 1304, 1260, 1262 in Frage.

Die ratio der Bestimmungen über die Schlüsselgewalt würde nur unvollkommen zur Geltung gebracht werden, wenn ihnen ausländische (und früher ausländische) Ehegatten nicht unterworfen wären. Bei den in Frage stehenden Haushaltsgeschäften liegt eine Erkundigung Dritter nach Nationalitäts- und Güterstandsverhältnissen und besonders auch eine Rücksicht auf das Güterrechtsregister nicht im Laufe der Dinge. Hier muß aus ähnlichen Gründen, wie bezüglich der Geschäftsfähigkeit der Ausländer (s. oben S. 168 ff.) das Inlandrecht die sichere und unwandelbare Grundlage des Verkehrs bilden. Auf Grund gleicher Erwägungen ist die absolute Anwendung des § 1304 geboten. Der Handelsverkehr erfordert in verstärktem Maße Gleichheit des Maßstabes für Dritte.

Die Gründe dagegen, welche sich für die zwingende Geltung der §§ 1260, 1262 vorbringen lassen, sind nicht durchschlagend. Sowohl die Unterhaltungspflicht als die Muzianische Präsumtion lassen sich aus dem Zusammenhang des ehelichen Güterrechtes nicht gut herausheben, und die Verkehrssicherheit wird durch Anwendung des Heimatrechtes hier nicht stärker bedroht wie in der Mehrzahl der güterrechtlichen Fragen.

Der Gebhardsche Entwurf hat, wie noch zu bemerken ist, unterlassen, die zwingende Kraft der betreffenden Bestimmungen auf das Verhältnis gegenüber Dritten zu beschränken. Es ist aber keine Veranlassung vorhanden, im Verhältnis der Ehegatten selbst das Prinzip zu durchbrechen.

Eine fernere hier zu erledigende Frage ist die, ob sich das Personalstatut im Punkte des ehelichen Güterrechtes auch auf **Immobilien** beziehen soll. Die ältere Doktrin[1] verneinte meist die Frage, zu Gunsten der lex rei sitae. Das **englisch-amerikanische common-law**[2] und zum Teil die **französische Praxis**[3] steht noch auf demselben Standpunkte, desgleichen das **argentinische Ehegesetz** (Teil II Nr. 333 Art. 6). Der Vertragsentwurf von **Lima** (Teil II Nr. 345) hat sich in demselben Sinne ausgesprochen. Der Vertrag von **Montevideo** (Teil II Nr. 351) dagegen macht nur einen ausnahmsweisen Vorbehalt zu Gunsten der lex rei sitae. Im übrigen[4] hat sich Doktrin, Praxis und Gesetzgebung für die grundsätzliche Anwendung des Personalstatutes

---

[1] S. Bar, Theorie I 506, Gierke I 238 Note 96.

[2] Story §§ 158, 159, 186, 188, Wharton 190 ff., Westlake, Revue de dr. i. XIII 438. S. auch unten Teil II Nr. 340.

[3] Vincent und Pénaud, Dictionnaire S. 290 Nr. 8, Barazetti, Einführung S. 225 ff.

[4] S. namentlich Bar, Theorie I 510 ff., Lehrbuch 81, Wächter XXV 48 ff., 362, Unger I § 23, Stobbe I 274, Gierke I 238, Fiore, Diritto internazionale Privato, 3. Aufl. 1889 II S. 137 ff.

auch auf Immobilien entschieden. Insbesondere in Deutschland besteht communis opinio für dieses Prinzip. Auch das Institut de droit international (Teil II Nr. 342) hat sich dafür ausgesprochen. Es kann nicht zweifelhaft sein, daſs auch das B.G.B. sich auf denselben Standpunkt stellen muſs.

Keine Berücksichtigung de lege ferenda verdient die grundsätzliche Einschränkung, welcher Bar (Theorie I 512) das Wort redet, daſs nämlich das eheliche Güterrecht des Personalstatutes auf Grundstücke nur dann anzuwenden sei, wenn sowohl das Personalstatut als die lex rei sitae das Vermögen der Ehegatten als Einheit behandele. Deutsche Grundstücke, im bisherigen Eigentum einer mit einem Engländer die Ehe schlieſsenden Frau, müſsten hiernach gemäſs dem deutschen ehelichen Güterrecht behandelt werden. Das $\pi\varrho\tilde{\omega}\tau o\nu\ \psi\varepsilon\tilde{\iota}\delta o\varsigma$ dabei ist wieder die Verkennung der positivistischen Natur des internationalen Privatrechtes, der falsche Gedanke, daſs das auswärtige Recht anzuwenden sei, weil und nur sofern es angewendet sein wolle. (S. oben S. 28 ff.) Es ist derselbe Grundfehler, aus welchem auch das Rückverweisungsprinzip entspringt. (S. oben S. 82 ff.) In Wahrheit fordert weder die begriffliche Konsequenz noch ein praktisches Bedürfnis eine derartige Abweichung vom Prinzip des Personalstatutes. Die konsequente Durchführung des Barschen Gedankens ist gar nicht möglich; sie würde ein Rechtsvakuum ergeben, da man konsequent sagen müſste, daſs auch das deutsche eheliche Güterrecht in dem bezeichneten Fall nicht anzuwenden sei, weil es nicht angewendet sein wolle, da es nur auf deutsche Ehen und nur einheitlich für alle Vermögensobjekte der Ehegatten gelten wolle. Die Entgegnung, daſs es dem Gesetzgeber frei stehe, den Anwendungsbereich des deutschen ehelichen Güterrechts mit Rücksicht auf das Nichtangewendetseinwollen des auswärtigen Rechtes auszudehnen, wird durch die Replik geschlagen, daſs es ebensogut freisteht, das ausländische eheliche Güterrecht zu berufen, obwohl es nicht gelten will.

Andererseits ist eine Berücksichtigung der lex rei sitae bei Immobilien nicht ganz auszuschliefsen. Sie ist in dreifacher Hinsicht geboten.

Vor allem ist es nicht geraten, eine Norm aufzustellen, deren durchgehende Nichtbefolgung sicher ist. Dies ist der Fall, wenn ihre Erzwingbarkeit aufserhalb des Machtbereiches unserer Rechtspflegeorgane liegt und diejenige Rechtsordnung, deren Rechtspflegeorgane allein in der Lage sind, die betreffenden Rechtsfragen exekutivisch zu lösen, sich ablehnend gegenüber unseren Rechtsvorschriften verhalten. Daher ist eine Ausnahme zu Gunsten der lex rei sitae für diejenigen ausländischen Immobilien zu machen, hinsichtlich deren die lex rei sitae einem ausländischen Güterstand keinen Einflufs einräumt.

Ein zweiter Gesichtspunkt[1] gilt sowohl für die inländischen als für die ausländischen Grundstücke und betrifft die Eintragungen in Grund- und Hypothekenbücher, durch welche gemäfs der lex rei sitae die Wirksamkeit der durch den Güterstand veranlafsten Rechtsveränderungen ganz oder teilweise bedingt ist. In dieser Hinsicht müssen die Vorschriften der lex rei sitae gemäfs dem Sinn und Zweck der Bucheinrichtungen ausschliefslich mafsgebend sein.

Ein dritter[2] Gesichtspunkt endlich betrifft Lehn-, Fideikommifs-, Stamm-, bäuerliche Erbgüter und andere Immobilien, welche gemäfs der lex rei sitae nicht von dem ehelichen Güterstande erfafst werden. Für diese mufs, mögen sie im Inland oder Ausland liegen, das Recht der belegenen Sache mafsgebend sein. Für Auslandimmobilien ergiebt sich dies aus dem vorhin geltend gemachten Gesichtspunkt der

---

[1] S. Stobbe I 274.
[2] S. Stobbe I 274.

Unerzwingbarkeit abweichender inländischer Vorschriften, für Inlandimmobilien aus dem Inhalt der speziell für diese Güter geltenden Normen des Inlandrechtes. Sollen diese überhaupt gelten, so müssen sie wie gegenüber dem inländischen, so auch gegenüber dem ausländischen ehelichen Güterrechte unbedingt gelten.

Die soeben erörterten Fragen hinsichtlich des Sonderverhältnisses der Immobilien kehren, wie schon hier bemerkt sei, im Güterverhältnis zwischen Eltern und Kindern, sowie im Erbrecht wieder. Die gesetzgeberische Behandlung muſs dort dieselbe sein, wie im ehelichen Güterrecht. Es ist zweckmäſsig, dem Vorbilde Mommsens folgend (s. unten Teil II Nr. 451 § 16), und in Übereinstimmung auch mit den Gebhardschen Entwürfen (§ 30) die Vorschrift für diese drei Gebiete in eine Formel zusammen zu fassen. Jedoch muſs das Prinzip des Personalstatutes im Zusammenhang des Sachenrechtes ausdrücklich ausgesprochen und dort der Vorbehalt zu Gunsten des Grundbuchrechtes beigefügt werden. Beides ist in dem Mommsenschen Entwurfe und in den hier offenbar an Mommsen angelehnten Gebhardschen Entwürfen versäumt. Ferner ist darauf hinzuweisen, daſs die Entwürfe Mommsens und Gebhards anstatt von „unbeweglichen Sachen" allgemein von „Gegenständen" sprechen, womit dem zu Grunde liegenden Gedanken ein zu weitgehender Ausdruck gegeben oder der Gedanke selbst übertrieben ist. Für Mobiliarvermögen im Auslande treffen die vorhin geltend gemachten Gründe nicht zu, während nach Inlandrecht Mobiliarvermögen nicht vorkommt, das dem ehelichen Güterrecht in der fraglichen Art entzogen ist.

Unentbehrlich erscheint eine besondere Bestimmung hinsichtlich der Schenkungen unter Ehegatten, wie sie die Gebhardschen Entwürfe (§ 19 Satz 3) vorschlagen, und wie sie auch das sächsische Gesetzbuch (Teil II Nr. 355) enthält. Die Frage ist bestritten und es ist namentlich zweifelhaft, ob das Schenkungsverbot als Beschränkung der Handlungsfähigkeit[1] oder als Bestandteil des ehelichen Güterrechtes zu behandeln sei. Das erstere ist mit der Mehrzahl der neueren Schriftsteller für das Richtige zu halten. Das jeweilige Personalstatut mufs daher mafsgebend sein. Für die äufserst seltenen Fälle, wo die Ehegatten verschiedenen Staaten angehören, mufs das Personalstatut des Ehemannes mafsgebend sein. Es ist notwendig, dies durch eine ausdrückliche Bestimmung aufser Zweifel zu stellen. — Die Frage ist nicht blofs von theoretischer Bedeutung. Zwistigkeiten in ehelichen Verhältnissen gehören zu den häufigsten forensischen Erscheinungen auf dem Gebiete des internationalen Privatrechts, und die Frage der Schenkungen zwischen den Ehegatten spielt dabei gar nicht selten eine Rolle. Dazu ist bemerkenswert, dafs die Vorschriften in den verschiedenen Rechtssystemen sehr von einander abweichen. Der Entwurf des B.G.B., wie das österreichische bürgerliche Gesetzbuch (§ 1246), enthält ein Schenkungsverbot für Ehegatten nicht, während das französische Zivilgesetzbuch (Art. 1096 ff.) und seine zahlreichen Tochterkodifikationen die Gattengeschenke für „toujours revocables" erklären, das italienische Gesetzbuch (Art. 1054) das römische Verbot wiederholt, das englische Recht die Rechtsgeschäfte zwischen Ehegatten in allgemeinerer Weise ausschliefst (Lehr, Éléments de droit civil anglais I 111) etc. etc.

Hinsichtlich der Verträge über das eheliche Güterrecht mufs grundsätzlich in gleicher Weise das Personalstatut unwandelbar gelten, wie für das gesetzliche eheliche Güterrecht. Bezüglich der Form tritt jedoch die allgemeine Formregel (oben S. 94 ff.) erleichternd ein. Aber auch materiell ist eine Erleichterung gegenüber dem Prinzip der

---

[1] Vgl. Bar, Theorie I 521, Lehrbuch 841, Stobbe I 278, Gierke I 236, Regelsberger I 178.

Unwandelbarkeit insofern geboten, als es den Ehegatten gestattet werden mufs, ihren Güterstand nachträglich durch Vertrag zu ändern, wenn nur das Recht des Staates die Änderung gestattet, dem sie zur Zeit solchen Vertragschlusses angehören. Die für die Unwandelbarkeit des ehelichen Güterrechtes sprechenden Gründe bedingen nicht auch die fortdauernde Geltung des Verbotes von Eheverträgen gemäfs dem ersten Personalstatut. Der durch ein derartiges Verbot (oder eine Beschränkung, wie z. B. Art. 1395 des französischen und Art. 1385 des italienischen Zivilgesetzbuchs) den beteiligten Ehegatten oder dritten Personen zugedachte Schutz wird von Gesichtspunkten beherrscht, welche einen Wandel gemäfs dem Wandel der Staatsangehörigkeit erfahren können und müssen. Es würde namentlich widersinnig sein, wenn unsere Rechtsordnung Ehegatten, welche nachträglich die deutsche Staatsangehörigkeit erwerben, es versagen wollte, den Güterstand des deutschen Rechtes zu adoptieren. Folgerecht müssen wir aber auch die entsprechende Befugnis an den nachträglichen Erwerb einer anderen Staatsangehörigkeit knüpfen. Schliefslich ist auch darauf hinzuweisen, dafs die in Rede stehenden Verbote eng zusammenhängen mit dem Verbot der Schenkungen unter Ehegatten und deswegen ihre Tragweite in entsprechender Weise bestimmt werden mufs.

Dafs die Geschäftsfähigkeit der Ehefrau durch die allgemeinen Grundsätze über die Geschäftsfähigkeit bestimmt werden soll, bedarf nur noch der Erwähnung.

Die persönlichen Rechtsbeziehungen der Ehegatten zu einander müssen nach den Gesetzen des Staates beurteilt werden, welchem jeweilig der Ehemann angehört. Hier greifen die allgemeinen Gesichtspunkte, welche für die Staatsangehörigkeit sprechen, in voller Reinheit Platz. Zwingende Gesichtspunkte können vom Standpunkte des am jeweiligen Wohnort oder Aufenthaltsort der Ehegatten geltenden Rechtes der Durchsetzung gewisser Rechtsnormen des Heimatrechtes entgegenstehen (s. oben S. 62 ff.). Dies bedarf indessen keiner besonderen Hervorhebung im Gesetzbuch. Unter dem Gesichtspunkt sittlicher Verwerflichkeit wird z. B. ein Züchtigungsrecht des Ehemannes von unseren Rechtspflegeorganen niemals anzuerkennen sein.

Was das Rechtsverhältnis zwischen Eltern und Kindern anlangt, so versagt hier das Personalstatut des Vaters für den Fall, dafs dieser gestorben ist. Naturgemäfs mufs das Personalstatut der Mutter eintreten.

Von den Einzelfragen, welche im übrigen in Betracht kommen, ist die wichtigste die, ob in Bezug auf das Vermögensrecht das einmal mafsgeblich gewordene Personalstatut unwandelbar mafsgebend bleiben oder ob das jeweilige Personalstatut bestimmend sein soll. Hinsichtlich des persönlichen Verhältnisses wird der Grundsatz der Wandelbarkeit im Prinzip allseitig anerkannt[1]. Wegen des bereits betonten engen Zusammenhangs der persönlichen und der vermögensrechtlichen Beziehungen mufs der gleiche Grundsatz auch für die letzteren gelten, wenn nicht besondere Gründe dagegen sprechen. Dies ist nicht der Fall, und es herrscht auch hierüber in der Litteratur im allgemeinen Einverständnis. Nur insofern wollen einzelne Schriftsteller das Prinzip modifizieren, als „die bereits begründeten Vermögensrechte" durch den Wechsel des Personalstatuts nicht aufgehoben werden sollen. Von deutschen Schriftstellern der neueren Zeit stehen auf diesem Standpunkt Bar (Theorie I, 553, Lehrbuch 89), Roth (System I, 291) und Windscheid (Pand. I, 83 Anm. 11). Stobbe, welcher in der ersten Auflage seines Lehrbuches den gleichen Standpunkt einnahm, hat denselben in der zweiten Auflage (S. 280) aufgegeben mit dem Bemerken, dafs derselbe

---

[1] S. Bar, Theorie I 532, Lehrbuch 85 und dort angeführte Litteratur, Stobbe I 279, Regelsberger, Pand. I 186, Gierke I 240.

„zu einem verzwickten Rechtszustand führe". Auch Regelsberger (Pand. I, 180) und Gierke (I, 240) verwerfen den Gedanken. In den Gesetzgebungen und in den Gesetzentwürfen ist er nicht vertreten. In der That ist der für ihn geltend gemachte Grund, dafs durch die entgegengesetzte Behandlung „das Recht des Kindes wesentlich von der Willkür des Vaters abhängig gemacht werde", nicht stichhaltig. Die Eventualität, dafs der Vater das Personalstatut wechsele, um die Kinder zu benachteiligen, ist ohne praktische Bedeutung. Soweit Derartiges wirklich vorkommt, ist der Nachteil nicht grofs genug, um gegen die Mifslichkeiten ins Gewicht zu fallen, welche sich aus der Verwickeltheit und Zweifelhaftigkeit der Lage bei Befolgung des entgegengesetzten Grundsatzes ergeben. Noch weniger kann das Interesse der Gläubiger des Vaters in Betracht kommen, sofern diese möglicherweise durch einen Wandel des den Eltern am Kindesvermögen zustehenden Rechtes einen Nachteil erleiden. Die Rechtskonsequenz fordert eine Rücksicht auf dieses Interesse nicht, da es sich nicht um jura quaesita, sondern um eine blofse Erwartung handelt. Aber auch rechtspolitisch würde solche Rücksicht nicht zu rechtfertigen sein, da eine Kreditirung, welche auf das Kindesvermögen gestützt wird, keinerlei Begünstigung verdient.

Eine fernere Frage betrifft das Verhältnis der elterlichen Beziehungen zu den ehelichen Beziehungen hinsichtlich einer Frau, deren Ehemann ein anderes Personalstatut hat als der Vater. Das Personalstatut des Vaters und das des Ehemanns stehen hier möglicherweise in einem Gegensatz, sofern nach ersterem die väterliche Gewalt durch die Verheiratung erlischt, nach letzterem nicht, oder umgekehrt. Wächter, (Archiv, Bd. 25, S. 188) und Mommsen (Archiv Bd. 61, S. 189) wollen hier die lex fori entscheiden lassen. Richtiger erscheint indessen der von Bar (Theorie I, 551, Lehrbuch 89) aufgestellte Grundsatz, dafs die Beendigung der Gewalt anerkannt werden mufs, wenn sie auch nur nach einem der beteiligten

Personalstatute eintritt. Wenn das Personalstatut des Vaters die Tochter gewaltfrei werden läfst, so liegt keine Veranlassung vor, dem Vater Rechte zuzusprechen kraft des Personalstatuts des Schwiegersohnes. Im umgekehrten Fall sind die durch die neue Staatsangehörigkeit und das eheliche Band geknüpften Beziehungen für stärker zu erachten, als das auf der früheren Staatsangehörigkeit und dem Kindesverhältnis beruhende Rechtsband. Die schwächere Beziehung mufs dem unlöslichen Konflikte erliegen. So selten das Vorkommen von Fällen der fraglichen Art in der Praxis sein mag, so ist doch eine positive Bestimmung unentbehrlich, weil die vorstehenden Erwägungen nicht auf Konsequenzen des Prinzipes beruhen, sondern auf selbständigen rechtspolitischen Gesichtspunkten, denen der Gesetzgeber befehlenden Ausdruck geben mufs, soll ihre Befolgung gewährleistet sein.

Es ist daran zu erinnern (s. oben S. 175 ff.), dafs die einmal eingetretene Grofsjährigkeit durch einen Wechsel der Staatsangehörigkeit nicht verloren gehen soll. Hier ist der Ort, auf die nicht abzuweisende Konsequenz hinzuweisen, dafs auch die einmal erfolgte Emanzipation nicht infolge eines späteren Wechsels rückgängig gemacht werden darf. Es ist weiter hervorzuheben, dafs, da der Grundsatz nicht nur die Geschäftsfähigkeit, sondern auch das Rechtsverhältnis zwischen Eltern und Kindern betrifft, es unrichtig ist, den Grundsatz äufserlich als Bestandteil der Lehre von der Geschäftsfähigkeit zu behandeln, wie es die Gebhardschen Entwürfe (§ 7 Absatz 2) thun. Die Tragweite des Satzes mufs auch durch seine äufserliche Stellung im B. G. B. kenntlich gemacht sein.

Die Frage, inwiefern in vermögensrechtlicher Hinsicht die lex rei sitae eingreifen soll, ist in gleicher Weise, wie hinsichtlich des ehelichen Güterrechtes zu beantworten (s. oben S. 205 ff.).

Im Vorstehenden ist lediglich die Frage erörtert, nach

welchem Recht das Verhältnis zwischen Eltern und ehelichen Kindern **inhaltlich** zu bestimmen ist. Es erübrigt die Frage, unter welchen Voraussetzungen — abgesehen von der Gültigkeit der Ehe — die Ehelichkeit eines Kindes anzuerkennen ist. Dabei ist abzusehen von der **Legitimation**. Denn diese enthält nur die Begründung **ähnlicher Folgen**, wie sie an die eheliche Geburt geknüpft sind. Aber sie normiert nicht — auch nicht die legitimatio per subsequens matrimonium — die Voraussetzungen der Ehelichkeit. Teilweise handelt es sich bei der in Rede stehenden Frage um die Konsequenzen physiologischer Beobachtungen, und man könnte daraus folgern, daſs das Inlandrecht ausschlieſslich maſsgebend sein müsse, da die Physiologie sich nicht nach der Staatsangehörigkeit richte und eine physiologische — wirkliche oder vermeintliche — Erkenntnis keine Nachgiebigkeit gegen abweichende Meinungen vertrage. Indessen erhebt in Wahrheit die Bemessung der Konzeptionsfrist gar nicht den Anspruch absoluter physiologischer Richtigkeit. Sie stellt nur eine praktisch für die bei weitem meisten Fälle zutreffende Regel dar und will nicht mehr bedeuten als dies. Der Schwerpunkt der Gesetzgebungsfrage liegt auch gar nicht in der verschiedenen Bemessung der Konzeptionsfrist, sondern in der verschiedenen rechtlichen Ausgestaltung der an die Geburt in der Konzeptionsfrist sich knüpfenden Rechtsfolgen. Hier greifen die für das Personalstatut des Ehemannes und für dessen unwandelbare Geltung sprechenden Momente in voller Reinheit und Entschiedenheit durch. Als maſsgebender Zeitpunkt muſs die **Geburt des Kindes** gelten. Diese ist ein klar gegebenes, rein **faktisches** Moment, während die von der Normierung der Konzeptionsfrist abhängige Zugrundelegung des Konzeptionsmomentes wiederum auf eine Rechtsfrage Bezug nehmen und neue Schwierigkeiten bereiten würde, welche vermieden werden können.

Für den Fall, dafs die als Vater in Frage stehende Person vor der Geburt des Kindes gestorben ist, mufs das letzte Personalstatut entscheiden.

§ 19.

Auflösung der Ehe.

Hinsichtlich der Auflösung der Ehe kommt zunächst in Frage die Behandlung der Ehe Verschollener.

Ist eine Verschollenheits- oder Todeserklärung erfolgt, welche nach den (oben S. 135 ff.) entwickelten Grundsätzen von uns anerkannt wird und welche nach dem Recht des die Erklärung erlassenden Gerichtes (oder sonstigen Organs) die Auflösung der Ehe als unmittelbare Folge der Erklärung statuiert, so liegt die Sache einfach. Es hat hier bei dem oben entwickelten Grundsatz sein Bewenden, das heifst, die Ehe ist aufgelöst.

Es sind aber auch die Fälle zu berücksichtigen, wo das Heimatrecht des Verschollenen kein Verschollenheitsverfahren kennt, sowie die Fälle, wo die Verschollenheitserklärung nach dem sie bestimmenden Rechte nicht die Auflösung der Ehe bewirkt, sondern letztere entweder an einen gewissen Zeitablauf oder an ein anderes Thatbestandsmoment geknüpft ist.

Es liegt nun auf der Hand, dafs der § 1482 des B.G.B. unbedingt Anwendung beanspruchen mufs, wenn ein deutscher Staatsangehöriger von deutschen Gerichten für tot erklärt worden ist, und wenn sowohl der zurückgebliebene, als der für tot erklärte aber noch lebende Ehegatte die deutsche Staatsangehörigkeit in dem Momente besitzt, wenn der zurückgebliebene Teil zur neuen Ehe schreitet. Dem Nationalrecht des neuen Ehegatten in diesem Fall einen Einflufs zu gestatten, liegt keine Veranlassung vor. Auch die §§ 1483—1485 müssen hier unbedingt Platz greifen. Denn sie charakterisieren sich als Maſsregeln, welche in engem Zusammenhang mit der Todeserklärung stehen, und sie teilen deren nationalen Charakter (s. oben S. 137). Der Fall, daſs nur **einer** der Ehegatten der ersten Ehe nach der Todeserklärung und vor der neuen Eheschlieſsung die deutsche Staatsangehörigkeit verloren hat, fordert keine andere Behandlung. Soweit überhaupt die rechtliche Möglichkeit dieses Falles anzuerkennen ist, giebt hier die Rücksicht auf die fortdauernde deutsche Staatsangehörigkeit des einen Beteiligten den Ausschlag. Aber auch, wenn beide Teile die deutsche Staatsangehörigkeit verloren haben, ist die Sachlage stets derart, daſs die Anwendung der deutschen Vorschriften geboten ist. Der Verlust der Staatsangehörigkeit kann hier regelmäſsig nur auf dem einseitigen Verhalten des Ehemannes beruhen. Sei es, daſs letzterer, sei es, daſs die Ehefrau der für tot erklärte Teil ist, immer verbietet die Rücksicht auf die Ehefrau, daſs diese des ihr von der deutschen Gesetzgebung zugedachten Rechtsschutzes durch einseitiges Verhalten des Mannes verlustig gemacht werde. Der Fall, daſs jeder der beiden Ehegatten selbständig für sich den Verlust der deutschen Staatsangehörigkeit herbeigeführt hat, ist denkbar, verdient aber wegen seiner Abnormität keine Rücksicht. Daſs vollends der Absatz 2 des § 1215 in allen Fällen Anwendung finden muſs, in denen ein deutscher Staatsangehöriger durch deutsche Gerichte für tot erklärt worden ist, bedarf keiner näheren Ausführung.

Ein wenig anders liegt es, wenn ein **Ausländer** von deutschen Gerichten für tot erklärt ist. Die Todeserklärung hat hier die Aufgabe, bestimmte Interessen im Gebiet des deutschen Reiches zu wahren. Es ist daher der Gedanke nicht ganz von der Hand zu weisen, daſs es nicht in der Intention der Todeserklärung liege, in die **Familienverhältnisse** des Ausländers einzugreifen, wenn lediglich **Vermögensinteressen** die Veranlassung zur Todeserklärung bilden. Andererseits ist es aber möglich, daſs es gerade das familienrechtliche Interesse eines deutschen Staatsangehörigen ist, welches die Todeserklärung des Ausländers (oder der Ausländerin) veranlaſst, wenn nämlich der eine Ehegatte die deutsche Staatsangehörigkeit behalten oder nachträglich erworben hat, während der verschollene Teil Ausländer ist. Der Fall wird nicht so ganz selten sein. Man vergegenwärtige sich z. B., daſs eine Deutsche einen Amerikaner geheiratet hat, der späterhin verschollen ist. Sie kehrt nach Deutschland zurück und erwirbt wiederum die deutsche Staatsangehörigkeit. Später beantragt sie, um sich wieder verheiraten zu können, in Deutschland Todeserklärung ihres Ehemannes. Man kann sie ihr nicht versagen. Daſs die Wirkungen dieser Todeserklärung auf die Ehe nach deutschem Recht beurteilt werden müssen, kann nicht zweifelhaft sein. Es würde nun aber künstlich sein und dem Grundgedanken der Todeserklärung nicht entsprechen, wenn vermögensrechtliche und familienrechtliche Todeserklärungen unterschieden würden. Hiernach müssen also die vorher bezeichneten Vorschriften des B.G.B. auf alle deutsche Todeserklärungen Anwendung finden. Konsequent führen die oben (S. 138) geltend gemachten Gründe dazu, in entsprechender Weise die Wirkung ausländischer Todes- oder Verschollenheitserklärungen auf den Bestand der Ehe nach den Gesetzen des Gebietes zu beurteilen, in dem die Erklärung ergangen ist, sofern jene Erklärung nach den oben entwickelten Grundsätzen überhaupt von uns anzuerkennen ist.

Es ergiebt sich aus dem Gesagten, daſs es hinsichtlich der Verschollenheits- oder Todeserklärung lediglich bei den oben entwickelten Grundsätzen über die Verschollenheit sein Bewenden behalten muſs[1].

---

[1] Laut Zeitungsnachrichten ist von der zweiten Kommission (März 1895) die Vorschrift beschlossen: „Die Auflösung einer Ehe wird

Von sonstigen juristischen Thatsachen, welche für die Auflösung der Ehe in Betracht kommen, ist nur die Frage der Ehescheidung (im weitesten Sinn) der internationalistischen Normierung bedürftig. Die sonst (aufser dem Tod) in einigen Rechtssystemen als Auflösungsmomente geltenden Thatsachen[1] sind teils von uns nicht als wirksam anzuerkennen, weil sie gegen unsere sittliche Auffassung verstofsen (z. B. Auflösung der Ehe unmittelbar durch Religionswechsel), teils sind sie als Ehescheidung in aufsergerichtlicher Form zu charakterisieren (wie z. B. talâq rigei im islamitischen Recht, Friedrichs a. a. O.).

Der internationalistische Angelpunkt der Ehescheidungsfrage liegt in der Bestimmung des Gerichtsstandes, von dessen Erörterung hier abgesehen werden mufs. Die nachfolgenden Vorschläge gehen davon aus, dafs nicht, wie wünschenswert, die Staatsangehörigkeit, sondern der Wohnsitz des Ehemannes die Grundlage des Gerichtsstandes bildet, wie es nach der C. P. O. der Fall ist.

Was das materielle Recht anlangt, so bedarf es keiner weiteren Ausführung nach den vorhergehenden Darlegungen, dafs — entgegen der vielfach befürworteten und befolgten Zugrundelegung der lex fori[2] — grundsätzlich das Personalstatut des Ehemannes für mafsgebend erklärt werden

---

nach den Gesetzen des Staates beurteilt, welchem der Ehemann zur Zeit der Verwirklichung des für die Auflösung in Betracht kommenden Thatbestandes angehört hat." Gemäfs dem Text ist die Streichung dieser Bestimmung zu befürworten.

[1] Vgl. z. B. über die islamitischen Auflösungsarten der Ehe (Widerruf, Zeitablauf der Fristehe, Religionswechsel, Repudium — talâq —) Friedrichs, Zeitschr. f. vergleichende Rechtswissenschaft VII 261 ff.

[2] Vgl. z. B. Savigny VIII 337, Unger I § 23 bei Note 126, Niemeyer, Positives internationales Privatrecht I § 99, Journ. de droit intern. priv. XIX 732. Die Zugrundelegung der lex domicilii des Ehemannes, welche in der deutschen Judikatur vielfach vorkommt, ist

muſs, worüber in der neueren Litteratur und in der jüngsten Gesetzgebung denn auch gröſstenteils Einverständnis besteht[1]. Entscheidend ist der Zusammenhang der Ehescheidungsnormen mit den Rechtssätzen über die persönlichen Beziehungen der Ehegatten während der Ehe und dem Bezug der Ehescheidung zur Ehebegründung.

Andererseits ist eine Berücksichtigung der lex fori neben dem Personalstatut nicht ganz abzulehnen. Das nationale Rechtsbewuſstsein und die öffentliche Moral würden verletzt werden, wenn deutsche Gerichte ausländische Ehegatten wegen solcher Ehescheidungsgründe scheiden oder von Tisch und Bett trennen würden, die unsere Gesetzgebung bei Inländern nicht zuläſst. Darum verdient der Art. 2 der Haager Beschlüsse (unten Teil II Nr. 292) Beifall und Nachfolge.

Ungerechtfertigt ist dagegen der Gesichtspunkt, daſs deutsche Gerichte auch bei Ausländern eine Trennung von Tisch und Bett nicht sollten aussprechen dürfen. Es würde richtig sein, den deutschen Gerichten die Kompetenz zu entziehen, über Ehescheidungs- und -Trennungsklagen von Ausländern zu entscheiden. Sollen sie aber die Kompetenz haben, so ist vom internationalistischen Standpunkt aus zu fordern, daſs sie kein Urteil fällen, das von dem Heimatstaate nicht anerkannt werden kann. Es würde höchst miſslich sein, Ausländern die Ehescheidung zu gewähren, die sie in ihrer Heimat nicht erlangen können und die in ihrer Heimat nicht anerkannt wird. Der Fall Bibesco-Bauffremont sollte genügen, um dies abzuwenden. Die in konstanter Judikatur vom deutschen Reichsgericht aus § 77 des Personenstands-

---

meist nur eine andere Formulierung für die lex fori, da diese nach der C.P.O. mit der lex domicilii des Ehemannes zusammenfällt.

[1] S. Bar, Theorie I 482 ff. und die dort angeführte Litteratur, Gierke I 236, 237 und dort angeführte Litteratur, ferner unten Teil II Nr. 288, 292, 295.

gesetzes abgeleitete Praxis (Entsch. R. G. III 27 ff., XI 29 ff., Seufferts Archiv Bd. 42 S. 1 ff.) verdient de lege ferenda keine Billigung. Vielmehr ist der Tendenz des sächsischen Gesetzes vom 4. März 1879 (s. Niemeyer, Positives intern. P. R. I § 206) der Vorzug zu geben [1].

Von gröfster Wichtigkeit ist die Regelung des Falles, wenn der Ehemann die Staatsangehörigkeit gewechselt hat. Rein begriffsmäfsig sagt Regelsberger (a. a. O. S. 179) darüber: „Entscheidend ist, dafs das eheliche Band nach dem Personalstatut entweder eine Schädigung erfahren hat oder nicht. Eine nachträgliche Änderung der Staatsangehörigkeit oder des Wohnsitzes kann ihr die rechtliche Bedeutung weder (1) entziehen noch (2) verleihen." Indessen die logische Konsequenz ist hier von untergeordneter Bedeutung. Entscheidend sind die besonderen Erwägungen des praktischen Rechtsbedürfnisses. Diese führen dazu, die erstere Konsequenz abzulehnen, während die zweite Konsequenz auch durch praktische Erwägungen unterstützt wird.

Was die erstere Frage anlangt, so ist zu bemerken: Wenn eine Thatsache nach dem einstmaligen Personalstatut des Ehemannes einen Ehescheidungsgrund bildete, dann aber der Ehemann die Staatsangehörigkeit gewechselt hat und die Gesetze des neuen Staates den Ehescheidungsgrund nicht anerkennen, so ist eine Diskrepanz vorhanden, welche unsere Gesetzgebung nicht beseitigen kann, welche es vielmehr nur gilt, in möglichst zweckmäfsiger Weise zu erledigen, das heifst derart, dafs konkrete Konflikte möglichst vermieden werden. Dies geschieht dadurch, dafs wir in solchen Fällen die Ehescheidung ablehnen. Hat der Ehemann nachträglich die deutsche Staatsangehörigkeit erworben, so ist die Ablehnung aus demselben Grunde geboten, aus welchem die

---

[1] Vgl. auch z. B. Bähr, Jahrb. f. Dogmatik XXI 390, Regelsberger, Pand. I 179.

Ehescheidung von Ausländern auf Grund solcher Umstände abgelehnt werden mufs, die unsere Rechtsordnung nicht als Ehescheidungsgründe gelten läfst. Hat der Ehemann eine andere fremde Staatsangehörigkeit erworben, so halten wir uns durch Ablehnung der Ehescheidung in Einklang mit dem Heimatrecht, ohne doch andererseits durch die blofse Ablehnung der Ehescheidung einen eigentlichen Konflikt mit dem früheren Heimatrecht herbeizuführen, sofern nämlich dieses die Ehescheidung nicht befiehlt, sondern nur ermöglicht, und wir es daher abwarten können, ob jene Rechtsordnung die Konsequenz ihrer eigenen Auffassung ziehen wird, d. h. ob sie auf Anrufen die Ehescheidung bewilligen wird. Übrigens ist auch begrifflich die Auffassung zutreffender, dafs es sich nicht darum handelt, ob das rechtliche Band der Ehe einen Bruch „erfahren hat", sondern darum, ob im gegebenen Moment das eheliche Verhältnis sich in einem Zustande befindet, welcher die Lösung des Bandes als zulässig und geboten erscheinen läfst, so dafs die in der Vergangenheit liegenden Thatsachen nur als Unterlagen für die Beantwortung jener Frage in Betracht gezogen werden, nicht aber es sich um die Anerkennung oder Nichtanerkennung eines durch jene Thatsachen unmittelbar herbeigeführten Rechtsverhältnisses handelt.

Die für das Verhalten der deutschen Gerichte aufgestellten Grundsätze müssen auch für die Anerkennung ausländischer Ehescheidungen mafsgebend sein. Auch aufsergerichtliche Ehescheidungen (s. oben S. 218) sind unter den entsprechenden Voraussetzungen anzuerkennen.

§ 20.
Aufserehelicbe Kinder. Legitimation. Adoption.

Das Rechtsverhältnis zwischen einem unehelichen Kinde und seiner Mutter, sowie deren Verwandten mufs nach dem Personalstatut der letzteren zur Zeit der Geburt beurteilt werden[1]. Fraglich kann blofs sein, wie es gehalten werden soll, wenn ein Wechsel der Staatsangehörigkeit stattfindet. In Konsequenz der für das persönliche Verhältnis der Ehegatten untereinander und zu den Kindern zu treffenden Vorschriften (s. oben S. 211) wird das B.G.B. sich auch hier für die Wandelbarkeit der rechtlichen Beurteilung entscheiden müssen.

Zweifelhafter ist die Behandlung des Verhältnisses zum Vater und der Verpflichtungen des Erzeugers gegen die Mutter. Die divergierenden Anschauungen hierüber und die für jede derselben de lege lata und de lege ferenda geltend gemachten Gründe aufzuzählen, erscheint nicht erforderlich. Die Fragen sind in der Litteratur[2] genügend erörtert. Für das B.G.B. ist lediglich entscheidend die besondere Auffassung dieses Gesetzbuches über die Natur der fraglichen Verhältnisse. Diese geht nach dem (zweiten) Entwurfe, §§ 1596—1605, bezüglich der Verpflichtungen des Erzeugers gegenüber Mutter und Kind zweifellos dahin, dafs den letzteren ein energischer Schutz gewährt werden soll. Diesen Schutz mufs das B.G.B. demgemäfs allen Reichsangehörigen gewähren. In Bezug auf andere Staatsangehörige aber kann folgerecht kein anderer Gesichtspunkt zu Grunde gelegt werden. Der Standpunkt für die internationalistische Behandlung der Kollisions-

---

[1] Vgl. Bar, Theorie I 558, Roth, System I 291, Stobbe I 281, Gierke I 241, Regelsberger I 180.

[2] Vgl. Bar, Theorie I 555 ff., auch Gierke I 241, und besonders Voigt in der Zeitschr. f. intern. Priv.- u. Strafrecht I 304 ff.

frage kann nur ein einheitlicher sein. Es würde verfehlt sein, z. B. etwa darauf Rücksicht zu nehmen, dafs nach manchen Rechtssystemen die in Rede stehenden Rechtsfragen unter dem Gesichtspunkt der unerlaubten Handlung behandelt werden. Man würde damit in den vorstehend wiederholt gerügten Grundfehler verfallen, welcher die Quelle der Rückverweisungstheorie ist (s. oben S. 80 ff.), nämlich die Auffassung, dafs es darauf ankomme, inwiefern ausländische Rechtssysteme angewendet oder nicht angewendet sein wollen. Man müfste konsequent sich dazu verstehen, in Bezug auf Ausländer dasjenige Recht entscheiden zu lassen, welches durch die Kollisionsnormen ihres Heimatstaates für mafsgeblich erklärt wird. Diese Lösung wird niemand im Ernste befürworten wollen. Der fernere Gesichtspunkt, welcher bei Regelung der Alimentationspflicht in Betracht kommt, die Entlastung der öffentlichen Armenpflege, führt zu dem gleichen Ergebnis.

Was den mafsgebenden Zeitpunkt betrifft, so mufs die Geburt den Ausschlag geben. Dieser Zeitpunkt allein gewährt eine feste Grundlage. Der Zeitpunkt der Konzeption ist faktisch nicht feststellbar und bildet den Anlafs zu neuen Gesetzeskollisionen. Vgl. oben S. 214. Das gegen den Moment der Geburt geltend gemachte Bedenken, seine Zugrundelegung gebe der Geschwängerten Gelegenheit, „sich ein zusagendes Personalstatut auszusuchen" (Regelsberger a. a. O., ähnlich Bar a. a. O.), mag gegenüber der lex domicilii von einiger Bedeutung sein. Gegenüber der Staatsangehörigkeit kommt es nicht in Betracht[1].

Das einmal mafsgeblich gewordene Recht mufs mafsgebend bleiben. Die Rechte der Mutter sowohl wie die des Kindes haben den Charakter von erworbenen Rechten. Sind sie einmal durch Urteil festgestellt, so wird das niemand bezweifeln.

---

[1] Vgl. Stobbe I 280, Barazetti VI, Einführung S. 194, Gierke I 241.

Das Urteil hat aber keine andere als eine deklaratorische Bedeutung. Andererseits würde es eine nicht zu rechtfertigende Unsicherheit der Rechtslage für den Erzeuger bedeuten, wenn er infolge eines späteren Wechsels der Staatsangehörigkeit Rechtsfolgen ausgesetzt wäre, die im Momente der Geburt nicht begründet waren. Alle Gerechtigkeits- und Zweckmäfsigkeitsgründe, welche bei obligatorischen Verhältnissen für die Unwandelbarkeit des anfänglichen Beurteilungsmafsstabes sprechen, treffen für die **obligatorische** Seite des Verhältnisses auch hier zu. Die Wandelbarkeit läfst sich in dieser Hinsicht gar nicht durchführen. Man denke nur z. B. an Verjährung, Kompensation, Vergleich, Rechtskraft eines abweisenden Urteils.

Was die Rechtsverhältnisse zwischen dem aufserehelichen Erzeuger sowie dessen Verwandten und dem Kinde betrifft, welche nicht obligatorischer Natur sind, so sind diejenigen, welche dem **Erbrecht** angehören, nach den allgemeinen Grundsätzen über das Erbrecht zu behandeln. Die uneheliche Verwandtschaft als **Ehehindernis** ist nach den für die Eheschliefsung geltenden Grundsätzen zu beurteilen. Ob aber und wiefern ein **Statusverhältnis**, z. B. das — bedingte oder unbedingte — **Recht auf Anerkennung** der Vaterschaft, Führung des väterlichen Namens, Wappens u. s. w. (Entsch. R. G. V 175) durch die aufsereheliche Zeugung begründet wird, mufs nach dem Personalstatut des Kindes zur Zeit der Geburt beurteilt werden. In derselben Weise mufs auch das etwa nach ausländischem Recht begründete statusartige Verhältnis der Mutter zum Erzeuger behandelt werden. Wenn auch die erwähnten Statusrechte praktisch nur geringe Bedeutung haben, so ist es doch richtig, ihr Vorkommen zu berücksichtigen, und nicht mit den Gebhardschen Entwürfen nur für die obligatorischen Verhältnisse, sondern überhaupt für „das Rechtsverhältnis zwischen dem unehelichen Erzeuger einerseits, der Mutter und dem Kinde andererseits" Bestimmung zu treffen.

Nach dem Personalstatut des Vaters muſs auch die Legitimation unehelicher Kinder (Voraussetzungen, Form und Wirkungen) beurteilt werden. In der neueren Litteratur und Rechtsprechung hat dieser Standpunkt in solchem Maſse Anerkennung gewonnen, daſs für das Prinzip communis opinio behauptet werden darf[1]. Vom besonderen Standpunkt des B. G. B. aus ist dafür geltend zu machen, daſs die in der Legitimation liegende „imitatio" der ehelichen Erzeugung auch internationalistisch der Analogie der letzteren folgen muſs. Ferner stellt sich insbesondere die legitimatio per subsequens matrimonium zugleich als eine Rechtsfolge der Eheschlieſsung dar und fordert insofern die gleiche Behandlung wie andere Rechtswirkungen der Eheschlieſsung. (Vgl. oben S. 199 ff.) Soweit die Legitimation sich auf deutsche Väter bezieht, begründet sie die deutsche Staatsangehörigkeit, steht also zu dieser in derselben besonderen Beziehung wie die Eheschlieſsung. (S. oben S. 201.) Endlich beruht die Legitimation regelmäſsig auf dem Willen des Vaters. Ihm und seinen Verwandten werden durch die Legitimation vorzugsweise Pflichten auferlegt, während die Rechtsstellung des Kindes verbessert wird. Alle diese Gesichtspunkte sprechen, dem internationalistischen Gegenseitigkeitsprinzip gemäſs, für Zugrundelegung des Personalstatuts auch für Legitimationen im Verhältnis zu ausländischen Vätern. Dem englisch-nordamerikanischen[2] common law und dem russischen Recht ist

---

[1] S. Bar, Theorie I 534 ff., Vincent und Pénaud, Dictionnaire, Artikel „Paternité" Nr. 51 ff., Gillespie in der Übersetzung der 2. Aufl. des Barschen Buches, Note zu §§ 192—197 (S. 440 ff.), Gierke I 240, Regelsberger I 179, Fiore, Diritto internazionale privato, 3. Aufl. II 266, Annuaire de l'Institut de droit international VII 45.

[2] Lehr, Éléments de droit civil anglais Nr. 187, Wharton § 240. — Manche nordamerikanische Gliedstaaten haben neuerdings

die Legitimation unbekannt. Viele Rechtsordnungen, insbesondere das französische[1] Recht und seine Tochterrechte, sowie ein Teil der Schweizerkantone[2] kennen keine Ehelichkeitserklärung durch die Staatsgewalt. Es würde zu mißlichen Verwickelungen führen, wenn in Deutschland den Angehörigen solcher Rechtsgebiete die Legitimation gewährt bezw. oktroyiert würde.

Als maſsgebender Zeitpunkt darf nicht etwa derjenige der Geburt des Kindes, sondern es muſs das für die Legitimation in Betracht kommende Ereignis zu Grunde gelegt werden. Alle für das Personalstatut des Vaters sprechenden Gründe sprechen dafür. Am meisten in die Augen springt dies bezüglich der Reskriptslegitimation. Hinsichtlich der Eheschliefsung kann auf die überzeugenden Ausführungen von Bar a. a. O. verwiesen werden.

In dem Fall, daſs die Legitimation durch die Staatsgewalt nach dem Tode des Vaters nachgesucht wird, muſs dessen letztes Personalstatut entscheiden. Es darf nicht versäumt werden, dies im B.G.B. auszusprechen, da dieser Fall praktisch nicht ganz selten vorkommt und seine Entscheidung sich nicht schlechthin von selbst versteht. Die Frage kann als Vorfrage für die Erbfolge von groſser Wichtigkeit werden. Gerade hier bewährt sich übrigens die Zweckmäfsigkeit der Zugrundelegung des letzten Personalstatutes des Vaters, anstatt etwa desjenigen der Mutter oder des Kindes. Im übrigen spricht die Konsequenz und die ratio des für die Regelfälle geltenden Grundsatzes für die vorgeschlagene Entscheidung.

---

die Legitimation eingeführt. S. Stimson, American statute law §§ 6631 ff.

[1] Lehr, Éléments de droit civil russe 1 76—77, Code civil Artt. 331 ff., vgl. Vincent und Pénaud a. a. O.

[2] S. Huber 1 406.

Eine besondere Vorschrift für die Form der Legitimation, wie sie die Gebhardschen Vorschläge enthalten, ist nicht angezeigt. Die Form einer legitimierenden Eheschliefsung mufs nach den allgemeinen, für die Eheschliefsung geltenden Grundsätzen beurteilt werden. Die Form einer Legitimation durch die Staatsgewalt mufs selbstverständlich ausschliefslich nach den Vorschriften des Staates beurteilt werden, welcher die Legitimation ausspricht. Der Satz des § 1610 des (zweiten) Entwurfes des B. G. B.: „Die Ehelichkeitserklärung steht dem Staate zu, welchem der Vater angehört," ist übrigens entbehrlich, wenn die von uns vorgeschlagene Kollisionsnorm in das B. G. B. aufgenommen wird. Wenn der Vater Deutscher ist, ohne einem einzelnen Bundesstaat anzugehören (s. oben S. 140 Note), so wird man zweckmäfsiger Weise dem Reichskanzler die Legitimation zuweisen. Aber es wird dies nicht im B. G. B. selbst, sondern in dem Ausführungsgesetz auszusprechen sein.

Eine Berücksichtigung des Personalstatutes des Kindes, der Mutter und dritter Personen, soweit es sich um die Einwilligung derselben handelt, dürfte sich nicht empfehlen. Wenn das Kind einem Staate angehört, welcher die Legitimation überhaupt nicht, oder nicht die Legitimation durch Reskript kennt, so würde damit dem deutschen Vater die Erlangung der Legitimation versagt sein, und nicht etwa darum weniger, weil nur hinsichtlich der Einwilligung (§ 1613 des zweiten Entwurfes B. G. B.) das ausländische Recht für mafsgebend erklärt wäre. Denn das ausländische Recht verbietet ja die Einwilligung überhaupt oder erklärt sie doch für wirkungslos, wenn es das ganze Institut, um das es sich handelt, ignoriert. Auf der anderen Seite erscheint es nicht gerechtfertigt, die Vorschriften des § 1613 auf die Legitimation gegenüber ausländischen Vätern zu erstrecken, wenn Deutsche beteiligt sind. Die ausländischen Behörden, welche mit der Legitimation befafst sind, werden sich schwerlich darum kümmern und in der That oft gar nicht in der Lage sein, es zu thun. Am wenigsten wird es geschehen, wenn, wie es öfter vorkommt (s. oben S. 122), das Kind mit der Geburt aufser der Staatsangehörigkeit des Geburtslandes auch die deutsche Staatsangehörigkeit erworben hat, während der Vater letztere später verloren und erstere erworben hat. Die aus diesen und anderen Möglichkeiten hervorgehenden Komplikationen müssen vermieden werden.

Der Legitimation ist die Adoption verwandt. Jedoch sind die internationalistischen Grundsätze über die erstere nicht ohne weiteres auf letztere zu übertragen. Die Annahme an Kindesstatt erheischt im Gegensatz zur Legitimation die Beobachtung gewisser Kautelen im Interesse des Kindes. Bar (Theorie I 547) bemerkt, der Unterschied zwischen beiden Vorgängen bestehe darin, dafs der Legitimation ein natürliches Verhältnis zu Grunde liege, „während bei Adoption und Arrogation lediglich der Wille der Beteiligten das konstitutive Element bilde". In der That handelt es sich um einen zweiseitigen Rechtsvorgang, ähnlich der Eheschliefsung. Es mufs daher wie bei dieser (s. oben S. 187 ff.) sowohl dem Personalstatut des Adoptierenden als demjenigen des Adoptivkindes Rechnung getragen werden. Die Erschwerung der Adoption, welche darin liegt, ist (wie die Erschwerung der Eheschliefsung) die in Kauf zu nehmende Folge der internationalen Rechtsverschiedenheit. Sie ist gegenüber der Nichtberücksichtigung des Personalstatutes des Adoptivkindes und der dadurch bedingten Konflikte das geringere Übel, das um so eher zu ertragen ist, als die Adoption ein künstlicher Vorgang ist, dessen Begünstigung nicht geboten erscheint[1].

---

[1] Der im Text vertretene Standpunkt ist im wesentlichen derjenige Bars (Theorie I 547 ff., Lehrbuch 88). Doch ist dieser von Regelsberger (Pand. I 180) und Gierke (Deutsches Privatrecht I 240) anders verstanden worden. Die meisten Schriftsteller (s. Bar a. a. O.) sind anderer Meinung.

Für die Form der Adoption hat es sein Bewenden bei den allgemeinen Grundsätzen.

§ 21.
Vormundschaft.

Es besteht völlige Meinungseinhelligkeit darüber, dafs für die Voraussetzungen der vormundschaftlichen Fürsorge grundsätzlich das Personalstatut des zu Bevormundenden mafsgebend sein mufs[1].

Es könnte scheinen, dafs eine Ausnahme von diesem Prinzip als Folge der Bestimmung angezeigt sei (s. oben S. 168 ff.), dafs Ausländer im inländischen Verkehr unter Umständen als geschäftsfähig gelten, während sie es nach ihrem Nationalrecht nicht sind. Vielleicht ist es diese Erwägung gewesen, welche den zweiten Absatz in § 26 der Gebhardschen Entwürfe veranlafst hat. Indessen die Erwägung ist nicht zutreffend, weil das Bedürfnis vormundschaftlicher Fürsorge sich nicht erschöpft in dem Bedürfnis, die mangelnde Geschäftsfähigkeit zu decken, übrigens auch diese ja durch jene Vorschrift nur teilweise beschränkt ist. Auch sonst sind keine Gründe vorhanden, welche die erwähnte Ausnahmebestimmung der Gebhardschen Entwürfe rechtfertigen, soweit dieselbe, was hervorzuheben ist, die materiellen Voraussetzungen der Bevormundung angeht. Eine nicht zweifellose Frage ist es, ob überhaupt und unter welchen Voraussetzungen die deutschen Behörden zuständig für die Einleitung einer Vormundschaft über Ausländer sein sollen. Aber soweit diese Zuständigkeit begründet ist, mufs materiell das Auslandrecht die Voraussetzungen bestimmen.

---

[1] S. unten Teil II Nr. 367 ff., Bar, Theorie I 564 ff., Lehrbuch 92, Vincent und Pénaud, Dictionnaire, Artikel „Minorité" Nr. 8 ff., Regelsberger I 181, Gierke I 242 und dort angeführte Litteratur.

Im Prinzip ist auch die Zuständigkeitsfrage auf der Grundlage der Staatsangehörigkeit zu regeln. Von den deutschen Partikularrechten hat die preußische Vormundschaftsordnung (§§ 2—6) sich bereits auf diesen Standpunkt gestellt. Er ist auch teilweise in den Militärkonventionen[1] zu Grunde gelegt. Das deutsche Reich ist in einer Reihe von Staatsverträgen dem gleichen Grundsatz gefolgt[2]. Von besonderem Gewicht ist endlich, daß sowohl das Institut de droit international, als die Haager Konferenz (Teil II Nr. 373, 371) jenen Grundsatz angenommen haben. Er ergiebt sich als Konsequenz aus der Anerkennung des Staatsangehörigkeitsprinzipes in Bezug auf die materiellen Voraussetzungen und ferner aus der sogleich zu erörternden Notwendigkeit, die Einleitung und Führung der Vormundschaft nach dem Recht des Staates zu richten, dem die Vormundschaftsbehörde angehört sowie überhaupt aus dem engen Zusammenhang aller einzelnen Normen des Vormundschaftswesens.

Aus diesem Zuständigkeitsgrundsatz ergiebt sich, daß die deutschen Behörden für die Einleitung der Vormundschaft über Deutsche zuständig sein müssen, für die Vormundschaft über Ausländer grundsätzlich nicht zuständig. Von der letzteren Konsequenz müssen indessen aus praktischen Gründen Ausnahmen zugelassen werden. Die Behörden des Heimatstaates sind wegen örtlicher Entfernung nicht immer die geeignete Instanz, um die Verhältnisse des zu Bevormundenden zu übersehen und zu leiten. Alsbaldiges Eingreifen in schleunigen Fällen ist von ihrer Seite oft unmöglich. Die Konsulatsbehörden sind nur in seltenen Fällen so organisiert, daß sie größere Vormundschaften dauernd leiten könnten. Auch sind sie zu wenig zahlreich vorhanden, um allen Bedürfnissen in

---

[1] S. Niemeyer, Positives intern. Priv.-R. I §§ 109—113.
[2] S. Niemeyer a. a. O. §§ 51, 53, 57, 59, 60, 71, 75, 77, 78.

schleunigen Fällen zu entsprechen. Es ist daher ebenso wünschenswert für den Heimatstaat, daſs die Behörden des Auslandes die Vormundschaft unter Umständen einleiten und führen, wie dies andererseits dem Bedürfnisse des Rechtsverkehrs in demjenigen Lande entspricht, wo der Fall eintritt. Kasuistische Vorschriften nun über die Voraussetzungen, unter denen für Ausländer im Inland eine Vormundschaft eingeleitet werden darf, sind nicht zu empfehlen. Dem Bedürfnis wird am besten dadurch entsprochen, daſs den inländischen Behörden die Einleitung der Vormundschaft über Ausländer (gemäſs deren Heimatrecht) vorbehaltlos gestattet und ihnen nur vorgeschrieben wird, die Vormundschaft abzugeben, wenn die Behörden des Heimatlandes dies begehren. Dieser in § 6 der preuſsischen Vormundschaftsordnung eingeschlagene Weg hat sich in Preuſsen bewährt. Die Vorschrift würde, streng genommen, ihren Platz nicht im B.G.B., sondern in dem Gesetz über die freiwillige Gerichtsbarkeit zu erhalten haben. Aber da sie indirekt wegen der gleich zu erörternden Abhängigkeit des materiellen Rechtes von den Zuständigkeitsnormen doch das materielle Recht entscheidend berührt, ist die Aufnahme der Bestimmung in das B.G.B. angezeigt.

Die Vorschriften über die sonstigen vormundschaftlichen Verhältnisse, über die Art der Bestellung des Vormundes, die Rechtsstellung desselben zum Mündel, die Funktionen der Vormundschaftsbehörde, Einsetzung eines Familienrates, Beendigung der Vormundschaft (abgesehen vom Wegfall der materiellen Voraussetzungen) müssen sich nach dem Recht des Staates richten, dem die Vormundschaftsbehörde angehört, auch dann, wenn es sich um die Bevormundung eines Ausländers handelt. Alle diese Vorschriften hängen aufs engste untereinander und mit der Organisation der Behörde, sowie mit den das Institut beherrschenden Grundgedanken zusammen.

Die Beschränkung der Verpflichtung zur Übernahme der Vormundschaft auf deutsche Staatsangehörige ist, wie zu billigen, in § 1667 des zweiten Entwurfes des B.G.B. ausgesprochen.

Dafs grundsätzlich auch ausländisches Vermögen von der im Inland geführten Vormundschaft ergriffen wird, ist nach dem Gesagten selbstverständlich. Es besonders auszusprechen, wie es die Gebhardschen Entwürfe vorschlagen, ist nicht erforderlich. Die Gebhardsche Ausnahmebestimmung, „soweit nicht die Gesetze am Ort der belegenen Sache entgegenstehen", ist nicht zu empfehlen. Der Anerkennung unserer Vormundschaften im Auslande würde damit eine Schranke gesetzt, die wir selbst zu ziehen keine Veranlassung haben. Im übrigen kann wegen der Frage auf die Ausführungen von Bar (Theorie I 564 ff., Lehrbuch 92) verwiesen werden. Vgl. auch oben S. 205 ff.

Aus der Vorschrift, dafs das Heimatrecht über die Voraussetzungen der Vormundschaft entscheidet, geht in Verbindung mit § 1771 ff. des zweiten Entwurfes B.G.B. hervor, dafs die Entmündigung Deutscher als Voraussetzung der Bevormundung nur anzuerkennen ist, wenn sie in Gemäfsheit der deutschen Gesetze[1] vonseiten deutscher Gerichte erfolgt ist, sowie dafs für Ausländer die Heimatbehörden kompetent sind, und dafs eine von diesen ausgesprochene Entmündigung des Ausländers von uns anzuerkennen ist, wofern sie nur gemäfs den Vorschriften erfolgt ist, welche am Ort der Entmündigung gelten.

Die Entmündigung von Ausländern durch deutsche Gerichte zuzulassen, ist kein Bedürfnis vorhanden und hat schwere Bedenken gegen sich. Es würden daraus mifsliche Konflikte entstehen[2]. Sofern die Anerkennung der Interdiktion

---

[1] Vgl. §§ 593 ff. C.P.O., besonders §§ 594, 617, 621.
[2] Vgl. über die italienische und französische Judikatur Journal de droit intern. privé II 46, III 214, 215, sowie Vincent u. Pénaud, Dictionnaire 441 ff.

seitens des Heimatstaates nicht gewährleistet ist, wäre eine Unsicherheit der Rechtslage geschaffen, welche höchst bedenklich ist. Wir unsererseits können uns ohne besondere Garantieen gleichfalls nicht darauf einlassen, die Interdiktion unserer Staatsangehörigen seitens ausländischer Behörden anzuerkennen. Es ist daher in § 14 des zweiten Entwurfes die Fassung zu wünschen: „Eine Entmündigung D e u t s c h e r findet statt u. s. w."

Durch eine besondere Bestimmung brauchen diese Grundsätze nicht zum Ausdruck gebracht zu werden. Sie sind, soweit die Entmündigung als V o r a u s s e t z u n g d e r B e v o r m u n d u n g i n B e t r a c h t k o m m t, durch die vorher vorgeschlagenen Bestimmungen genügend ausgedrückt. Der § 28 der Gebhardschen Entwürfe ist überflüssig. Dafs die Entmündigung a l s B e s c h r ä n k u n g d e r H a n d l u n g s f ä h i g k e i t durch keine anderen Grundsätze bestimmt werden kann, liegt in der Konsequenz jener Bestimmungen und ist aufserdem in der für die Geschäftsfähigkeit aufgestellten Regel mit enthalten.

Nicht anders als mit der Entmündigung verhält es sich mit der v e n i a a e t a t i s. Das Prinzip des Personalstatutes ist hier konsequent durchzuführen. In § 12 des Entwurfes ist demzufolge die Fassung zu befürworten: „Ein d e u t s c h e r Minderjähriger u. s. w." Eine sonstige Bestimmung ist nicht nötig.

Sechstes Kapitel.

Obligationenrecht.

§ 22.

Rechtsgeschäfte.

Für das Gebiet der obligatorischen Rechtsgeschäfte kommen vorab folgende Momente in Betracht:

Der Privatautonomie kommt nach den bereits (S. 71 ff.) entwickelten Grundsätzen ein weitgehender Einfluſs auf die Bestimmung des maſsgeblichen Rechtes zu. Mehrere Gesetzgebungen [1] und Gesetzesvorschläge [2] geben diesem Moment in Bezug auf obligatorische Rechtsgeschäfte besonders Ausdruck. Dies ist indessen nicht erforderlich, wenn im B. G. B. der

---

[1] Aargau, Canada, Congostaat, Griechenland, Italien, Liv-, Esth- und Kurland, Luzern, Montenegro, Österreich, Portugal, Schaffhausen, Serbien, Solothurn, Unterwalden, Zug (s. unten Teil II Nr. 383, 389, 390, 394, 122, 402, 403, 406, 408, 410, 411, 415, 416, 417, 418, 419). Vgl. auch oben S. 71 ff. und unten Teil II Nr. 51 ff.

[2] Belgischer, Bernischer Entwurf, Dudley Field, Japanischer Entwurf, Laurent, Mommsen (unten Teil II Nr. 387, 388, 393, 397, 400, 405). Vgl. auch oben S. 71 ff. und unten Teil II Nr. 53 ff.

privatautonomische Gesichtspunkt in der bereits vorgeschlagenen Weise allgemein anerkannt wird.

Hinsichtlich der **Form der Rechtsgeschäfte** und der **Geschäftsfähigkeit** ist auf die oben S. 94 ff. und S. 162 ff. entwickelten Grundsätze zu verweisen.

Die Vorschriften über **absolute Geltung des Inlandrechtes und über die Ausschliefsung des Auslandrechtes** (oben S. 62 ff.) kommen auf diesem Gebiete zu nicht unbeträchtlicher Anwendung. Viele Rechtsgrundsätze über Interpretation der Rechtsgeschäfte[1], über die Grenzen der Vertragsfreiheit[2], über Treu und Glauben[3] erheischen absolute Anwendung seitens unserer Rechtspflegeorgane. Aber auch gewisse Grundsätze, welche nicht eine derartig positive Natur haben, sondern der Ausdruck einer bestimmten Auffassung von der zweckmäfsigen Behandlung an sich zweifelhafter Rechtsfragen sind, müssen von unseren Gerichten unter Umständen auch dann zur Anwendung gebracht werden, wenn ausländische Rechtsbeziehungen in Frage stehen, für welche an und für sich die Anwendbarkeit ausländischen Rechtes angemessen erscheint[4]. Dies wird dann der Fall sein, wenn das an sich in Betracht kommende ausländische Recht jene Rechtsfragen nicht positiv beantwortet, sondern sie ignoriert bezw. sie dem Ermessen der Rechtspflegeorgane anheimgiebt. Die Anwendung ausländischen Rechtes kann sich ferner auch unter dem Gesichtspunkt verbieten, dafs dessen Begriffe und Grundsätze gegenüber den unserigen inkommensurabel, zu fremdartig sind, als dafs es Aufgabe unserer Rechtspflegeorgane sein könnte, sie anzuwenden. So würde es z. B. einem deutschen Gerichtshofe nicht zuzumuten sein, die englisch-amerikanischen Grundsätze

---

[1] §§ 90 ff. des zweiten Entwurfes B.G.B.
[2] Z. B. §§ 102a, 103 a. a. O.
[3] § 206.
[4] Vgl. z. B. § 213 des zweiten Entw. B.G.B. ff., 249 ff., 259 ff.

über „consideration"[1] zur Anwendung zu bringen. Diese und andere Gesichtspunkte spielen im Gebiet der rechtsgeschäftlichen Obligationen eine so vielgestaltige und wechselvolle Rolle, daſs es nicht angezeigt, ja nicht möglich ist, die Fälle kasuistisch zu erschöpfen. Die allgemeinen, oben S. 58 ff., 76 ff. entwickelten Grundsätze müssen hier leitend sein.

Die Lösung der hiernach erübrigenden internationalistischen Rechtsfragen wird durch die Vielheit der örtlichen Beziehungen erschwert, welche in dem einzelnen obligatorischen Rechtsgeschäft nebeneinander vorhanden sein können, und welche sich nicht wesentlich verändert, je nachdem man Entstehungsort, Erfüllungsort oder Domizil des Schuldners als maſsgeblich behandelt. Z. B. bei der mehrfachen Zession einer durch mehrere Bürgen versicherten Solidarobligation aus einem synallagmatischen Rechtsgeschäft kann sich die Mannigfaltigkeit jener Beziehungen schachspielartig steigern.

Aus der Kombination der vorstehend berührten Gesichtspunkte erhellt genugsam, daſs die in Rede stehenden Rechtsfragen keine schablonenhafte Behandlung vertragen, vielmehr es geboten ist, für die Beurteilung des einzelnen Falles den Rechtspflegeorganen in höherem Maſse freie Hand zu lassen als in anderen internationalistischen Fragen. Eine mechanisch anzuwendende einseitige und starre Regel würde hier oft versagen, oft fehlgehen. Die Rechtspflegeorgane müssen in freier Weise angewiesen werden, nach dem Internationalitätsprinzip zu verfahren[2], und nur eine Grundregel ist als Richtschnur im Groben aufzustellen. Ein derartiges Verhalten des Gesetzgebers ist zwar der modernen Gesetzgebungstechnik nicht sehr geläufig, wird sogar hier und da verpönt. Aber dies ist nur die Folge einer verbreiteten Überschätzung der gesetzgeberischen und einer entsprechenden Unterschätzung der

---

[1] Vgl. darüber Hartmann im Arch. f. zivil. Praxis Bd. 77 S. 161 ff.

[2] S. Niemeyer, Posit. intern. Priv.-R. I 8 ff., Methodik 29 ff.

richterlichen Potenz. Übrigens haben gerade die modernsten Gesetzgebungen, diejenigen von Japan und Montenegro (Teil II Nr. 397, 406), die bekanntlich auf eine sorgfältige Prüfung der bestehenden Gesetzgebungen gestützt sind, sich nicht gescheut, den hier vorgeschlagenen Weg zu beschreiten. Auch die in fast allen Rechtssystemen gesetzlich oder gewohnheitsrechtlich anerkannte Bedeutung der „Intention der Parteien" berührt sich praktisch mit dem Prinzip freier objektiver Würdigung des einzelnen Falles. Die Judikatslitteratur lehrt, dafs die angebliche Willensmeinung der beteiligten Personen in Wahrheit meist nichts anderes ist als des Richters Auffassung von dem, was die Parteien vernünftigerweise gewollt haben sollten. Diese Auffassung liegt anscheinend auch den Gebhardschen Entwürfen (§ 11) zu Grunde, da dort die Fassung vorgeschlagen wird: „sofern sich aus den Umständen ergiebt, dafs die Vertragschliefsenden vernünftigerweise die Anwendung eines anderen Rechtes voraussetzen müfsten." Nebenbei bemerkt, befindet sich in dem zweiten Gebhardschen Entwurf insofern eine Inkongruenz, als im ersten Satz des § 11 allgemein von Rechtsgeschäften unter Lebenden die Rede ist, im zweiten blofs von „Vertragschliefsenden". Es ist nicht ersichtlich, warum die einseitigen Rechtsgeschäfte anders behandelt werden sollen, als die Verträge. Ferner aber dürfte es redaktionell nicht zu billigen sein, dafs der Gesetzgeber eine Vorschrift zunächst als die angemessene bezeichnet, sodann aber Ausnahmen unter dem Gesichtspunkt zuläfst, dafs vernünftiger- und billigerweise die Beteiligten nicht immer die Anwendung dieser Regel voraussetzen dürfen.

In der Hauptsache wird die hier vertretene Auffassung von Bar geteilt, welcher (Theorie II 30) die Bestimmung vorschlägt[1]:

---

[1] Vgl. auch die treffenden Ausführungen im Lehrbuch S. 106, 107. — Durchaus zustimmend auch Regelsberger I 173: „Nirgends

„Inwieweit vertragsmäfsige Verpflichtungen nach ausländischem Recht zu beurteilen sind, ist nach der Natur der Sache und mit Rücksicht auf die von den Parteien ausdrücklich oder stillschweigend vorgesehene Art und Weise der Erledigung des Vertrags zu beurteilen. Insoweit hiernach weder die Gesetze des Orts des Vertragsschlusses noch die Gesetze des Orts der Erfüllung zur Anwendung kommen, entscheidet für jeden der Kontrahenten das Gesetz seines Wohnortes, und insoweit das an sich mafsgebende Gesetz zwingende Bestimmungen nicht entgegenstellt, können die Parteien auch einem beliebigen anderen Rechte ausdrücklich oder stillschweigend sich unterwerfen."

Die Fassung „vertragsmäfsige Verpflichtungen" ist zu eng, weil auch einseitige Rechtsgeschäfte in Frage kommen. Ferner empfiehlt es sich, kenntlich zu machen, dafs es sich nicht nur um obligationsbegründende, sondern auch um obligationsverändernde und obligationsaufhebende Rechtsgeschäfte handelt. Darum erscheint auch der Gebhardsche Ausdruck „Schuldverhältnisse aus Rechtsgeschäften" zu eng. — Nötig ist es, die Beschränkung auf Rechtsgeschäfte **unter Lebenden** zum Ausdruck zu bringen.

Eine Bindung des richterlichen Ermessens ist auch nicht nach der Richtung zu empfehlen, dafs einzelne besonders naheliegende und hervorragend zweifelhafte Fragen vom Gesetzgeber geregelt werden. Es würden dafür insbesondere in Betracht kommen: Die Frage der synallagmatischen Verträge (welche die Gebhardschen Entwürfe besonders ins Auge fassen), Kompensation, Zession, Bürgschaft, Verjährung[1]. Die kasuistische Regelung dieser und anderer Fragen würde mit dem von uns vorgeschlagenen Verfahren nicht verträglich

---

erweist sich das schablonenhafte Urteilen schädlicher." — Auch Rocholls Vorschlag (Teil II Nr. 412) läuft sachlich auf das im Text befürwortete Verfahren hinaus.

[1] S. aber auch unten S. 245.

sein. Sie ist ohne eine bindende Hauptregel (sei es zu Gunsten der lex loci actus, sei es des Rechtes des Erfüllungsortes, sei es der lex domicilii des Schuldners) gar nicht ausführbar, da die Entscheidung der Einzelfragen nur als Durchführung oder Modifikation einer Hauptregel thunlich wäre.

Hingegen ist es geraten, eine allgemeine **subsidiäre Regel** aufzustellen, welche die Rechtspflegeorgane nicht fesselt, aber stützt. Und zwar ist diese Regel auf das **Ortsrecht des Geschäftsschlusses** zu richten.

Es ist bekannt, dafs die neuere Judikatur in Deutschland[1] im Anschlufs an Savigny das Recht des Erfüllungsortes bevorzugt. Auch in der neueren theoretischen Litteratur Deutschlands[2] wurde bis vor kurzem vorwiegend dem Recht des Erfüllungsortes das Wort geredet. Das sächsische Gesetzbuch (Teil II Nr. 414) hat jene Regel adoptirt. Auch die Gesetzgebungen von Griechenland und Esth-, Liv- und Kurland, sowie der Vertrag von Montevideo, desgleichen der Bernische Entwurf (Teil II Nr. 394, 402, 407, 388) stehen auf demselben Standpunkt.

Jüngeren Datums und in der Gesetzgebung bisher nicht vertreten ist die von Mommsen und den Gebhardschen Entwürfen adoptierte Theorie des Wohnsitzes des Schuldners. Sie wird (in verschiedenen Modifikationen) von Windscheid (Pand. I § 35), Thöl (Einleitung in d. deutsche Privatr. § 85), Salpius (Zeitschr. f. d. ges. Handelsrecht XIX 10 ff.), Bar (Theorie II 13 ff., Lehrbuch 108), Regelsberger (Pand. I 174) vertreten.

---

[1] Nachweisungen bei Bar, Theorie II 9, Lehrbuch 108, Böhm, Die räumliche Herrschaft der Rechtsnormen 109, Niemeyer, Posit. intern. Priv.-R. 1 §§ 93, 97, 140, 159, 177, 195, 198, s. auch 204.

[2] S. die Litteratur bei Bar, Theorie II 9, Stobbe I 258, Gierke I 231. — Regelsberger I 173 sagt allerdings: „Die Mehrzahl der Schriftsteller hat sich gegen Savigny erklärt." Das dürfte nicht zutreffen. Bemerkenswert ist, dafs Dernburg, Pand. I § 48 nach wie vor am Recht des Erfüllungsortes festhält.

Die Mehrzahl der neueren Gesetzgebungen[1] legt das Ortsrecht des Geschäftsschlusses zu Grunde. Dem entspricht der feststehende Gerichtsgebrauch in den Gebieten des französischen, belgischen, niederländischen, spanischen Rechtes[2]. Die belgischen Gesetzesvorschläge (Teil II Nr. 387, 400) und der Vertrag von Lima stimmen damit überein. Die meisten nichtdeutschen Schriftsteller[3] befürworten gleichfalls dieses Prinzip. Auch in Deutschland wurde der gleiche Standpunkt vor Savigny in Praxis und Theorie, wie es scheint, ganz überwiegend vertreten[4]. Auch später haben sich noch Wächter (Arch. f. ziv. Praxis Bd. 25 S. 397), Kierulff (Theorie I 76), Sintenis (Gemeines Zivilrecht I 73), Bruns (in Holtzendorffs Encyklopädie, 5. Aufl., S. 444—45) dafür ausgesprochen, freilich ohne genauere Begründung. Neuerdings hat sich Eccius, Theorie u. Praxis des preußischen Privatrechts, 5. Aufl., I 61, dafür erklärt.

Die Gründe, welche für das Ortsrecht des Geschäftsschlusses sprechen, sind so wenig wie irgend eines der für andere Anknüpfungsmomente geltend gemachten Argumente von allgemeiner und zwingender Natur. Darum ist

---

[1] Aargau, Argentinien, Baden, Canada, Congostaat, Costa Rica, Italien, Luzern, Österreich, Portugal, Solothurn, Unterwalden (Teil II Nr. 383, 384, 385, 389, 390, 391, 122, 123, 399, 403, 408, 411, 417, 418).

[2] S. Vincent und Pénaud, Dictionnaire, Artikel „Obligations" Nr. 9 ff. (Frankreich), Torres Campos, Principios de derecho internacional privado, Madrid 1883, S. 279 ff. (Spanien), Revue de droit international XIII 415 (Holland), Vincent und Pénaud a. a. O., Nachtrag für 1889, Artikel „Obligations" und dort angeführte Litteratur (Belgien); vgl. auch Haus, Du droit privé qui régit les étrangers en Belgique § 115.

[3] S. die Litteratur bei Bar, Theorie II 8, ferner Vincent und Pénaud a. a. O., Fiore 3. Aufl. I 174, Audinet, Principes élémentaires du droit international privé, Paris 1894 277 ff.

[4] Litteratur s. bei Gierke I 232 Anm. 67.

eben seine kategorische Anbefehlung seitens des Gesetzgebers nicht ratsam. Aber die Gründe für das Ortsrecht des Geschäftsschlusses und gegen das Recht des Erfüllungsortes sowie gegen die lex domicilii des Schuldners sind doch stark genug, um die subsidiäre Zugrundelegung im Sinne der von uns vorgeschlagenen Vorschrift zu rechtfertigen.

Gegen das Recht des Erfüllungsortes spricht besonders die Eigenschaft dieses Anknüpfungsmomentes als eines komplizierten Rechtsbegriffes, dessen Kriterien selbst wieder ein bestimmtes Recht als maſsgeblich voraussetzen [1]. Bei allen synallagmatischen und bei vielen anderen Rechtsgeschäften ferner erhebt sich die Schwierigkeit, daſs verschiedene Erfüllungsorte vorhanden sein können. Die obligationsverändernden und obligationsaufhebenden Rechtsgeschäfte lassen sich der Regel des Erfüllungsortes meist nur indirekt unterstellen, sofern sie nämlich — von pactum de cedendo und ähnlichen Rechtsgeschäften abgesehen — einen eigentlichen und eigenen Erfüllungsort nicht haben. Es bleibt in Ermangelung eines solchen nur übrig, auf den Erfüllungsort der in Frage stehenden (Haupt-)Obligation zurückzugreifen. Das ist aber keineswegs immer angebracht und z. B. bei der Novation nicht möglich, weil die intendierte neue Obligation einen anderen Erfüllungsort haben kann als die alte. Beim Kompensationsvertrag, beim Vergleich, beim Anerkennungsvertrage ergeben sich ähnliche Schwierigkeiten. Es enthält endlich einen Widerspruch, wenn man die Existenz einer Verpflichtung vom Recht des Erfüllungsortes abhängig macht, da ein Erfüllungsort bei ungültigen Geschäften gar nicht existiert.

Ähnliche Bedenken sprechen gegen die lex domicilii des

---

[1] Vgl. Bekker, Kouponsprozesse 91, Kahn, Jahrb. f. Dogmatik XXX 97 ff., ferner Bar, Theorie II 9 ff., Windscheid, Pand. I § 35 Anm. 9 und die dort angeführte Litteratur.

Schuldners[1]. Insbesondere ist auch hier auf die Eigenschaft des Domizils als eines Rechtsbegriffes und auf die damit gegebenen Verwickelungen hinzuweisen (s. oben S. 123), ferner auf das häufige Vorkommen der Verschiedenheit der Domizile bei synallagmatischen Geschäften, Kompensations-, Vergleichs-, Novationsverträgen.

Dem gegenüber stellt der Ort des Geschäftsschlusses ein verhältnismäfsig einfaches, meist rein thatsächliches Moment dar, das von weiteren Rechtskriterien der Regel nach nicht abhängig ist. Der Geschäftsschlufs inter absentes bietet freilich Schwierigkeiten, und die Feststellung des Ortes desselben ist von Rechtsfragen abhängig, deren Beantwortung die Mafsgeblichkeit gewisser Rechtsgrundsätze voraussetzt. Diese Rechtsgrundsätze sind indessen nicht von so positiver und nicht von so verwickelter Natur, ihre Behandlung ist nicht so verschieden in verschiedenen Rechtsgebieten, wie es bezüglich des Erfüllungsortes der Fall ist. Es handelt sich um mehr dogmatische, konstruktive Fragen, deren Beantwortung wir dem freien Ermessen unserer Rechtspflegeorgane gemäfs der Lage des einzelnen Falles unter Zugrundelegung der ihnen mafsgeblich erscheinenden theoretischen Anschauungen und praktischen Erwägungen getrost überlassen können. — Das Ortsrecht des Geschäftsschlusses empfiehlt sich aber vor allem wegen der Anerkennung desselben in den übrigen Kulturländern. Man darf sagen, dafs es das kosmopolitisch herrschende Prinzip ist. Der oben S. 104—105 erörterte Gesichtspunkt gewinnt daher hier entscheidende Bedeutung. Es kommt das innere Moment hinzu, dafs das Bewufstsein der beteiligten Personen regelmäfsig zu keinem anderen Ortsrecht eine so lebhafte Beziehung haben wird, wie zu dem Ortsrecht der Geschäftserrichtung. Endlich fällt auch in Betracht, dafs das Ortsrecht des Geschäftsschlusses die möglichste

---

[1] S. Gierke I 232.

Einheit des rechtlichen Maßstabes für einen konkreten Thatbestand bedingt, wobei in Betracht kommt, daß auch die Form, und bis zu gewissem Grade die Geschäftsfähigkeit durch dasselbe Recht bestimmt wird. (S. oben S. 94 ff., 168 ff.)

§ 23.
Andere Thatbestände des Obligationenrechts.

Aufser den Vorschriften über obligatorische Rechtsgeschäfte kommen hier aus dem Gebiet des Obligationenrechtes im engeren Sinne — d. h. abgesehen von den Obligationen des Sachen-, Familien- und Erbrechts — die folgenden Materien in Betracht:

1) Die Rechtssätze über solche obligationsbegründende Thatbestände, die nicht Rechtsgeschäfte sind (insbesondere §§ 608—618, 677—694, 695—697, 737—745, 746—776 des zweiten Entwurfes B. G. B.);

2) die Rechtssätze über solche obligationsverändernde und obligationsaufhebende Thatbestände, welche nicht Rechtsgeschäfte sind (insbesondere §§ 161—190, 209, 213, 222, 226, 230, 232 ff., 241 ff., 249 ff. a. a. O.);

3) die Rechtssätze über den Inhalt der Schuldverhältnisse, welche rechtsgeschäftlichen und anderen Obligationen gemeinsam sind (§§ 205 ff. a. a. O.).

Was die unter 1) bezeichneten Rechtssätze angeht, so ist es noch immer gebräuchlich, das römische Schulschema: obligationes quasi ex contractu ex delicto, quasi ex delicto auch im internationalen Privatrecht zu Grunde zu legen. Das Unzureichende jenes Schemas ist in der romanistischen Doktrin längst anerkannt. Es braucht aber hier darauf nicht eingegangen zu werden, da das B. G. B. jenes Schema nicht befolgt und es lediglich darauf ankommt, für die im B. G. B. aufgestellten Gruppen von Rechtssätzen die internationalistische Behandlung zu bestimmen.

Zunächst seien die Schuldverhältnisse ins Auge gefaßt, die nicht aus unerlaubten Handlungen entspringen.

Was die **ungerechtfertigte Bereicherung** anlangt, so ist eine einheitliche Regel hier augenscheinlich nicht am Platze. Die betreffenden Thatbestände greifen auf das Gebiet der Rechtsgeschäfte hinüber, müssen teilweise geradezu als rechtsgeschäftliche Thatbestände bezeichnet werden (z. B. Zahlung eines indebitum, Veräußerungsgeschäfte Handlungsunfähiger), teilweise haben sie entschiedenen Deliktscharakter, teilweise sind sie nur unter dem Gesichtspunkt ausgleichender Billigkeit zu betrachten. Auch in sich selbst können die einzelnen Fälle wiederum aufs verschiedenartigste gelagert sein, so daß eine allen Situationen gerecht werdende Regel nicht auffindbar ist.

Die Grundsätze über **Gemeinschaft** haben den Schwerpunkt ihrer Bedeutung in den vertragsmäßigen, ehelichen, erbrechtlichen Gemeinschaftsverhältnissen und der Maßstab auch ihrer internationalistischen Behandlung gestaltet sich in den verschiedenen Anwendungsfällen sehr verschieden.

Für die **negotiorum gestio** bietet sich als maßgebliches Recht naturgemäß das Ortsrecht der Geschäftsführung.

Für die **Vorlegungspflicht** wird im allgemeinen die lex rei sitae sich als maßgebliches Recht empfehlen.

Hiernach ist es unangebracht, eine schablonisierende Regel aufzustellen, sei es im Sinne des Rechtes des Erfüllungsortes[1] oder der lex domicilii[2] des Schuldners, sei es im Sinne der lex loci actus[3] oder in irgend einer anderen Weise[4]. Kasuistische Erschöpfung andererseits ist ebenfalls ausgeschlossen, so daß es sich auch hier als sachgemäß und

---

[1] S. unten Teil II Nr. 388, 414.
[2] §§ 12, 13 der Gebhardschen Entwürfe.
[3] S. unten Teil II Nr. 152, 385, 387, 390, 397, 405, 406, 407.
[4] S. unten Teil II Nr. 392, 393, 395, 400.

notwendig erweist, dem freien Ermessen unserer Rechtspflegeorgane denselben Spielraum zu geben, wie bezüglich der rechtsgeschäftlichen Thatbestände. Die Hinzufügung einer subsidiären Regel ist hier schwerlich empfehlenswert. Die in Frage kommenden Thatbestände sind zu mannigfaltig, als dafs von einer solchen Direktive Nutzen zu erwarten wäre.

Anders verhält es sich mit den **unerlaubten Handlungen**. Für diese mufs die lex loci delicti commissi zu Grunde gelegt werden. Alle Gesetzgebungen und Gesetzesvorschläge, welche die Materie regeln, folgen diesem Grundsatz. In der neueren theoretischen Litteratur wird er so gut wie einhellig befürwortet[1]. Soweit Abweichungen von dem Prinzip angezeigt sind, ist dem Ermessen der Rechtspflegeorgane die erforderliche Handhabe in den allgemeinen Vorbehalten zu Gunsten der inländischen Rechtssätze (s. oben S. 62 ff.) gegeben.

Die Obligationen des **Sachen-, Familien- und Erbrechtes** sind im allgemeinen nicht hier zu erörtern, sondern im Zusammenhang der genannten Materien. Nur die **Unterhaltspflicht der Verwandten** mufs hier berücksichtigt werden, da sie nicht ein Familienverhältnis in dem engeren Sinne darstellt, in welchem das Familienrecht oben behandelt worden ist. Eine besondere gesetzliche Bestimmung hinsichtlich dieser Frage ist zu empfehlen, da die Lösung derselben nichts weniger als unzweifelhaft[2] und ihre praktische Bedeutung nicht unerheblich ist. Das Angemessene und Zweckmäfsige wird sein, das Personalstatut der Person zu Grunde zu legen, deren Verpflichtung in Frage steht, wie

---

[1] Vgl. Bar, Theorie II 114 ff., Lehrbuch 123 ff., Martens, Völkerrecht II 840, Böhm 139 ff., Gierke I 234, Regelsberger I 175 und dort angeführte Litteratur.

[2] Vgl. Bar, Theorie I 555, Lehrbuch 90, Gierke I 243 und dort angeführte Litteratur.

es empfohlen wird von Bar und Gierke[1]. Die Zugrundelegung der Staatsangehörigkeit ist namentlich deswegen zu empfehlen, weil praktisch die Hauptbedeutung der Alimentationspflicht in dem Verhältnis zur öffentlichen Armenpflege liegt, somit die Unterhaltspflicht als vorzugsweise **staatsbürgerliche** Pflicht erscheint. Es würde als ein Übergriff erscheinen, wenn Ausländer, die in Deutschland domizilieren, zur Armenlast herangezogen werden würden auf Gruud von privatrechtlichen Verpflichtungen, die der Heimatstaat nicht kennt.

---

[1] Vgl. auch Entsch. des deutschen R.G. XVII 223 ff.

Siebentes Kapitel.
Sachenrecht[1].

§ 24.
Die Grundregel.

Kein anderer Satz ist im internationalen Privatrecht so allgemein anerkannt, wie der, dafs für die Rechtsverhältnisse der Immobilien die lex rei sitae mafsgebend sein müsse[2]. Aber auch für Mobilien wird heute das Prinzip lex rei sitae ganz überwiegend befürwortet[3]. Insbesondere in der deutschen Litteratur und Praxis herrscht darüber neuerdings soweit Einverständnis, dafs für die Begründung des Prinzipes auf die (in der Anmerkung bezeichnete) Litteratur Bezug genommen werden kann und nur einige Einzelfragen eine genauere Erörterung erheischen.

---

[1] Vgl. auch oben S. 205 ff., 213, 232, unten S. 266.
[2] S. Donle im Archiv f. öffentliches Recht VIII 249 ff., Gierke I 228 sowie die in der folgenden Note angeführte Litteratur.
[3] Bar, Theorie I 599 ff., Lehrbuch 96, Böhm 84, Dernburg, Pand. I 108, Donle im Archiv für öffentliches Recht VIII 249 ff., 513 ff., Gierke I 228, Regelsberger I 171, Vincent und Pénaud, Dictionnaire, Art. „Meubles et immeubles" Nr. 6 ff., Fiore, Diritto internazionale privato, 3. ed. I 110 ff. und dort angeführte Litteratur.

Von den Gesetzgebungen legen die lex rei sitae auch für Mobilien zu Grunde: Aargau, Bayern, Chile, Congostaat, Freiburg, Griechenland, Luzern, Montenegro, der Vertrag von Montevideo, Sachsen, Schaffhausen, Solothurn, Zug, Zürich (s. Teil II Nr. 1, 102, 428, 430, 5, 438, 9, 453, 454, 464, 465, 19, 472, 473). Auch die deutschen Rechtshülfeverträge (s. Niemeyer, Positives intern. Priv.-Recht I § 117 ff.) machen keinen Unterschied zwischen Mobilien und Immobilien. Von den Gesetzesvorschlägen stehen auf dem gleichen Standpunkt: der Belgische, Bernische, Japanische, der Mommsensche Entwurf (s. Teil II Nr. 424, 425, 442, 451), desgleichen die Gebhardschen Entwürfe (§ 10). Das argentinische Zivilgesetzbuch, der Vertragsentwurf von Lima und der Rochollsche Vorschlag (s. Teil II Nr. 420, 447, 460) folgen gleichfalls dem Prinzip — mit einer sogleich zu erörternden Einschränkung.

Die Gesetzgebungen Canadas, Italiens, Österreichs, Preufsens, Rufslands und Spaniens[1] sowie die Praxis der Länder des französischen, englisch-nordamerikanischen, schwedischen Rechtes[2] stehen allerdings noch immer auf dem Boden der früher unangefochten herrschenden Regel: „mobilia ossibus inhaerent"; sie lassen das Personalstatut entscheiden.

Das durchschlagende Bedenken gegen das Personalstatut liegt in der Schwierigkeit, unter den mehreren in Betracht

---

[1] S. Teil II Nr. 427, 444, 455, 459, 448, 462, 467.
[2] S. Donle a. a. O. 280 ff. und Vincent und Pénaud a. a. O. Dort ist aber auch darauf hingewiesen, dafs die Praxis in den genannten Gebieten auch Urteile aufweist zu Gunsten der lex rei sitae. Die englisch-amerikanische (s. Wharton § 304 ff.) und die italienische Praxis (s. Fiore a. a. O. S. 93) neigt sogar neuerdings der lex rei sitae zu. Ein belgisches Urteil in diesem Sinne ist angeführt bei Vincent, Dictionnaire, Revue de l'année 1888, Art. „Meubles" Nr. 2.

kommenden Personen diejenige zu bestimmen, deren Personalstatut mafsgebend sein soll. Es fehlt aber auch jeder praktische Grund für die Anknüpfung des Sachenrechts an das Personalstatut. Es liegt kein Bedürfnis vor, die Rechtsveränderungen der Sachen hinsichtlich der Beteiligung einer und derselben Person dauernd gleichmäfsig zu bestimmen (s. S. 113). So gut man es ganz natürlich findet, dafs für einen Deutschen der Erwerb von Grundeigentum in England an andere Voraussetzungen geknüpft ist, als in Deutschland, so wenig erscheint es angemessen oder gar geboten, für den Eigentumserwerb an einer Gemäldesammlung, die sich in Paris befindet, das deutsche Recht für mafsgebend zu erklären, wenn es sich um einen Deutschen oder eine in Deutschland domizilierende Person handelt.

Für die lex rei sitae spricht in entscheidender Weise, dafs die Ortslage einer Sache in der denkbar vollkommensten Weise den Anforderungen entspricht, die an ein Anknüpfungsmoment zu stellen sind. Die Ortslage ist ein einfaches, rein thatsächliches, objektiv feststehendes und den Beteiligten vor Augen liegendes oder doch leicht festzustellendes Moment. Nur aus der Herrschaft falscher Scholastik ist überhaupt zu erklären, dafs die Doktrin auf die naheliegende und befriedigende Lösung der lex rei sitae jemals Verzicht leisten und anstatt dessen zu dem künstlichen und unbefriedigten Mittel des Personalstatuts greifen konnte.

§ 25.

Einzelfragen.

Die für die lex rei sitae und gegen das Personalstatut sprechenden Erwägungen treffen nicht minder für Sachen zu, die sich nur vorübergehend in dem Territorium befinden, wo sich eine auf das sachenrechtliche Verhältnis bezügliche

Thatsache vollzieht, als für solche Sachen, die sich dauernd daselbst befinden. Es ist nicht einzusehen, warum die Eigentumsübertragung oder Verpfändung des Koffers eines deutschen Reisenden, während er sich in Paris befindet, anders behandelt werden soll, als die entsprechenden Rechtsgeschäfte hinsichtlich eines Warenlagers, das zu einem von demselben Deutschen in Paris durch Stellvertreter betriebenen Geschäftsbetrieb gehört. Daher ist die nach Savignys Vorgang von dem argentinischen Gesetzbuch, dem Vertragsentwurf von Lima und dem Rochollschen Vorschlag gemachte Unterscheidung zwischen dauerndem und vorübergehendem Aufenthalt zu verwerfen. Übrigens spricht gegen dieselbe auch die Schwierigkeit der Grenzbestimmung, wodurch eine grofse Unsicherheit der rechtlichen Beurteilung bedingt sein würde.

Wünschenswert ist es, dafs die einmal eingetretene Rechtslage durch eine Ortsveränderung der Sache nicht verändert wird. Dieser Wunsch kann indessen leider nur teilweise erfüllt werden. Das Bestehen gesetzlicher Pfandrechte z. B. kann jeweils nur nach einem einzigen Recht bemessen werden. Wenn daher eine Sache in ein Rechtsgebiet gelangt, in dem die gesetzlichen Pfandrechte nicht gelten, die in dem früheren Gebiet gemäfs dortigem Recht galten, so müssen dieselben erlöschen. Auch eine nach ausländischem Recht gültig begründete Mobiliarhypothek mufs erlöschen, wenn die Sache in ein Gebiet gelangt, in dem an Mobilien nur Faustpfand anerkannt ist. In entsprechender Weise mufs auch der Inhalt der dinglichen Rechte, also z. B. das Klagrecht des Eigentümers, mit dem Ortswechsel sich wandeln. Es sind das unerfreuliche, aber nicht abzuweisende Konsequenzen der Mafsgeblichkeit der lex rei sitae. Jene Behandlung wird übrigens nicht nur durch die Folgerichtigkeit, sondern auch durch den praktischen Gesichtspunkt geboten, dafs das B.G.B. nicht Rechtsregeln aufstellen soll, deren Durchsetzung nicht in der Macht unserer Rechtspflegeorgane liegt.

Es brauchen und dürfen aber nur diejenigen Rechte erlöschen, welche mit den gemäfs der neuen lex rei sitae vorhandenen Rechten unvereinbar oder durch absolut gebietende beziehentlich verbietende Rechtssätze der neuen lex rei sitae ausgeschlossen sind.

In der Sache ist demnach durchaus dem Satze Bars[1] (Lehrbuch 88) zuzustimmen:

„Wird die bewegliche Sache in einem anderen Rechtsgebiet einem anderen Rechts- oder Besitzverhältnisse unterworfen, so erlöschen alle früher an der Sache begründeten Rechte (auch Besitzrechte), insoweit sie mit jenem späteren Rechts- oder Besitzverhältnis in Widerspruch stehen, oder soweit das letztere Verhältnis unbedingte Wirksamkeit beanspruchen kann."

Diesen Grundsatz im B. G. B. besonders zum Ausdruck zu bringen, ist aber nicht geboten und nicht ratsam. Er ergiebt sich als Konsequenz der Grundregel von selbst und bezeichnet für die Einzelfragen doch auch nur eine allgemeine Richtung.

Die erörterten Grundsätze erledigen nicht ohne weiteres den Fall, dafs, nachdem gemäfs der lex rei sitae eine Ersitzung begonnen hat, die Sache in ein anderes Rechtsgebiet gelangt, wo andere Ersitzungsvorschriften gelten.

Zur Vereinfachung der Erörterung mag zuerst diejenige Kombination ins Auge gefafst werden, welche unsere Gerichte am häufigsten beschäftigen wird, der Fall, wo eine Sache in das hiesige Rechtsgebiet gelangt, nachdem an ihr im Ausland eine Ersitzung begonnen, aber nicht vollendet ist.

Zunächst ist festzustellen, dafs zu einer besonderen Be-

---

[1] Bars Ausführungen, Theorie 1 611 ff., Lehrbuch 96 ff., sind überzeugend und erschöpfend. Es sei auf dieselben hiermit summarisch verwiesen.

stimmung kein Anlaſs vorliegt für den Fall, daſs nach der Übertragung der Sache in das hiesige Rechtsgebiet hier alle diesseitigen Requisite der Ersitzung sich verwirklichen, wenn also, anders ausgedrückt, im Inlande selbständig eine Ersitzung begonnen und vollendet wird. Der Umstand, daſs die vorher im Auslande begonnene Ersitzung nicht vollendet wurde, kann hier selbst dann nicht in Betracht kommen, wenn nach den ausländischen Vorschriften der gegebene Thatbestand eine vollendete Ersitzung nicht darstellen würde, insbesondere z. B. weil jene Vorschriften eine längere Ersitzungszeit fordern. Dieser Fall ist offenbar lediglich nach dem allgemeinen Grundsatz der lex rei sitae zu erledigen. Wenn die Ersitzung im Inland bloſs darum ausgeschlossen sein sollte, weil bereits früher im Auslande eine Ersitzung begonnen war, so hieſse das, an die Thatsache des Ersitzungsbeginns eine Begünstigung des Eigentümers knüpfen, in dem Sinne, daſs dieser ein Recht darauf erworben habe, eine Ersitzung nach den ihm ungünstigeren Ersitzungskriterien des Auslandes jetzt nicht mehr erleiden zu müssen. Das aber stünde im Widerspruch mit Wesen und Zweck der Ersitzung, welche lediglich dem Schutz des Ersitzenden dienen soll. Das hier zurückgewiesene Verfahren würde aber auch eine ungerechte und zweckwidrige Beschränkung der Anwendbarkeit der heimischen Gesetze zu Gunsten der ausländischen Gesetze bedeuten, wie die Vergleichung mit dem umgekehrten Fall ergiebt, daſs eine Ersitzung im Auslande vollendet ist und nunmehr die Sache ins Inland kommt, ohne daſs nach inländischem Recht die Ersitzung vollendet sein würde. Z. B. das ausländische Recht fordert drei Jahre, das inländische zehn Jahre Ersitzungszeit; die Sache kommt nach sechs Jahren ins Inland. Für solche Fälle ist die Anerkennung der im Ausland vollendeten Ersitzung durch die oben entwickelten Gründe unzweifelhaft geboten und in der Litteratur findet sich keine Äuſserung einer abweichenden Meinung.

Die Gebhardschen Entwürfe nehmen (in Übereinstimmung mit Schäffner 84, 85) den Standpunkt ein, dafs „für die Vollendung und Wirkung der Ersitzung stets die Gesetze des Ortes entscheiden sollen, an welchem die Sache bei dem Beginne der Ersitzung sich befunden hat". Bar (Lehrbuch 102) hat diese Bestimmung als „schwerlich haltbar" bezeichnet und in der sonstigen neueren Litteratur hat sich anscheinend aufser Schäffner keine Stimme für diese Art der Regelung erhoben. Die vorstehenden Bemerkungen dürften darthun, dafs in der That die Bestimmung absolut unannehmbar, wenigstens hinsichtlich der bisher erörterten Kombination, ist.

Bezüglich der sonstigen Kombinationen ist so viel zweifellos, dafs keine besondere Vorschrift für den Fall erforderlich ist, wo weder bei Anwendung des auswärtigen noch bei Anwendung des einheimischen Rechtes eine vollendete Ersitzung anzunehmen ist. Vielmehr handelt es sich allein um die Fälle, wo der gegebene Thatbestand entweder den Ersitzungskriterien des inländischen oder denjenigen des ausländischen Rechtes entspricht. Beide Möglichkeiten sind getrennt ins Auge zu fassen. Zuerst der Fall, dafs die Ersitzungskriterien des ausländischen Rechtes vorhanden sind, während diejenigen des inländischen Rechtes fehlen. Nach den Gebhardschen Entwürfen soll hier das ausländische Recht entscheiden. Der Vertrag von Montevideo (Teil II Nr. 454) bestimmt, dafs die Gesetze des Ortes entscheiden, an welchem die Sache sich zuletzt befindet („an welchem die zur Vollendung der Verjährung erforderliche Zeit abgelaufen sein wird"), also das inländische Recht. Diese Bestimmung entspricht der entschieden in der Litteratur vorherrschenden Meinung (Savigny VIII 186 ff., Wächter II 386, Schmid 61, Holzschuher I 76, Stobbe I 253, Roth I 293, Brocher 132, Böhm 89). — Bar (Theorie I 609, 637, Lehrbuch 97, 101) freilich will nach dem Vorgang von Voet, Pothier, Merlin, und in teilweiser Übereinstimmung mit Wharton (§§ 378, 381) die lex domicilii des Besitzers entscheiden lassen, und zwar wenn in der Zwischenzeit das Domizil gewechselt ist, das Gesetz desjenigen Domizils, welches dem Ersitzer am günstigsten ist. Indes soll „die Wirkung des Gesetzes des späteren Wohnsitzes erst vom Zeitpunkte des Erwerbes dieses Wohnsitzes datieren". Die Barsche Ansicht ist so wenig annehmbar, wie die Bestimmungen der Gebhardschen Entwürfe. Bar sagt zur Begründung seiner Auffassung (Theorie I 609): „Wer will kontrolieren, in wie viel verschiedenen Rechtsgebieten sich eine beliebige bewegliche Sache während der Verjährungszeit befunden habe, und wenn man verhältnismäfsige Berücksichtigung der verschiedenen territorialen Verjährungszeiten wollte, wer kann genau ermitteln, wie lange jeder einzelne Aufenthalt gedauert habe? Hier mufs man notgedrungen auf das Recht des Wohnorts des Besitzers greifen." Dieses Bedenken spricht nicht gegen die herrschende Auffassung. Denn nach dieser ist ja lediglich zu fragen, ob die gemäfs dem Recht des letzten Aufenthaltes erforderlichen Ersitzungskriterien vorliegen. Gegen diese Auffassung macht nun Bar (Theorie I 639) geltend, dafs sie der Gesetzgebung eine Wirksamkeit für diejenige Zeit beilege, während welcher die Sache sich gar nicht innerhalb des Territoriums befunden habe. Bar scheint dabei zu übersehen, dafs der von ihm selbst vorgeschlagenen Lösung das gleiche Bedenken in verstärktem Mafse entgegenstehen würde. Denn wenn ein Domizilwechsel stattgefunden hat und das Recht des ersten Domizils der Ersitzung günstiger ist, so wird ja durch dessen Anwendung den Gesetzen des ersten Domizils gleichfalls Wirksamkeit für eine Zeit beigelegt, in der die Sache sich nicht in dem Territorium befand. — abgesehen von dem seltenen Fall, dafs bei der Domizilverlegung die Sache im früheren Gebiet verbleibt, der Ersitzungsbesitz aber fortdauert. Gegen die Barsche Lösung fällt die Erwägung ins Gewicht, dafs die Einführung des Domizilbegriffes neue Schwierigkeiten (doppeltes Domizil,

Domizillosigkeit, domicilium necessarium) bereitet und dafs das „Wahlrecht" des Ersitzers eine unbillige Benachteiligung des Eigentümers enthält. Aufserdem sprechen aber auch alle diejenigen Gründe gegen Bar, welche gegen den Lösungsversuch der Gebhardschen Entwürfe sprechen und welche in folgendem bestehen: Die blofs begonnene Ersitzung ist rechtlich irrelevant. Sie bedeutet nur die Vorbereitung und Erwartung eines künftigen Rechtes. Erst mit der Vollendung der Ersitzung ist ein rechtlich wirksamer Thatbestand geschaffen. Daraus ergiebt sich begrifflich die Negative, dafs die lokalen Beziehungen des Thatbestandes der begonnenen Ersitzung internationalrechtlich nicht entscheidend sein können. Positiv folgt daraus zugleich, dafs für die Frage, ob die Ersitzung vollendet ist, diejenigen lokalen Beziehungen des Thatbestandes entscheidend sein müssen, die in dem Augenblick herrschen, für welchen diese Frage aufgeworfen wird. Praktische Gründe lassen sich schwerlich gegen die Festhaltung des Prinzipes der lex rei sitae auch für die in Rede stehende Frage geltend machen. Das Resultat aller Erwägungen ist also, dafs eine im Auslande begonnene Ersitzung im Inlande dann vollendet ist, wenn die inländischen Ersitzungskriterien gegeben sind. Dies mufs nicht nur von der Ersitzungszeit gelten, sondern auch von den sonstigen Erfordernissen der Ersitzung. Man nehme z. B. an, eine Ersitzung sei nach russischem Recht in Rufsland begonnen und die Sache sei vor vollendeter Ersitzung nach Deutschland gelangt. Sowohl nach russischem Recht als nach den Vorschriften des Entwurfes des B. G. B. beträgt die Ersitzungsfrist 10 Jahre. Nach russischem Recht ist aber weder Titel noch guter Glaube, sondern nur „unbestrittener Besitz" erforderlich. (Leuthold, Russische Rechtskunde 124, Foucher, Code civil de l'empire de Russie, traduit, Paris 1841, Art. 340 ff., Lehr, Éléments de droit russe I 259.) In Deutschland wird eine vollendete Ersitzung nur anzuerkennen sein, wenn guter Glaube nach Vorschrift des Entwurfes

(§ 851) nachgewiesen ist, und zwar gilt dies auch für die Zeit, da die Sache sich in Rufsland befand. Eine geteilte Behandlung der Ersitzungserfordernisse, so dafs z. B. für die ersten sechs Jahre russisches Recht, für die letzten vier Jahre deutsches Recht zu Grunde gelegt würde, wäre sinnwidrig und geradezu unausführbar. Für die Erfordernisse des Besitzes gilt natürlich ganz dasselbe. — Als zweite Möglichkeit ist der Fall ins Auge zu fassen, dafs nach inländischem Recht die Ersitzung vollendet sein würde, nicht aber nach ausländischem Recht. Es greifen hier dieselben Erwägungen Platz, welche im vorhergehenden erörtert wurden. Die Ersitzung mufs als vollendet gelten, wenn die inländischen Ersitzungskriterien gegeben sind. Es besteht kein wesentlicher Unterschied zwischen dem hier in Rede stehenden und dem bereits erledigten Fall, dafs alle Ersitzungskriterien sich im Inlande realisiert haben, insbesondere die Sache während der ganzen, durch die inländischen Vorschriften geforderten Zeit sich im Inlande befunden hat. Der Unterschied ist nur der, dafs hier dazu fortgeschritten ist, auch die vor der Ortsveränderung realisierten Thatbestandsmomente dem Mafsstabe des inländischen Rechtes zu unterwerfen. Dieses Verfahren erscheint dann in einem überraschenden Licht, wenn nach dem inländischen Recht die Ersitzung als bereits in der Zeit vollendet zu gelten hat, da die Sache noch im Auslande war, während nach ausländischem Recht die Ersitzung nur begonnen war. Soll auch in diesem Falle das inländische Recht entscheiden, so dafs, wie Bar (Theorie I 639) hervorhebt, die Sache durch eine beliebige Ortsveränderung sofort in das Eigentum des Besitzers übergehen kann? Es braucht kein Bedenken getragen zu werden, diese Frage zu bejahen, selbstverständlich aber nur in dem Sinne, dafs die Ersitzung erst in dem Augenblick als vollendet anzusehen ist, in welchem die Sache unser Gebiet erreicht. Dafs die Übertragung der Sache in unser Rechtsgebiet eine Veränderung ihrer Rechtslage zur unmittelbaren Folge hat, ist hier nicht unerträglicher, als in anderen Beziehungen, z. B. in Bezug auf gesetzliche Pfandrechte. Auch hier hat der Besitzer die Möglichkeit, durch Ortsveränderung die Rechtsstellung des Eigentümers zu dessen Ungunsten zu verändern. Sicher ist es nicht gerechtfertigt, diese Fälle anders zu behandeln als diejenigen, in denen die Sache während der nach inländischem Recht erforderlichen Ersitzungszeit teilweise im Auslande, teilweise im Inlande war. Es darf keinen Unterschied machen, ob die Ersitzungsfrist des inländischen Rechtes einen Moment nach der Übertragung der Sache ins Inland oder einen Moment vorher vollendet ist. Die Verwerfung der vorgeschlagenen Lösung müfste notwendig zur Verwerfung der entsprechenden Lösung auch für jene anderen Fälle führen und damit zur Verwerfung des ganzen hier vertretenen Prinzipes. Diese Verwerfung kann aber, wenn sie nicht sonst gerechtfertigt ist, auf die Bedenken des in Rede stehenden Spezialfalles sicher nicht gestützt werden. Dieser Fall wird zudem praktisch selten vorkommen, da die Ersitzungserfordernisse des Entwurfes so strenge sind, insbesondere die Ersitzungsfrist so geräumig bemessen ist, dafs keines der wichtigeren Rechtssysteme es ihm hierin zuvor thut.

Bisher war nur von der Übertragung von Sachen aus dem Ausland ins Inland die Rede. Dafs in dem umgekehrten Fall die gleichen Grundsätze gelten müssen, ist durch die Gerechtigkeit und durch die Rechtspolitik geboten. Dieselbe Behandlung mufs aber auch in dem (gewifs selten zur Kognition kommenden) Falle eintreten, wenn eine Sache aus einem fremden Rechtsgebiet in ein anderes fremdes Rechtsgebiet übertragen wird. Der entscheidende Gesichtspunkt, dafs die blofs begonnene Ersitzung nicht relevant ist und erst die vollendete Ersitzung Recht schafft, ist auch hier bestimmend. Von diesem Gesichtspunkt aus ist endlich auch die Eventualität zu beurteilen, dafs eine Sache durch eine Mehrzahl von Rechtsgebieten hindurchgeht, nachdem eine Ersitzung begonnen, und bevor sie vollendet ist. Immer muſs das Recht des letzten Ortes entscheiden, sofern nicht schon eine Ersitzung vollendet war, bevor die Sache in das Gebiet dieses Rechtes gelangte. — Eine besondere Bestimmung im B. G. B. ist nicht erforderlich, da es sich lediglich um Konsequenzen der Grundregel handelt.

Es soll hier nicht an der Frage vorbeigegangen werden, welches Recht maſsgebend dafür sein soll, ob eine Sache als beweglich oder als unbeweglich anzusehen ist. Denn wenngleich nach den hier gemachten Vorschlägen kein Unterschied in internationalrechtlicher Hinsicht zwischen Mobilien und Immobilien stattfinden soll, so erscheint es doch nicht überflüssig, den Fall, daſs abweichende Bestimmungen in das Gesetzbuch aufgenommen werden sollten, vorzusehen; und zwar ist es zweckmäſsig, diese Frage hier in ihrer allgemeinsten Bedeutung zu erörtern, da sie überall in gleicher Weise wiederkehrt, wo der Gesetzgeber sich entschlieſst, in internationalrechtlicher Hinsicht einen Unterschied zwischen Mobilien und Immobilien zu machen (also insbesondere möglicherweise in Bezug auf das eheliche Güterrecht und das Erbrecht). In den Gesetzgebungen und in den Gesetzesvorschlägen ist die Frage nirgends beantwortet. Von den Schriftstellern halten es einige für zweifellos, daſs die lex rei sitae entscheidend sein müsse. So Unger I 175, Roth, System I 792, Asser-Rivier § 45, Laurent VII 201 ff., 211 ff., Story § 447. Andere Schriftsteller wollen „das sonst für die betreffende Sache maſsgebende Recht" (Bar) oder dasjenige Recht entscheiden lassen, „welches für die Beziehung selbst", deren rechtliche Beurteilung in Frage steht, nach den Vorschriften des internationalen Privatrechtes entscheidend ist. So Schmid S. 55, Stobbe I 252, Bar, Theorie I 621, Lehrbuch S. 99. — Cahn endlich (Jahrb. 30 S. 80 ff.) behauptet, die Frage müsse schlechterdings immer nach der lex fori beantwortet werden. Wenn Cahn, — was nicht vollkommen klar zu erkennen ist — meint, daſs eine andere gesetzliche Normierung nicht durchführbar sei, so ist das sicher unzutreffend. Der Gesetzgeber kann wirksam bestimmen, daſs für die Vorfrage der Mobiliar- oder Immobiliarqualität die lex rei sitae maſsgebend sein soll oder auch etwa die lex domicilii der Person, deren Berechtigung in Frage steht. Er kann auch die verschiedenen Rechtsfragen unterscheiden und etwa bei rein sachenrechtlichen Fragen die lex rei sitae, bei Fragen des ehelichen Güterrechtes und des Erbrechtes das Personalstatut entscheiden lassen u. s. w. Wenn Cahn (S. 88) gegen Stobbe und Bar einwendet, daſs ihre Antwort sich im Zirkel bewege, so wäre dies begründet, wenn die Meinung dieser Schriftsteller die wäre, daſs ihre Formulierung bereits die definitive Antwort auf die Frage sein solle. Aber daſs dies die Meinung sei, ist nicht anzunehmen, obwohl die Ausdrucksweise jene Deutung nicht völlig ausschlieſst. Vielmehr darf angenommen werden, daſs Stobbe und Bar meinen, es müsse, wie vorher schon als möglich angedeutet, für die verschiedenen Rechtsfragen unterschieden und die Vorfrage verschieden beantwortet werden, je nachdem es sich um sachenrechtliche, obligatorische, erbrechtliche Fragen u. s. w. handle. Daſs für die Normierung der Vorfrage jedesmal derselbe Anknüpfungsbegriff einzustellen sei, welcher für die Kategorie von Rechtsfragen, zu welchen die Hauptfrage gehört, den Anknüpfungsbegriff bilde, kann ebenso wenig die Meinung sein, als die, daſs jedesmal für das konkrete Rechtsverhältnis zunächst das anzuwendende Recht festgestellt und nunmehr erst gemäſs diesem Recht entschieden werden sollte, ob eine Sache als beweglich oder unbeweglich anzusehen sei. Sollte der Gesetzgeber eine solche Vorschrift geben, so würde der Richter dieselbe schlechterdings nicht anwenden können. Man nehme z. B. an, das B. G. B. enthalte eine solche Bestimmung und enthalte zugleich, entsprechend der englischen, französischen u. s. w. Praxis, den Satz, daſs die Intestaterbfolge in den Mobiliarnachlaſs nach dem Heimatrecht des Erblassers, diejenige in den Immobiliarnachlaſs nach der lex rei sitae zu beurteilen ist. Es handle sich um den Nachlaſs eines Franzosen, zu welchem in Holland befindliche Bienenstöcke gehören (die nach dem Code Napoléon Art. 524 Immobilien, nach dem holländischen Zivilgesetzbuch Art. 563 Mobilien sind). Der Richter würde auf die Kollisionsfrage hier die inextrikable Antwort im B. G. B. finden: „Ob die Bienenkörbe nach französischem oder holländischem Recht zu behandeln sind, hängt davon ab, ob sie zum Immobiliarnachlaſs oder zum Mobiliarnachlaſs gehören; ob das eine oder andere der Fall ist, hängt davon ab, ob sie nach dem maſsgebenden Recht als Immobilien oder als Mobilien anzusehen sind. Welches das maſsgebende Recht ist, hängt davon ab, ob sie Immobilien oder Mobilien sind." Die gesetzgeberische Frage bleibt hiernach nur die, ob für die Vorfrage die lex rei sitae entscheidend sein soll oder ob für die einzelnen Kategorieen von Rechtsfragen verschiedene Anknüpfungsmomente bestimmt werden sollen. Man wird der ersteren Entscheidung unbedingt den Vorzug geben müssen. Überall, wo der Gesetzgeber zwischen beweglichen und unbeweglichen Sachen in internationalrechtlicher Hinsicht einen Unterschied macht, läſst er für die Immobilien die lex rei sitae entscheiden. Maſsgebend ist dabei die Erwägung, daſs Immobilien sich in der **absoluten Machtsphäre** der lex rei sitae befinden. Der Gesetzgeber giebt der „**Präponderanz**" **der örtlichen Beziehungen der Immobilien** nach auf Kosten der persönlichen oder sonstigen Beziehungen, welche für die in Frage stehenden Rechtsfragen im Prinzip ihm maſsgebend erscheinen. In Bezug auf ausländische Immobilien erscheint deren Sonderbehandlung als **notgedrungene Konzession** an diese Präponderanz, in Bezug auf inländische Immobilien als **Ausnutzung dieser Präponderanz**. Konsequent muſs hiernach also die Immobiliarqualität anerkannt werden, wenn die lex rei sitae sie prätendiert, während im umgekehrten Falle keine Veranlassung gegeben ist, sie dem Hauptprinzip zu entziehen. Mit anderen Worten: Es entspricht dem Grundgedanken des Gesetzgebers und ist zweckgemäfs, die Ausnahmebehandlung der Immobilien nur dann eintreten zu lassen, wenn die lex rei sitae sie verlangt.

Dafs dieser Grundsatz in dem Gesetzbuch ausdrücklich auszusprechen sei, könnte mit der Begründung in Abrede gestellt werden, dafs er sich mit Sicherheit und Selbstverständlichkeit ergebe, sobald überhaupt die internationalrechtliche Ausnahmebehandlung der Immobilien im Gesetzbuch als solche kenntlich gemacht sei. Da indessen wenigstens subjektiv eine andere Auffassung durchaus nicht ausgeschlossen und in der That in der Litteratur von sehr angesehenen Autoren vertreten ist, liegt die ausdrückliche Bestimmung im Interesse der Rechtspflege, — wenn, wie gesagt, der Gesetzgeber überhaupt einen internationalrechtlichen Unterschied zwischen Mobilien und Immobilien macht, was nach unseren Vorschlägen nicht der Fall sein würde.

Achtes Kapitel.

Erbrecht[1].

---

§ 26.

Die Grundregel.

Nicht nur der Begriff der Universalsuccession, sondern das Wesen der Erbfolge als solcher erheischt, dafs die internationalistische Behandlung des Erbfalles möglichst einem einzigen Recht folge. Die Einheit und der Mittelpunkt des Verhältnisses ist in der Person des Erblassers gegeben.

Wie schon an anderer Stelle hervorgehoben wurde, ist zu fordern, dafs der Erblasser, und zwar nicht erst im Augenblick des Todes, sondern während der Zeit des Lebens weifs oder doch wissen kann, nach welchem Recht seine Erbfolge beurteilt werden wird. Denn davon hängen seine letztwilligen Dispositionen ab. Der Aufenthaltsort im Augenblick des Todes ist daher als Anknüpfungsmoment ganz von der Hand zu weisen, während von dem bezeichneten Gesichtspunkt aus Heimatrecht und Wohnsitzrecht gleich brauchbar sind. Das sächsische Gesetzbuch (Teil II 525) hat kein

---

[1] S. auch oben S. 153 ff., 158, 164, 99, 114.

Bedenken getragen, die lex domicilii zu Grunde zu legen, obwohl es sonst dem Staatsangehörigkeitsprinzip folgt. Dieses Verfahren ist nicht beifallswürdig. Entscheidend spricht dagegen der enge Zusammenhang des Erbrechts mit dem Familienrecht. Ist für letzteres das Heimatrecht maſsgebend, so fordert der begriffliche und der praktische Zusammenhang die Maſsgeblichkeit desselben auch für das Erbrecht[1]. Das persönliche Verhältnis der Familienglieder, die Fürsorgepflicht unter Lebenden, die Beziehung von Ausstattung, Kollation, Geschenken und Pflichtteilsrecht fordern möglichste Harmonie in der Beurteilung der familienrechtlichen und der erbrechtlichen Verhältnisse. Dazu kommt die nationale Schutzpflicht für die Fälle, wo Deutsche, die mit ausländischem Domizil sterben, Intestaterben oder Testamentserben in Deutschland hinterlassen[2]. Dieser Gesichtspunkt hat die deutsche Reichsregierung veranlaſst, in einer Reihe von Staatsverträgen (s. Niemeyer, Posit. intern. Pr.-R. I §§ 48 ff., Böhm, Handbuch der intern. Nachlaſsbehandlung, 2. Aufl. S. 33 ff.) das Heimatprinzip für die internationale Nachlaſsbehandlung zu vereinbaren. Dasselbe ist im Verhältnis der deutschen Staaten für Militärpersonen durch die Militärkonventionen geschehen (Niemeyer a. a. O. §§ 109 ff.). — Gesetzlich haben der Congostaat, Griechenland, Japan, Italien, Österreich[3], Spanien (Teil II Nr. 485, 494, 442, 502, 467) und mehrere schweizerische Kantonalgesetzbücher das Prinzip der Staatsangehörigkeit adoptiert. Gewohnheitsrechtlich gilt es in Frankreich, Holland und Schweden (Böhm, Räuml. Herrschaft 181, Vincent und Pénaud, Dictionnaire, Art. „Succession"). Innerhalb Deutschlands ist es in der

---

[1] Auch nach dem Recht von Hawaii (Teil II Nr. 497) ist der Todesort nur bedingt entscheidend.
[2] S. Bar, Theorie II 301.
[3] S. Böhm, Räuml. Herrschaft 180.

badischen Gerichtspraxis anerkannt (Niemeyer, Positiv. intern. Pr.-R. I § 142). Es haben sich ferner dafür erklärt: die belgischen Entwürfe, Käppeli, der Vertragsentwurf von Lima, Mommsen, das Institut de droit international, die Haager Konferenz, der deutsche Juristentag und die Gebhardschen Entwürfe (Teil II Nr. 479, 506, 505, 130, 515, 504, 495, 163). Von deutschen Schriftstellern ist besonders Bar (Theorie II 309, Lehrbuch 159) mit Entschiedenheit für das Prinzip der Staatsangehörigkeit eingetreten. Es kann kein Zweifel bestehen, dafs die Entwickelungstendenz auf dieses Prinzip gerichtet ist[1], und in diesem Umstand liegt, wenn auch kein entscheidendes, so doch ein starkes unterstützendes Moment für die Aufnahme des Prinzipes auch in das B.G.B. Endlich ist die Mehrzahl der Erwägungen, welche überhaupt zu Gunsten des Heimatrechtes gegenüber dem Wohnsitzrecht sprechen (s. oben S. 112 ff.), auch hinsichtlich des Erbrechtes zutreffend.

§ 27.

Einzelfragen.

Hinsichtlich der Einzelfragen des Erbrechtes sind Zweifel nicht ausgeschlossen, wie weit die Mafsgeblichkeit der Grundregel des Erbrechtes zu gehen habe oder statt dessen die sonstigen

---

[1] Dafs die Gesetzgebungen von Argentinien, Chile, Ecuador, Liv-, Esth- und Kurland, Salvador (Teil II Nr. 474, 483, 490, 509, 526) die lex domicilii zu Grunde legen, erklärt sich aus der Anlehnung an Savigny, welche deutlich erkennbar ist. Die Adoption des gleichen Prinzipes in dem Vertrag von Montevideo und in der schweizerischen Bundesgesetzgebung (Teil II Nr. 518, 528) beruht auf der grundsätzlichen Wahl des Domizils als Grundlage des Personalstatuts. Die Anerkennung der lex domicilii in Deutschland, Dänemark, Norwegen ist auf die Tradition und Savignys Autorität zurückzuführen. Es ist dieserhalb auf das S. 117 Gesagte zu verweisen.

Kollisionsregeln Platz greifen. In Bezug auf die **Testierfähigkeit** (s. oben S. 164 ff.) und die **Erbfähigkeit** (s. oben S. 153 ff.) bot sich bereits früher Veranlassung, auf solche Fragen einzugehen. Hier ist hinzuzufügen, dafs es einer besonderen Ergänzungsbestimmung bezüglich des mafsgebenden **Zeitpunktes** (wie sie die Gebhardschen Entwürfe vorschlagen) für die **Geschäftsfähigkeit** bei letztwilligen Verfügungen nicht bedarf, wenn die allgemeine Bestimmung, welche hinsichtlich des mafsgebenden Zeitpunktes im nachstehenden Entwurf vorgeschlagen ist, Aufnahme findet.

Hinsichtlich der **Form** der Errichtung und Aufhebung letztwilliger Verfügungen sind die oben (S. 94 ff.) entwickelten Grundsätze einer Ergänzung bedürftig hinsichtlich des mafsgebenden Zeitmomentes. Es ist notwendig, zu der Frage Stellung zu nehmen, ob die Regel locus regit actum auch hinsichtlich der verschiedenen in Betracht kommenden **Zeitpunkte fakultativ** gelten soll. Es darf kein Bedenken getragen werden, auch in dieser Hinsicht die Konsequenz der oben entwickelten Auffassung zu ziehen. Danach mufs grundsätzlich auch für die Form der erbrechtlichen Willenserklärungen das sonst das Rechtsverhältnis beherrschende Recht, also das letzte Personalstatut des Erblassers mafsgebend sein. Nur macht sich hier mit besonders zwingender Macht das Bedürfnis geltend, fakultativ auch das Personalstatut des Erklärenden zur Zeit der Erklärung zuzulassen. Dieses Bedürfnis ist so unabweisbar, dafs von mancher Seite (auch seitens der Gebhardschen Entwürfe) das eigentliche Erbfolgegesetz darüber zurückgesetzt bezichentlich ganz aufser Betracht gelassen wird. Nach dieser Auffassung soll eine letztwillige Verfügung nicht gültig sein, welche den Formen des letzten Heimatrechtes des Erblassers entspricht, wenn sie nicht entweder den Formvorschriften des Personalstatutes zur Zeit der Errichtung oder der lex loci actus genügt. Es offenbart sich darin eine Überschätzung des begrifflichen, konstruktiven

Gesichtspunktes. Man erkennt darin das Fortwirken des römischen Logismus: Quod initio vitiosum est, non potest tractu temporis convalescere. Aber nicht begriffliche Konsequenz, sondern praktische Erwägungen müssen hier entscheiden. Diese aber führen (anders als bei der oben S. 164 ff. erörterten Frage) zu dem Ergebnis, daſs es keinerlei Nachteile hat, wenn anerkannt wird, daſs ein Formmangel durch Wechsel der Staatsangehörigkeit geheilt werden kann. Die Ablehnung dieser Anerkennung würde übrigens auch selbst in gewissem Sinne die Konsequenz verletzen, indem es sinnwidrig erscheinen würde, wenn das letzte Personalstatut als lex fori die Befolgung der eigenen Formvorschriften hinsichtlich der nunmehr eigenen Staatsangehörigen für ungenügend erklären würde. Man denke an den nicht seltenen Fall, daſs der Testator im Irrtum über seine Staatsangehörigkeit war. Er glaubte Deutscher zu sein, hatte aber durch Verjährung die Reichsangehörigkeit verloren und war ohne Wollen und Wissen Unterthan eines südamerikanischen Staates geworden. Er testiert im Ausland in den Formen des deutschen Rechtes. Nachher erwirbt er die Reichsangehörigkeit zurück und stirbt als Deutscher. Es würde unbillig und sinnwidrig sein, das Testament wegen Formmangels für ungültig zu erklären.

Mit der entwickelten Auffassung stimmen grundsätzlich überein: Wächter (Archiv XXV 382), Unger (I § 23 bei Note 188), Bar (Theorie II 324, Lehrbuch 161—162).

Eine andere Frage betrifft das Verhältnis der erbrechtlichen Grundregel zur lex rei sitae. In dieser Hinsicht sind dieselben Gesichtspunkte im Erbrecht entscheidend, welche bei der Erörterung der analogen Frage des ehelichen Güterrechtes erörtert wurden, und es kann deshalb auf die früheren Ausführungen (oben S. 205 ff.) Bezug genommen werden.

Es ist hinzuzufügen, daſs die unverkennbare Tendenz der neueren Entwickelung dahin geht, die lex rei sitae in erbrechtlicher Hinsicht zu beseitigen. Der entgegengesetzte Grundsatz gilt in Österreich[1], Rufsland, Frankreich, England, Nordamerika[2] und ist durch mehrere Staatsverträge[3] adoptiert worden, insbesondere auch in der deutsch-russischen Konvention von 1874[4]. Dem gegenüber ist von durchschlagender Bedeutung, dafs alle neueren Gesetzesvorschläge sich für die einheitliche Behandlung der Erbschaft entschieden haben, und dafs insbesondere auch der deutsche Juristentag, das Institut de droit international und die Haager Konferenz sich in diesem Sinne entschlossen haben.

Was die Reziprozität im Erbrechte anlangt, so ist auf die Ausführung S. 90 ff. zu verweisen.

---

[1] Jettel 63 ff.
[2] S. Bar, Theorie II 303 ff., Böhm 175 ff.
[3] Vincent und Pénaud, Dictionnaire, Art. „successions" 825.
[4] Niemeyer, Posit. intern. Priv.-R. I § 69.

Neuntes Kapitel.
Prozefsrechtliches.

§ 28.

Hinsichtlich der Normierung des Anwendungsbereiches der Vorschriften des B. G. B., welche prozefsrechtliche Begriffe enthalten, sind die prinzipiellen Gesichtspunkte bereits (S. 46 ff.) erörtert. Die dort mit a) und b) bezeichneten Fragen sollen im folgenden der Kürze halber als die **Frage des Grundverhältnisses** und als die **Frage der prozessualischen Thatsache** bezeichnet werden.

Hier ist nun zunächst festzustellen, dafs die Gebhardschen Entwürfe in den §§ 36, 37 in unmethodischer Weise die Momente des **Prozefsbeginnes** und des **Urteils** aus der Reihe derjenigen prozefsrechtlichen Begriffe herausgehoben haben, an welche der (erste) Entwurf des B. G. B. materiellrechtliche Folgen knüpfte. Anstatt aber die Bestimmungen des ersten Entwurfes nach dieser Seite hin durchzugehen, möge hier ein Verzeichnis derjenigen Bestimmungen des **zweiten** Entwurfes Platz finden, in welchen andere prozessualische Begriffe als die genannten als Thatbestandmomente auftreten:

Rechtshängigkeit: §§ 247, 248, 350, 351, 742, 770, 901, 903, 904, 905, 908, 909, 910, 912, 915, 919, 974, 1134, 1206.

Rechtsstreit: §§ 424, 1315, 1352, 1353, 1357, 1362, 1545.

Rechtsverfolgung: §§ 714, 1693.

Klageerhebung: §§ 175, 177, 178, 181, 240, 855.

Geltendmachung im Wege der Klage: §§ 786, 787.

Klage: §§ 854, 858.

Gerichtliche Geltendmachung: §§ 729, 855, 913.

Geltendmachung durch Aufrechnung im Prozesse: §§ 175, 181, 855.

Streitverkündung: §§ 175, 181, 855.

Zustellung: § 108.

Zahlungsbefehl im Mahnverfahren: §§ 175, 179, 240, 855.

Einstweilige Verfügung: § 814.

Gerichtliche Entscheidung: § 1431.

Urteil: §§ 239, 303, 350—351, 368, 714, 786, 1377, 1407, 1443, 1741.

Rechtskräftige Entscheidung: §§ 183, 184, 855.

Rechtskräftige Feststellung: §§ 183, 184.

Rechtskräftige Verurteilung: § 239.

Anfechtung der Ehe: §§ 1592, 1653, 1775.

Verurteilung zur Herstellung der häuslichen Gemeinschaft: § 1462.

Scheidungsurteil: §§ 1218, 1376, 1470 ff., 1572, 1573.

Anfechtungsklage: § 8.

Zahlungsbefehl im Mahnverfahren: §§ 175, 179, 240, 855.

Neuntes Kapitel.

Einstweilige Verfügung: § 814.
Gerichtliche Entscheidung: § 1431.
Arrestvollziehung: § 303.
Beginn der Zwangsvollstreckung: § 221.
Vornahme einer Vollstreckungshandlung: § 175, 182, 855.
Zwangsvollstreckung: §§ 303, 445.
Antrag auf Zwangsvollstreckung: §§ 175, 182, 855.
Vollstreckbarer Titel: § 1175.
Vollstreckbare Urkunde: § 183.
Vollstreckbarer Vergleich: § 183.
Beschlagnahme einer Forderung: § 336.
Gerichtlicher Überweisungsbeschluſs: § 1062.
Aufgebot: §§ 730, 736, 1013, 1078.
Entmündigung: §§ 78, 88, 89, 1317, 1324, 1366, 1406, 1573, 1771, 1785.
Konkurs: §§ 39, 65, 77, 175, 180, 183, 445, 712, 855, 1007, 1318, 1442, 1538, 1662.
Stillstand der Rechtspflege: § 169.

Es bedarf nun bloſs einer Durchsicht der bezeichneten Vorschriften, um sich zu überzeugen, daſs es unthunlich ist, die beiden S. 47 ff. bezeichneten Fragen allgemein in der durchgreifenden Weise zu beantworten, wie es die Gebhardschen Entwürfe hinsichtlich des Prozeſsbeginnes und des Urteils unternommen haben. Nur im Sinne einer Durchschnittsregel darf man sagen: Die erste Frage ist im allgemeinen dahin zu beantworten, daſs für die Wirkung gerichtlicher Entscheidungen die Gesetze des Staates maſsgebend sein müssen, welchen das entscheidende Gericht angehört, während für die Wirkung anderer prozessualischer Thatsachen die Gesetze maſsgebend sein müssen, welchen das betreffende Rechtsverhältnis sonst unterworfen ist. Die zweite Frage dagegen: unter welchen

Umständen die im Ausland sich ereignenden prozessualischen Thatsachen als solche und insbesondere als solche der betreffenden Art anzuerkennen seien, diese Frage läfst sich schlechterdings nur durch sinngemäfse Anwendung der betreffenden Vorschriften von Fall zu Fall beantworten. Beispielsweise kann es keinem Zweifel unterliegen, dafs im Sinne der §§ 1315, 1352 ff., 1545 des Entwurfes auch die im Ausland geführten bezw. zu führenden Rechtsstreite als solche vorbehaltlos anzuerkennen sind, während eine Zustellung im Sinne des § 108 ebenso zweifellos nur dann vorliegt, wenn sie durch deutsche Organe erfolgt ist. Auch bezüglich der gerichtlichen Entscheidungen, insbesondere der Urteile ist es nicht thunlich, eine allgemeine Antwort zu geben. Auch nicht in der Weise darf die Antwort allgemein erfolgen, dafs auf **unsere prozefsrechtlichen Grundsätze über die Anerkennung ausländischer Entscheidungen**, namentlich der Urteile, verwiesen wird. Es ist eine ganz andere Frage, ob in unserem Rechtsgebiet die Exekution aus einer ausländischen Entscheidung verweigert werden, oder ob die Entscheidung überhaupt ignoriert werden soll. Das letztere darf grundsätzlich nicht geschehen[1]. Vor allem aber mufs darauf hingewiesen werden, dafs die privatrechtliche Frage nicht dahin zu richten ist, **inwieweit nach unserem Recht ausländische Entscheidungen anzuerkennen sind**, sondern dahin, welche ausländische Entscheidungen im Sinne des für das **Grundverhältnis** mafsgebenden Rechtes anzuerkennen sind. Da aber für das Grundverhältnis ebenso gut ausländisches als deutsches Recht mafsgebend sein kann, so wäre es falsch, hier die Grundsätze des deutschen Prozefsrechtes zu Grunde zu legen.

---

[1] Vgl. Bar, Theorie II 419 ff., Lehrbuch 179 ff.

Es ergiebt sich hiernach, dafs die oben (S. 50) statuierte Notwendigkeit, die hier aufgeworfenen Fragen vom Standpunkte des B. G. B. aus **selbständig** zu entscheiden, nicht durch kasuistische Bestimmungen, sondern lediglich in der Gestalt der allgemeinen Anweisung erfolgen darf, welche oben (S. 58 ff.) befürwortet und begründet wurde.

Zehntes Kapitel.
Gesetzentwurf.

§ 29.

Es sind hiernach zur Aufnahme in das B. G. B. folgende Bestimmungen zu empfehlen:

§ 1.

Die Vorschriften dieses Gesetzbuches sind unter Ausschlufs ausländischen Rechtes anzuwenden, soweit ihr Sinn und Zweck ausschliefsliche Anwendung fordert.

Ausländisches Recht ist ferner nicht anzuwenden, soweit dadurch im Inlande Rechtseinrichtungen oder Rechtsansprüche Verwirklichung finden würden, welche sittlich verwerflich sind und ferner soweit das auswärtige Recht auf einer so niedrigen Entwickelungsstufe steht, dafs seine Anwendung im Inlande nicht angemessen erscheint.

Im übrigen entscheiden über das Verhältnis dieses Gesetzbuches zum ausländischen Recht in erster Linie die in den §§ 2—23 aufgestellten Regeln.

Soweit diese keine Lösung gewähren, ist dasjenige Recht mafsgebend, dessen Anwendung gemäfs dem Wesen und der

Aufgabe der Rechtspflege im Sinne internationaler Rechtsgemeinschaft angemessen erscheint.

§ 2.

Eine rechtsgeschäftliche Unterwerfung unter ein bestimmtes Recht ist insoweit wirksam, als dasjenige Recht, welches gemäfs den folgenden Regeln für das Rechtsverhältnis sonst mafsgebend sein würde, dem Privatwillen nachgiebt.

§ 3.

Für die Form eines Rechtsgeschäftes sind die Gesetze mafsgebend, welche nach den Vorschriften dieses Gesetzbuches das betreffende Rechtsverhältnis bestimmen. Es genügt jedoch, wenn die Formvorschriften des Ortes beobachtet sind, an dem das Rechtsgeschäft vorgenommen wird.

Ausgenommen von der letzteren Vorschrift sind die Rechtsgeschäfte, welche auf Begründung, Übertragung, Aufhebung von dinglichen Rechten gerichtet sind.

Für die Form der Eheschliefsung sind ausschliefslich die Gesetze des Ortes mafsgebend, an dem die Eheschliefsung stattfindet.

Die im Auslande vor diplomatischen oder konsularischen Vertretern des deutschen Reiches entsprechend den deutschen Gesetzen errichteten Rechtsgeschäfte sind hinsichtlich der Form als gültig anzusehen.

Die im Auslande vor diplomatischen oder konsularischen Vertretern nichtdeutscher Staaten stattgehabten Eheschliefsungen sind als formgültig anzusehen, wenn sie den Gesetzen des Staates entsprechen, den der betreffende Beamte vertritt und wenn die beiden Eheschliefsenden diesem Staate angehören.

§ 4.

Die Todeserklärung von Personen, die vor ihrer Verschollenheit zuletzt die deutsche Reichsangehörigkeit besaſsen, findet nur durch deutsche Gerichte gemäſs den deutschen Gesetzen statt. Die im Auslande erfolgte Todeserklärung solcher Personen ist ohne Wirkung.

Die Todeserklärung von Ausländern durch deutsche Gerichte und gemäſs dem deutschen Rechte findet statt, wenn in dem Staate, dem ein verschollener Ausländer zuletzt angehörte, die Todeserklärung oder eine im wesentlichen gleichartige Einrichtung nicht bekannt ist oder doch für den gegebenen Fall nicht Anwendung findet, und wenn entweder deutsche Reichsangehörige ein rechtliches Interesse an der Todeserklärung glaubhaft machen oder Vermögen des Verschollenen sich in Deutschland befindet.

Die Todes-, Verschollenheits- oder Abwesenheitserklärung eines Ausländers ist anzuerkennen, wenn sie von einem Gericht ausgesprochen ist, welches nach den Gesetzen des Staates zuständig ist, dem der Verschollene zuletzt angehört hat. Die Wirkungen bestimmen sich nach den Gesetzen des Gerichtsortes.

§ 5.

Die §§ 23 bis 77 dieses Gesetzbuches finden keine Anwendung auf juristische Personen, welche ihren Sitz im Auslande haben. Hinsichtlich dieser sind die Gesetze des Ortes maſsgebend, an dem sie ihren Sitz haben.

§ 6.

Für die Geschäftsfähigkeit einer Person sind die Gesetze des Staates maſsgebend, dem sie angehört.

Die einmal begründete Volljährigkeit, die Verleihung der Rechte eines Volljährigen, sowie die Befreiung von der väterlichen Gewalt gehen durch späteren Wechsel der Staatsangehörigkeit nicht wieder verloren.

Nimmt ein Ausländer im Inlande ein Rechtsgeschäft vor, bezüglich dessen er nach den Gesetzen seines Staates in der Geschäftsfähigkeit beschränkt ist, während die Beschränkung nach diesem Gesetzbuche nicht begründet ist, so ist jene Beschränkung nicht wirksam. Auf familienrechtliche und erbrechtliche Rechtsgeschäfte findet diese Vorschrift keine Anwendung. Sie findet ferner keine Anwendung auf Verträge zwischen Ausländern, die demselben Staate angehören.

§ 7.

Für die Entstehung von Schuldverhältnissen aus unerlaubten Handlungen sind die Gesetze des Ortes mafsgebend, an dem die Handlung begangen ist.

Im übrigen sind Schuldverhältnisse nach denjenigen Gesetzen zu beurteilen, deren Anwendung nach Lage des einzelnen Falles gemäfs dem Wesen und der Aufgabe der Rechtspflege im Sinne internationaler Rechtsgemeinschaft angemessen erscheint. Im Zweifel gilt als solches für Rechtsgeschäfte unter Lebenden das Ortsrecht der Geschäftserrichtung.

§ 8.

Entstehung, Inhalt, Veränderung, Aufhebung der Rechte an einer Sache, sowie deren Besitz sind nach den Gesetzen des Ortes zu beurteilen, wo die Sache sich jeweilig befindet.

Ausgenommen hiervon sind die durch das eheliche Güterrecht, das Elternverhältnis und das Erbrecht nach Mafsgabe der §§ 12, 14, 19 bedingten Rechtsveränderungen, vorbehaltlich jedoch der Vorschriften, welche die Eintragung der durch jene Verhältnisse bewirkten Rechtsveränderungen an unbeweglichen Sachen in Grund-, Hypotheken- oder ähnliche Bücher betreffen.

Die Ersitzung einer Sache ist vollendet, wenn sie gemäfs den Gesetzen des Ortes vollendet ist, wo die Sache sich befindet. Die Wirkungen der hiernach einmal vollendeten Ersitzung werden durch einen späteren Ortswechsel nicht beseitigt.

§ 9.

Für die Eingehung der Ehe sind hinsichtlich jedes der Eheschliefsenden die Gesetze des Staates mafsgebend, dem er angehört. Ist nach diesen Gesetzen die Ehe eines Angehörigen des betreffenden Staates gültig, wenn sie den an seinem Wohnsitz oder den am Orte der Eheschliefsung geltenden Gesetzen entspricht, so genügt die Beobachtung dieser Gesetze. Für die innerhalb des deutschen Reiches zu schliefsenden Ehen sind die §§ 1215, 1216, 1218 dieses Gesetzbuches schlechthin mafsgebend.

§ 10.

Für die persönlichen Rechtsbeziehungen der Ehegatten als solcher zu einander sind die Gesetze des Staates mafsgebend, dem jeweilig der Ehemann angehört.

§ 11.

Für Ehescheidung und Trennung von Tisch und Bett sind die Gesetze des Staates mafsgebend, welchem der Ehemann zur Zeit der Klageerhebung angehört. Eine Scheidung oder Trennung darf nur gegründet werden auf Thatsachen, welche von den Gesetzen dieses Staates als Scheidungs- oder Trennungsgründe anerkannt sind. Im Auslande stattgefundene

Scheidungen und Trennungen sind nicht anzuerkennen, soweit sie gegen diesen Grundsatz verstofsen.

Deutsche Gerichte dürfen eine Scheidung oder Trennung nicht auf Thatsachen gründen, welche nach den deutschen Gesetzen keinen Scheidungsgrund bilden.

Soweit nach den Gesetzen des Staates, dem der Ehemann angehört, eine aufsergerichtliche Auflösung der Ehe anders als durch den Tod zugelassen ist, finden die vorstehenden Bestimmungen entsprechende Anwendung. Bezüglich des Einflusses einer Verschollenheits- oder Todeserklärung auf die Ehe des Verschollenen sind die Vorschriften des § 4 mafsgebend.

§ 12.

Für das eheliche Güterrecht sind die Gesetze des Staates mafsgebend, dem der Ehemann zur Zeit der Eheschliefsung angehört.

Eine Veränderung der Staatsangehörigkeit ändert den Güterstand nicht. Die Zulässigkeit vertragsmäfsiger Änderung des Güterstandes ist jedoch nach den Gesetzen des Staates zu beurteilen, dem der Ehemann zur Zeit des Vertragsschlusses angehört.

Haben aber Ehegatten, für welche ein ausländischer Güterstand gilt, ihren Wohnsitz im Inlande, so findet hinsichtlich dritter Personen der § 1334 dieses Gesetzbuches in der Weise entsprechende Anwendung, dafs der ausländische Güterstand gleich einem vertragsmäfsigen zu behandeln ist.

Die Vorschriften der §§ 1257, 1304 gelten für alle Ehegatten, die im Inlande ihren Wohnsitz haben.

Schenkungen unter Ehegatten werden hinsichtlich ihrer Zulässigkeit oder Widerruflichkeit nach den Gesetzen des Staates beurteilt, dem der Ehemann zur Zeit der Schenkung angehört.

§ 13.

Die Ehelichkeit eines Kindes wird durch die Gesetze des Staates bestimmt, dem der Vater zur Zeit der Geburt des Kindes, oder, im Falle seines früheren Todes, zur Zeit seines Todes angehört.

§ 14.

Das Rechtsverhältnis zwischen Eltern und ehelichen Kindern wird durch die Gesetze des Staates bestimmt, dem der Vater, oder wenn dieser gestorben ist, welchem die Mutter angehört.

Im Fall der Verheiratung einer Tochter erlöschen die Rechte der Eltern, soweit sie nicht begründet sind nach den Gesetzen des Staates, dem der Ehemann angehört.

§ 15.

Die Rechtsverhältnisse zwischen einem unehelichen Kinde und seiner Mutter, sowie zwischen dem Erzeuger und dessen Verwandten einerseits, dem Kinde und dessen Mutter andererseits werden durch die Gesetze des Staates bestimmt, dem die Mutter zur Zeit der Geburt angehört.

§ 16.

Für die Legitimation eines unehelichen Kindes sind die Gesetze des Staates maſsgebend, dem der Vater zur Zeit der Legitimation angehört, oder dem er, wenn er vorher gestorben ist, zuletzt angehört hat.

Für die Annahme an Kindesstatt sind die Gesetze des Staates maſsgebend, dem der annehmende Teil angehört. Eine Kindesannahme ist aber nur wirksam, wenn sie auch nach den Gesetzen des Staates gültig ist, welchem das Kind angehört.

§ 17.

Für die Unterhaltspflicht von anderen als den in den §§ 10, 14, 15 genannten Personen ist das Recht des Staates maſsgebend, dem die Person angehört, deren Verpflichtung in Frage steht.

§ 18.

Für die Voraussetzungen einer Vormundschaft oder Pflegschaft sind die Gesetze des Staates maſsgebend, welchem die zu bevormundende Person angehört.

Für das vormundschaftliche Verhältnis selbst sind die Gesetze des Staates maſsgebend, welchem die Vormundschaftsbehörde angehört.

Die deutschen Behörden haben die Vormundschaft oder Pflegschaft über einen Ausländer auf Verlangen der zuständigen Behörden des Heimatstaates an diese abzugeben.

§ 19.

Für erbrechtliche Verhältnisse ist das Recht des Staates maſsgebend, dem der Erblasser bei seinem Tode angehört.

Für die Form der Errichtung oder Aufhebung letztwilliger Verfügungen genügt (§ 3) auch die Beobachtung der Form, welche das Recht des Staates vorschreibt, dem der Erblasser zur Zeit der Errichtung oder Aufhebung angehört.

§ 20.

Die Vorschriften der §§ 12, 14, 19 kommen nicht zur Anwendung in Bezug auf unbewegliche Sachen, sofern für diese nach den Gesetzen des Ortes, an dem sie liegen, besondere Vorschriften gelten.

§ 21.

Wenn eine Person die deutsche Staatsangehörigkeit und auſserdem diejenige eines anderen Staates besitzt, so ist im

Sinne vorstehender Bestimmung allein die deutsche Staatsangehörigkeit maſsgebend.

Gehört eine Person mehreren nichtdeutschen Staaten an, so ist die zuletzt erworbene Staatsangehörigkeit maſsgebend.

Besitzt eine Person keine Staatsangehörigkeit, so ist die frühere Staatsangehörigkeit, und wenn sie solche niemals besessen hat, diejenige des ehelichen Vaters oder der unehelichen Mutter maſsgebend.

An Stelle der Staatsangehörigkeit tritt der Wohnsitz:

1) für Personen, auf welche die Bestimmung in Absatz 2 nicht anwendbar ist, weil sie die mehrfache Staatsangehörigkeit gleichzeitig erworben haben;

2) für Personen, deren Staatsangehörigkeit nicht zu ermitteln ist;

3) soweit innerhalb des Staates, dem eine Person angehört, örtliche Rechtsverschiedenheiten bestehen.

Wenn eine Person mehrere Wohnsitze hat, die in verschiedenen Rechtsgebieten liegen, so entscheidet der zuerst begründete Wohnsitz. Hat eine Person keinen Wohnsitz, so entscheidet der zuletzt innegehabte Wohnsitz, in Ermangelung eines solchen der Aufenthaltsort.

Maſsgebend ist die Staatsangehörigkeit oder der Wohnsitz oder der Aufenthaltsort der Person in dem Zeitpunkt, in welchem der zu beurteilende Thatbestand sich vollzogen hat.

§ 22.

Soweit in einem Rechtsstreit der Inhalt des nach vorstehenden Vorschriften anzuwendenden ausländischen Rechtes nicht festzustellen ist (§ 265 der Zivilprozeſsordnung), hat das Gericht anzunehmen, daſs das ausländische Recht mit dem inländischen übereinstimme.

§ 23.

Unter Zustimmung des Bundesrates kann durch Anordnung des Reichskanzlers bestimmt werden, dafs gegen die Angehörigen eines ausländischen Staates und deren Rechtsnachfolger ein Vergeltungsrecht zur Anwendung gebracht werde.

II. TEIL.
MATERIALIEN.

Verzeichnis der Abkürzungen.

Belgischer Entwurf = der von der belgischen Gesetzesrevisionskommission unter teilweiser Abänderung der Vorschläge Laurents (s. unten „Laurent") fertig gestellte Entwurf eines bürgerlichen Gesetzbuchs, Art. 3—14. Vgl. Meili, Die Kodifikation des intern. Civil- und Handelsrechts, Leipzig 1891, S. 22.

Bern, Entwurf etc. = der bernische Entwurf eines Gesetzes über das Personen- und Handlungsrecht vom Jahre 1868. Vgl. Meili u. a. O. S. 61.

Deutscher Juristentag = Beschlufs des 18. deutschen Juristentages (Verhandlungen des deutschen Juristentages 1886, Bd. 1).

Domin-Petrushevecz = A. de Domin-Petrushevecz, Précis d'un Code du droit international. Leipzig 1861, 2. partie.

Dudley Field = Outlines of an international code. 2. ed. New-York 1876.

Haag, Konferenz = Beschlüsse der Haager Konferenz von Vertretern europäischer Regierungen (1893 und 1894), gedruckt in: Actes de la conférence de la Haye, La Haye 1893, 1894 (als Manuskript gedruckt).

Holland, Wet houdende algemeene bepalingen van wetgeving = niederländisches Gesetz vom 15. Mai 1829.

Japan = Japanischer Entwurf eines bürgerlichen Gesetzbuches (übersetzt nach der englischen Fassung).

Italien, Disposizioni etc. = Disposizioni sulla pubblicazione, interpretazione ed applicazione delle leggi in generale (Präliminartitel des italienischen bürgerlichen Gesetzbuchs).

Institut (Oxford 1880, Lausanne 1888, Hamburg 1891) = Beschlüsse des institut de droit international in den bezeichneten Tagungen.

Käppeli = Entwurf eines Zivilgesetzbuches für den Kanton Aargau. Vgl. Meili a. a. O. S. 68.

Laurent = Avant-Projet de révision du code civil, Brüssel 1882 ff.

Lima = Beschlüsse der Konferenz von Lima (1878). Vgl. Meili a. a. O. S. 91 ff.

Lissabon = Beschlüsse der Konferenz von Lissabon 1888, mitgeteilt in französischer Übersetzung: Revue de droit international, Bd. 21, 1889.

Mexico, Código de extranjería = Aspiroz, Código de extranjería de los estados unidos mexicanos, ensayo de codificacion etc. publicado bajo los auspicios del ministerio etc. Mexico 1876.

Mommsen = F. Mommsen, Archiv für die zivilistische Praxis Bd. 61 S. 197 ff.

Montevideo = Beschlüsse des Kongresses von Montevideo (1889). (Actas de las sesiones del congreso sudamericano de derecho internacional privado. Buenos Aires 1889.)

Rocholl = Rocholl, Vorschläge zur Abänderung des Entwurfes eines deutschen bürgerlichen Gesetzbuches in Form eines Gegenentwurfes mit kurzer Begründung. Breslau 1890.

I. Allgemeine Grundsätze.

a) Ergänzende allgemeine Bestimmungen für die nicht durch spezielle Kollisionsnormen geregelten Fälle.

1) — **Aargau**, Bürgerliches Gesetzbuch, § 6:

Die bürgerlichen Gesetze beziehen sich auf alle Personen und auf alle Sachen, die sich im Gebiete des Kantons befinden und seiner Gerichtsbarkeit unterworfen sind.

2) — **Bern**, Civilgesetzbuch, Satzung 4 Al. 1:

Unsere Civilgesetze beziehen sich auf alle Personen und auf alle Sachen, die Unserer Botmäfsigkeit unterworfen sind.

3) — **Bern**, Entwurf über das Personen- und Handlungsrecht, Art. 1:

Das bernische Privatrecht beherrscht alle Personen, welche sich in unserm Kanton aufhalten oder daselbst ihr Recht suchen, sowie alle privatrechtlichen Verhältnisse, die in unserm Land wirksam werden, unter den in den folgenden Artikeln enthaltenen nähern Bestimmungen und Ausnahmen.

4) — **Dudley Field**, Art. 655:

The tribunals must in every case apply the law of their own nation, unless a foreign law applicable to the case is shown.

5) — **Freiburg**, Civilgesetzbuch, Art. 1:

Den Gesetzen des Kantons Freiburg sind unterworfen alle in dessen Gebiete befindliche Personen und Güter, in allem, was nicht durch das Völkerrecht, durch das Staatsrecht und die bestehenden Verträge oder durch besondere Verfügungen ausgenommen ist.

I. Allgemeine Grundsätze.

6) — **Graubünden** s. unten Nr. 171.

7) — **Käppeli**, § 17:

Die Bestimmungen dieses Gesetzbuches beziehen sich auf alle Personen, die sich im Gebiete des Kantons befinden und dessen Gerichtsbarkeit unterworfen sind, soweit nicht durch besondere Vorschriften etwas anderes festgesetzt ist.

8) — **Liv-, Est- und Kurländisches Privatrecht**, Art. XXVII:

Jedes Gericht ist verbunden, sich nach den für das ihm angewiesene Rechtsgebiet geltenden Rechtsnormen zu richten, selbst wenn Ausländer dabei beteiligt sind, falls nur die in Frage kommenden Personen ihrem Domizil und Stande nach der Jurisdiktion des Gerichts unterliegen (Art. IV—XII). Wenn jedoch die Rechtsverhältnisse von Personen in Rede stehen, welche nicht in dem betreffenden Jurisdiktionsbezirke domiziliert sind, sie mögen ihren Wohnsitz in anderen Jurisdiktionsbezirken der Ostseeprovinzen, oder in den inneren Gouvernements des Reichs oder im Auslande haben, desgleichen wenn es auf die Rechtsverhältnisse von Immobilien ankommt, welche außerhalb des bezüglichen Jurisdiktionsbezirkes belegen sind, so sind — auf Grundlage der nachstehenden Bestimmungen (Art. XXVIII—XXXVI) die für jene Personen und Immobilien geltenden fremden Gesetze in Anwendung zu bringen.

9) — **Luzern**, Civilgesetzbuch, § 6:

Die bürgerlichen Gesetze beziehen sich auf alle Personen und auf alle Sachen, die in dem Gebiete des Kantons sich befinden und der hiesigen Botmäfsigkeit unterworfen sind.

10) — **Mexico**, Codigo de extranjería, Art. 38:

Cualquiera duda ha resolverse de manera que se salva ante todo la justicia natural; si esta lo permite, se ha de consultar el interes de la nacion que da hospitalidad al extranjero, y al último el interes del extranjero.

11) — **Mommsen**, § 1:

Die Bestimmungen des bürgerlichen Gesetzbuches gelten für das Gebiet und die Angehörigen des deutschen Reiches, soweit nicht nach Staatsverträgen oder aus den nachfolgenden Bestimmungen Ausnahmen sich ergeben.

12) — **Montenegro**, Allgemeines Gesetzbuch:

Art. 5. Die montenegrinischen Gesetze und Anordnungen haben im allgemeinen in dem ganzen Staatsgebiete Montenegros Geltung; sie gelten

I. Allgemeine Grundsätze.

in Vermögensverhältnissen sowohl für Montenegriner als auch für Ausländer, welche sich in diesem Lande aufhalten, oder denen daselbst Recht gesprochen wird.

Art. 6. Der Handel und der Verkehr mit dem Auslande bedingen besondere Verhältnisse, für welche Ausnahmen von der, im vorstehenden Artikel aufgestellten allgemeinen Regel, gestattet werden. Es giebt demnach Fälle, in denen an Stelle montenegrinischer ausländische Gesetze in Montenegro selbst angewendet werden, wie denn andererseits montenegrinische Gesetze in anderen Staaten zur Anwendung gelangen. Die hierher gehörigen einzelnen Fälle sind in den Artikeln 786—800 dieses Gesetzbuches aufgezählt und daselbst die bezüglichen Anordnungen gegeben; diese Anordnungen gelten jedoch nur insofern, als sie durch die Bestimmungen der folgenden Artikel 7, 8 und 9, durch Staatsverträge oder durch ein besonderes Gesetz nicht eingeschränkt oder geändert werden.

13) — **Portugal**, Codigo commercial, Art. 6:

Todas as disposições d'este codigo serão applicaveis ás relações commerciaes com estrangeiros, excepto nos casos em que a lei expressamente determine o contrario, ou se existir tratado ou convenção especial que de outra fórma as determine e regule.

14) — **Rocholl**:

Die Gesetze fremder Staaten kommen, soweit nicht durch öffentliches Recht und Staatsverträge etwas anderes bestimmt ist, in Deutschland nur in folgenden Beziehungen zur Anwendung.

15) — **Sachsen**, Bürgerliches Gesetzbuch, § 6:

Im Inlande kommen die inländischen Gesetze zur Anwendung, soweit sich nicht nach dem öffentlichen Rechte, insbesondere nach Staatsverträgen, und nach den nachfolgenden Bestimmungen eine Ausnahme ergiebt.

16) — **Schaffhausen**, Privatrechtliches Gesetzbuch, § 1:

Das Schaffhauserische Privatrecht gilt zunächst und nur für alle Personen, Einheimische und Fremde, die im Kanton Zürich wohnen oder sich aufhalten oder darin ihr Recht suchen, und für alle Privatverhältnisse, welche im Lande wirksam werden, soweit nicht die eigentümliche Natur des besonderen Rechtsverhältnisses entweder die Anwendung eines fremden Rechts auf hiesigem Gebiete oder die Ausdehnung des hiesigen Rechts auf fremdes Gebiet erfordert.

17) — **Schweizerisches Bundesgesetz** vom 25. Juni 1891, Art. 34:

Vorbehalten bleiben die besonderen Bestimmungen der Staatsverträge sowie die Bestimmungen des Art. 10 Abs. 2 und 3 des Bundesgesetzes, betreffend die persönliche Handlungsfähigkeit, vom 22. Juni 1881.

18) — **Solothurn**, Civilgesetzbuch, § 4:

Unsere Civilgesetze beziehen sich auf alle Personen und auf alle Sachen, die sich im Gebiete unseres Kantons befinden und unserer Botmäfsigkeit unterworfen sind.

19) — **Solothurn**, Civilgesetzbuch, § 9:

Die Gerichte haben sich in allen Fällen nach den Verträgen zu richten, die in Bezug auf bürgerliche Angelegenheiten mit anderen Staaten bestehen.

Wenn ein Zweifel entsteht, ob ein Vertrag in Kraft sei, oder ob ohne ausdrücklichen Vertrag über gewisse Rechtsverhältnisse der Bürger eines anderen Staates bestimmte Übungen bestehen, so entscheidet darüber der Regierungsrat.

20) — **Unterwalden**, Gesetz vom 23. Oktober 1852 (Personenrecht), § 4:

Die bürgerlichen Gesetze beziehen sich auf alle Personen und auf alle Sachen, die sich im Gebiete des Kantons befinden und seiner Gerichtsbarkeit unterworfen sind.

21) — **Zug**, Privatrechtliches Gesetzbuch, § 1:

Das Zugerische Privatrecht bezieht sich, soweit nicht die eigentümliche Natur des besonderen Rechtsverhältnisses eine Ausnahme macht, auf alle Personen und Sachen, welche im Gebiete des Kantons sich befinden und seiner Gerichtsbarkeit unterworfen sind.

22) — **Zürich**, Privatrechtliches Gesetzbuch, § 1: übereinstimmend mit **Schaffhausen** (s. oben Nr. 16).

b) Allgemeine Regeln über die absolute Geltung einheimischer Rechtssätze.

23) — **Argentinien**, Código civil:

Art. 9. Las incapacidades contra las leyes de la naturaleza como la esclavitud ó las que revistan el carácter de penales, son meramente territoriales.

Art. 14. Las leyes estranjeras no serán aplicables:

1. Cuando su aplicacion se oponga al derecho público ó criminal de la República, á la Religion del Estado, á la tolerancia de cultos, ó á la moral y buenas costumbres;

2. Cuando su applicacion fuere incompatible con el espíritu de la legislacion de este Código;

3. Cuando fueren de mero privilegio;

4. Cuando las leyes de este Código, en colision con las leyes estranjeras, fuesen mas favorables á la validez de los actos.

24) — Badisches Landrecht, Satz 3:

Die Polizei- und Sicherheitsgesetze verbinden jeden, der auf dem Staatsgebiete sich aufhält.

25) — Belgien, Code civil, Art. 3, Al. 1:

Les lois de police et de sûreté obligent tous ceux qui habitent le territoire.

26) — Belgischer Entwurf:

Art. 3. Les lois pénales, les lois de police et de sûreté obligent tous ceux qui se trouvent sur le territoire du royaume.

Art. 14. Nonobstant les articles qui précèdent, il ne peut être pris égard aux lois étrangères dans le cas où leur application aurait pour résultat de porter atteinte aux lois du royaume qui consacrent ou garantissent un droit ou un intérêt social.

27) — Bern, Entwurf über das Personen- und Handlungsrecht, Art. 10:

Gesetze, welche die öffentliche Ordnung oder die guten Sitten betreffen, machen in unserem Staatsgebiete unter Ausschlufs jeder fremden Gesetzgebung Regel.

S. auch unten Nr. 106.

28) — Bolivia, Código civil, Art. 4:

Las leyes de policia y de seguridad obligan á todos los que habitan en el territorio.

29) — Congostaat, Gesetz vom 20. Februar 1891, Art. 8:

Les lois pénales ainsi que les lois de police et de sûreté publique obligent tous ceux qui se trouvent sur le territoire de l'État.

30) — **Costa Rica**, Art. 2:

Las leyes en que esté interesado el orden público, obligan á los habitantes y aun á los transeuntes en el territorio de Costa Rica.

31) — **Frankreich**, Code civil, Art. 3:

Les lois de police et de sûreté obligent tous ceux qui habitent le territoire.

32) — **Genf**, Code civil, Art. 3, Al. 1:

Les lois de police et de sûreté obligent tous ceux qui habitent le territoire.

33) — **Griechisches Gesetz** vom 29. Oktober 1856 (Ἀστικὸς Ἑλληνικὸς νόμος):

Art. 3. Οἱ τὴν δημοσίαν τάξιν ἀφρῶντες νόμοι ὑποχρεοῦσι πάντας τοὺς ἐν Ἑλλάδι.

Art. 8. Κατ' οὐδεμίαν περίπτωσιν δύνανται νὰ ἐφαρμοςθῶσιν ὑπὸ ἑλληνικῶν δικαστηρίων ἀλλοδαποὶ νόμοι ἀντιβαίνοντες εἰς ἡμεδαποὺς νόμους τῆς δημοσίας τάξεως, ἢ ἀφορῶντες Θεσμοθεσίας μὴ ἀναγνωριζομένας ὑπὸ τῶν ἑλληνικῶν νόμων.

34) — **Guatemala**, Código civil, Art. 4:

Las leyes penales, de policia y de seguridad obligan á todos los habitantes y transeuntes, salvas las disposiciones establecidas por el derecho internacional.

35) — **Holland**, Wet houdende algemeene bepalingen, Art. 8:

De strafwetten en de verordeningen van policie zijn verbindende, voor allen, die zich op het grondgebied van het Koningrijk bevinden.

36) — **Institut**, Oxford 1880:

En aucun cas les lois d'un état ne pourront obtenir reconnaissance et effet dans le territoire d'un autre état, si elles sont en opposition avec le droit public ou avec l'ordre public.

37) — **Jonische Inseln**, Bürgerliches Gesetzbuch, Art. 5:

Οἱ περὶ ἀστυνομίας καὶ ἀσφαλείας νόμοι εἶναι ὑποχρεωτικοὶ καὶ πρὸς ἅπαντας τοὺς ἐν τῷ Ἰονίῳ κράτει διατρίβοντας ἀλλοδαποὺς, εἴτε κατοικοῦντας ἐν αὐτῷ, εἴτε παρεπιδημοοῦντας.

38) — **Italien**, Disposizioni etc.:

Art. 11. Le leggi penali e di polizia e sicurezza pubblica obbligano tutti coloro che si trovano nel territorio del regno.

Art. 12. Non ostante le disposizioni degli articoli precedenti, in nessun caso le leggi, gli atti e le sentenze di un paese straniero, e le private disposizioni e convenzioni potranno derogare alle leggi proibitive del regno che concernano le persone, i beni o gli atti, nè alle leggi riguardanti in qualsiasi modo l'ordine pubblico ed il buon costume.

39) — **Laurent**, Section IV („Des lois d'ordre social"), Art. 26:

Les lois relatives aux droits de la société reçoivent leur application quelle que soient le lieu du contrat, la nationalité des parties intéressées et la nature des biens.

Cette règle s'applique:
1) aux lois qui dépendent du droit public et du droit pénal,
2) aux lois qui concernent les bonnes moeurs,
3) aux lois qui abolissent les privilèges politiques en matière de succession,
4) aux lois qui régissent les prescriptions. La prescription acquisitive est régie par la loi de la situation des biens et la prescription extinctive par la loi du lieu où l'obligation a été contractée.

40) — **Lima**, Art. 54:

Gesetze, Urteile, Vorträge und juristische Akte, welche ihren Ursprung im Auslande hatten, werden im Inlande nur beachtet, soweit sie nicht mit der politischen Verfassung, den Gesetzen der öffentlichen Ordnung oder den guten Sitten unverträglich sind.

41) — **Mommsen**, § 19:

Ausländische Gesetze sind nicht anzuwenden, wenn deren Anwendung durch inländische Gesetze nach der Vorschrift oder nach dem Zwecke derselben ausgeschlossen ist.

Imgleichen ist die Anwendung des ausländischen Rechts ausgeschlossen, wenn dieselbe dahin führen würde, den Ausländern ein Vorrecht vor den Inländern zu gewähren.

42) — **Monaco**, Code civil, Art. 3, Al. 1:

Les lois de police et de sûreté obligent tous ceux qui habitent le territoire de la principauté.

43) — **Montenegro**, Allgemeines Gesetzbuch, Art. 8:

Fremde Gesetze werden bei den montenegrinischen Gerichten in jenem Falle gar nicht berücksichtigt, wenn sie mit den montenegrinischen Gesetzen in Bezug auf die öffentliche Ordnung und Sicherheit im Widerspruche stehen. Desgleichen werden jene fremden Gesetze nicht anerkannt, welche gegen die gute Sitte verstofsen, oder eine unmenschliche Einrichtung (etwa die Sklaverei), welche in Montenegro nicht geduldet wird, billigen.

44) — **Montevideo**, Zusatzprotokoll, Art. 4:

Las leyes de los demas Estados, jamás serán aplicadas contra las instituciones políticas, las leyes de órden público ó las buenas costumbres del lugar del proceso.

45) — **Peru**, Código civil, Art. IV:

Las leyes de policía y de seguridad obligan á todos los habitantes del Perú.

46) — **Bocholl**:

Die Gesetze fremder Staaten kommen, soweit nicht durch öffentliches Recht und Staatsverträge etwas anderes bestimmt ist, in Deutschland nur in folgenden Beziehungen zur Anwendung.

47) — **Sachsen**, Bürgerliches Gesetzbuch, § 19:

Ausländische Gesetze sind nicht anzuwenden, wenn deren Anwendung durch inländische Gesetze nach der Vorschrift oder nach dem Zwecke derselben ausgeschlossen ist.

48) — **Spanien**, Código civil, Art. 8:

Las leyes penales, las de policía y las de seguridad pública, obligan á todos los que habiten en territorio español.

49) — **Waadt**, Code civil, Art. 3, Al. 1:

Les lois de police et de sûreté obligent tous ceux qui habitent le territoire.

50) — **Wallis**, Civilgesetzbuch, Art. 2:

Die Polizei- und Sicherheitsgesetze verbinden jeden, welcher das Gebiet des Kantons bewohnt.

c) Begrenzung der privatautonomischen Unterwerfung unter ausländisches Recht.

51) — Aargau, Bürgerliches Gesetzbuch, § 7:

Die Wirksamkeit der Gesetze, welche die Handhabung der öffentlichen Ordnung und der guten Sitten zum Zwecke haben, darf durch Verfügungen Einzelner nicht beschränkt werden.

52) — Badisches Landrecht, Satz 6:

Von solchen Gesetzen, welche die Handhabung der öffentlichen Ordnung und der guten Sitten zum Zweck haben, können Verträge der Unterthanen keine Ausnahme begründen.

53) — Bern, Entwurf über das Personen- und Handlungsrecht, Art. 12:

Vorbehalten für alle Verhältnisse des interkantonalen und internationalen Privatrechts (Art. 1 bis und mit 10) bleiben:
1) die Staatsverträge und Konkordate;
2) die Bestimmungen der Bundesverfassung und Bundesgesetzgebung;
3) abweichende Bestimmungen oder Vereinbarungen der Beteiligten, insofern nicht bindende gesetzliche Vorschriften dadurch verletzt werden.

54) — Bolivia, Código civil, Art. 5:

Las leyes que interesan al órden público y á las buenos costumbres, no se pueden renunciar por convenios particulares.

55) — Columbien, Código civil, Art. 16:

No podrán derogarse por convenios particulares las leyes en cuya observancia están interesados el orden público y las buenas costumbres.

56) — Costa Rica, Código civil, Art. 10:

No tiene eficacia alguna la renuncia de las leyes en general, ni la especial de las leyes de interés público.

Los actos y convenios contra las leyes prohibitivas serán nulos, si las mismas leyes no disponen otra cosa.

57) — Dudley Field:

Art. 604. A contract, wherever made or to be performed, which is forbidden by an express provision of the law of any nation within whose jurisdiction it is agreed to be wholly on in part perfomed, is unlawful everywhere, so far as relates to the prohibited performance.

Art. 605. A contract, wherever made or to be performed, which is made with the intent to violate an express provision of this Code or of the law of any nation a party to this Code, is unlawful everywhere.

58) — **Frankreich**, Code civil, Art. 6:

On ne peut déroger, par des conventions particulières, aux lois qui intéressent l'ordre public et les bonnes mœurs.

59) — **Japan**:

Art. 15. Verträge oder andere Akte, welche gegen die Gesetze der Polizei und gegen die guten Sitten verstofsen, oder welche deren Umgehung bezwecken, sind ungültig.

Art. 16. Verträge oder Akte, welche die bezüglich des Civilstandes oder der rechtlichen Fähigkeit gegebenen Vorschriften aufse Anwendung stellen, sind null und nichtig.

60) — **Jonische Inseln**, Bürgerliches Gesetzbuch, Art. 6:

Οὐδεὶς δύναται δι' ἰδιαιτέρων συμφωνιῶν νὰ παρεκτραπῇ ἐκ τῶν διαφερόντων τὴν κοινὴν τάξιν, ἢ τὰ χρηστὰ ἤδη νόμων.

61) — **Mexico**, Código civil:

Art. 6. No tiene eficacia alguna la renuncia de las leyes en general, ni la especial de las leyes prohibitivas ó de interes público.

Art. 7. Los actos ejecutados contra el tenor de la leyes prohibitivas serán nulos si las mismas leyes no disponen otra cosa.

Art. 15. Las leyes que se interesan el derecho público y las buenas costumbres, no podrán alterarse ó nulificarse, en cuanto á sus efectos, por convenio celebrado entre particulares.

62) — **Mommsen**, § 18:

Soweit Rechtsverhältnisse durch die Willkür der Beteiligten bestimmt werden können, ist statt des sonst entscheidenden Rechtes ein anderes Recht anzuwenden, wenn ein darauf gerichteter Wille von den Beteiligten ausdrücklich oder stillschweigend erklärt ist.

63) — **Peru**, Código civil, Art. VII:

Ningun pacto exime de la observancia de la ley; sin embargo es permitido renunciar los derechos que ella concede, siempre que sean meramente privados, y que no interesen al orden publico ni á las buenas costumbres.

64) — **Sachsen**, Bürgerliches Gesetzbuch, § 18:

Soweit Rechtsverhältnisse durch die Willkür der Beteiligten bestimmt werden können, ist den letzteren gestattet, festzusetzen, dafs statt der sonst entscheidenden Gesetze andere Gesetze zur Anwendung kommen sollen.

65) — **Schaffhausen**, Privatrechtliches Gesetzbuch, § 7:
Vorbehalten bleiben für alle obigen Regeln:
a) besondere Staatsverträge,
b) bindende Vorschriften der Gesetze für besondere Fälle (z. B. über die eheliche Trauung),
c) abweichende ausdrückliche oder aus schlüssigen Thatsachen hervorgehende Bestimmungen der Vertragspersonen oder des Verfügenden, insoweit nicht bindende gesetzliche Vorschriften dadurch verletzt werden.

66) — **Tieino**, Codice civile, Art. 5:
Con nessuna privata convenzione può derogarsi alle leggi che risguardano l'ordine pubblico ed i buoni costumi.

67) — **Wallis**, Civilgesetzbuch, Art. 4:
Gesetzen, welche die öffentliche Ordnung und Sittlichkeit betreffen, darf durch Privatverträge kein Abbruch geschehen.

68) — **Zürich**, Privatrechtliches Gesetzbuch, § 6:
Vorbehalten bleiben für alle obigen Regeln:
a) die Bestimmungen der Staatsverträge;
b) die Vorschriften des eidgenössischen Rechts;
c) besondere Bestimmungen kantonaler Gesetze;
d) abweichende ausdrückliche oder aus schlüssigen Thatsachen hervorgehende Bestimmungen der Vertragspersonen oder des Verfügenden, insoweit nicht andere gesetzliche Vorschriften dadurch verletzt werden.

69) — **Zug**, Privatrechtliches Gesetzbuch, § 6:
Vorbehalten bleiben für alle obige Regeln besondere Staatsverträge, bindende Vorschriften für besondere Fälle und abweichende in der Kompetenz der kontrahierenden Teile liegende Vertragsbestimmungen.

d) Ermittelung ausländischer Rechtssätze.

70) — **Argentinien**, Código civil, Art. 13:
La aplicacion de las leyes estranjeras, en los casos en que este Código la autoriza, nunca tendrá lugar sinó á solicitud de parte inter-

esada, á cuyo cargo será la prueba de la existencia de dichas leyes. Exceptúanse las leyes estranjeras que se hicieren obligatorias en la República por convenciones diplomáticas, ó en virtud de ley especial.

71) — **Bern**, Entwurf über das Personen- und Handlungsrecht, Art. 11:

Wer sich vor den hiesigen Gerichten auf ausländisches Recht beruft, hat sowohl den Inhalt desselben als seine dermalige Geltung genügend zu bescheinigen.

72) — **Costa Rica**, Código civil, Art. 11:

El que funde su derecho en leyes extranjeras deberá probar la existencia de éstas.

73) — **Guatemala**, Código civil, Art. 16:

El que funde su derecho en leyes extranjeras, deberá probar la existencia de éstas.

74) — **Montenegro**, Allgemeines Gesetzbuch, Art. 7:

Selbst in jenen Fällen, in denen nach dem vorstehenden Artikel ausländische Gesetze zur Anwendung gelangen, haben die montenegrinischen Gerichte nach ihrer Amtspflicht nur jene ausländischen Gesetze zu berücksichtigen, welche nach einem Staatsvertrage oder einem zwingenden montenegrinischen Gesetze (775) ausdrücklich Anwendung zu finden haben.

Entsteht über den Inhalt aller sonstigen ausländischen Gesetze ein Zweifel, so haben die Gerichte ihre Übereinstimmung mit den montenegrinischen Gesetzen vorauszusetzen, so lange die Parteien eine Abweichung und den Inhalt jener fremden Gesetze nicht nachweisen.

75) — **Sachsen**, Bürgerliches Gesetzbuch, § 172:

Im Inlande bekannt gemachte Gesetze bedürfen keines Beweises. Ausländische Rechte hat derjenige zu beweisen, welcher sich darauf beruft; sie können aber ohne diesen Beweis von dem Richter angewendet werden, wenn sie ihm glaubhaft bekannt geworden sind.

e) Stellung der Ausländer.

76) — **Badisches Konstitutionsedikt** vom 4. Juni 1808, § 2:

„Recht der Gäste". Das Recht, daſs sein (des Fremden) Vermögen im Lande, wenn er darin stirbt, gleicher Fürsorge, wie jenes der Staatsbürger anvertraut und an jene, denen es durch gültige letzte Willensverordnungen oder durch die Erbfolge nach den Rechten seines Heimatsstaates angehörig ist, ausgeliefert werde. (Der Zusatz: „Wenn nicht dieser Staat ein Fremdlingsrecht (jus albinagii) gegen den unsrigen ausübt und dadurch zur Rechtserwiderung zwingt", ist aufgehoben durch Gesetz vom 4. Juni 1864.)

77) — **Badisches Landrecht**, Satz 11:

Der Fremde geniefst im Lande die gleichen bürgerlichen Rechte, welche das Ausland, zu welchem er gehört, dem hiesigen durch Verträge eingeräumt hat oder einräumen wird.

78) — **Badisches Gesetz** vom 4. Juni 1864:

§ 1. Die Ausländer haben das Recht, liegendes und fahrendes Vermögen im Inlande auf gleiche Weise wie Inländer zu erwerben und zu besitzen, dasselbe zu vererben und darüber unter Lebenden und auf den Todesfall zu verfügen. Die entgegenstehenden Bestimmungen, insbesondere L. R. S. 726, 912 des § 2 lit. 1 und § 7 lit. a des Konstitutionsediktes vom 4. Juni 1808 . . . sind aufgehoben.

§ 2. Wenn die Gegenstände einer Verlassenschaft oder Schenkung teils im Inlande und teils im Auslande sich befinden und von den letzteren Inländer wegen ihrer Eigenschaft als Fremde ausgeschlossen sind, so sollen sie hierfür aus dem Anteile der sie ausschliefsenden Ausländer von den im Inlande befindlichen Bestandteilen desselben Vermögens Vergütung erhalten.

79) — **Bayern**, Edikt I zur Verfassungsurkunde:

§ 16. Den Fremden wird in dem Königreiche die Ausübung derjenigen bürgerlichen Privatrechte zugestanden, die der Staat, zu welchem ein solcher Fremder gehört, den königlichen Unterthanen zugestehet.

§ 17. Werden in einem auswärtigen Staate durch Gesetze oder besondere Verfügungen entweder Fremde im allgemeinen oder bayerische Unterthanen insbesondere von den Vorteilen gewisser Privatrechte ausgeschlossen, welche nach den allda geltenden Gesetzen den Einheimischen zustehen, so ist gegen die Unterthanen eines solchen Staats derselbe Grundsatz anzuwenden.

§ 18. Zur Ausübung eines solchen Retorsionsrechts mufs allezeit die besondere königliche Genehmigung erholt werden.

§ 19. Fremde, welche mit königlicher Erlaubnis in dem Königreiche sich aufhalten, geniefsen alle bürgerlichen Privatrechte, solange sie allda zu wohnen fortfahren, und jene Erlaubnis nicht zurückgenommen ist.

80) — **Belgien**, Code civil, Art. 11:

L'étranger jouira en Belgique des mêmes droits civils que ceux qui sont ou seront accordés aux Belges par les traités de la nation à laquelle cet étranger appartiendra.

81) — **Bolivia**, Código civil, Art. 7:

Los estrangeros gozarán en Bolivia de los mismos derechos civiles que los que estén o fueren concedidos á los bolivianos por tratados de la nacion, á que pertenezcan aquellos.

82) — **Chile**, Código civil, Art. 14:

La ley es obligatoria para todos los habitantes de la República, inclusos los extrangeros.

83) — **Columbien**, Código civil, Art. 18:

La ley es obligatoria tanto á los nacionales como á los extranjeros residentes en Colombia.

84) — **Congostaat**, Gesetz vom 20. Februar 1891, Art. 1:

L'étranger que se trouve sur le territoire de l'État Indépendant du Congo y jouit de la plénitude des droits civils.

Il est protégé dans sa personne et dans ses biens au même titre que les nationaux.

85) — **Domin Petrushevecz**, Art. 176:

Quant à la justice civile et criminelle la réciprocité formelle sera la règle suprême du traitement des sujets étrangers, c.-à-d. il n'y aura pas de différence du traitement des régnicoles et des étrangers.

86) — **Frankreich**, Code civil, Art. 11:

L'étranger jouira en France des mêmes droits civils que ceux qui sont ou seront accordés aux Français par les traités de la nation à laquelle cet étranger appartiendra.

87) — **Holland**, Wet houdende algemeene bepalingen, Art. 9:

Het burgerlijk recht van het Koningrijk is hetzelfde voor vreemdelingen, als voor de Nederlanders, zoolang de wet niet bepaaldelijk het tegendeel vaststelt.

88) — **Lima**, Art. 1:

Fremde geniefsen im Staate dieselben bürgerlichen Rechte wie Einheimische.

89) — Louisiana, Civil code, Art. 9:

The law is obligatory upon all inhabitants of the state indiscriminately; the foreigner, whilst residing in the state, and his property within its limits, are subject to the laws of the state.

90) — Monaco, Code civil, Art. 11:

L'étranger jouira dans la principauté des mêmes droits civils que ceux qui sont ou seront accordés aux sujets monégasques par les lois de la nation à laquelle cet étranger appartiendra.

91) — Montenegro, Allgemeines Gesetzbuch, Art. 9:

Falls ein Staat in seinen gesetzlichen Anordnungen in Beziehung auf Vermögensverhältnisse die eigenen Staatsangehörigen und Montenegriner verschieden und zwar zum Nachteile der letzteren behandelt, so hat das Justizministerium im Einvernehmen mit dem Staatsrate zu verordnen, dafs mit den Staatsangehörigen jenes Staates nach dem Grundsatze der Gegenseitigkeit vorzugehen sei, d. i. es wird in Montenegro zu ihrem Nachteile derselbe Unterschied gemacht.

92) — Peru, Código civil, Art. 33:

Los extranjeros gozan en el Perú de todos los derechos concernientes á la seguridad de su persona y de sus bienes, y á la libre administración de estos.

93) — Preufsen, Allgemeines Landrecht:

Einl. § 41. Fremde Unterthanen haben also bei dem Betriebe erlaubter Geschäfte in hiesigen Landen sich aller Rechte der Einwohner zu erfreuen, so lange sie sich des Schutzes der Gesetze nicht unwürdig machen.

— § 42. Die Verschiedenheit der Rechte auswärtiger Staaten macht von dieser Regel noch keine Ausnahme.

— § 43. Wenn aber der fremde Staat, zum Nachteil des Fremden überhaupt oder der hiesigen Unterthanen insbesondere, beschwerende Verordnungen macht, oder dergleichen Mifsbräuche wissentlich gegen diesseitige Unterthanen duldet, so findet das Wiedervergeltungsrecht statt.

— § 44. Unterrichter sollen, ohne Genehmigung ihrer Vorgesetzten, gegen Fremde niemals auf Retorsion erkennen.

— § 45. Dagegen können aber auch Fremde durch Abtretung ihrer Rechte an hiesige oder andere mehr begünstigte Unterthanen sich dem Retorsionsrechte nicht entziehen.

I. Allgemeine Grundsätze.

I 12. § 40. Soweit hiesige Einwohner zur Erwerbung einer Erbschaft oder eines Vermächtnisses in fremden Staaten nach den Gesetzen derselben für unfähig geachtet werden, soweit sind auch dortige Einwohner von hiesigen Unterthanen Erbschaften und Vermächtnisse zu erwerben nicht fähig.

II 17. § 173. Insofern fremde Staaten sich den in ihren Landen befindlichen Nachlafs hiesiger daselbst verstorbener Unterthanen anmafsen, soll von seiten des hiesigen Staats die Erwiederung stattfinden.

94) — **Sachsen**, Bürgerliches Gesetzbuch, § 20:

Bestimmen die Gesetze eines fremden Staates eine Rechtsverschiedenheit zwischen Inländern und Ausländern, so ist, soweit es die hierüber bestehenden Vorschriften des Inlandes gestatten, dieselbe Rechtsverschiedenheit auch im Inlande gegen die Unterthanen jenes Staates anzuwenden. Diese Erwiderung kann durch Abtretung der Rechte an andere nicht umgangen werden.

(Dazu bestimmt die Verordnung vom 9. Januar 1865, die Ein- und Ausführung des bürgerlichen Gesetzbuches betr., in § 3:

„Die Untergerichte dürfen das in § 20 des bürgerlichen Gesetzbuches erwähnte Erwiderungsrecht gegen Ausländer nur zur Anwendung bringen, wenn sie zuvor bei dem Ministerium der Justiz angefragt haben und dieses die Genehmigung dazu erteilt hat.")

95) — **Serbien**, Civilgesetzbuch:

Art. 47. Der Fremde geniefst in Serbien gleiche Rechte, wie sie den Serben durch den Staat gewährt werden, dem dieser Fremde angehört. Im Zweifelsfall mufs der Fremde Beweise beibringen.

Art. 423. Alles, was sich auf das Recht der Fremden auf die Erbschaft eines serbischen Bürgers bezieht, wird geregelt durch die Staatsverträge und nach diesen Verträgen beurteilt.

96) — **Spanien**, Código civil, Art. 27:

Los extranjeros gozan en España de los derechos que las leyes civiles conceden á los españoles, salvo lo dispuesto en el art. 2º de la Constitución del Estado ó en tratados internacionales.

97) — **Ticino**, Codice civile, Art. 9:

Le leggi favoriscono ed obbligano anche lo straniero in quanto soggiorna, contratta possiede o può acquistare nel Cantone.

98) — **Venezuela**, Código civil, Art. 6:

La autoridad de la ley se extiende á todos los habitantes de la República, inclusos los extranjeros.

f) Form der Rechtsakte.

99) — Aargau, Bürgerliches Gesetzbuch, § 10:

Die Form eines Rechtsgeschäftes ist nach den Gesetzen des Ortes zu beurteilen, wo es vorgenommen worden.

100) — Argentinien, Código civil:

Art. 12. Las formas y solemnidades de los contratos y de todo instrumento público, son regidas por las leyes del país donde se hubieren otorgado.

Art. 1180. La forma de los contractos entre presentes será juzgada por las leyes y usos del lugar en que se han concluido.

Art. 1181. La forma de los contratos entre ausentes, si fueren hechos por instrumento particular firmado por una de las partes, será juzgada por las leyes del lugar indicado en la fecha del instrumento. Si fuesen hechos por instrumentos particulares firmados en varios lugares, ó por medio de agentes, ó por correspondencia epistolar, su forma será juzgada por las leyes que sean mas favorables á la validez del contrato.

101) — Badisches Landrecht, Satz 3a:

Die Gesetze über das Gerichtsverfahren und jene über Form und Gültigkeit der im Lande verrichteten Rechtsgeschäfte sind anwendbar auf den Inländer und Ausländer.

102) Bayrisches Landrecht, I cap. 2 § 17:

Falls einige von obgedachten willkürlichen Rechten selbst nicht miteinander zusammenstimmen, so soll man am ersten auf die wohl hergebrachten besondern Freiheiten, sodann auf jedes Orts löbliche Gewohnheiten, Satz- und Ordnungen, hiernächst auf die General-Lands-Statute und endlich auf das gemeine Recht sehen.

Dafern aber die Rechten, Statuten und Gewohnheiten in loco Judicii, Delicti, Rei sitae, Contractus, Domicilii unterschiedlich seynd so soll quoad formam processus auf die bei selbigem Gericht, wo die Sach rechtshängig ist, übliche Rechten (mit Bestraffung eines Verbrechens aber auf die Rechten des Orts, wo solches begangen worden) soviel hingegen die blofse Solemnität einer Handlung betrifft, auf die Rechten des Orts, wo solche unter Todten oder Lebendigen gepflogen wird, in mere personalibus auf die Statuta in loco domicilii und endlich in realibus vel mixtis auf die Rechten in loco rei sitae ohne Unterschied der Sachen, ob sie beweglich oder unbeweglich, cörperlich oder uncörperlich seynd, gesehen und erkannt werden.

103) — Bayrische Gerichtsordnung, XIV. § 7, Nr. 8:

Nachdem sich oft zuträgt, dafs die Localstatuten, oder Gewohnheiten verschieden sind, und ein anderes in loco contractus, ein anderes in loco rei sitae, aut judicii statuirt und Herkommens ist, so hat der Richter vorzüglich dahin zu sehen, ob das Statut nur die blofse Form und Solennität einer gepflogenen Handlung, oder die Personen, und Güter selbst betreffe. Im erstern Falle soll nach dem Statut oder der Gewohnheit des Orts, wo die Handlung gepflogen wird, gesprochen werden, im letztern Falle aber erstreckt sich das Statut oder Herkommen weiter nicht, als auf die in jenem Orte befindlichen Güter und wohnhaften Personen, nicht aber auf das, was sich aufserhalb desselben befindet.

104) — Belgischer Entwurf:

Art. 9. Les formes des authentiques et des actes sous seing privé sont réglées par la loi du pays où ils sont faits. Néanmoins, l'acte sous seing privé peut être dressé dans les formes admises par les lois nationales de toutes les parties.

Art. 10. Lorsque la loi qui régit une disposition exige, comme condition substantielle, que l'acte ait la forme authentique ou la forme olographe, les parties ne peuvent suivre une autre forme, celle-ci fût-elle autorisée par la loi du lieu où l'acte est fait.

105) — Bern, Civilgesetzbuch, Satzung 4 Al. 3:

Die Form eines Rechtsgeschäfts ist nach den Gesetzen des Landes zu beurteilen, wo es vorgenommen worden.

106) — Bern, Entwurf über das Personen- und Handlungsrecht, Art. 6:

Die Form eines Rechtsgeschäftes richtet sich nach den Gesetzen des Ortes, wo es vorgenommen wird. Doch genügt auch die Beobachtung der Gesetze des Ortes, an welchem das Geschäft in Wirksamkeit treten soll.

Vorbehalten bleiben solche Formvorschriften, die aus öffentlichen Rücksichten ihres bindenden Charakters wegen durch Abschlufs des Geschäftes aufserhalb des Kantons nicht umgangen werden können.

107) — **Canada**, Civil code, Art. 7:

Acts and deeds made and passed out of Lower Canada are valid, if made according to the forms required by the law of the country where they were passed or made.

108) — **Chile**, Código civil:

Art. 17. La forma de los instrumentos públicos se determina por la ley del país en que hayan sido otorgados. Su autenticidad se probará segun las reglas establecidas en el Código de Enjuiciamiento.

La forma se refiere a las solemnidades esternas, y la autenticidad al hecho de haber sido realmente otorgados y autorizados por las personas y de la manera que en los tales instrumentos se exprese.

Art. 18. En los casos en que las leyes chilenas exijieren instrumentos públicos para pruebas que han de rendirse y producir efecto en Chile, no valdrán las escrituras privadas, cualquiera que sea la fuerza de éstas en el país en que hubieren sido otorgadas.

109) — **Columbien**, Código civil:

Art. 21. La forma de los instrumentos públicos se determina por la ley del país en que hayan sivo otorgados. Su autenticidad se probará según las reglas establecidas en el Código Judicial de la Unión. La forma se refiere á las solemnidades externas y la autenticidad a hecho de haber sido realmente otorgados y autorizados por las personas, y de la manera que en tales instrumentos se exprese.

Art. 22. En los casos en que los Códigos ó las leyes de la Unión exigiesen instrumentos públicos para pruebas que han de rendirse y producir efecto en asuntos de la competencia de la Unión, no valdrán las escrituras privadas, cualquiera que sea la fuerza de éstas en el país en que hubieren sido otorgadas.

110) — **Congostaat**, Gesetz vom 20. Februar 1891, Art. 5:

La forme des actes entre vifs est régie par la loi du lieu où ils sont faits. Néanmoins les actes sous seing privé peuvent être passés dans les formes également admises par les lois nationales de toutes les parties.

111) — **Costa Rica**, Código civil, Art. 8:

En cuanto á la forma y solemnidades externas de un contrato ó de un acto jurídico que debe tener efecto en Costa Rica, el otorgante ú otorgantes pueden sujetarse á las leyes costarricenses ó á las del país donde el acto ó contrato se ejecute ó celebre.

Para los casos en que las leyes de Costa Rica exigieren instrumento público, no valdrán las escrituras privadas, cualquiera que sea la fuerza de éstas en el país donde se hubieren otorgado.

112) — Domin Petrushevecz:

Art. 188. Tous actes entre vifs ou à cause de mort seront en ce qui concerne leur validité quant à la forme appréciés selon la loi du lieu où ils ont été consentis.

Art. 189. Cette règle est en vigueur aussi quant à la validité civile d'un mariage, en ce qui concerne la forme.

Art. 190. Pour l'acquisition d'un droit réel (tel que la propriété, la possession, une hypothèque ou une servitude) sur un immeuble par un acte passé en pays étranger il y faut encore ajouter les conditions prescrites pour l'acquisition d'un tel droit dans le pays où l'immeuble est situé. Jusqu'à tant on n'a acquis qu'un droit personnel.

Art. 191. L'acte passé en étranger suivant les formes prescrites dans la patrie de celui qui l'a passé (ou des plusieurs qui l'ont passé s'ils sont compatriotes) est aussi formellement valable.

Art. 192. La validité intrinsèque d'un acte passé en étranger se décide selon les Art. suivants si ni le statut personnel, ni le statut réel, ni une autonomie légale n'y viennent en considération.

Art. 206. Dans chaque état les actes publics, les documents, les arrêts et jugements rendus en matière contentieuse, soit par des arbitres étrangers, soit par les cours et tribunaux compétents des autres états, auront pleine foi et autorité et doivent recevoir leur exécution tant à la requête de la partie intéressée qu'en vertu d'une commission rogatoire en tout cas que l'exécution demandée à raison d'un tel acte serait accordée aussi par les tribunaux du pays où il a été rendu.

Art. 208. L'authenticité et la validité des actes publics ou des actes sous seing privé quant à la preuve littérale qu'ils font sont jugées selon la loi du lieu où ils ont été rédigés.

Art. 218. Tout acte de juridiction volontaire valable au lieu de sa rédaction le sera partout si les exceptions de l'art. 200 n'y viennent en considération.

113) — Dudley Field:

Art. 614. The formalities requisite for the making of a contract are those, and those only, which are prescribed by the law of the place where it is made.

Art. 615. If there are several parties to the contract, the formalities demanded by the law of the place where each one engages are necessary and sufficient in respect to the obligation imposed thereby upon himself.

I. Allgemeine Grundsätze.

114) — Ecuador, Código civil:

Art. 16. La forma de los instrumentos públicos se determina por la ley del lugar en que hayan sido otorgados. Su autenticidad se probará según las reglas establecidas en el Código de Enjuiciamientos.

La forma se refiere á las solemnidades externas, y la autenticidad al hecho de haber sido realmente otorgados y autorizados por las personas y de la manera que en tales instrumentos se exprese.

Art. 17. En los casos en que las leyes ecuatorianas exigieren instrumentos públicos para pruebas que han de rendirse y surtir efecto en el Ecuador, no valdrán las escrituras privadas, cualquiera que sea la fuerza de éstas en el lugar en que hubieren sido otorgadas.

115) — Freiburg, Civilgesetzbuch, Art. 4:

Die bürgerlichen Rechtsgeschäfte, für welche gewisse Formen vorgeschrieben sind, müssen in diesen Formen abgeschlossen werden; jedoch können deswegen Rechtsgeschäfte, die es den Kantonsangehörigen nicht verboten ist im Auslande vorzunehmen, die aber ihre Vollziehung in hiesigem Kanton erhalten sollen, von ihnen entweder in den Formen vorgenommen werden, die in diesem Kanton vorgeschrieben sind, oder aber in denjenigen, die in den Ländern üblich sind, wo diese Geschäfte stattfinden.

116) — Georgia, Civil code, § 8:

The validity, form and effect of all writings or contracts are determined by the laws of the place where executed. When such writing or contract is intended to have effect in this State, it must be executed in conformity to the laws of this State, excepting wills of personalty of persons domiciled in another State or country.

117) — Griechisches Gesetz vom 29. Oktober 1850 (Αττικὸς Ἑλληνικὸς νόμος).

Art. 7. Αἱ ἐν τῇ ἀλλοδαπῇ ὑπὸ Ἑλλήνων ἐπιχειρούμεναι νομικαὶ πράξεις ἔχουσι κατὰ τὸν τύπον αὐτῶν κῦρος ἐν Ἑλλάδι, καταρτιζόμεναι εἴτε κατὰ τὸν ἑλληνικὸν νόμον, εἴτε κατὰ τὰς ἐν τῷ τόπῳ τῆς ἐπιχειρήσεως αὐτῶν ἰσχυούσης διατυπώσεις.

Art. 60. Αἱ ἐν τῇ ἀλλοδαπῇ παρὰ τῶν ἁρμοδίων ἀρχῶν καὶ κατὰ τοὺς αὐτόθι εἰθισμένους τύπους συντεταγμέναι ληξιαρχικαὶ πράξεις ἔχουσιν ἀποδεικτικὴν ἰσχὺν καὶ ἐν τῇ Ἑλλάδι.

118) — Guatemala, Código civil:

Art. 13. Respecto de la forma o solemnidades externas de los contratos, testamentos y de todo instrumento publico, regirán las leyes del país en que se hubieren otorgado. Sin embargo los guatemaltecos ó extrangeros residentes fuera de la república quedan in libertad para sujetarse á las formas ó solemnidades prescritas por la ley guatemalteca, en los casos en que el acto haya de tener ejecucion en la misma república.

Art. 15. Si los contrados ó testamentos de que habla el articulo anterior, fueren otorgados por un extranjero y hubiesen de ejecutarse en la república, será libre el otorgante para elegir la ley á que haya de sujetarse la solemnidad interna del acto, en cuanto al interés que consista en bienes muebles. Por lo que respecta á los raices se observará lo dispuesto en el art. 5.

119) — **Holland**, Wet houdende algemeene bepalingen, Art. 10:

De vorm van alle handelingen wordt beoordeeld naar de wetten van het land of de plaats, alwaar die handelingen zijn verricht.

120) — **Honduras**, Código civil:

Art. 21. La forma de los instrumentos públicos se determina por la ley del país en que hayan sido otorgados. Su autenticidad se probará segun las reglas establecidas en el Código de Procedimiento.

La forma se refiere a las solemnidades esternas, y la autenticidad al hecho de haber sido realmente otorgados y autorizados por las personas y de la manera que en los tales instrumentos se exprese.

Art. 22. En los casos en que las leyes hondureñas exijieren instrumentos públicos para pruebas que han de rendirse y producir efecto en Honduras, no valdrán las escrituras privadas, cualquiera que sea la fuerza de éstas en el país en que hubieren sido otorgadas.

121) — **Japan**, Art. 9:

Die Förmlichkeiten öffentlicher und privater Urkunden werden durch das Recht des Landes regiert, wo sie errichtet sind. Privaturkunden, welche von einer einzelnen Person oder von mehreren Personen errichtet sind, welche demselben Staate angehören, können in Gemäfsheit der Förmlichkeiten errichtet werden, welche das Recht des Landes vorschreibt, dem sie angehören.

Art. 10. Alle förmlichen Verträge oder Akte sind gültig, sofern ihre Form den Vorschriften des Landes entspricht, wo sie errichtet sind oder wo sie zu erfüllen sind. Ausgenommen ist der Fall, dafs die Absicht zu Grunde liegt, die Vorschriften des japanischen Rechtes zu umgehen.

Art. 11. Eine im Ausland in Übereinstimmung mit den dortigen Formvorschriften errichtete Urkunde kann in Japan nur geltend gemacht werden, wenn solche Urkunde legalisiert ist, sofern sie sich auf die Übertragung von Realrechten an Immobilien bezieht, durch den Präsidenten des Distriktgerichtes des Ortes, wo das Grundstück belegen ist, und, sofern sie sich auf einen andern Rechtsakt bezieht, durch den Präsidenten des Distriktgerichtes des Domizils oder Aufenthaltsortes der Parteien.

122) — **Italien**, Disposizioni etc., Art. 9:

Le forme estrinseche degli atti tra vivi e di ultima volontà sono determinate dalla legge del luogo in cui sono fatti. È però in facoltà de' disponenti o contraenti di seguire le forme della loro legge nazionale, purchè questa sia comune a tutte le parti.

La sostanza e gli effetti delle donazioni e delle disposizioni di ultima volontà si reputano regolati dalla legge nazionale dei disponenti. La sostanza e gli effetti delle obbligazioni si reputano regolati dalla legge del luogo in cui gli atti furono fatti, e, se i contraenti stranieri appartengono ad una stessa nazione, dalla loro legge nazionale. E salva in ogni caso la dimostrazione di una diversa volontà.

123) — **Italien**, Codice di commercio, Art. 58:

La forma e i requisiti essenziali delle obbligazioni commerciali, la forma degli atti da farsi per l'esercizio e la conservazione dei diritti che ne derivano o per la loro esecuzione, e gli effetti degli atti stessi, sono regolati rispettivamente dalle leggi o dagli usi del luogo dove si emettono le obbligazioni e dove si fanno o si eseguiscono gli atti suddetti, salva in ogni caso l'eccezione stabilita nell'articolo 9 delle disposizioni preliminari del codice civile per coloro che sono soggetti ad una stessa legge nazionale.

124) — **Käppeli**, § 24:

Die Formen eines Rechtsgeschäftes oder einer sonstigen Rechtshandlung sind nach den Vorschriften des Ortes zu beurteilen, wo sie vorgenommen werden.

125) — **Laurent**:

Art. 19. Les formes extrinsèques des actes authentiques et sous seing privé sont réglées par la loi du pays où ils sont faits ou passés.

Art. 20. Ces formes sont obligatoires, quelle que soit la nationalité des parties. Toutefois, quand il s'agit d'écrits sous seing privé, dressés par une seule personne ou par plusieurs ayant la même nationalité, les parties peuvent suivre les formes prescrites par leur loi nationale. Cette disposition reçoit exception quand la loi nationale des parties défend de recevoir un acte dans la forme olographe on ne le permet que sous les conditions qu'elle prescrit.

Art. 21. S'il s'agit d'un contrat ou d'un acte solennel, la solennité est déterminée par la loi qui régit le contrat ou l'acte.

Si l'écrit est dressé à l'étranger, on suit la loi locale pour les formes extrinsèques des actes authentiques ou sous seing privé.

Art. 22. Les actes reçus à l'étranger n'auront d'effet en Belgique qu'après qu'ils auront été visés par le président du tribunal du lieu où les biens sont situés, s'il s'agit d'actes translatifs de droit réels, et par le président du tribunal du domicile ou de la résidence de la partie intéressée, s'il s'agit de droits de créance.

Le président est chargé de verifier si les actes sont dressés dans les formes prescrites par la loi du pays où ils ont été reçus.

L'appel de la décision du président sera interjeté par requête adressée à la cour, qui statuera comme en matière d'appel de référé.

Art. 23. Les formalités concernant l'état et la capacité sont régies par la loi nationale de la personne.

Art. 24. Les formalités prescrites dans l'interêt de tiers pour la translation de la propriété ou des droits personnels et réels, sont régies par la loi territoriale.

126) — Lima:

Art. 5. Die Formen und äufseren Solennitäten der Verträge oder irgend welcher anderen juristischen Akte bestimmen sich nach dem Gesetze des Ortes des Abschlusses.

Art. 6. Der Beweis der Authenticität der in einem anderen Lande errichteten Urkunden ist den Gesetzen des Inlandes unterworfen.

127) — Liv-, Est- und Kurländisches Privatrecht, Art. XXXVI:

In betreff der Form der Rechtsgeschäfte (der Verträge, so wie letzter Willensverordnungen) können ebensowohl die Vorschriften für denjenigen Jurisdiktionsbezirk beobachtet werden, in welchem das Rechtsgeschäft in Wirksamkeit treten soll, als auch die Gesetze des Ortes, an welchem das Rechtsgeschäft vorgenommen wird.

128) — Louisiana, Code civil, Art. 10:

The form and effect of public and private written instruments are governed by the laws and usages of the places where they are passed or executed.

But the effect of acts passed in one country, to have effect in another country, is regulated by the laws of the country where such acts are to have effect.

The exception made in the second paragraph of this article does not hold, when a citizen of another State of the Union, or a citizen or subject of a foreign State or country, disposes by will or testament or by any other act „mortis causa" made out of this State, of his movable property situated in this State, if at the time of making said will or testament or any other act „causa mortis" and at the time of his death, he resides and is domiciliated out of this State.

129) — Luzern, Civilgesetzbuch, § 6, Al. 3:

Die Form eines Rechtsgeschäftes ist nach den Gesetzen des Landes zu beurteilen, wo es vorgenommen worden.

130) — Mexico, Código civil:

Art. 14. Respecto de la forma ó solemnidades externas de los contratos, testamentos y de todo instrumento público, regirán las leyes del pais en que se hubieren otorgado. Sin embargo, los mexicanos ó extraujeros residentes fuera del Distrito ó de la California, quedan en libertad para sujetarse á las formas y solemnidades prescritas por la ley mexicana, en los casos en que el acto haya de tener ejecution en aquellas demarcaciones.

Art. 17. Si los contratos ó testamentos de que habla el articulo anterior fueren otorgados por un extranjero y hubieren de éjecutarse en el Distrito ó en la California, será libre el otorgante para elegir la ley á que haya de sujetarse la solemnidad interna del acto en cuanto al interes que consista en bienes muebles. Por lo que respecta á los raices, se observará lo dispuesto en el art. 13.

131) — Mexico, Código de extranjeria, Art. 36:

El estatuto formal se aplica segun las siguientes reglas:

I. Las solemnidades internas de los actos y contratos que afectan derechos personales, se han de arreglar por los mismos principios consignados en los articulos 32 y 33.

II. Las solemnidades internas de los actos y contratos que tienen por objeto derechos reales se han de conformar á las prevenciones contenidas en los articulos 34 y 35.

III. Las solemnidades externas deben ajutarse á las leyes del lugar en que se celebran los actos y contratos.

IV. Debe favorecerse la validez y ejecucion de todo acto ó contrato de buena fé sobre materia licita, cuya autenticidad sea in cuestionable.

V. Si la cuestion no puede resolverse por alguna de las reglas anteriores, regirá la ley del lugar donde haya de ejecutarse el acto ó contrato.

132) — **Mommsen**, § 4:

Die bei Rechtsgeschäften zu beobachtende Form richtet sich nach dem Recht des Ortes, wo die Geschäfte vorgenommen werden. Es genügt jedoch die Beobachtung der Form, welche das Recht, dem das Geschäft überhaupt unterworfen ist, verlangt.

133) — **Montenegro**, Allgemeines Gesetzbuch:

Art. 798. In Bezug auf die Form, d. i. auf welche Weise die äußere Seite eines Rechtsgeschäftes über Vermögen geregelt sein soll, ist nach den Gesetzen desjenigen Ortes vorzugehen, wo das Geschäft abgeschlossen wird.

Wenn jedoch ein Geschäft in der Form den Vorschriften der montenegrinischen Gesetze entspricht, so können die montenegrinischen Gerichte die Gesetzmäßigkeit desselben anerkennen, wenn es selbst allen gesetzlichen Anforderungen des Ortes, wo es zustande gekommen ist, nicht entsprechen sollte.

Art. 799. Die Form und jene Förmlichkeiten, welche bei Erwerbung des Eigentums oder eines anderen dinglichen Rechtes, sowie bei einem Wechsel des Trägers eines solchen Rechtes zu beobachten sind, unterliegen den Rechtsnormen jenes Ortes, wo sich diese Sachen befinden (790, 791).

134) — **Montevideo**, Art. 39:

Las formas de los instrumentos públicos se rigen por la ley del lugar en que se otorgan. Los instrumentos privados por la ley del lugar del complimiento del contrato respectivo.

135) — **Preußisches Landrecht**, Teil I, T. 5:

§ 111. Die Form eines Vertrages ist nach den Gesetzen des Ortes, wo er geschlossen worden, zu beurteilen.

§ 112. Ist unter Abwesenden ein förmlicher Vertrag errichtet worden, so wird die Form desselben nach den Gesetzen desjenigen Ortes beurteilt, von welchem das Instrument datiert ist.

§ 113. Ist aber der Vertrag unter Abwesenden bloß durch Briefwechsel, ohne Errichtung eines förmlichen Instruments geschlossen worden, und waltet in den Wohnörtern der Kontrahenten eine Verschiedenheit der gesetzlichen Formen ob, so ist die Gültigkeit der Form nach den Gesetzen desjenigen Ortes zu beurteilen, nach welchen das Geschäft am besten bestehen kann.

§ 114. Eben dieses findet statt, wenn der Vertrag von mehreren Orten, welche in Ansehung der Form verschiedene Rechte haben, datiert ist.

§ 115. In allen Fällen, wo unbewegliche Sachen, deren Eigentum, Besitz oder Nutzung der Gegenstand eines Vertrages sind, müssen wegen der Form die Gesetze des Ortes, wo die Sache liegt, beobachtet werden.

§ 148. Wenn über bewegliche, körperliche Sachen aufserhalb Landes an einem Orte, wo mündliche Verträge ohne Unterschied gültig sind, dergleichen Verträge geschlossen werden, so kann der Mangel der schriftlichen Abfassung auch in den hiesigen Gerichten nicht vorgeschützt werden.

136) — **Rocholl:**

Die Gültigkeit der Form eines Rechtsgeschäfts richtet sich nach dem Rechte desjenigen Orts, wo es zum Abschlusse kommt, mit Ausnahme des Falles, wo das B. G. B. die Folge der Nichtigkeit an den Mangel einer bestimmten Form knüpft.

137) — **Rumänien**, Codice civile, Art. 2, Al. 3:

Die äufsere Form der Akte ist den Gesetzen des Ortes unterworfen, wo die Akte stattfinden.

138) — **Sachsen,** Bürgerliches Gesetzbuch, § 9:

Die bei Rechtsgeschäften zu beobachtende Form richtet sich nach den Gesetzen des Ortes, wo dieselben vorgenommen werden. Es genügt jedoch die Beobachtung der Gesetze des Ortes, an welchem das Geschäft in Wirksamkeit treten soll.

139) — **Salvador,** Código civil:

Art. 17. La forma de los instrumentos públicos se determina por la ley del país en que hayan sito otorgados. Su autenticidad se probará según las reglas establecidas en el Código de Procedimientos.

La forma se refiere á las solemnidades esternas, i la autenticidad al hecho de haber sido realmente otorgados i autorizados por las personas i de la manera que en los tales instrumentos se esprese.

Art. 18. En los casos en que las leyes salvadoreñas exijieren instrumentos públicos para pruebas que han de rendirse i producir efecto en el Salvador, no valdrán las escrituras privadas, cualquiera que sea la fuerza de éstas en el país en que hubieren sido otorgadas.

140) — **Schaffhausen,** Privatrechtliches Gesetzbuch, § 6:

Die äufsere Form eines Rechtsgeschäftes oder einer Rechtshandlung wird in der Regel nach dem Rechte des Orts bestimmt, wo das Rechtsgeschäft abgeschlossen oder die Rechtshandlung vorgenommen worden ist. Im Interesse des Bestandes eines Rechtsgeschäftes kann indessen eine im Ausland vorgenommene Handlung als gültig anerkannt werden, auch wenn zwar nicht den dortigen Rechtsformen, wohl aber den hierorts für derlei Geschäfte vorgeschriebenen formellen Erfordernissen ein Genüge geschehen ist.

Vorbehalten bleibt die Ungültigkeit derjenigen Handlungen, welche zur Umgehung der hier notwendigen Rechtsformen aufserhalb des Kantons, wenn auch in einer auswärts genügenden Form, vorgenommen worden oder für welche aus öffentlichen Rücksichten, damit sie im Kanton wirksam werden, bindende Vorschriften erlassen worden sind (z. B. Pfandrechte an Fahrnis, Leibdingsverträge).

141) — **Solothurn**, Civilgesetzbuch, § 7:

Die Form eines Rechtsgeschäftes ist nach den Gesetzen des Ortes zu beurteilen, wo es vorgenommen worden.

142) — **Spanien**, Código civil, Art. 11:

Las formas y solemnidades de los contratos, testamentos y demás instrumentos públicos, se rigen por las leyes del país en que se otorguen.

Cuando los actos referidos sean autorizados por funcionarios diplomáticos ó consulares de España en el extranjero, se observarán en su otorgamiento las solemnidades establecidas por las leyes españolas.

No obstante lo dispuesto en este artículo y en el anterior, las leyes prohibitivas concernientes á las personas, sus actos ó sus bienes, y las que tienen por objeto el orden público y las buenas costumbres, no quedarán sin efecto por leyes ó sentencias dictadas, ni por disposiciones ó convenciones acordadas en país extranjero.

143) — **Spanien**, Código de commercio, Art. 52:

Se exceptuarán de lo dispuesto en el artículo que precede ....

2) los contratos celebrados en país extranjero en que la ley exija escrituras, formas ó solemnidades determinadas, para su validez, aunque no las exija la ley española.

En uno y otro caso los contratos que no llenen las circunstancias respectivamente requeridas, no producirán obligación ni acción en juicio.

144) — **Spanien**, Ley de enjuiciamiento civil, Art. 600:

Los documentos otorgados en otras naciones tendrán el mismo valor en juicio que los autorizados en España, si reunen los requisitos siguientes:

1) Que el asunto o materia del acto o contrato sea licito y permitido por las leyes de España;

2) Que los otorgantes tengan aptitud y capacidad legal para obligarse con arreglo a las leyes de su país;

3) Que en el otorgamiento se hayan observado las formas y solemnidades establecidas en el país donde se han verificado los actos o contractos;

4) Que el documento contenga la legalizacion y los demas requisitos necesarios para su autenticidad en España.

145) — **Unterwalden**, Gesetz vom 23. Oktober 1852 (Personenrecht), § 5:

Die Form eines Rechtsgeschäftes ist nach den Gesetzen des Ortes zu beurteilen, wo es vorgenommen worden.

146) — **Uruguay**, Código civil, Art. 6:

La forma de los instrumentos públicos se determina por la ley del país en que hayan sido otorgados.

En los casos en que las leyes orientales exigieren instrumento público para pruebas que han de rendirse y producir efecto en la república, no valdrán las escrituras privadas, cualquiera que sea la fuerza de éstas en el país en que habieren sido otorgados.

147) — **Venezuela**, Código civil, Art. 9:

La forma extrínseca de los actos entre vivos y de última voluntad se rige por las leyes del país en donde se hacen; pero los venozolanos podrán seguir las disposiciones de las leyes venezolanas, en cuanto á la misma forma extrínseca, cuando el acto sea otorgado ante el empleado competente de la república en el lugar del otorgamiento.

En todo caso la ley de Venezuela, que haya establecido como necesaria una forma especial, deberá ser cumplida.

148) — **Wallis**, Civilgesetzbuch, Art. 3:

Im Auslande vorgenommene Akte (Rechtshandlungen) können für gültig erklärt werden, wenn sie dem Gesetze jenes Landes gemäfs sind, in dem sie abgeschlossen worden.

149) — **Zug**, Privatrechtliches Gesetzbuch, § 5:

Die äufsere Form eines Rechtsgeschäftes oder einer Rechtshandlung wird in der Regel nach dem Rechte des Ortes, wo das Rechtsgeschäft abgeschlossen oder die Rechtshandlung vorgenommen worden, bestimmt.

Im Interesse des Bestandes eines Rechtsgeschäftes kann indessen eine im Ausland vorgenommene Handlung als gültig anerkannt werden, auch wenn zwar nicht den dortigen Rechtsformen, wohl aber den hierorts für derlei Geschäfte vorgeschriebenen formellen Erfordernissen ein Genüge geschehen ist.

Vorbehalten bleibt die Ungültigkeit derjenigen Handlungen, welche zu Umgehung der hier notwendigen Rechtsformen aufserhalb des Kantons, wenn auch in einer auswärts genügenden Form, vorgenommen werden oder für welche aus öffentlichen Rücksichten, damit sie im Kanton wirksam werden, bindende Vorschriften erlassen worden sind.

150) — **Zürich**, Privatrechtliches Gesetzbuch, übereinstimmend mit Schaffhausen (oben Nr. 140).

II. Rechts- und Handlungsfähigkeit, Status.

a) Natürliche Personen.

151) — Aargau, Bürgerliches Gesetzbuch:

§ 8. Die Kantonsbürger bleiben in Handlungen und Geschäften, die sie aufser dem Kanton vornehmen, an dessen Gesetze gebunden, insoweit ihre persönliche Fähigkeit, jene Geschäfte und Handlungen zu unternehmen, dadurch eingeschränkt wird, und dieselben zugleich in dem Kanton rechtliche Folgen hervorbringen sollen.

§ 9. Die persönliche Fähigkeit der Fremden zu Rechtsgeschäften ist insgemein nach den Gesetzen ihrer Heimat zu beurteilen.

152) — Argentinien, Código civil:

Art. 6. La capacidad ó incapacidad de las personas domiciliadas en el territorio de la República, sean nacionales ó estranjeras, será juzgada por las leyes de este Código, aun cuando se trate de actos ejecutados ó de bienes existentes en país estranjero.

Art. 7. La capacidad ó incapacidad de las personas domiciliadas fuera del territorio de la República, será juzgada por las leyes de su respectivo domicilio, aun cuando se trate de actos ejecutados ó de bienes existentes en la República.

Art. 8. Los actos, los contratos hechos y los derechos adquiridos fuera del lugar del domicilio de la persona, son regidos por las leyes del lugar en que se han verificado; pero no tendrán ejecucion en la República, respecto de los bienes situados en el territorio, si no son conformes á las leyes del país, que reglan la capacidad, estado y condicion de las personas.

Art. 9. Las incapacidades contra las leyes de la naturaleza, como la esclavitud, ó las que revistan el carácter de penales, son meramente territoriales.

153) — Badisches Landrecht, Satz 2:

Die Gesetze, welche den Zustand und die Rechtsfähigkeit der Personen bestimmen, erstrecken sich auf die Inländer selbst alsdann, wenn sie im Auslande sich aufhalten.

154) — Badisches Gesetz vom 20. Februar 1868, die Rechtsverhältnisse der Studierenden betreffend:

enthält die besondere Bestimmung für Ausländer, die an badischen Universitäten studieren, dafs für sie bezüglich der in Baden abgeschlossenen Rechtsgeschäfte in absoluter Weise der Landrechtssatz Nr. 1124b gilt: „Ein Vollmündiger (— d. h. wer das 16., aber noch nicht das 21. Lebensjahr vollendet hat —), der aufser der Eltern oder Pfleger Haus und nicht einem Fürsorger übergeben, mithin sich selbst überlassen ist, schliefst gültig alle für seinen Unterhalt und Beruf geeigneten Verträge, vorbehaltlich der Umstofsung im Verletzungsfall und der besonderen Anstaltsgesetze, welchen er etwa unterworfen ist."

155) — Belgischer Entwurf:

Art. 4. L'état et la capacité des personnes ainsi que les rapports de famille sont régis par les lois de la nation à laquelle les personnes appartiennent.

Art. 12. Celui qui ne justifie d'aucune nationalité déterminée a pour statut personel la loi belge.

Il en est de même de celui qui appartient, à la fois, à la nationalité belge et à une nationalité étrangère.

Celui qui appartient à deux nationalités étrangères a pour statut personnel celle des deux lois étrangères dont les dispositions, applicables à la contestation, s'éloignent le moins des dispositions de la loi belge.

Art. 13. Les changements de nationalité n'ont pas d'effet rétroactif. On ne peut s'en prévaloir qu'après avoir rempli les conditions et les formalités imposées par la loi et seulement pour l'exercice des droits ouverts depuis cette époque.

156) — Bern, Civilgesetzbuch, Satzung 4 Al. 2:

Unsere Civilgesetze beziehen sich auf alle Personen und auf alle Sachen, die unserer Botmäfsigkeit unterworfen sind.

Für Handlungen und Geschäfte jedoch, welche Staatsbürger im Auslande und Fremde aufserhalb unserer Botmäfsigkeit vornehmen, bleiben die einen und die anderen in betreff der persönlichen Fähigkeit, dieselben vorzunehmen, den Gesetzen des Landes ihrer Herkunft unterworfen.

II. Rechts- und Handlungsfähigkeit, Status.

157) — Bern, Entwurf über das Personen- und Handlungsrecht, Art. 2:

Die persönlichen Eigenschaften der bernischen Staatsbürger, welche deren Rechts- und Handlungsfähigkeit bestimmen, richten sich selbst aufserhalb des Kantons nach dem hierseitigen Heimatsrechte. In gleicher Weise wird auch dem Nichtkantonsbürger in dieser Beziehung die Anwendung seines heimatlichen Rechtes gewährt.

Immerhin wird ein Fremder, der nach hiesigem Rechte handlungsfähig wäre, mit Bezug auf solche Verpflichtungen, die er in unserm Kanton eingegangen, als handlungsfähig auch dann angesehen, wenn ihm diese Fähigkeit nach seinem Heimatsrechte überall gar nicht, oder nur in beschränkterem Mafse zukäme.

158) — Canada, Civil code, Art. 6 Al. 3 und 4:

The laws of Lower Canada relative to persons, apply to all persons being therein, even to those not domiciled there; subject, as to the latter, to the exception mentioned at the end of the present article.

An inhabitant of Lower Canada, so long as he retains his domicile herein, is governed, even when absent, by its laws respecting the status and capacity of persons; but these laws do not apply to persons domiciled out of Lower Canada, who as to their status and capacity, remain subject to the laws of their country.

159) — Chile, Código civil, Art. 15:

Á las leyes patrias que reglan las obligaciones y derechos civiles permanecerán sujetos los chilenos, no obstante su residencia ó domicilio en país extranjero:
1. En lo relativo al estado de las personas y á su capacidad para ejecutar ciertos actos, que hayan de tener efecto en Chile;
2. En las obligaciones y derechos que nacen de las relaciones de familia; pero sólo respecto de sus cónyuges y parientes chilenos.

160) — Colombien, Código civil, Art. 19:

Los colombianos residentes ó domiciliados en país extranjero permanecerán sujetos á las disposiciones de este Código y demás leyes nacionales que reglan los derechos y obligaciones civiles:
1. En lo relativo al estado de las personas y su capacidad para efectuar ciertos actos que hayan de tener efecto en alguno de los Territorios administrados por el Gobierno general, ó en asuntos de la competencia de la Unión;
2. En las obligaciones y derechos que nacen de las relaciones de familia; pero sólo respecto de sus cónyuges y parientes en los casos indicatos en el inciso anterior.

II. Rechts- und Handlungsfähigkeit, Status.

161) — Congostaat, Gesetz vom 20. Februar 1891, Art. 2:

L'état et la capacité de l'étranger, ainsi que ses rapports de famille, sont régis par la loi du pays auquel il appartient, ou, à défaut de nationalité connue, par la loi de l'État Indépendant du Congo.

162) — Costa Rica, Código civil, Art. 3:

Las leyes de la República concernientes al estado y capacidad de las personas obligan á los costarricenses para todo acto jurídico ó contrato que deba tener su ejecución en Costa Rica, cualquiera que sea el país donde se ejecute ó celebre el acto ó contrato; y obligan también á los extranjeros, respecto de los actos que se ejecuten ó contratos que se celebren y hayan de ejecutarse en Costa Rica.

163) — Deutscher Juristentag, Wiesbaden 1886:

Frage: In welchen Kollisionsfällen des internationalen Privatrechts ist das Recht des Wohnortes durch das vermöge der Staatsbürgerschaft eintretende Recht zu ersetzen?

Beschlufs: In den, die Rechts- und Handlungsfähigkeit, ferner die familien- und die erbrechtlichen Verhältnisse betreffenden Kollisionsfällen des internationalen Privatrechts ist als Regel der Grundsatz aufzustellen, dafs das Recht des Wohnsitzes durch das vermöge der Staatsangehörigkeit eintretende Recht zu ersetzen sei.

164) — Domin Petrushevecz, Art. 177:

La loi civile de l'état dont l'individu est le sujet règle tout ce qui concerne l'état et la capacité de sa personne. Par des faits accidentels, p. e. par la naissance, on peut acquérir des droits de citoyen d'un état quelconque dans cet état, sans en être sujet.

165) — Dudley Field:

Art. 542. The civil capacities and incapacities of an individual in reference to a transaction between living persons, except so far as it affects immovable property, and subject also, in the case of public funds, corporate stocks and shipping, to the provisions of articles 572 and 573, are governed by the law of the place where the transaction is had, whatever may be his national character or domicil, or the place of his birth.

Art. 543. No transaction had by a foreigner being one between living persons, is voidable on the ground of his infancy, except so far as it may affect immovables, if either the law of his domicil, or the law of the place where the transaction is had, sustains his capacity.

II. Rechts- und Handlungsfähigkeit, Status.

Art. 544. The civil capacities and incapacities of an individual in reference to immovable property, are to be determined by the law of the place where the property is situated.

166) — Ecuador, Código civil, Art. 14:

Los ecuatorianos, aunque residan ó se hallen domiciliados en lugar extraño, están sujetos á la leyes de su patria:
1. En todo lo relativo al estado de las personas y á la capacidad que tienen para ejecutar ciertos actos, con tal que éstos deban verificarse en el Ecuador; y
2. En los derechos y obligaciones que nacen de las relaciones de familia, pero sólo respecto de su cónyuge y parientes ecuatorianos.

167) — Frankreich, Code civil, Art. 3 Al. 3:

Les lois concernant l'état et la capacité des personnes régissent les Français, même résidant en pays étranger.

168) — Freiburg, Civilgesetzbuch:

Art. 2. Die Angehörigen dieses Kantons sind den hiesigen Gesetzen, die den Stand der Personen und ihre Fähigkeit zu den bürgerlichen Rechtsgeschäften betreffen, auch dann unterworfen, wenn sie im Ausland angesessen sind.

Art. 3. Die im Kanton angesessenen Fremden sind, in betreff ihres Standes und ihrer Fähigkeit zu den bürgerlichen Rechtsgeschäften, den Gesetzen des Landes ihrer Herkunft unterworfen.

169) — Genf, Code civil, Art. 3 Al. 3:

Les lois concernant l'état et la capacité des personnes régissent les Genevois, même résidant en pays étranger.

170) — Georgia, code of the state, Art. 2738:

Sometimes persons are capable to contract by the law of the place of contract, but incapable under the law of this state. In suche case the law, generally, of the place of the contract is enforced, unless the circumstances show an attempt to evade the law of this state, or the contract is of such a character as contravenes the policy of our law.

171) — Graubünden, Civilgesetzbuch, § 1:

Die Bestimmungen dieses Gesetzes finden ihre Anwendung:
1. Mit Bezug auf das Personenrecht:
    a) auf alle Kantonsangehörige, selbst wenn sie aufser dem Kanton wohnen;

b) auf die im Kanton bestehenden juristischen Personen;
c) auf im Kanton niedergelassene oder aufhältliche Kantonsfremde dagegen nur soweit, als nicht etwa das Gesetz oder die Natur des betreffenden Rechtsverhältnisses die Anwendung eines fremden Rechts fordert.

172) — **Griechisches Gesetz** vom 29. Oktober 1856 (Άστικὸς Ἑλληνικὸς νόμος), Art. 4:

Οἱ νόμοι οἱ περὶ ἱκανότητος πρὸς κτῆσιν δικαιωμάτων ἢ πρὸς ἐπιχείρησιν νομικῶν πράξεων, διέπουσι τοὺς Ἕλληνας καὶ ἐν τῇ ἀλλοδαπῇ —. Οἱ ἀλλοδαποὶ διέπονται ὑπὸ τῶν περὶ τῆς ἱκανότητος ταύτης νόμων τῆς πολιτείας εἰς ἣν ἀνήκουσιν· ἀλλ᾽ ἐπὶ τῶν μεταξὺ ἀλλοδαπῶν καὶ Ἑλλήνων ἐν Ἑλλάδι συνισταμένων ἐνοχῶν, οἱ ἀλλοδαποί, οἱ ἔχοντες τὴν κατὰ τὸν ἑλληνικὸν νόμον πρὸς σύστασιν αὐτῶν ἀπαιτουμένην ἱκανότητα, λογίζονται ἱκανοί, ἂν καὶ κατὰ τοὺς νόμους τῆς πατρίδος τῶν ἤθελον θεωρεῖσθαι ἀνίκανοι.

173) — **Haiti**, Code civil, Art. 7:

„Les Haïtiens qui habitent momentanément en pays étranger sont régis par les lois qui concernent l'état et la capacité des personnes en Haïti."

174) — **Holland**, Wet houdende algemeene bepalingen, Art. 6:

De wetten, betreffende de rechten, den Staat en de bevoegdheid der personen, verbinden de Nederlanders, ook wanneer zij zich buiten 's lands bevinden.

175) — **Honduras**, Código civil, Art. 19:

Á las leyes patrias que reglan las obligaciones y derechos civiles permanecerán sujetos los hondureños, no obstante su residencia ó domicilio en país extranjero:
1. En lo relativo al estado de las personas y á su capacidad para ejecutar ciertos actos, que hayan de tener efecto en Honduras;
2. En las obligaciones y derechos que nacen de las relaciones de familia; pero sólo respecto de sus cónyuges y parientes en los casos indicados en el inciso anterior.

176) — **Japan**:

Art. 3: Der bürgerliche Status und die gesetzliche Fähigkeit der Personen wird regiert durch das Gesetz des Landes, dem sie angehören. Dasselbe gilt hinsichtlich des Verhältnisses der Verwandtschaft und der daraus entspringenden Rechte und Pflichten.

Art. 6. Wenn in Japan ein Ausländer mit einem Japaner einen Vertrag schliefst, so ist hinsichtlich der Geschäftsfähigkeit das japanische Recht oder das Recht des Landes, dem er angehört, anzuwenden, je nachdem das eine oder das andere dem Bestande des Vertrages günstiger ist.

Art. 8. In allen Fällen, in denen sonst das Recht des Landes mafsgebend ist, dem eine Person angehört, wird eine Person, die keine Nationalität hat, oder in deren Heimatland an verschiedenen Orten verschiedenes Recht gilt, durch das Recht ihres Domizils regiert; ist solches nicht bekannt, so werden sie durch das Recht ihres Aufenthaltsortes regiert.

Eine Person, welche sowohl die japanische wie eine andere Staatsangehörigkeit besitzt, wird durch das japanische Recht, und solche Personen, welche zweien oder mehr fremden Staaten zugehören, werden durch das Recht des Landes regiert, dessen Staatsangehörigkeit sie zuletzt erworben haben.

Art. 16. Verträge oder Akte, welche die bezüglich des Civilstandes oder der rechtlichen Fähigkeit gegebenen Vorschriften aufser Anwendung stellen, sind null und nichtig.

177) — **Institut,** Oxford 1880:

L'état et la capacité d'une personne sont régis par les lois de l'état auquel elle appartient par sa nationalité.

Lorsqu' une personne n'a pas de nationalité connue, son état et sa capacité sont régis par les lois de son domicile.

Dans le cas où différentes lois civiles coexistent dans un même état, les questions relatives à l'état et à la capacité de l'étranger seront décidées selon le droit intérieur de l'état auquel il appartient.

178) — **Institut,** Paris 1894:

L'interdiction des majeurs est régie dans ses conditions et dans ses effets par leur loi nationale.

179) — **Ionische Inseln,** Bürgerliches Gesetzbuch, Art. 3:

Οἱ ὑπήκοοι Ἰόνιοι, καί τοι διατρίβοντες ἐν τῇ ἀλλοδαπῇ, ὑπόκεινται εἰς τοὺς περὶ καταστάσεως καὶ ἱκανότητος τῶν προσώπων νόμους.

180) — **Italien,** Disposizioni etc., Art. 6:

Lo stato e la capacità delle persone ed i rapporti di famiglia sono regolati dalla legge della nazione a cui esse appertengono.

181) — **Laurent:**

Art. 11. Les lois concernant l'état et la capacité des personnes régissent les Belges partout où ils se trouvent.

Les lois étrangères concernant l'état et la capacité régissent les étrangers qui se trouvent en Belgique jusqu'à ce qu'ils aient acquis la nationalité belge.

Art. 15. L'étranger qui contracte en Belgique doit déclarer son statut personnel et, s'il y a lieu, l'incapacité dont il est frappé. S'il ne fait point cette déclaration, les tiers qui traitent avec lui pourront demander l'application du statut belge, pourvu qu'ils soient de bonne foi.

Quand les parties dressent en Belgique un acte authentique de leurs conventions, le notaire devra, sous sa responsabilité, exiger qu'elles déclarent si elles sont étrangères et quel est leur statut.

Art. 18. Le statut personnel est déterminé par la nationalité des personnes.

Celui qui a deux nationalités, dont l'une lui est reconnue par la loi belge a pour statut la loi belge tant qu'il n'a pas fait d'option.

Le statut de celui qui n'a point de nationalité est déterminé par son domicile et, s'il n'a pas de domicile certain, par sa résidence.

Le statut personnel se perd avec la perte de la nationalité à laquelle il est attaché.

Le changement de nationalité ne modifie le statut que pour l'avenir; il n'a point d'effet rétroactif.

Art. 23. Les formalités concernant l'état et la capacité sont régies par la loi nationale de la personne.

182) — **Lima**, Art. 2:

Der Status und die juristische Fähigkeit der Personen werden nach ihrem Nationalgesetze beurteilt, auch wenn es sich um Akte handelt, welche in einem anderen Lande zu stande gekommen sind, oder um Vermögen, welches sich in einem anderen Lande befindet.

183) — **Lissabon:**

L'état et la capacité de la personne se déterminent par la nationalité ou par le domicile, selon le principe en vigueur au lieu où la personne se trouve.

Il convient toutefois, en ce qui concerne cet état et cette capacité, les droits et les devoirs de famille, la disposition des biens par succession testamentaire ou légitime, que l'on adopte:

Dans les pays d'Europe et dans tous autres de population principalement stable, les principes de nationalité et subsidiairement de domicile formulés par l'Institut de droit international dans la session d'Oxford (1880), en restreignant leur application dans les limites nécessaires pour ne pas contrarier le régime d'ordre public établi dans le pays où l'application doit se faire, c'est-à-dire son organisation politique, civile, économique etc. (sic!).

Dans les pays où les immigrations prédominent ou dans lesquels elles tiennent une place très importante, le principe de la nationalité doit être remplacé par celui du domicile.

Pour les cas de changement de nationalité ou de domicile, il y a lieu d'adopter les règles suivantes en ce qui concerne les droits et obligations de famille et de successions:

a) Les droits et obligations acquis sous la première nationalité ou sous le premier domicile seront régis par la loi de ceux-ci;

b) Les droits et obligations acquis sous la nouvelle nationalité ou sous le nouveau domicile seront régis par la loi de ceux-ci;

c) Les droits et obligations qui ont été acquis sous la première nationalité ou sous le premier domicile, et qui, malgré le changement, doivent continuer de s'exercer, seront, s'ils affectent tous des personnes qui se soumettent au nouveau lieu, régis, sous réserve de la liberté des conventions, par la loi de la nouvelle nationalité ou du nouveau domicile.

d) Les droits et obligations acquis sous la première nationalité ou sous le premier domicile, qui doivent s'exercer sur le territoire de la nouvelle nationalité ou du nouveau domicile, seront, s'ils n'affectent pas uniquement des personnes soumises au nouveau lieu, régis par les premières lois en tant qu'elles s'harmonisent avec les secondes.

184) — **Liv-, Est- und Kurländisches Privatrecht,** Art. 28:

Die Rechts- und Handlungsfähigkeit einer Person ist nach demjenigen Rechte zu beurteilen, welches an dem Orte ihres Domizils für die Personen desselben Standes gilt, welchem sie angehört.

185) — **Luzern,** Civilgesetzbuch, § 6 Al. 2:

Für Handlungen und Geschäfte jedoch, welche Staatsbürger im Auslande und Fremde innerhalb des Kantons vornehmen, bleiben die einen und die anderen, in betreff der persönlichen Fähigkeit, dieselben vorzunehmen, den Gesetzen des Landes ihrer Herkunft unterworfen.

186) — **Maine, Revised Statutes,** chapter 61 section 10:

When a married woman comes from any other state or country, and remains in this state, without living with her husband, she may make contracts, dispose of property, sue, and be sued, as if unmarried.

When her husband comes and claims his marital rights, her contracts and suits are affected the same as if they were then first married.

187) — **Mexico**, Código civil, Art. 12:

Las leyes concernientes al estado y capacidad de las personas, son obligatorias para los mexicanos del Distrito federal y territorio de la Baja Californ'a, aun cuando residan en el extranjero, respecto de los actos que deban ejecutarse en todo ó en parte de las mencionadas demarcaciones.

188) — **Mexico**, Código de estranjeria:

Art. 31. Los extranjeros están sujetos á las leyes del país en que se hallan, y tambien á las de su nacionalidad. Los conflictos á que da lugar su applicacion, cuando unas y otras son contrarias y se duda si en un caso particular deben prevalecer las unas ó las otras, se podrán terminar por las siguientes reglas.

Art. 32. La condicion personal sigue rigiéndose por las leyes pátrias, aunque se traslade la persona á país extranjero, con las siguientes excepciones.

Art. 33. Cesa la aplicacion de la regla anterior:

I. Cuando es incompatible con el ejercicio de los derechos proprios de la soberanía que admite en su territorio al extranjero.

II. Cuando es contraria á la constitucion ó leyes fundamentales del estado.

III. Si ofende á la moral pública del país.

IV. Si se opone á los reglamentos de policia.

V. Si perjudica derechos de tercero garantizados por las leyes.

VI. Si las leyes del país son mas favorables á la libertad ó á la capacidad jurídica del extranjero, que las de su patria, y el extranjero se ampara de ellas, con tal, empero, que no requieran le calidad de natural ó naturalizado.

189) — **Michigan**, Public Statutes 1882:

§ 6283. When any married woman shall come from any other state or country into this state, without her husband, he having never lived with her in this state, she may transact business, make contracts, and commerce, prosecute and defend suits in her own name, and dispose of her property which may be found in this state; or which she may acquire, in like manner, in all respects, as if she were unmarried.

§ 6284. Such married woman shall be liable to be sued as if she were unmarried, upon all contracts, and for all other acts, made or done by her after her arrival in this state; and she may make and execute any deed and other instruments, in her own name, and do all other lawful acts, that may be necessary and proper to carry into effect the powers herein granted to her.

§ 6285. If the husband of any such woman shall afterwards come into this state, and claim his marital rights, his arrival here shall have the same effect, with regard to any suit then pending, in which she is a party, and to any contract made, or business transacted by her under the power granted to her by the provisions of this chapter, as if they had been just married at the time of his arrival here, and shall have no other effect.

190) — **Mommsen**:

§ 2. Die Rechtsfähigkeit und die Handlungsfähigkeit einer Person sind ohne Rücksicht auf den Ort, wo sie ihren Wohnsitz hat, nach dem Recht des Staates zu beurteilen, dem sie angehört.

§ 3. Sofern die Verpflichtung eines Ausländers aus einer im Inlande vorgenommenen Handlung in Frage steht, wird die Handlungsfähigkeit desselben auch dann angenommen, wenn sie zwar nicht nach dem Rechte des Staates, dem er angehört, wohl aber nach den Bestimmungen des inländischen Rechtes vorhanden ist, — es sei denn, daſs die Verpflichtung einem demselben Staate angehörenden Ausländer gegenüber übernommen ist und daſs der letztere zugleich eine Kunde davon gehabt hat, daſs der sich Verpflichtende demselben Staate, wie er selbst, angehört.

Bei Verpflichtungen aus unerlaubten Handlungen, welche von Ausländern im Inlande vorgenommen sind, entscheidet allein das inländische Recht über die Voraussetzungen der Handlungsfähigkeit.

§ 17. Personen, welche ihre bisherige Staatsangehörigkeit verloren und noch keine andere Staatsangehörigkeit erworben haben, werden, solange letzteres der Fall ist, in Beziehung auf ihre bürgerlichen Rechte als Angehörige des Staates, dem sie bisher angehört haben betrachtet.

Im übrigen werden Personen, welche keinem Staate oder doch keinem an dem geordneten völkerrechtlichen Verkehr teilnehmenden Staate angehören, in Ansehung der Rechte, für welche dem vorstehenden zufolge die Staatsangehörigkeit maſsgebend ist, nach dem Recht des Staates beurteilt, in dessen Gebiet sie ihren Wohnsitz haben oder, falls sie einen festen Wohnsitz überhaupt nicht haben, sich aufhalten.

191) — **Monaco**, Code civil, Art. 3 Al. 3:

Les lois concernant l'état et la capacité des personnes régissent les sujets monégasques, même résidant en pays étranger.

192) — **Montenegro**, Allgemeines Gesetzbuch:

Art. 786. Handelt es sich um die Feststellung des Umfanges der Rechtsfähigkeit, ob beispielsweise jemand und in welchem Mafse Eigentümer von Sachen einer bestimmten Art sein kann, so sind die Gesetze jenes Ortes anzuwenden, unter welche die bestimmte Art von Sachen oder Geschäften fällt.

Art. 788. Der Umfang der gesetzmäfsigen Handlungsfähigkeit einer Person zur Verfügung in ihren Vermögensverhältnissen ist nach ihren Heimatsgesetzen zu beurteilen. Auf diejenigen Rechtsgeschäfte über Vermögen, welche Ausländer miteinander oder mit Montenegrinern in Montenegro eingehen, und welche in diesem Lande erfüllt und geurteilt werden sollen, sind bezüglich der Handlungsfähigkeit die montenegrinischen Gesetze jedesmal anzuwenden, wenn sie für den Bestand und die Festigkeit des abgeschlossenen Rechtsgeschäftes günstiger sind.

Art. 800. Hat die Staatsbürgerschaft darauf Einflufs, nach welchen Rechtsnormen ein Rechtsgeschäft beurteilt werden soll, so ist in dem Falle, dafs jemand seines früheren Staatsbürgerrechtes verlustig geworden wäre, ohne ein anderes erworben zu haben, während der Fortdauer dieses Zustandes ein solches Rechtsgeschäft nach den Gesetzen jenes Staates zu beurteilen, dessen Staatsbürgerschaft jene Person früher hatte.

S. auch unten Nr. 377.

193) — **Montevideo:**

Art. 1. La capacidad de las personas se rige por las leyes de su domicilio.

Art. 2. El cambio de domicilio no altera la capacidad adquirida por emancipacion, mayor edad ó habilitacion judicial.

Art. 5. La ley del lugar en el cual reside la persona determina las condiciones requeridas para que la residencia constituya domicilio.

Art. 9. Las personas que no tuvieren domicilio conocido lo tienen en el lugar de su residencia.

Art. 10. Los efectos juridicos de la declaracion de ausencia respecto á los bienes del ausente se determinan por la ley del lugar en que esos bienes se hallan situados.

Las demas relaciones juridicas del ausente seguirán gobernándose por la ley que anteriormente las regía.

194) — **Neuenburg**, Code civil, Art. 3 Al. 3:

Les lois concernant l'état et la capacité régissent les Neuchatelois, même résidant en pays étranger.

II. Rechts- und Handlungsfähigkeit, Status.

195) — Österreich, Allgemeines bürgerliches Gesetzbuch:

§ 4. Die bürgerlichen Gesetze verbinden alle Staatsbürger der Länder, für welche sie kundgemacht worden sind. Die Staatsbürger bleiben auch in Handlungen und Geschäften, die sie aufser dem Staatsgebiete vornehmen, an diese Gesetze gebunden, insoweit als ihre persönliche Fähigkeit, sie zu unternehmen, dadurch eingeschränkt wird, und als diese Handlungen und Geschäfte zugleich in diesen Ländern rechtliche Folgen hervorbringen sollen. Inwiefern die Fremden an diese Gesetze gebunden sind, wird in dem folgenden Hauptstücke bestimmt.

§ 34. Die persönliche Fähigkeit der Fremden zu Rechtsgeschäften ist insgemein nach den Gesetzen des Ortes, denen der Fremde vermöge seines Wohnsitzes, oder, wenn er keinen eigentlichen Wohnsitz hat, vermöge seiner Geburt als Unterthan, unterliegt, zu beurteilen, insofern nicht für einzelne Fälle in dem Gesetze etwas anderes verordnet ist.

§ 37. Wenn Ausländer mit Ausländern oder mit Unterthanen dieses Staats im Auslande Rechtsgeschäfte vornehmen, so sind sie nach den Gesetzen des Ortes, wo das Geschäft abgeschlossen worden, zu beurteilen, dafern bei der Abschliefsung nicht offenbar ein anderes Recht zum Grunde gelegt worden ist, und die oben im § 4 enthaltene Vorschrift nicht entgegensteht.

196) — Portugal, Codigo civil:

Art. 24. Os portuguezes, que viajam ou residem em paiz estrangeiro, conservam-se sujeitos ás leis portuguezas concernentes á sua capacidade civil, ao seu estado e á sua propriedade immobiliaria situada no reino, em quanto aos actos que houverem de produzir nelle os seus effeitos: a fórma externa dos actos será, todavia, regida pela lei do paiz, onde forem celebrados, salvo nos casos em que a lei expressamente ordenar o contrario.

Art. 27. O estado e a capacidade civil dos estrangeiros são regulados pela lei do seu paiz.

197) — Portugal, Codigo commercial, Art. 12:

A capacidade commercial dos portuguezes que contrahem obrigações mercantis em paiz estrangeiro, e a dos estrangeiros que as contrahem em territorio portuguez, será regulada pela lei do paiz de cada um, salvo quanto aos ultimos n'aquillo em que fôr opposta ao direito publico portuguez.

198) — **Preufsen, Allgemeines Landrecht, Einleitung:**

§ 23. Die persönlichen Eigenschaften und Befugnisse eines Menschen werden nach den Gesetzen der Gerichtsbarkeit beurteilt, unter welcher derselbe seinen eigentlichen Wohnsitz hat.

§ 24. Eine blofse Entfernung aus seiner Gerichtsbarkeit, bei welcher die Absicht, einen anderen Wohnsitz zu wählen, noch nicht mit Zuverlässigkeit erhellet, verändert die persönlichen Rechte und Pflichten dieses Menschen nicht.

§ 25. Solange jemand noch keinen bestimmten Wohnsitz hat, werden seine persönlichen Rechte und Verbindlichkeiten nach dem Orte seiner Herkunft beurteilt.

§ 26. Ist der Ort seiner Herkunft unbekannt oder aufserhalb der königlichen Lande, so gelten die Vorschriften des allgemeinen Landrechts oder die besonderen Gesetze seines jedesmaligen Aufenthaltes, so wie nach den einen, oder den anderen, eine von ihm unternommene Handlung am füglichsten bestehen kann.

§ 27. Hat jemand einen doppelten Wohnsitz, so wird seine Fähigkeit zu handeln nach den Gesetzen derjenigen von beiden Gerichtsbarkeiten beurteilt, welche die Gültigkeit des Geschäfts am meisten begünstigen.

§ 34. Auch Unterthanen fremder Staaten, welche in hiesigen Landen leben oder Geschäfte treiben, müssen nach obigen Bestimmungen beurteilt werden.

§ 35. Doch wird ein Fremder, der in hiesigen Landen Verträge über daselbst befindliche Sachen schliefst, in Ansehung seiner Fähigkeiten zu handeln nach denjenigen Gesetzen beurteilt, nach welchen die Handlung am besten bestehen kann.

199) — **Rocholl:**

Die Rechts- und Handlungsfähigkeit des Ausländers wird, sofern nicht eine im Auslande vorgenommene Rechtshandlung in Frage steht, nach den Gesetzen seines Heimatsstaats beurteilt.

200) — **Rumänien, Codice civile, Art 2 Al. 2:**

Die Gesetze betreffs des bürgerlichen Standes und der persönlichen Fähigkeit sind für die Rumänen mafsgebend, auch wenn sie im Auslande wohnen.

201) — **Salvador, Código civil, Art. 15:**

Á las leyes patrias que reglan las obligaciones y derechos civiles, permanecerán sujetos los salvadoreños, no obstante su residencia ó domicilio en país extranjero:

II. Rechts- und Handlungsfähigkeit, Status.

1. En lo relativo al estado de las personas y á su capacidad para ejecutar ciertos actos, que hayan de tener efecto en el Salvador;
2. En las obligaciones y derechos que nacen de las relaciones de familia; pero sólo respecto de sus conyúges y parientes salvadoreños.

202) — Sachsen, Bürgerliches Gesetzbuch:

§ 7. Die Rechts- und Handlungsfähigkeit einer Person ist nach den Gesetzen des Staates zu beurteilen, dessen Unterthan dieselbe ist.

§ 8. Die Handlungsfähigkeit eines Ausländers wird nach den Gesetzen des Inlandes beurteilt, wenn eine Verpflichtung desselben aus einer im Inlande vorgenommenen Handlung in Frage ist.

203) — Schaffhausen, Privatrechtliches Gesetzbuch, § 2:

Die rechtlichen Eigenschaften der Kantonsbürger (Rechtsfähigkeit, Handlungsfähigkeit) richten sich selbst im Auslande nach dem Rechte ihrer Heimat. Ebenso wird in dieser Hinsicht den Kantonsfremden die Anwendung ihres heimatlichen Rechts hierorts gewährt, wenn solches nach dem Rechte des Staates, dem sie angehören, vorgeschrieben wird.

Gleichwohl wird ein Fremder, der nach hiesigem Rechte handlungsfähig wäre, in Verkehrsverhältnissen mit Kantonseinwohnern als handlungsfähig auch dann angesehen, wenn er es nach seinem Heimatsrechte überall nicht oder doch mit Bezug auf die in Frage kommenden Rechtsgeschäfte nicht wäre.

204) — Schweizerisches Bundesgesetz, betreffend die persönliche Handlungsfähigkeit, vom 22. Brachmonat 1881, Art. 10:

Die Bestimmungen dieses Gesetzes gelten für alle Schweizer, seien sie im Inlande oder im Auslande wohnhaft.

Die persönliche Handlungsfähigkeit der Ausländer richtet sich nach dem Rechte des Staates, dem sie angehören.

Wenn jedoch ein nach dem Rechte seines Landes nicht handlungsfähiger Ausländer in der Schweiz Verbindlichkeiten eingeht, so wird er verpflichtet, insofern er nach schweizerischem Rechte handlungsfähig wäre.

205) — Schweizerisches Bundesgesetz vom 25. Juni 1891:

Art. L. Die personen-, familien- und erbrechtlichen Bestimmungen des Civilrechts eines Kantons finden auf die in seinem Gebiete wohnenden Niedergelassenen und Aufenthalter aus anderen Kantonen nach Mafsgabe der Vorschriften der folgenden Artikel Anwendung.

II. Rechts- und Handlungsfähigkeit, Status.

Art. 2. Wo dieses Gesetz nicht ausdrücklich den Gerichtsstand der Heimat vorbehält, unterliegen die Niedergelassenen und Aufenthalter in Bezug auf die in Artikel 1 erwähnten civilrechtlichen Verhältnisse der Gerichtsbarkeit des Wohnsitzes.

Der Richter hat das Civilrecht eines anderen Kantons von Amtswegen anzuwenden. Vorbehalten bleiben die kantonalen Vorschriften, betreffend die Beweiserhebung über Statutar- und Gewohnheitsrecht.

Art. 3. Der Wohnsitz im Sinne dieses Gesetzes befindet sich an dem Orte, wo jemand mit der Absicht, dauernd zu verbleiben, wohnt.

Die Unterbringung einer Person in einer Erziehungs-, Pflege-, Versorgungs-, Heil- oder Strafanstalt begründet für dieselbe keinen Wohnsitz im Sinne dieses Gesetzes; ebensowenig der Aufenthalt an einem Orte zum Zwecke des Besuches einer Lehranstalt.

Der einmal begründete Wohnsitz einer Person dauert bis zum Erwerb eines neuen Wohnsitzes fort.

Niemand hat an zwei oder mehreren Orten zugleich seinen Wohnsitz.

Art. 4. Als Wohnsitz der Ehefrau gilt der Wohnsitz des Ehemannes.

Als Wohnsitz der in elterlicher Gewalt stehenden Kinder gilt der Wohnsitz des Inhabers der elterlichen Gewalt.

Als Wohnsitz der unter Vormundschaft stehenden Personen gilt der Sitz der Vormundschaftsbehörde.

Art. 5. Wenn Jemand in mehreren Kantonen heimatberechtigt ist, so gilt für die Anwendung der Bestimmungen dieses Gesetzes als Heimat derjenige Heimatkanton, in welchem er seinen letzten Wohnsitz gehabt hat, und falls er seinen Wohnsitz niemals in einem der Heimatkantone gehabt hat, derjenige Kanton, dessen Bürgerrecht er oder seine Vorfahren zuletzt erworben haben.

Art. 6. Wenn in den Gebietsteilen eines und desselben Kantons nicht dieselben Rechtsnormen in Kraft bestehen, so gilt als Wohnsitzrecht eines Niedergelassenen oder Aufenthalters das Recht desjenigen Kantonsgebietes, in welchem derselbe wohnt, als Heimatrecht das Recht, welches in derjenigen Gemeinde in Kraft besteht, deren Bürger er ist.

Bei mehrfacher Heimatberechtigung in einem solchen Kanton findet die Vorschrift des Art. 5 entsprechende Anwendung.

Art. 7. Die persönliche Handlungsfähigkeit der Ehefrau wird für die Dauer der Ehe durch das Recht des Wohnsitzes bestimmt.

Die Befugnisse der Minderjährigen gegenüber den Inhabern der elterlichen oder vormundschaftlichen Gewalt bestimmen sich nach demjenigen Rechte, welches für die elterliche Gewalt oder die Vormundschaft gilt.

II. Rechts- und Handlungsfähigkeit, Status.

Die Jahrgebung (Volljährigkeitserklärung) unterliegt dem Rechte und der Gerichtsbarkeit, welche für die elterliche oder vormundschaftliche Gewalt mafsgebend sind.

Die Testierfähigkeit beurteilt sich nach dem Rechte des Wohnsitzes zur Zeit der Errichtung des letzten Willens.

Art. 28. Soweit nicht Staatsverträge besondere Bestimmungen enthalten, gelten für die personen-, familien- und erbrechtlichen Verhältnisse der Schweizer, welche im Auslande ihren Wohnsitz haben, folgende Regeln:

1) Sind diese Schweizer nach Mafsgabe der ausländischen Gesetzgebung dem ausländischen Rechte unterworfen, so erstreckt sich die Anwendung des ausländischen Rechts nicht auf ihre in der Schweiz gelegenen Liegenschaften; es gilt vielmehr in Bezug auf solche Liegenschaften das Recht und der Gerichtstand des Heimatkantons.

2) Sind diese Schweizer nach Mafsgabe der ausländischen Gesetzgebung dem ausländischen Rechte nicht unterworfen, so unterstehen sie dem Rechte und dem Gerichtsstand des Heimatkantons.

206) — **Solothurn**, Civilgesetzbuch, § 5:

Bei Handlungen und Geschäften, welche Kantonsbürger im Auslande und Fremde innerhalb des Kantons vornehmen, bleiben die einen und die andern in betreff der persönlichen Fähigkeit, dieselben vorzunehmen, den Gesetzen des Landes ihrer Herkunft unterworfen.

207) — **Spanien**, Código civil, Art. 9:

Las leyes relativas á los derechos y deberes de familia, ó al estado, condición y capacidad legal de las personas, obligan á los españoles, aunque residan en país extranjero.

208) — **Ticino**, Codice civile, Art. 6:

Gli atti che si intraprendono da un Ticinese all'estero, se hanno a produrre effetto nel Cantone devono regolarsi colle disposizioni della legge nazionale in ciò che concerne lo stato e la capacità delle persone.

La capacità civile degli esteri è regolata dalla legge del paese cui appartengono.

Se però un estero, che, secondo da legge del suo paese, non ha la capacità civile, contrae impegni nella Svizzera egli si obbliga validamente in quanto possieda questa capacità secondo la legge svizzera.

209) — Unterwalden, Gesetz vom 23. Oktober 1852 (Personenrecht):

§ 5. Für Handlungen und Geschäfte, welche Kantonsbürger im Auslande und Fremde innerhalb des hiesigen Kantons vornehmen, bleiben die einen und die andern in Betreff der persönlichen Fähigkeit, dieselben vorzunehmen, den Gesetzen des Landes ihrer Herkunft unterworfen.

§ 6. Besitzt einer das Kantonsbürgerrecht in mehreren Kantonen, so sind folgende Bestimmungen maſsgebend:
  a) Ist der Betreffende in einem dieser Kantone angesessen, so wird er als unter dem Gesetze dieses seines Wohnorts stehend angesehen.
  b) Ist er aber in keinem derjenigen Kantone niedergelassen, deren Bürgerrecht er besitzt, so wird er als unter den Gesetzen desjenigen Kantons stehend angesehen, aus welchem er oder seine Vorfahren sich an ihren Wohnort begeben haben.

210) — Uruguay, Código civil:

Art. 3. Las leyes obligan indistintamente á todos los que habitan en el territorio de la república.

Art. 4. Los orientales residentes ó domiciliados en país extranjero permanecerán sujetos á las leyes de la república:
  1. En lo relativo al estado de las personas y á su capacidad para ejecutar ciertos actos, que hayan de tener efecto en la república;
  2. En las obligaciones y derechos que nacen de las relaciones de familia; pero sólo respecto de sus conyuges y parientes orientales.

211) — Venezuela, Código civil, Art. 7:

Las leyes concernientes al estado y capacidad de las personas obligan á los venezolanos, aunque residan ó tengan domicilio en país extranjero.

212) — Wallis, Civilgesetzbuch, Art. 2:

Die Gesetze in betreff des Standes und der Rechtsfähigkeit der Personen erstrecken sich selbst auf die im Auslande sich aufhaltenden Walliser.

213) — Zug, Privatrechtliches Gesetzbuch, § 2:

Die persönlichen Verhältnisse (Rechtsfähigkeit, Handlungsfähigkeit), die Familienverhältnisse (z. B. eheliche Vormundschaft, Güterrecht der Ehegatten, väterliche und obrigkeitliche Vormundschaft), sowie die mit diesen oder jenen im Zusammenhang stehenden Erbverhältnisse

(Intestaterbrecht, Testament) der Kantonsbürger, wenn auch im Ausland befindlich, werden nach dem Heimatrecht (der Person, der Familie des Erblassers) beurteilt; sowie auch in dieser Hinsicht den Kantonsfremden die Anwendung ihres heimatlichen Rechtes hierseits gewährt ist, sofern das Recht des Staates, dem sie angehören, solches vorschreibt.

Gleichwohl wird ein Fremder, der nach hiesigem Rechte handlungsfähig wäre, in Verkehrsverhältnissen mit Kantonseinwohnern als handlungsfähig auch dann angesehen, wenn er es nach seinem Heimatrechte überall nicht oder doch mit Bezug auf die in Frage kommenden Rechtsgeschäfte nicht wäre.

b) Juristische Personen.

214) — Argentinien, Código civil:

Art. 33. Las personas jurídicas, sobre las cuales este Código legisla, son las que, de una existencia necesaria, ó de una existencia posible, son creadas con un objeto conveniente al pueblo, y son las siguientes:

1) El estado;
2) Cada una de las provincias federales;
3) Cada uno de sus municipios;
4) La iglesia;
5) Los establecimientos de utilidad pública, religiosos ó piadosos, científicos ó literarios, las corporaciones, comunidades religiosas, colegios, universidades, sociedades anonimas, bancos, compañías de seguros, y cualesquiera otras asociaciones que tengan por principal objeto el bien comun, con tal que posean patrimonio proprio y sean capaces, por sus estatutos, de adquirir bienes, y non subsistan de asignaciones del estado.

Art. 34. Son tambien personas jurídicas los estados estranjeros cada una de sus provincias ó municipios, los establecimientos, corporationes ó asociaciones existentes en países estranjeros, y que existieren en ellos con iguales condiciones que los del artículo anterior.

Art. 44. Las personas jurídicas, nacionales ó estranjeras, tienen su domicilio en el lugar en que se hallaren, ó donde funcionen sus direcciones ó administraciones principales, no siendo el caso de competencia especial.

215) — Belgisches Gesetz vom 18. Mai 1873:

Art. 128. Les sociétés anonymes et les autres associations commerciales, industrielles ou financières constituées et ayant leur siège en pays étranger, pourront faire leurs opérations et ester en justice en Belgique.

Art. 129. Toute société dont le principal établissement est en Belgique est soumise à la loi belge, bien que l'acte constitutif ait été passé en pays étranger.

Art 130. Les articles relatifs à la publication des actes et des bilans et l'art. 66 sont applicables aux sociétés étrangères qui fonderont en Belgique une succursale ou une siége quelconque d'opération.

Les personnes préposées à la gestion de l'établissement belge sont soumises à la même responsabilité envers les tiers que si elles géraient une société belge.

216) — **Congostaat,** Dekret vom 27. Februar 1887, Nr. 8:

Les sociétés commerciales constituées légalement et ayant leur siége légal en pays étranger pourront faire leurs opérations et ester en justice au Congo.

217) — **Dudley Field:**

Art. 545. Corporations and other artificial persons have no existence beyond the jurisdiction of the power by virtue of which they exist, and have no capacity beyond that which is conferred by the law of such power.

218) — **Italien,** Codice di commercio:

Art. 230. Le società legalmente constituite in paese estero, le quali stabiliscono nel regno una sede secondaria od una rappresentanza, sono soggette alle disposizioni del presente codice riguardanti il deposito e la trascrizione, l'affissione e la pubblicazione dell' atto costitutivo, dello statuto, degli atti che recano cambiamenti all' uno od all' altro, e dei bilanci; devono pubblicare in oltre il nome delle persone che dirigono od amministrano tali sedi, od altrimenti rappresentano la società nello stato.

Queste persone hanno verso i terzi la responsabilità stabilita per gli amministratori delle società nazionali.

Se le società estere sono di specie diversa da quelle indicate nell' articolo 76, si devono adempiere le formalità prescritte per il deposito e la pubblicazione dell' atto costitutivo e dello statuto delle società anonime, e i loro amministratori hanno verso i terzi la responsabilità stabilita per gli amministratori di queste.

Le società costituite in paese estero, le quali hanno nel regno la loro sede e l'oggetto principale della loro impresa, sono considerate come società nazionali e sono soggette, anche per la forma e validità del loro atto costitutivo, benchè stipulato in paese estero, a tutte le disposizioni del presente codice.

Art. 231. L'inadempimento delle formalità prescritte nell' articolo precedente produce, per le società sopra indicate, le conseguenze legali stabilite per le società nazionali, e rende in tutti i casi gli amministratori ed i rappresentanti di qualsivoglia specie responsabili personalmente e solidariamente di tutte le obbligazioni sociali, limitamente agli atti dipendenti dall' esercizio delle loro funzioni.

Art. 232. Le società in nome collettivo ed in accomandita semplice costituite in paese estero devono depositare per intiero il loro atto costitutivo nella cancelleria del tribunale di commercio, nella cui giurisdizione intendono di collocare il loro principale stabilimento nel regno, entro il termine e per gli effetti indicati nell' articolo 90.

Esse devono uniformarsi alle disposizioni dell' articolo 92, rispetto agli stabilimenti secondarii od alle rappresentanze che istituiscono nel regno.

Le altre specie di società costituite in paese estero devono uniformarsi alle disposizioni dell' articolo 91 nel luogo ove istituiscono il loro principale stabilimento, e alla disposizione del primo capoverso dell' articolo 92, rispetto agli stabilimenti secondarii ed alle rappresentanze.

219) — Montenegro, Allgemeines Gesetzbuch, Art. 787:

Bei der Entscheidung darüber, ob der Bestand einer rechtsfähigen Gesellschaft, einer Stiftung oder im allgemeinen einer juristischen Person gesetzmäfsig ist, werden die Gesetze ihres Wohnsitzes zur Richtschnur genommen.

220) — Montevideo:

Art. 3. El Estado en el carácter de persona jurídica tiene capacidad para adquirir derechos y contraer obligaciones en el territorio de otro Estado, de conformidad á las leyes de este último.

Art. 4. La existencia y capacidad de las personas jurídicas de carácter privado se rige por las leyes del país en el cual han sido reconocidas como tales.

El carácter que revisten las habilita plenamente para ejercitar fuera del lugar de su institucion todas las acciones y derechos que les correspondan. Mas, para el ejercicio de actos comprendidos en el objeto especial de su institucion, se sujetarán á las prescripciones establecidas por el Estado en el cual intenten realizar dichos actos.

221) — Portugal, Código commercial, Art. 54:

As sociedades constituidas em paiz estrangeiro que queiram estabelecer succursal ou qualquer especie de representação social no reino, apresentarão ao registro commercial, além dos documentos exigidos ás nacionaes, um certificado do respectivo agente consular portuguez de se acharem constituidas e funccionado em harmonia com as leis do respectivo paiz.

222) — Rumänien, Codice di comercio, Art. 239:

Die im Auslande errichteten Gesellschaften, welche in Rumänien ihren Sitz und den Hauptgegenstand ihrer Unternehmungen haben, sind, auch bezüglich der Form und Gültigkeit ihres Begründungsaktes, und obwohl dieser im Auslande stattgefunden hat, allen Vorschriften dieses Gesetzbuches unterworfen und müssen auch die Vorschriften des gegenwärtigen Abschnittes erfüllen, um in Rumänien in Thätigkeit zu treten.

223) — Spanien, Verfassung, Art. 28:

Las corporaciones, fundaciones y asociaciones, reconocidas por la ley y domiciliadas en España, gozarán de la nacionalidad española, siempre que tengan el concepto de personas jurídicas con arreglo á las disposiciones del presente Código.

Las asociaciones domiciliadas en el extranjero tendrán en España la consideración y los derechos que determinen los tratados ó leyes especiales.

224) — Spanien, Código de comercio, Art. 15:

Los extranjeros y las compañias constituidas en el extranjero podrán ejercer el comercio en España, con sujeción á las leyes de su pais, en lo que se refiera á su capacidad para contratar; y á las disposiciones de este Código, en todo cuanto concierna á la creación de sus establecimientos dentro del territorio español, á sus operacioues mercantiles y á la jurisdicción de los Tribunales de la nación.

Lo prescrito en este artículo se entenderá sin perjuicio de lo que en casos particulares pueda establecerse por los tratados y convenios con las demás Potencias.

III. Familienrecht (einschliefslich Vormundschaftsrecht).

a) Eheschliefsung (und Verlöbnis).

Eingeschlossen sind hier die allgemein von „familienrechtlichen" Verhältnissen redenden Bestimmungen.

225) — Argentinien, Ley sobre el matrimonio civil (2. November 1888):

Art. 2. La validez del matrimonio, no habiendo ninguno de los impedimentos establecidos en los incisos 1., 2., 3., 5. y 6. del articulo 9., será juzgada en la República por la ley del lugar en que se haya celebrado, aunque los contrayentes hubiesen dejado su domicilio para no sujetarse á las formas y leyes que en él rigen.

Art. 8. La ley no reconoce esponsales de futuro. Ningun tribunal admitirá demanda sobre la materia, ni por indemnizacion de perjuicios que ellos hubiesen causado.

226) — Arizona, Revised Statutes, 1887, § 1895:

All marriages contracted without this territory which would be valid by the laws of the country in which the same were contracted shall be valid in all courts and places within this territory.

227) — Arkansas, Digest of the Statutes of 1884, Section 4596:

All marriages contracted without this state which would be valid by the laws of the state or country in which the same were consummated and the parties then actually resided shall be valid in all the courts in this state.

III. Familienrecht (einschliefslich Vormundschaftsrecht).

228) — Belgien, Code civil:

Art. 47. Tout acte de l'état civil des Belges et des étrangers, fait en pays étranger, fera foi, s'il a été rédigé dans les formes usitées dans ledit pays.

Art. 48. Tout acte de l'état civil des Belges en pays étranger et des étrangers sera valable, s'il a été reçu, conformément aux lois belges par les agents diplomatiques ou par les consuls.

229) — Belgisches Gesetz vom 20. Mai 1882:

L'article 170 du Code civil est remplacé par les dispositions suivantes:

1) Les mariages en pays étranger entre Belges et entre Belges et étrangers seront célébrés dans les formes usitées dans ledit pays;

2) Les mariages entre Belges pourront également être célébrés par les agents diplomatiques et les consuls de Belgique, conformément aux lois belges;

3) Les agents diplomatiques et les consuls de Belgique pourront célébrer les mariages entre Belges et étrangers, s'ils en ont obtenu l'autorisation spéciale du ministre des affaires étrangères.

. . . .

5) Les mariages célébrés dans les formes prescrites par les nros. 1., 2. et 3 de la présente loi seront valables si les Belges n'ont point contrevenu aux dispositions prescrites sous peine de nullité du chapitre Ier titre V livre 1er du Code civil.

6) La capacité de la femme étrangère est réglée par son statut personnel.

230) — Californien, Civil code, § 63:

All marriages contracted without this state, which would be valid by the laws of the country in which the same were contracted, are valid in this state.

231) — Canada, Civil code, Art. 135:

A marriage solemnized out of Lower Canada between two persons, either or both of whom are subject to its laws, is valid, if solemnized according to the formalities of the place where it is performed, provided, that the parties did not go there with the intention of evading the law.

232) — Chile, Código civil, Art. 119:

El matrimonio celebrado en país extranjero en conformidad á las leyes del mismo país ó á las leyes chilenas, producirá en Chile los mismos efectos civiles que si se hubiese celebrado en territorio chileno.

Sin embargo, si un chileno ó chilena contrajere matrimonio en pais extranjero, contraviniendo de algun modo á las leyes chilenas, la contravencion producirá en Chile los mismos efectos que si se hubiese cometido en Chile.

233) — Colorado, General statutes 1883, section 2991:

All marriages contracted without this state, which shall be valid by the laws of the country in which the same were contracted, shall be in all courts within this state: . . . .
. . . provided, nothing in this section shall be construed so as to allow bigamy or polygamy in this state.

234) — Columbien s. oben Nr. 160.

235) — Congostaat, Gesetz vom 20. Februar 1891, Art. 6:

Le mariage est régi:
Quant à la forme, par la loi du lieu où il est célébré;
Quant à ses effets sur la personne des époux par la loi de la nationalité du père au moment de la naissance;
Quant à ses effets sur les biens, en l'absence de conventions matrimoniales, par la loi du premier établissement des époux, sauf la preuve d'une intention contraire.

236) — Costa Rica, Código civil, Art. 9:

El matrimonio contraído fuera de Costa Rica por extranjeros, con arreglo á las leyes del pais en que se celebre, surtirá todos los efectos civiles del matrimonio legítimo, siempre que no esté comprendido en los matrimonios que son legalmente imposibles.

237) — Dakota, Civil code, § 44:

All marriages contracted without this territory, which would be valid by the laws of the country in which the same were contracted, are valid in this territory.

238) — Deutscher Juristentag s. oben Nr. 163.

239) — Domin Petrushevecz s. oben Nr. 112 (Art. 189).

240) — Dudley Field:

Art. 547. Subject to the provisions of Part VI., on the Administration of Justice, a marriage, valid according to the law of the place where it is contracted, is valid everywhere, and the issue of such a marriage is everywhere legitimate.

III. Familienrecht (einschliefslich Vormundschaftsrecht).

Art. 548. A marriage invalid according to the law of the place where it is contracted, is invalid everywhere; and the issue of such marriage is everywhere illegitimate.

Art. 549. The last two articles include the age requisite for marriages, and the necessity for the assent of parents, guardians, or public authorities, and the conditions for obtaining or seeking their assent or giving opportunity for their dissent; and to all other questions of capacity, except those dependent on the validity of a previous divorce.

Art. 550. Except in the cases provided for in the next article, those forms of celebrating marriage which are optional or obligatory for the members of a nation, are equally optional for foreigners, and equally obligatory for them unless dispensed with by the law of the place.

Art. 551. Public ministers within the nations to which they are accredited, and consuls within their respective districts, may solemnize marriages between parties either or both of whom are members of the nation of such officer, pursuant to such forms and under such restrictions as may be prescribed by that nation. Such marriages are valid, as if solemnized or contracted within the territorial jurisdiction of such nation according to its laws.

Art. 552. A marriage, though valid according to the law of the place where it is contracted, will not be recognized as valid in any country in which the circumstances of such marriage would render the personal relation between the parties a crime.

Art. 553. The act of persons contracting marriage in a nation in which they are not domiciled, in evasion of the law of the nation or domicil of either, may be made a criminel offense, but the validity of the marriage, if consummated, and the legitimacy of its issue, shall not be affected thereby.

Art. 555. A polygamous union though contracted in a polygamous nation, does not sanction the cohabitation or the divorce, of the parties, in any other nation; but the obligations and restrictions in other respects resulting from marriage, and the rights of property dependent thereon, may be recognized by any nation as applicable to the parties to such a union, in cases within its jurisdiction.

241) — Ecuador, Codigo civil, Art. 115:

El matrimonio celebrado en nación extranjera, in conformidad á las leyes de la misma a nación ó á las leyes ecuatorianas, surtirá en el Ecuador los mismos efectos civiles que si se hubiere celebrado en territorio ecuatoriano. Pero si la autoridad eclesiástica ha declarado la insubsistencia ó nulidad de un matrimonio celebrado en nación extranjera, se respetarán los efectos de esa declaratoria.

Sin embargo, si un ecuatoriano ó ecuatoriana contrajere matrimonio en nación extranjera, contraviniendo de algún modo á la leyes ecuatorianas la contravencion surtirá en el Ecuador los mismos efectos que si se hubiere cometido en el Ecuador.

242) — England, Gesetz vom 27. Juni 1892 (The foreign marriage act 1892):

All marriages between parties of whom one at least is a british subject solemnized in the manner in this act provided in any foreign country or place by or before a marriage officer within the meaning of this act shall be as valid in law as if the same had been solemnized in the United Kingdom with a due observance of all forms required by law.

243) — Georgia, Civil code, § 1710:

All marriages solemnized in another state by parties intending at the time to reside in this state shall have the same legal consequences and effect as if solemnized in this state. Parties residing in this state cannot evade any of the provisions of its laws as to marriage by going into another state for the solemnization of the marriage ceremony.

244) — Griechisches Gesetz vom 29. Oktober 1856 (Ἀστικὸς Ἑλληνικὸς νόμος), Art. 4:

Ὁ γάμος, αἱ μεταξὺ γονέων καὶ τέκνων σχέσεις, ἡ ἐπιτροπεία καὶ κηδεμονία ῥυθμίζονται, καὶ ὡς πρὸς τὸν ἐν τῇ ἀλλοδαπῇ διατρίβοντα Ἕλληνα, ὑπὸ τῶν ἑλληνικῶν νόμων· αἱ αὐταὶ δὲ σχέσεις τοῦ ἀλλοδαποῦ, ὑπὸ τῶν νόμων τῆς πολιτείας, εἰς ἣν ἀνήκει.

245) — Guatemala, Código civil:

Art. 131: El matrimonio celebrado entre dos extranjeros fuera del territorio nacional y que sea valido con arreglo a las leyes del pais en que se celebró, surtirá todos los efectos civiles en la república.

Art. 132. Son validos los matrimonios contrahidos entre extranjeros ó entre una persona extranjero y otra guatemalteca, residentes en el pais conforme á los leyes de sus respectivas nacionalidades. En consecuéncia los espresados matrimonios producirán los efectos civiles que este Código reconoce á favor de los que contraen los naturales del mismo país, con arreglo a mismo Código.

Art. 133. El matrimonio celebrado en el extranjero entre guatemaltecos o entre guatemalteco y extranjera o entre extranjero y guatemaltcca tambien producirá efectos civiles en el territorio nacional, si se hace constar que se celebró con las formas y requisitos que en el lugar de su celebración establezcan las leyes y que el guatemalteco no ha contravenido á las disposiciones de este código, relativas á la aptitud para contraer matrimonio y el consentimiento de los ascendientes o de la persona de quien deba obtenerlo.

246) — Haag, Konferenz 1893 (I. Dispositions concernant le mariage. a) Conditions pour la validité du mariage):

Art. 1. Le droit de contracter mariage est réglé par la loi nationale de chacun des futurs époux, sauf à tenir compte, soit de la loi du domicile, soit de la loi du lieu de la célébration, si la loi nationale le permet. En conséquence et sauf cette réserve, pour que le mariage puisse être célébré dans un pays autre que celui des époux ou de l'un d'eux, il faut que les futurs époux se trouvent dans les conditions prévues par leur loi nationale respective.

Art. 2. La loi du lieu de la célébration peut interdire le mariage des étrangers, qui serait contraire à ses dispositions concernant:
1) la nécessité de la dissolution d'un mariage antérieur;
2) les degrés de parenté ou d'alliance, pour lesquels il y a une prohibition absolue;
3) la prohibition absolue de se marier, édictée contre les coupables de l'adultère, à raison duquel le mariage de l'un d'eux a été dissout.

Art. 3. Les étrangers doivent, pour se marier, établir, que les conditions, nécessaires d'après leurs lois nationales pour contracter mariage, sont remplies.

Ils pourront faire cette preuve soit par un certificat des agents diplomatiques ou consulaires ou bien des autorités compétentes de leur pays, soit par tout autre mode jugé suffisant par l'autorité locale, qui aura, sauf convention internationale contraire, toute liberté d'appréciation dans les deux cas.

Art. 4. Sera reconnu partout comme valable, quant à la forme, le mariage célébré suivant la loi du pays où il a eu lieu.

Il est toutefois entendu, que les pays dont la législation exige une célébration religieuse, pourront ne pas reconnaître comme valables les mariages contractés par leurs nationaux à l'étranger sans observer cette prescription.

Il est également entendu que les dispositions de la loi nationale, en matière de publications, devront être respectées.

Une copie authentique de l'acte de mariage sera transmise aux autorités du pays, auquel appartiennent les époux.

Art. 5. Sera également reconnu partout comme valable, quant à la forme, le mariage célébré devant un agent diplomatique ou consulaire, conformément à sa législation, si les deux parties contractantes appartiennent à l'État dont relève la légation ou le consulat, et si la législation du pays, où le mariage a été célébré, ne s'y oppose pas.

247) — Haïti, Code civil:

Art. 49. Tout acte de l'état civil d'un Haïtien ou d'un étranger, fait en pays étranger, fera foi s'il a été rédigé selon les formes usitées dans le pays où il a été reçu; il sera également valable pour l'Haïtien s'il a été dressé conformément aux lois haïtiennes par un agent de la République.

Art. 155. Le mariage contracté en pays étranger par un Haïtien, sera valable, s'il a été célébré suivant les formes usitées dans le pays où il a été fait, pourvu que l'Haïtien n'ait point contrevenu aux dispositions du premier chapitre de la présente loi.

248) — Hawaii, Compiled laws, § 1290:

Marriages legal in the country where contracted shall be held legal in the courts of this Kingdom.

249) — Holland, Burgerlijk wetboek:

Art. 138. De huwelijken, in een vreemd land aangegaan, het zij tusschen Nederlanders, het zij tusschen Nederlanders en vreemdelingen, zijn van waarde, indien dezelve voltrokken zijn naar den vorm, in dat land gebruikelijk, mits de huwelijks afkondigingen, volgens de tweede afdeeling van dezen titel, binnen dit koningrijk, zonder stuiting des huwelijks, hebben plaats gehad, en de Nederlandsche echtgenooten niet hebben gehandeld tegen de bepalingen in de eerste afdeeling van denzelfden titel vervat.

Art. 139. Binnen het jaar na de terugkomst der echtgenooten op het grondgebied van het koningrijk, zal de akte van huwelijksvoltrekking, in een vreemd land aangegaan, in het openbaar huwelijksregister van hunne woonplaats moeten worden overgeschreven.

250) — Honduras, Código civil, Art. 129, Al. 2:

Los estranjeros residentes en la república podrán celebrar sus matrimonios con arreglo a las leyes de sus respectivas nacionalidades aunque solo uno de los contrayentes sea estranjero.

251) — Honduras, Lei de matrimonio civil v. 15. Juli 1881:

Art. 49. El matrimonio contraido fuera de Honduras por estranjeros, con arreglo a las leyes de su nacion, surtirá en Honduras todos los efectos civiles del matrimonio lejítimo.

III. Familienrecht (einschliefslich Vormundschaftsrecht).

Art. 50. El matrimonio contraido en el estranjero por dos hondureños o por un hondureño i un estranjero, será válido en Honduras siempre que se hayan observado en su celebracion las leyes establecidas en el pais en que tuvo efecto, para regular la forma esterna de aquel contrato, i los contrayentes tuvieren aptitud para celebrarlo con arreglo a las leyes hondureñas.

Art. 51. El estranjero que quiera contraer matrimonio en Honduras debe comprobar o justificar, ante el Alcalde municipal, que es de estado soltero e viudo, con el testimonio jurado de dos o mas testigos mayores de veintiun años, habiles para declarar i que dén razon fundada de sus dichos.

Debe comprobar además con certificacion del respectivo ajente diplomático o consular, o con certificacion legalizada de cualquiera autoridad competente de su pais que, segun la lei de que depende, no hai obstáculo para el matrimonio proyectado.

252) — **Idaho**, Revised statutes 1887, section 2428, übereinstimmend mit **Dakota**, oben Nr. 237.

253) — **Institut**, Lausanne 1888:

Art. 1. La loi qni régit la forme de la célébration du mariage est celle du pays où le mariage est célébré.

Art. 2. Seront toutefois reconnus partout comme valables quant à la forme:

1) Les mariages célébrés en pays non chrétiens conformément aux capitulations en vigeur;
2) Les mariages diplomatiques ou consulaires célébrés dans les formes prescrites par la loi du pays de qui relève la légation ou le consulat, si les deux parties contractantes appartiennent à ce pays.

Art. 3. Si dans un pays la forme de la célébration est purement religieuse les étrangers doivent être autorisés à célébrer leur mariage selon les formes légales de leur pays d'origine, ou devant les autorités diplomatiques ou consulaires du mari, même si, dans les pays où ils sont accrédités, leur qualité d'officier d'état civil n'est pas reconnue.

Art. 4. Chaque mariage contracté à l'étranger doit être constaté par un document officiel et communiqué aux autorités du pays d'origine du mari.

Art. 5. Pour que le mariage puisse être célébré dans un pays autre que celui des époux ou de l'un d'eux, il faut que le futur et la

future se trouvent dans les conditions prévues par leur loi nationale respective en ce qui concerne:
1) L'âge;
2) Les degrés prohibés de parenté;
3) Le consentement des parents ou tuteurs;
4) La publication des bans.

Il faut en outre, que le futur et la future se trouvent dans les conditions prévues par la loi du lieu de la célébration en ce qui concerne:
1) Les degrés prohibés de parenté;
2) La publication des bans.

Art. 6. Les autorités du pays où le mariage est célébré pourront accorder dispense des empêchements résultant de la parenté ou de l'alliance entre les futurs époux, ou du defaut de consentement de leurs parents ou tuteurs, dans les cas et dans la mesure où cette faculté appartiendrait, en vertu de la loi nationale des futurs époux, aux autorités de leurs patries respectives.

Art. 7. Les autorités diplomatiques ou consulaires seront admises à délivrer des certificats constatant que leurs nationaux qui se proposent de contracter mariage se trouvent dans les conditions voulues par leur loi nationale.

Art. 16. Lorsqu'un mariage valable d'après la loi du pays de l'un des contractants aura été déclaré nul dans le pays de l'autre, le mariage devra être considéré comme nul partout, sauf les effets civils d'un mariage putatif.

254) — **Italien**, Codice civile:

Art. 100. Il matrimonio seguito in paese estero tra cittadini, o tra un cittadino ed uno straniero è valido, purché sia celebrato secondo le forme stabilite in quel paese, e il cittadino non abbia contravvenuto alle disposizioni contenute nella sezione seconda del capo I. di questo titolo.

Le pubblicazioni devono anche farsi nel regno a norma degli articoli 70 e 71. Se lo sposo cittadino non ha residenza nel regno, le pubblicazioni si faranno nel comune dell' ultimo domicilio.

Art. 101. Il cittadino che ha contratto matrimonio in paese estero, deve, nei tre mesi dal suo ritorno nel regno, farlo inscrivere nei registri dello stato civile del comune dove avrà fissata la sua residenza, sotto pena di una multa estendibile a lire 100.

Art. 102. La capacità dello straniero a contrarre matrimonio è determinata dalle leggi del paese, a cui appartiene.

III. Familienrecht (einschließlich Vormundschaftsrecht).

Anche lo straniero però è soggetto agli impedimenti stabiliti nella sezione seconda del capo I. di questo titolo.

Art. 103. Lo straniero che voglia contrarre matrimonio nel regno, deve presentare all' uffiziale dello stato civile una dichiarazione dell' autorità competente del paese a cui appartiene, dalla qualle consti che, giusta le leggi da cui dipende, nulla osta al divisato matrimonio.

Se lo straniero è residente nel regno, deve inoltre far seguire le pubblicazioni secondo le disposizioni di questo codice.

255) — Käppeli:

§ 20. Bis zum Erlass eines Bundesgesetzes über die civilrechtlichen Verhältnisse des Niedergelassenen und Aufenthalter gilt das Recht des Heimatsortes für die familienrechtlichen (Eherecht, elterliche Gewalt, Vormundschaft) und erbrechtlichen Beziehungen. In letzterer Hinsicht gilt das Heimatrecht des Erblassers.

§ 21. Die Familienrechte und die Beerbung von Kantonsfremden, welche in unserm Kanton wohnen, werden indessen ebenfalls nach diesem Gesetzbuch bestimmt, wenn deren Heimatkanton in der Rechtsanwendung den Grundsatz der Territorialität aufgestellt hat.

§ 22. Wohnen hierseitige Angehörige in Schweizer Kantonen, welche in der Rechtsanwendung den Grundsatz der Territorialität festhalten, so unterliegen sie auch hinsichtlich der Familienverhältnisse und der Beerbung den privatrechtlichen Vorschriften des Wohnortes.

256) — Kansas, General statutes 1889, Chapter 56 § 9 (section 3746):

All marriages contracted without this state, which would be valid by the laws of the country in which the same were contracted, shall be valid in all courts and places in this state.

257) — Kentucky, General statutes 1893, Chapter 52, article I, § 6:

Where persons resident in this commonweacth shall marry in another state, such marriage shall be valid here, if valid in the state where solemnized.

258) — Laurent, Art. 12:

Les rapports de famille et les droits qui en résultent sont régis par la loi du pays auquel les personnes appartiennent.

III. Familienrecht (einschliefslich Vormundschaftsrecht).

259) — Lima:

Art. 7. Die Rechtsbeständigkeit der Ehe in Bezug auf ihre bürgerlichen Wirkungen wird nach dem Gesetze des Ortes der Eingehung beurteilt.

Art. 8. In Bezug auf eben diese Wirkungen gilt die Ehe als gültig eingegangen, wenn sie von einem Inländer im Auslande vor dem diplomatischen oder Konsularagenten des Inlandes in Gemäfsheit der inländischen Gesetze geschlossen wurde.

Art. 9. Die Ehe, welche nach den geistlichen Gesetzen der katholischen Kirche geschlossen wurde, hat bürgerliche Wirkungen im Inlande, auch wenn sie solche am Orte der Eingehung nicht hätte.

Art. 10. Die juristische Fähigkeit, um eine Ehe einzugehen, wird nach dem Nationalgesetze der Kontrahenten beurteilt.

Art. 11. Fremde, welche sich im Inlande zu verheiraten beabsichtigen, sind verpflichtet, ihre juristische Fähigkeit dazu vor der Obrigkeit, welche das lokale Gesetz bezeichnet, darzuthun.

Art. 12. Nichtsdestoweniger bleiben sie in Bezug auf die absoluten Hindernisse den Gesetzen des Inlandes unterworfen.

260) — Lissabon s. oben N. 183.

261) — Maine, Revised statutes 1883, chapter 59, section 9:

When residents of this state, with intent to evade the provisions of sections one, two and three of this chapter, or of chapter sixty, and to return and reside here, go into another state or country, and there have their marriage solemnized, and afterwards return and reside here, such marriage is void in this state.

262) — Massachusetts, Public statutes 1881:

Chapter 145, section 10. When persons resident in this commonwealth, in order to evade any of the provisions of the first five sections of this chapter, and with an intention of returning to reside in this commonwealth, go into another state or country and there have their marriage solemnized, and afterwards return and reside here, the marriage shall be deemed void in this commonwealth.

Chapter 145, section 21. When a marriage is solemnized in another state between parties living in this commonwealth, and they return to dwell here, they shall within seven days after their return file with the clerk or registrar of the city or town where either of them lived at the time a certificate or declaration of their marriage, including the faits concerning marriages required by law; and for every neglect so to do they shall forfeit ten dollars.

263) — Mexico, Código civil:

Art. 174. El matrimonio celebrado entre extranjeros fuera del territorio nacional, y que sea válido con arreglo á las leyes del país en que se celebró, surtirá todos los efectos civiles en el Distrito Federal y Territorio de la Baja California.

Art. 175. El matrimonio celebrado en el extranjero entre mexicanos ó entre mexicano y extranjera ó entre extranjero y mexicana, tambien producirá efectos civiles en el territorio nacional, si se hace constar que se celebró con las formas y requisitos que en el lugar de su celebracion establezcan las leyes, y que el mexicano no ha contravenido á las disposiciones de este Código relativas á impedimentos, aptitud para contraer matrimonio y consentimiento de los ascendientes.

Art. 176. En caso de urgencia, que no permita recurrir á las autoridades de la república, suplirán el consentimiento de los ascendientes y dispensarán los impedimentos que sean susceptibles de dispensa, el ministro ó cónsul residente en el lugar donde haya de celebrarse el matrimonio, ó el más inmediato si no le hubiere en dicho lugar: prefiriendo en todo caso el ministro al cónsul.

Art. 177. En caso de peligro de muerte proxima, y no habiendo en el lugar ministro ni cónsul, el matrimonio será válido siempre que se justifique con prueba plena que concurrieron esas dos circunstancias, y además que el impedimento era susceptible de dispensa y que se dió á conocer al funcionario que autorizó el contrato.

Art. 178. Si el caso previsto en el artículo anterior ocurriere en el mar, á bordo de un buque nacional, regirá lo dispuesto en él, autorizando el acto el capitan ó patron del buque.

264) — Mississippi, Revised Code 1880, § 1147:

The marriage of a white person and a negro or mulatto or person who shall have one-fourth or more of negro blood, shall be unlawful ... and any attempt to evade this section by marrying out of this state, and returning to it shall be held to be within it.

265) — Mommsen, § 9:

Eingehung und Auflösung der Ehe sind nach dem Recht des Staates zu beurteilen, dem der Ehemann zur Zeit der Eingehung, bezw. Auflösung der Ehe angehört, bezw. angehört hat.

Die im Auslande von einem nach dem betreffenden ausländischen Recht zuständigen Gericht erkannte Scheidung der Ehe eines Angehörigen des Deutschen Reiches wird jedoch, auch wenn ein von dem inländischen Recht zugelassener Scheidungsgrund nicht vorgelegen hat, als gültig anerkannt, sofern nicht die Anrufung des ausländischen

III. Familienrecht (einschliefslich Vormundschaftsrecht).

Gerichtes in der Absicht, das inländische Recht zu umgehen, erfolgt ist.

In Ansehung der Form der Eheschliefsung kommt die Bestimmung des § 4 zur Anwendung.

266) — Monaco, Code civil:

Art. 38. Tout acte de l'état civil des sujets monégasques entre eux ou fait avec des étrangers à l'étranger sera valable, s'il a été reçu dans les formes usitées dans le pays où il aura été fait.

Art. 39. Tout acte de l'état civil des sujets monégasques en pays étranger sera valable, s'il a été reçu conformément aux lois de la Principauté, par les agents diplomatiques ou consulaires du Prince.

Art. 138. Le mariage contracté en pays étranger entre sujets monégasques, et entre sujets monégasques et étrangers, sera valable, s'il a été célébré dans les formes usitées dans le pays, pourvu qu'il ait été précédé des publications prescrites par l'article 52, au titre des actes de l'état civil, et que le sujet monégasque n'ait point contrevenu aux dispositions contenues au chapitre précédent.

Art. 139. Dans les trois mois après le retour du sujet monégasque sur le territoire de la principauté, l'acte de célébration du mariage contracté en pays étranger sera transcrit sur les registres de la mairie, à la diligence des intéressés.

267) — Montevideo, Art. 11:

La capacidad de las personas para contraer matrimonio, la forma del acto y la existencia y validez del mismo, se rigen por la ley del lugar en que se celebra.

Sin embargo, los Estados signatarios no quedan obligados á reconocer el matrimonio que se hubiere celebrado en uno de ellos cuando se halle afectado de alguno de los siguientes impedimentos:

    a) Falta de edad de alguno de los contrayentes, requiriéndose como mínimum catorce años cumplidos en el varon y doce en la mujer;

    b) Parentesco en línea recta por consanguinidad ó afinidad, sea legítimo ó ilegítimo;

    c) Parentesco entre hermanos legítimos ó ilegítimos;

    d) Haber dado muerte á uno de los cónyuges, ya sea como autor principal ó como cómplice, para casarse con el cónyuge supérstite;

    e) El matrimonio anterior no disuelto legalmente.

268) — Nebraska, Consolidated statutes, section 1410: wörtlich übereinstimmend mit **Kansas,** oben Nr. 256.

III. Familienrecht (einschliefslich Vormundschaftsrecht).

269) — New-Mexico, Compiled laws 1884, Section 986:

All marriages celebrated beyond the limits of this territory, which are valid according to the laws of the country wherein they were celebrated or contracted, shall be likewise valid in this terrytory, and shall therefore have the same force as if they had been celebrated in accordance with the laws in force in this terrytory.

270) — Peru, Código civil:

Art. 158. El matrimonio contraido fuera del territorio de la república, con arreglo á las leyes del pais en que se celebró, se reputa válido para los efectos civiles, con tal que no sea de personas que este Código declara incapaces de casarse.

Art. 159. El peruano ó peruana que se casaren en pais extranjero, harán que, dentro de tres meses de su regreso á la república, se tome razon de la partida de su matrimonio en el registro del estado civil correspondiente al lugar de su domicilio: pasado este termino, se suspende los efectos civiles del matrimonio hasta que se verifique la inscripcion.

271) — Portugal, Codigo civil. Art. 2479:

Todo o portuguez, que contrahir matrimonio em paiz estrangeiro, deverá, no prazo de tres mezes, contados desde o dia em que voltar ao reino, fazer lançar no registo civil do logar onde estiver domiciliado, o assento do seu casamento, apresentando ao official do registo civil documento authentico, pelo qual prove, que o casamento foi legitimamente celebrado.

272) — Rufsland, Swod, Bd. 10, Abt. 1:

Art. 61. Den Bekennern der verschiedenen christlichen Gemeinschaften ist erlaubt, in Rufsland zu heiraten nach den Vorschriften und Formen ihrer Kirche, ohne vorher die Einwilligung der bürgerlichen Behörde einzuholen, jedoch vorausgesetzt, dafs sie die Vorschriften der russischen Gesetze in Bezug auf den Kultus ihrer Religion befolgen.

Art 65. In allen christlichen Kulten können die Ehen nach dem Ritus der Kirche erfolgen, welcher die Nupturienten angehören, und vor dem zuständigen Geistlichen. Jedoch sind diese Ehen auch gültig, wenn sie durch den griechisch-russischen Geistlichen geschlossen sind in Ermangelung des Geistlichen oder Religionsdieners des Bekenntnisses der Nupturienten; im letzteren Falle kann die Eingehung wie auch die Auflösung der Ehe nur nach den Vorschriften und Riten der griechisch-russischen Kirche erfolgen.

III. Familienrecht (einschliefslich Vormundschaftsrecht).

Art. 90. Bei jedem Stamm und Volk, nicht ausgenommen die Heiden, kann die Ehe geschlossen werden gemäfs dem Kultus und den Sitten der Kontrahenten ohne Zuthun der politischen oder kirchlichen Behörden eines der christlichen Kulte.

273) — **Sachsen**, Bürgerliches Gesetzbuch, § 13:

Eingehung und Auflösung der Ehe werden nach den Gesetzen des Staates beurteilt, dessen Unterthan der Ehemann ist.

274) — **Salvador**, Código civil, Art. 121:

El matrimonio celebrado en nación país extranjero, in conformidad á las leyes del mismo país ó á las leyes salvadoreñas, producirá en el Salvador los mismos efectos civiles que si se hubiere celebrado en el territorio salvadoreño.

Sin embargo, si un salvadoreño ó salvadoreña contrajere matrimonio en país extranjero, contraviniendo de algún modo á la leyes salvadoreñas la contravencion producirá en el Salvador los mismos efectos que si se hubiere cometido en el Salvador.

275) — **Schaffhausen**, Privatrechtliches Gesetzbuch, § 3:

Ebenso gilt das Recht des Heimatsortes regelmäfsig für die Familienverhältnisse (z. B. eheliche Vormundschaft und Güterrecht der Ehegatten, Ehescheidungen, väterliche und obrigkeitliche Vormundschaft) der Kantonsbürger, sowie das Recht des Heimatortes des Erblassers für die Frage seiner Beerbung. Die Familienverhältnisse von Kantonsfremden, welche im Kanton wohnen und die Beerbung von Kantonsfremden, welche im Kanton gewohnt haben, werden insofern nach dem Rechte ihrer Heimat beurteilt, als das Recht des Staates, dem sie angehören, solches vorschreibt.

276) — **Schweizerisches Bundesgesetz** vom 25. Juni 1491 s. oben Nr. 205.

277) — **Spanien**, Código civil, Art. 55:

El casamiento contraído en país extranjero, donde estos actos no estuviesen sujetos á un registro regular ó auténtico, puede acreditarse por cualquiera de los medios de prueba admitidos en derecho.

S. auch oben Nr. 207.

278) — **Uruguay**, Código civil:

Art. 101. El matrimonio celebrado en país extranjero, en conformidad á las leyes del mismo país ó á las de la república, producirá en ésta los mismos efectos civiles, que si se hubiese celebrado en territorio oriental.

Art. 102. Si un oriental, ó una oriental contrajere matrimonio en país extranjero, contraviniendo de algun modo á las leyes de la república, la contravencion producirá en ésta los mismos efectos que si se hubiese cometido en la república.

279) — Uruguay, Gesetz vom 22. Mai 1885:

Art. 1. El matrimonio civil es obligatorio en todo el territorio del estado, no reconociéndose en adelante otro legitimo que el celebrado con arreglo á esta ley y con sujeción á las disposiciones establecidas en la de registro del estado civil . . . .

Art. 2. Será valido el matrimonio contraído en país extranjero entre ciudadanos de la república ante los agentes consulares, ó en su defecto, ante el agente diplomático de la república, con sujeción á lo dispuesto por la ley de registro del estado civil.

280) — Venezuela, Código civil:

Art. 124. El matrimonio celebrado en país extraujero entre venezolanos, ó entre venezolanos y extranjeros, con las formalidades establecidas por las leyes del país en que se celebre, ó par las leyes venezolanas, producirá en Venezuela los mismos efectos civiles que si se hubiera celebrado en territorio venezolano.

Art. 125. Si el venezolano ó venezolana contrae matrimonio en país extranjero, contraviniendo de algún modo á las leyes venezolanas, la contravención producirá en Venezuela los mismos efectos que si se hubiera cometido en ella.

281) — Vereinigte Staaten von Amerika, Bundesgesetz vom 22. Juni 1860, Section 31:

. . . . that all marriages in the presence of any consular officer in a foreign country, between persons who would be authorized to marry if residing in the district of Columbia, shall have the same force and effect, and shall be valid to all intents and purposes, as if the said marriage had been solemnized within the United States.

282) — Wyoming, Revised statutes 1887, chapter 81, section 17: wörtlich übereinstimmend mit Kansas oben Nr. 256.

283) — Zug s. oben Nr. 213.

III. Familienrecht (einschliefslich Vormundschaftsrecht). 69*

284) — Zürich, Privatrechtliches Gesetzbuch, § 3:

Das Recht des Heimatsortes gilt für die Familienverhältnisse (z. B. eheliche Vormundschaft und Güterrecht der Ehegatten, väterliche und obrigkeitliche Vormundschaft) der Kantonsbürger.

Die Familienverhältnisse von Kantonsfremden, welche im Kanton wohnen, werden insofern nach dem Rechte ihrer Heimat beurteilt, als das Recht des Staates, dem sie angehören, solches vorschreibt.

b) Ehescheidung.

285) Argentinien, Ley sobre el matrimonio civil (2. Nov. 1888):

Art. 81. El matrimonio válido no se disuelve sino por la muerte de uno de los esposos.

Art. 82. El matrimonio que puede disolverse segun las leyes del pais en que se hubiese celebrado, no se disolverá en la República sino de conformidad al articulo anterior.

286) — Chile, Código civil:

Art. 120. El matrimonio disuelto en territorio extranjero en conformidad á las leyes del mismo pais, pero que no hubiera podido disolverse segun las leyes chilenas, no habilita á ninguno de los dos cónyuges para casarse en Chile, mientras viviere el otro cónyuge.

Art. 121. El matrimonio que segun las leyes del pais en que se contrajo pudiera disolverse en él, no podrá, sin embargo, disolverse en Chile, sino en conformidad á las leyes chilenas.

287) — Columbien s. oben Nr. 160.

288) — Congostaat, Gesetz vom 20. Februar 1891, Art. 7:

Les époux ne sont admis à demander le divorce que si leur loi nationale les y autorise.

Le divorce ne peut être prononcé que pour un des motifs prévus par la loi de l'État Indépendant du Congo.

289) — Delaware, Revised statutes 1874, chapter 75, section 14:

When an inhabitant of this state shall go into any other jurisdiction to obtain a divorce for any cause occuring here; or for any cause which would not authorize a divorce by the laws of this state; a divorce so obtained shall be of no force or effect, in this state.

70* III. Familienrecht (einschließlich Vormundschaftsrecht).

In all other cases, a divorce decreed in any other state, or country, according to the law of the place, by a court having jurisdiction of the cause, and of both the parties, shall be valid in this state.

290) — Dudley-Field:

Art. 679. The sufficiency of a cause of divorce depends exclusively on the law of the forum at the time judgement is pronounced.

Art. 680. A divorce granted by the authorities of any nation to a person, intending to evade thereby the provisions of this chapter, is invalid everywhere.

Art. 681. Obligation imposed by a judgement of divorce follow the person, and may be enforced wherever he is found.

Art. 682. Disabilities imposed by a judgement of divorce, are territorial, and do not affect the capacity of the person when in another jurisdiction, if by the law of the latter place, such disabilities do not exist.

291) — Ecuador, Código civil:

Art. 116. El matrimonio disuelto en territorio extranjero en conformidad á las leyes del mismo lugar, pero que no hubiera podido disolverse según las leyes ecuatorianas no habilita á ninguno de los dos cónyuges para casarse en el Ecuador, mientras viviere el otro cónyuge.

Art. 117. El matrimonio que, según las leyes del lugar en que se contrajo, pudiera disolverse en el, no podrá sin embargo disolverse en el Ecuador sino en conformidad á las leyes ecuatorianas.

292) — Haag, Konferenz 1894, (I. Dispositions concernant le mariage ... c) Divorce et séparation de corps):

Art. 1. Les époux ne sont admis à former une demande en divorce que si leur loi nationale et la loi du lieu où la demande est formée les y autorisent.

Art. 2. Le divorce ne peut être demandé que pour les causes admises à la fois par la loi nationale des époux et par la loi du lieu où l'action est intentée. En cas de contradiction entre la loi nationale des époux et celle du pays où la demande a été formée le divorce ne pourra pas être prononcé.

Art. 3. La séparation de corps peut être demandée 1) si la loi nationale des époux et la loi du lieu où l'action est intentée l'admettent également; 2) si la loi n'admet que le divorce et si la loi du lieu où l'action est intentée n'admet que la séparation du corps.

Art. 4. La séparation de corps ne peut être demandée que pour les causes admises à la fois par la loi nationale des époux et par la loi du lieu où l'action est intentée. Dans le cas prévu par l'art. 3, 2°. on se référera aux causes de divorce admises par la loi nationale.

Art. 5. La demande en divorce ou en séparation de corps peut être formée:

1) devant le tribunal compétent du lieu où les époux sont domiciliés. Si, d'après leur législation nationale, les époux n'ont pas le même domicile, le tribunal compétent est celui du domicile du défendeur.

Toutefois est réservée l'application de la loi nationale qui, pour les mariages religieux, établirait une juridiction spéciale exclusivement compétente pour connaitre des demandes en divorce ou en séparation de corps;

2) devant la juridiction compétente d'après la loi nationale des époux.

Art. 6. Si les époux n'ont pas la même nationalité, leur dernière législation commune devra, pour l'application des articles précédents, être considérée comme leur loi nationale.

293) — **Honduras,** Código civil:

Art. 126. El matrimonio celebrado en país estranjero en conformidad á las leyes del mismo país, pero que no hubiera podido disolverse según las leyes hondureñas, no habilita a ninguno de los dos conyujes para casarse en Honduras, mientras viviere el otro cónyuje.

Art. 127. El matrimonio que, según las leyes del país en que se contrajo, pudiera disolverse en el, no podrá sin embargo disolverse en Honduras sino en conformidad á las leyes hondureñas.

294) — **Indiana,** Revised statutes 1888, § 1049:

A divorce decreed in any other state, by a court having jurisdiction there of, shall have full effect in this state.

295) — **Institut,** Lausanne 1888:

Art. 17. La question de savoir si un divorce est légalement admissible ou non dépend de la législation nationale des époux.

Art. 18. Si le divorce est admis en principe par la loi nationale, les causes qui le motivent doivent être celles de la loi du lieu où l'action est intentée.

Le divorce ainsi prononcé par le tribunal compétent sera reconnu valable partout.

296) — **Italien** s. oben Nr. 180 und 254.

72* III. Familienrecht (einschliefslich Vormundschaftsrecht).

297) — Kentucky, General statutes 1893, chapter 52, art. III, § 4:

Nor unless the party complaining had an actual residence here at the time of the doing of the act complained of, shall a divorce be granted for anything done out of the state, unless it was also a cause for divorce by the law of the country where the act was done.

298) — Lima, Art. 17:

Eine Ehescheidung, welche im Auslande nach dessen Gesetzen erfolgte, berechtigt die Ehegatten nicht, eine neue Ehe einzugehen, wenn die Ehe im Inlande nicht geschieden werden konnte.

299) — Maine, Revised Statutes 1883, chapter 60 section 15:

When residents of the state go out of it for the purpose of obtaining a divorce for causes which occured here while the parties lived here, or which do not authorize a divorce here, and a divorce is thus obtained, it shall be void in this state; but in all other cases, a divorce decreed out of the state according to the law of the place, by a court having jurisdiction of the cause and of both parties, shall be valid here.

300) — Massachusets, Public statutes 1881, Chapter 146 section 4:

.... no divorce shall be decreed .... for a cause occuring in another state or country, unless, before such cause occured, the parties had lived together as husband and wife in the commonwealth, and one of them lived in the commonwealth at the time when the cause occured.

A divorce decreed in another state or country according to the laws thereof, and by a court having jurisdiction of the cause and of both the parties, shall be valid and effectual in this commonwealth; but when an inhabitant of this commonwealth goes into another state or country to obtain a divorce for a cause which occured here while the parties resided here, or for a cause which would not authorize a divorce by the laws of this commonwealth, a divorce so obtained shall be of no force or effect in this commonwealth.

301) — Mommsen s. oben Nr. 265.

302) — Montevideo, Art. 13:

La ley del domicilio matrimonial rige:
a) La separacion conyugal;
b) La disolubilidad del matrimonio, siempre que la causal alegada sea admitida por la ley del lugar en el cual se celebró.

303) — Salvador, Código civil:

Art. 167. El matrimonio disuelto en territorio extranjero en conformidad á las leyes del mismo país, pero que no hubiera podido disolverse según las leyes salvadoreñas, no habilita á ninguno de los dos cónyuges para casarse en El Salvador, mientras viviere el otro cónyuge.

Art. 168. El matrimonio que, según las leyes del país en que se contrajo, pudiera disolverse en él, no podrá sin embargo disolverse en El Salvador sino en conformidad á las leyes salvadoreñas.

304) — Schaffhausen s. oben Nr. 275.

305) — Schweizerisches Bundesgesetz vom 25. Juni 1891 s. oben Nr. 205.

306) — Uruguay, Código civil:

Art. 103. El matrimonio disuelto en territorio extranjero, en conformidad á las leyes del mismo país, pero que no hubiera podido disolverse según las leyes de la República Oriental, no habilita á ninguno de los dos cónyuges para casarse en la República, mientras viviere el otro cónyuge.

Art. 104. El matrimonio que segun las leyes del país en que se contrajo, pudiera disolverse en él, no podrá sin embargo disolverse en la República, sino en conformidad á las leyes de ella.

c) Verhältnis der Ehegatten zu einander und zu den Kindern.

307) — Argentinien, Ley sobre el matrimonio civil (2. November 1888), Art. 3:

Los derechos y las obligaciones personales de los cónyuges som regidos por las leyes de la República, mientras permaneycan em ella, cualquiera que sea el pais en que hubieran contraido matrimonio.

308) — Bern, Entwurf über das Personen- und Handlungsrecht, Art. 3:

Die Bestimmungen des vorhergehenden Artikels finden unter Vorbehalt des Art. 10 auch auf die persönlichen Verhältnisse des Familienstandes zwischen Mann und Frau, sowie zwischen Eltern und Kindern ihre Anwendung.

S. oben Nr. 157 und 27..

309) — Chile s oben Nr. 159.

74* III. Familienrecht (einschließlich Vormundschaftsrecht).

310) — **Columbien** s. oben Nr. 160.

311) — **Deutscher Juristentag** s. oben Nr. 168.

312) — **Dudley Field:**

Art. 554. Except as otherwise provided by this Code, the personal, marital and parental obligations and correlative rights of the parties to a marriage at any time, are governed exclusively by the law of the place where they may be, unless polygamy there exists.

Art. 556. The legitimacy or illegitimacy of a person, as deduced from the law of the place where a marriage of the parents was contracted, is a personal attribute, and does not affect the succession to immovables situated in any other country, which would not recognize the person as legitimate, if the marriage had been contracted in such country, at the time when it was actually contracted.

313) — **Ecuador** s. oben Nr. 166.

314) — **Griechenland** s. Nr. 244.

315) — **Haag**, Konferenz 1894 (I. Dispositions concernant le mariage; effets du mariage sur l'état de la femme et des enfants):

Art. 1. Les effets du mariage sur l'état et la capacité de la femme, ainsi que sur l'état de leurs enfants qui seraient nés avant le mariage, se règlent d'après la loi du pays auquel appartenait le mari lorsque le mariage a été contracté.

Art. 2. Les droits et les devoirs du mari envers la femme et de la femme envers le mari sont déterminés par la loi nationale du mari. Toutefois ils ne peuvent être sanctionnés que par les moyens que permet également la loi du pays où la sanction est requise.

Art. 3. En cas de changement de nationalité du mari seul, les rapports des époux restent régis par leur dernière loi nationale commune. Mais l'état des enfants nés depuis le changement de nationalité est régi par la loi nationale nouvelle du père.

316) — **Japan** s. oben Nr. 176.

317) — **Institut**, Lausanne 1888:

Art. 10. Les effets du mariage sur l'état de la femme et sur l'état des enfants nés avant le mariage, se règlent d'après la loi de la nationalité à laquelle appartenait le mari lorsque le mariage a été contracté.

III. Familienrecht (einschließlich Vormundschaftsrecht).

Art. 11. Les droits et devoirs du mari envers la femme et de la femme envers le mari sont reconnus et protégés selon la loi nationale du mari, sauf les restrictions du droit public du lieu de la résidence des époux.

318) — **Käppeli** s. oben Nr. 255.

319) — **Laurent** s. oben Nr. 258.

320) — **Lima**, Art. 13:

Die persönlichen Rechte nnd Pflichten, welche durch die Ehe unter den Ehegatten und zwischen ihnen und ihren Kindern entstehen, werden durch das Gesetz des ehelichen Wohnsitzes (Domizils) bestimmt; wenn aber das Domizil verändert wird, durch die Gesetze des neuen Domizils.

321) — **Lissabon** s. oben Nr. 183.

322) — **Liv-, Est- und Kurländisches Privatrecht**, Art. XXXI:

Die elterliche Gewalt ist nach den Gesetzen zu beurteilen, welchen der Vater, seinem Wohnsitze und Stande nach, unterworfen ist.

323) — **Mommsen**:

§ 12. Der Erwerb und der Verlust der väterlichen Gewalt sind nach dem Recht des Staates zu beurteilen, dem der Vater zur Zeit des Eintretens der Thatsache angehört hat, welche den Erwerb oder Verlust zur Folge gehabt haben soll.

§ 13. Die Rechte, welche dem Vater in Beziehung auf das Vermögen der Kinder zustehen, bestimmen sich nach dem Recht des Staates, dem der Vater jeweilig angehört.

Wenn jedoch der Vater die Staatsangehörigkeit wechselt, ohne daß ein gleicher Wechsel in betreff der Kinder eintritt, so ist das neue Recht, insofern es dem Vater mehr Rechte an dem Vermögen der Kinder einräumt, als das bisherige Recht, von der Anwendung ausgeschlossen.

S. auch Nr. 451.

324) — **Montevideo**:

Art. 12. Los derechos y deberes de los cónyuges en todo cuanto afecta sus relaciones personales, se rigen por las leyes del domicilio matrimonial.

III. Familienrecht (einschließlich Vormundschaftsrecht).

Si los cónyuges mudaren de domicilio dichos derechos y deberes se regirán por las leyes del nuevo domicilio.

Art. 14. La patria potestad en lo referente á los derechos y deberes personales, se rige por la ley del lugar en que se ejercita.

Art. 15. Los derechos que la patria potestad confiere á los padres sobre los bienes de los hijos, asi como su enajenacion y demas actos que los afecten, se rigen por la ley del Estado en que dichos bienes se hallan situados.

Art. 24. Las medidas urgentes que conciernen á las relaciones personales entre cónyuges, al ejercicio de la patria potestad y á la tutela y curatela se rigen por la ley del lugar en que residan los cónyuges, padres de familia, tutores y curadores.

Art. 25. La remuneracion que las leyes acuerdan á los padres, tutores y curadores y la forma de la misma, se rige y determina por la ley del Estado en el cual fueron discernidos tales cargos.

325) — Rocholl:

Die ehelichen Güterrechte bestimmen sich nach dem ersten Ehedomizile, die persönlichen Verhältnisse der Eheleute nach dem jeweiligen Ehedomizile, das Erbrecht nach dem letzten Domizile des Erblassers, die sonstigen Familienrechte nach dem Rechte des Heimatsstaates.

326) — Salvador s. oben Nr. 201.

327) — Schaffhausen s. oben Nr. 275.

328) — Sachsen, Bürgerliches Gesetzbuch, § 15:

Die väterliche Gewalt wird nach den Gesetzen des Staates beurteilt, dessen Unterthan der Vater ist.

329) — Schweizerisches Bundesgesetz vom 25. Juni 1891:

Art. 8. Der Familienstand einer Person, insbesondere die Frage der ehelichen oder unehelichen Geburt, die Frage der Wirkungen einer freiwilligen Anerkennung oder einer durch die Behörden erfolgten Zusprechung Unehelicher, die Frage der Adoption (Wahlkindschaft) bestimmt sich nach dem heimatlichen Rechte und unterliegt der Gerichtsbarkeit der Heimat.

Als Heimat gilt in diesen Fällen der Heimatkanton des Ehemannes, des Vaters, der adoptierenden Person.

Art. 9. Die elterliche Gewalt bestimmt sich nach dem Rechte des Wohnsitzes.

III. Familienrecht (einschließlich Vormundschaftsrecht).

Die Unterstützungspflicht zwischen Verwandten richtet sich nach dem heimatlichen Recht des Unterstützungspflichtigen.

S. auch oben Nr. 205, Art. 1 und 7.

330) — **Uruguay** s. oben Nr. 210.

331) — **Zug** s. oben Nr. 213.

332) — **Zürich** s. oben Nr. 284.

d) Eheliches Güterrecht.

333) — **Argentinien,** Ley sobre matrimonio civil (2. November 1888):

Art. 4. El contrato nupcial rige los bienes del matrimonio, cualesquiera que sean las leyes del país en que el matrimonio se celebró.

Art. 5. No habiendo convenciones nupciales, ni cambio del domicilio matrimonial, la ley del lugar donde el matrimonio se celebró rige los bienes muebles de los esposes, donde quiera que se encuentren ó donde quiera que hayan sido adquiridos.

Si hubiese cambio de domicilio, los bienes adquiridos por los esposos ántes de mudarlo, son regidos por las leyes del primero. Los que hubiesen adquirido despues del cambio son regidos por las leyes del nuevo domicilio.

Art. 6. Los bienes raíces son regidos por la ley del lugar en que están situados.

Art. 7. La disolucion en país extranjero, de un matrimonio celebrado en la República Argentina, aunque sea de conformidad á las leyes de aquel, si no lo fuere á las de este Código, no habilita á ninguno de los cónyuges para casarse.

334) — **Argentinien,** Código civil, Art. 1220:

La validez de las convenciones matrimoniales, hechas fuera de la república, será juzgada por las disposiciones de este Código respecto á los actos jurídicos celebrados fuera del territorio de la nacion.

335) — **Arizona,** Revised statutes 1887, chapter 32, section 15 (§ 1981).

The rights of husband and wife married in this territory prior to the passage of this act, or married out of this territory but who shall reside and acquire property herein, shall also be determined by the provisions of this act, with respect to such property as shall be here-

III. Familienrecht (einschliefslich Vormundschaftsrecht).

after acquired, unless so far as such provisions may be in conflict with the stipulation of any marriage contract.

336) — Badisches Einführungsgesetz vom 6. August 1862 zum Handelsgesetzbuch (R. B. 62 Nr. 40), Art. 16:

Wenn ein Ausländer, welcher zu den Kaufleuten gehört und ohne Ehevertrag verheiratet ist, im Inlande sich niederläfst, ohne Inländer zu werden, so mufs er innerhalb drei Monaten nach der Niederlassung bei dem Handelsgericht seines inländischen Wohnsitzes zum Eintrag in das Handelsregister anmelden, ob und in welcher Weise seine ehelichen Güterrechte von den Bestimmungen der gesetzlichen Gütergemeinschaft des badischen Landrechts sich unterscheiden. Im Unterlassungsfalle kann die Ehefrau Dritten gegenüber keine gröfseren Rechte in Anspruch nehmen, als ihr die gesetzliche Gütergemeinschaft gewähren würde.

337) — Bern, Entwurf über das Personen- und Handlungsrecht, Art. 9:

Das Güterrecht unter Ehegatten wird nach den Gesetzen des Ortes beurteilt, an welchem die Eheleute bei der Verheiratung ihren ersten Wohnsitz nehmen. Wechseln sie später ihren Wohnsitz, so bleibt dessenungeachtet für die Eheleute unter sich das einmal begründete Güterrecht mafsgebend, während gegenüber dritten Personen das Gesetz des neuen Wohnsitzes zur Anwendung kommt.

Doch können sich Eheleute, welche anfänglich aufser dem Staatsgebiete wohnten und später im Kanton Wohnsitz nehmen, auch gegenüber Dritten die Beibehaltung ihres ursprünglichen Güterrechts dadurch sichern, dafs sie bei ihrer Übersiedelung in den Kanton binnen der Frist von 60 Tagen entweder den unter ihnen abgeschlossenen Heiratsvertrag oder die auf das eheliche Güterrecht bezüglichen Bestimmungen des ausländischen Gesetzes ihrem Hauptinhalte nach in das auf der Amtsschreiberei liegende Protokoll einschreiben und diese Thatsache, verbunden mit der Erklärung, dafs sie bei ihrem bisherigen Güterrecht verbleiben, in der für Ediktalpublikationen bestimmten Form öffentlich bekannt machen lassen.

338) — Chile s. unten Nr. 428.

339) — Domin Petrushevecz, Art. CLXXIX:

La loi de la patrie du mari au moment du mariage régit l'association conjugale quant aux biens, sans qu'elle peut être modifiée par suite d'un changement de la patrie.

III. Familienrecht (einschliefslich Vormundschaftsrecht). 79*

340) — Dudley Field:

Art. 574. The rights of property in movables, as affected by marriage, are governed by the express contract of the parties, subject to the provisions of Chapter XLVI., on contracts. Until such contract is made, or to the extent that the contract is inoperative, such rights are regulated by the next article.

Art. 575. The rights of property in movables whether owned at the time of marriage except in respect of succession, are governed by the law of the matrimonial domicil. But upon a change of domicil, the right, as to all subsequent acquisitions, is determined by the law of the new domicil.

Art. 576. After a change by married persons, from the matrimonial domicil, the mutual rights of the husband and wife, acquired subsequently thereto, in each other's movable property, which arise from the marriage relation, and are dependent upon its continuance, are determined by the law applicable to their transactions, or by the law of their new domicil, according to the provisions of this Code, except as otherwise provided by express contract between the parties as to such rights.

Art. 577. The matrimonial domicil is the domicil first established by the husband and wife together; or, if none such be established, it is that of the husband at the time of the marriage.

Art. 578. The matrimonial domicil is not changed by an abandonment of one party by the other.

341) — Ecuador s. unten Nr. 434.

342) — Institut, Lausanne 1888:

Art. 12. Le régime des biens des époux embrasse tous les biens des époux, tant mobiliers qu'immobiliers, sauf les immeubles qui sont régis par une loi spéciale.

Art. 13. Les contrats matrimoniaux relatifs aux biens des époux sont régis, quant à la forme, par la loi du lieu où ces contrats ont été conclus. Doivent toutefois être également considérés comme valables partout, les contrats matrimoniaux faits dans les formes exigées par la loi nationale des deux parties.

Art. 14. A défaut d'un contrat de mariage, la loi du domicile matrimonial — c'est à dire du premier établissement des époux — régit les droits matrimoniaux des époux, s'il n'appert pas des circonstances ou des faits l'intention contraire des parties.

Art. 15. Un changement du domicile ou de la nationalité des époux ou du mari n'a aucune influence sur le régime une fois établi entre les époux, sauf les droits des tiers.

III. Familienrecht (einschliefslich Vormundschaftsrecht).

343) — **Kansas**, General statutes 1889, Chapter 62 § 5:

Any woman who shall have been married out of this state, shall, if her husband afterward becomes a resident of this state, enjoy all the rights as to property, which she may have acquired by the laws of any other state, territory or country, or which she may have acquired by virtue of any marriage contract or settlement made out of this state.

344) — **Käppeli** s. oben Nr. 255.

345) — **Lima**:

Art. 14. Eheverträge, welche im Auslande geschlossen sind, sind denjenigen Vorschriften unterworfen, welche für Verträge gelten.

Art. 15. Sind Eheverträge nicht geschlossen, so entscheidet in betreff der Mobilien der Ehegatten das Gesetz des ehelichen Domizils, welches auch der Ort sei, wo sich die Mobilien befinden, oder wo sie erworben wurden.

S. auch unten Nr. 447.

346) — **Liv-, Est- und Kurländisches Privatrecht**, Art. XXIX:

Die ehelichen Güterrechte stehen unter der Herrschaft des Rechts, welchem der Ehemann zur Zeit der Eingehung der Ehe seinem Wohnsitze und Stande nach unterworfen war. Verändert der Ehemann in der Folge sein Domizil oder seinen Stand, so werden zwar auch die ehelichen Güterrechte demgemäfs geändert, jedoch nur insoweit, als dadurch nicht die bis dahin erworbenen Rechte Dritter verletzt werden.

347) — **Maine** s. oben Nr. 186.

348) — **Massachusets**, Public statutes 1881, Chapter 147, section 30:

When a husband and his wife, married in another state or country, come into this commonwealth, either at the same time or at different tim s, and reside here as husband and wife, she shall retain all property which she had acquired by the laws of any other state or country, or by a marriage contract or settlement made out of the commonwealth. Their so residing together here shall have the same effect, with regard to their subsequent rights and liabilities, as if they had married at the time of their first residing together in this commonwealth.

349) — **Michigan** s. oben Nr. 189.

III. Familienrecht (einschliefslich Vormundschaftsrecht).

350) — Mommsen:

§ 10. Die ehelichen Vermögensrechte der Ehegatten bestimmen sich nach dem Recht des Staates, dem der Ehemann angehört.

Ein Wechsel der Staatsangehörigkeit hat einen Wechsel des in der angegebenen Beziehung für die Eheleute geltenden Rechts zur Folge. Wenn jedoch nur der Mann die Staatsangehörigkeit wechselt, die Frau aber in dem bisherigen Unterthanenverbande verbleibt, so tritt eine Änderung des bisher geltenden ehelichen Güterrechts, soweit sie der Frau nachteilig sein würde, nicht ein.

§ 11. Ausländer, welche ihren Wohnsitz im Inlande haben, können sich Dritten gegenüber, was ihre ehelichen Vermögensrechte betrifft, auf das ausländische Recht nur unter den Voraussetzungen berufen, unter denen Inländer Dritten gegenüber auf ein von dem gesetzlichen ehelichen Güterrecht abweichendes vertragsmäfsiges Güterrecht sich berufen können.

Siehe auch unten Nr. 451.

351) — Montevideo, Vertrag:

Art. 40. Las capitulaciones matrimoniales rigen las relaciones de los esposos respecto de los bienes que tengan al tiempo de celebrarlas y de los que adquieran posteriormente, en todo lo que no esté prohibido por la ley del lugar de su situacion.

Art. 41. En defecto de capitulaciones especiales, en todo lo que ellas no hayan previsto y en todo lo que no esté prohibido por la ley del lugar de la situacion de los bienes, las relaciones de los esposos sobre dichos bienes, se rigen por la ley del domicilio conyugal que hubieren fijado, de comun acuerdo, antes de la celebracion del matrimonio.

Art. 42. Si no hubiesen fijado de antemano un domicilio conyugu, las mencionadas relaciones se rigen por la ley del domicilio del marido al tiempo de la celebracion del matrimonio.

Art. 43. El cambio de domicilio no altera las relaciones de los esposos en cuanto á los bienes, ya sean adquiridos antes ó despues del cambio.

352) — Nebraska, Consolitated statutes 1891, section 1415:

Any woman who shall have been married out of this state shall, if her husband afterwards become a resident of this state, enjoy all the rigths as to property which she may have acquired by the laws of any other state, territory, or country, or which she may have acquired by virtue of any marriage contract or settlement made out of the state.

III. Familienrecht (einschliefslich Vormundschaftsrecht).

353) — Preussen, Allgemeines Landrecht, Teil III, Titel 1:

§ 347. Ist jemand einer doppelten persönlichen Gerichtsbarkeit unterworfen, und in einer derselben findet Gütergemeinschaft statt, in der anderen aber nicht, so ist anzunehmen, dafs unter diesen Eheleuten keine Gütergemeinschaft entstanden sei.

§ 350. Durch Provinzialgesetze und Statuten wird die Gemeinschaft der Güter nur alsdann begründet, wenn an dem Orte, wo die Eheleute nach vollzogener Heirat ihren ersten Wohnsitz nehmen, dergleichen Gesetze vorhanden sind.

§ 351. Die Veränderung dieses ersten Wohnsitzes verändert in der Regel nichts an den Rechten, welchen sich die Eheleute vorher unterworfen haben.

§ 352. Haben jedoch Eheleute ihren Wohnsitz von einem Orte, wo keine Gütergemeinschaft obwaltet, an einen anderen Ort, wo dieselbe stattfindet, verlegt, so müssen alle von ihnen an diesem letzteren Orte vorgenommenen Handlungen, in Beziehung auf einen Dritten, nach den Regeln der Gütergemeinschaft beurteilt werden.

§ 355. Wenn jedoch Eheleute ihren Wohnsitz von einem Orte, wo keine Gütergemeinschaft obwaltet, an einen anderen, wo dieselbe stattfindet, verlegt haben, so können sie sich derselben, auch in Ansehung der Erbfolge, durch einen Vertrag unterwerfen.

§ 495. Haben die Eheleute die Erbfolge weder durch Verträge, noch durch letzte Willensverordnungen bestimmt, so wird nach den Statuten oder Provinzialgesetzen des letzten persönlichen Gerichtsstandes des Verstorbenen verfahren.

Anhang § 78:
Von dieser Bestimmung macht auch das unbewegliche Vermögen der Eheleute keine Ausnahme, ob dieses sich gleich unter einer anderen Gerichtsbarkeit befindet.

§ 496. Haben die Eheleute während der Ehe ihren Wohnsitz verändert, so hat der Überlebende die Wahl, ob er nach den Gesetzen des letzten persönlichen Gerichtsstandes des Verstorbenen oder nach den Gesetzen desjenigen Ortes, wo die Eheleute zur Zeit der vollzogenen Heirat ihren ersten Wohnsitz genommen haben, erben wolle.

354) — Rocholl s. oben Nr. 325.

355) — Sachsen, Bürgerliches Gesetzbuch, § 14:

Die ehelichen Vermögensrechte werden nach den Gesetzen beurteilt, welche zur Zeit der Eingehung der Ehe an dem Wohnsitze des Ehemannes gelten. Durch einen Wechsel des Wohnsitzes werden die ehelichen Vermögensrechte nicht geändert. Schenkungen unter Ehe-

III. Familienrecht (einschliefslich Vormundschaftsrecht). 83*

gatten werden nach den an dem jedesmaligen Wohnsitze des Ehemannes geltenden Gesetzen beurteilt.

356) — Schaffhausen s. oben Nr. 275.

357) — Schweizerisches Gesetz vom 25. Juni 1891:

Art. 19. Die Güterrechtsverhältnisse der Ehegatten untereinander werden, vorbehaltlich des Art. 20, für die ganze Dauer der Ehe, auch dann, wenn die Ehegatten in der Folge ihren Wohnsitz in den Heimatkanton verlegen, von dem Rechte des ersten ehelichen Wohnsitzes beherrscht. Im Zweifel ist als erster ehelicher Wohnsitz der Wohnsitz des Ehemannes zur Zeit der Eheschliessung anzusehen.

Für die Güterrechtsverhältnisse der Ehegatten gegenüber Dritten ist mafsgebend das Recht des jeweiligen ehelichen Wohnsitzes; dasselbe bestimmt insbesondere die Rechtsstellung der Ehefrau den Gläubigern des Ehemannes gegenüber im Konkurs des Ehemannes oder bei einer gegen denselben vorgenommenen Pfändung.

Art 20. Wenn die Ehegatten ihren Wohnsitz wechseln, so können sie mit Genehmigung der zuständigen Behörde des neuen Wohnsitzes durch Einreichung einer gemeinschaftlichen Erklärung bei der zuständigen Amtsstelle (Art. 86, litt. b) ihre Rechtsverhältnisse auch unter sich dem Rechte des neuen Wohnsitzes unterstellen.

Die Erklärung wirkt auf den Zeitpunkt des Beginnes des Güterrechtsverhältnisses zurück.

Art. 21. Die an einem ehelichen Wohnsitze durch besonderes Rechtsgeschäft erworbenen Rechte Dritter werden durch einen Wohnsitzwechsel der Ehegatten nicht berührt.

Art. 31. Haben schweizerische Ehegatten ihren ersten ehelichen Wohnsitz im Auslande, so bestimmen sich ihre güterrechtlichen Verhältnisse nach dem Rechte des Heimatkantons, soweit für dieselben nicht das ausländische Recht mafsgebend ist.

Das für schweizerische Ehegatten in der Schweiz begründete Güterrechtsverhältnis wird durch Verlegung des ehelichen Wohnsitzes ins Ausland nicht geändert, vorausgesetzt, dafs das ausländische Recht dieser Fortdauer nicht entgegensteht.

Wenn schweizerische Eheleute aus dem Auslande in die Schweiz zurückkehren, so setzen sie untereinander das Rechtsverhältnis fort, das im Auslande für sie Geltung hatte. Sie sind jedoch berechtigt, von der in Art. 20 den Ehegatten eingeräumten Befugnis Gebrauch zu machen. Dritten gegenüber kommt die Vorschrift des Art. 19 Abs. 2 zur Anwendung.

S. auch oben Nr. 205.

84*   III. Familienrecht (einschließlich Vormundschaftsrecht).

358) — Spanien, Código civil, Art 1325:

Si el casamiento se contrajere en país extranjero entre español y extranjera ó extranjero y española, y nada declarasen ó estipulasen los contratantes relativamente á [sus bienes, se entenderá cuando sea español el cónyuge varón, que se casa bajo el régimen de la sociedad de gananciales, y, cuando fuere española la esposa, que se casa bajo el régimen de derecho común en el país del varón; todo sin perjuicio de lo establecido en este Código respecto de los bienes inmuebles.

359) — Texas, Revised civil statutes 1889, art. 2859 (Gesetz vom 20. Januar 1840):

The marital rights of persons married in other countries who may remove to his state, shall, in regard to property acquired in this state during the marriage, be regulated by the law of this state.

360) — Zug s. oben Nr. 213.

361) — Zürich s. oben Nr. 284.

e) Außereheliche Kinder.

362) — Argentinien, Código civil:

Art. 311. Los hijos nacidos fuera del matrimonio, de padres que al tiempo de la concepcion de aquellos pudieron casarse, aunque fuera con dispensa, quedan legitimados por el subsiguiente matrimonio de los padres.

Art. 312. En cuanto á los hijos que tuviesen su domicilio de orígen en la República, este Código no admite otros modos de legitimacion.

Art. 313. En cuanto á los hijos que tuviesen su domicilio de orígen fuera de la República, se admiten los modos de legitimacion que dispusieren las leyes del país de ese domicilio.

Art. 314. Las disposiciones de este título sobre la legitimacion por subsiguiente matrimonio, serán solo aplicables á los hijos cuyos padres tengan ó hubiesen tenido su domicilio en la República al tiempo de la celebracion del matrimonio.

Art. 315. En cuanto á los hijos cuyos padres tengan ó hayan tenido su domicilio fuera de la República al tiempo de la celebracion de su matrimonio, aunque otro fuese su domicilio al tiempo de la concepcion ó nacimiento, y aunque el casamiento se haya celebrado en la República, el subsiguiente matrimonio no legitimará los hijos, si las leyes del país del domicilio del padre al tiempo de la celebracion del

III. Familienrecht (einschliefslich Vormundschaftsrecht).

matrimonio no admitieren este modo de legitimacion, y si lo admitieren, la legitimacion será solo juzgada por esas leyes.

363) — Liv-, Est- und Kurländisches Privatrecht, Art. XXX:

Die aus einer aufserehelichen Geschlechtsverbindung entspringenden Rechtsverhältnisse unterliegen den Bestimmungen desjenigen Rechtes, welches für den Schwächenden, seinem persönlichen Gerichtsstande nach, mafsgebend ist. Auf die an dem Orte, wo der Beischlaf stattgehabt hat, geltenden Gesetze ist dabei keine Rücksicht zu nehmen. Gehört übrigens die Geschwächte dem Bauernstande an, so ist das Verhältnis nach dem bezüglichen Bauerrechte zu beurteilen.

364) — Montevideo:

Art. 16. La ley que rige la celebracion del matrimonio determina la filiacion legítima y la legitimacion por subsiguiente matrimonio.

Art. 17. Las cuestiones sobre legitimidad de la filiacion ajena, á la validez ó nulidad del matrimonio, se rigen por la ley del domicilio conyugal en el momento del nacimiento del hijo.

Art. 18. Los derechos y obligaciones concernientes á la filiacion ilegítima se rigen por la ley del Estado en el cual hayan de hacerse efectivos.

365) — Sachsen, Bürgerliches Gesetzbuch, § 12:

Die Vorschriften in §§ 1551 bis 1553 und 1858 bis 1874 finden Anwendung, selbst wenn der aufsereheliche Beischlaf in einem Staate erfolgt ist, dessen Gesetzgebung die in diesen Vorschriften enthaltenen Rechte nicht anerkennt.

366) — Schweiz, s. oben Nr. 329.

f) Vormundschaft.

367) — Argentinien, Código civil:

Art. 409. La administracion de la tutela, discernida por los jueces de la República, será regida solamente por las leyes de este Código, si en la República existiesen los bienes del pupilo.

Art. 410. Si el pupilo tuviese bienes muebles ó inmuebles fuera de la república, la administracion de tales bienes y su enajenacion será regida por las leyes del país donde se hallaren.

III. Familienrecht (einschliefslich Vormundschaftsrecht).

368) — Belgien, s. unten Nr. 423.

369) — Dudley Field:

Art. 557. The natural guardianship of a father or mother over the person of a child, and testamentary guardianship, acquired or conferred according to the law of one nation must be recognized in every other nation; subject to the power of the courts to interfere in the cases prescribed in Article 634.

Art. 558. The guardianship or other custody of the person or property of one not having legal capacity, created by a foreign court of competent jurisdiction, in the cases provided in Article 633, must be recognized and respected by courts of any other country into which the ward comes, subject to the power of the courts to interfere in the cases prescribed in Article 634.

Art. 559. The laws determining the lunacy or idiocy of any person are territorial only, and a decision that a person is a lunatic or idiot will bind that person and his movables, whether he be a citizen or an alien, only while he is domiciled within the jurisdiction of the country in which such decision was made, and will bind the immovables of such person situated in that country, wheter the domicil therein do or do not continue, but will not bind such person in any other country, nor the immovables of such person situated in any other country.

370) — Griechenland, s. oben Nr. 244.

371) — Haag, Konferenz 1894 (II. Dispositions concernant la tutelle):

Art. 1. La tutelle d'un mineur est régie par sa loi nationale.

Art. 2. Si, d'après la loi nationale, il n'y a pas, dans l'Etat auquel ressortit le mineur, une autorité compétente pour pourvoir à la tutelle, l'agent diplomatique ou consulaire de cet Etat, résidant dans la circonscription où la tutelle s'est ouverte de fait, exerce, si la loi nationale l'y autorise, les attributions conférés par cette loi aux autorités de l'Etat auquel ressortit le mineur.

Art. 3. Toutefois la tutelle du mineur résidant à l'étranger se constitue devant les autorités compétentes du lieu et sera régie par leur loi dans les cas suivants:

a) si, pour des raisons de fait ou de droit, la tutelle ne peut être constituée conformément aux articles 1 et 2;

b) si ceux qui sont appelés à constituer la tutelle, d'après les articles précédents, n'y ont pas pourvu;

c) si la personne autorisée à cette fin par la loi nationale du mineur lui a nommé un tuteur résidant dans le même pays que le mineur.

Art. 4. Dans les cas prévus par l'article 3, a et b, les autorités nationales du mineur pourront toujours pourvoir à la constitution de la tutelle, si les empêchements qui avaient d'abord arrêté leur action ont disparu. Elles devront alors avertir préalablement les autorités étrangères qui avaient organisé la tutelle.

Art. 5. Dans tous les cas la tutelle s'ouvre et prend fin aux époques et pour les causes déterminées par la loi nationale du mineur.

Art. 6. En attendant l'organisation régulière de la tutelle de l'étranger mineur ou l'intervention des agents diplomatiques ou consulaires, les mesures nécessaires pour la protection de sa personne et la conservation de ses biens seront prises par les autorités lo ales.

Art. 7. L'administration tutélaire s'étend à la personne et à l'ensemble des biens du mineur, quel que soit le lieu de leur situation. Cette règle reçoit exception, quant aux immeubles, si la législation du pays de leur situation prescrit à cet égard un régime spécial.

Art. 8. Le gouvernement, informé de la présence sur son territoire d'un étranger mineur à la tutelle duquel il importera de pourvoir, en instruira, dans le plus bref délai, le gouvernement du pays de cet étranger.

372) — **Haïti, Code civil, Art. 7:**

Le père étranger ou la mère étrangère aura la tutelle légale de ses enfants légitimes.

373) — **Institut. Hamburg 1891:**

I. La tutelle des mineurs est régie par leur loi nationale.

Cette loi détermine l'ouverture et la fin de la tutelle, son mode de délation, d'organisation et de contrôle, les attributions et la compétence du tuteur.

II. Lorsque, le mineur n'ayant conservé dans son pays d'origine aucune domicile et n'étant plus rattaché à lui par aucun lien de droit attributif de compétence, il est impossible de constituer la tutelle dans ledit pays, l'agent diplomatique ou consulaire de sa nation dans la circonscription duquel la tutelle s'est ouverte de fait exerce les attributions conférés par la loi nationale aux autorités tutélaires de la métropole et pourvoit à l'organisation de la tutelle conformément à ladite loi.

Toutefois si le mineur qui n'a plus personnellement aucun domicile attributif de compétence dans son pays, y possède des parents ou alliés jusqu'au quatrième degré inclusivement, la tutelle est réputée s'ouvrir au domicile du parent ou de l'allié le plus proche, le parent ayant le pas sur l'allié à égalité de degré.

Le deuxième alinéa du présent article ne s'applique pas aux pays dans lesquels la famille demeure étrangère à la constitution de la tutelle, et où la juridiction des tribunaux est formellement subordonné au fait que le mineur se trouve personnellement domicilié dans leur ressort.

III. A défaut d'agent diplomatique ou consulaire du pays auquel ressortit le mineur ou si, vu les circonstances, cet agent est hors d'état d'organiser la tutelle conformément à la loi de son pays, la tutelle est organisé conformément à la loi du domicile par les soins des autorités tutélaires du lieu.

Elle s'ouvre alors d'après les dispositions de ladite loi, nonobstant celles de la loi nationale.

Mais elle prend fin à l'époque et pour les causes prévues par la loi nationale.

Dans les pays où il existe une tutelle légale, les personnes à qui la loi nationale confère la tutelle légale sont admises à l'exercer, encore que la lex loci ne reconnaisse pas ce droit aux indigènes. Dans les pays où la tutelle est conférée par l'autorité, les personnes à qui la loi nationale confère la tutelle légale seront investies de la tutelle dans la mesure où le juge le trouvera possible.

IV. La tutelle organisée conformément aux dispositions qui précèdent est réputée, dans les deux pays, régulièrement organisée à l'exclusion de toute autre.

Toutefois, si les raisons de droit ou de fait qui ont empêché de constituer la tutelle dans le pays du mineur viennent à disparaître par la suite, et qu'il devienne possible de l'y constituer, les autorités nationales auront en tout temps le droit de le faire ou de le permettre, à condition d'en avertir préalablement les autorités étrangères qui y avaient pourvu conformément au présent règlement. Les tuteurs qui avaient été nommés par celles-ci seront relevés de leurs fonctions conformément à la lex loci; la validité des actes desdits tuteurs sera appréciée d'après la même loi.

V. En attendant l'organisation régulière de la tutelle et pour les actes d'administration urgents, les pouvoirs de tuteur sont dévolus à l'agent diplomatique ou consulaire et, à son défaut, aux autorités tutélaires locales.

---

374) — Käppeli, s. oben Nr. 255.

III. Familienrecht (einschliefslich Vormundschaftsrecht).

375) — Liv-, Est- und Kurländisches Privatrecht, Art, 32:

Die Vormundschaft richtet sich nach den in dem Jurisdiktionsbezirke des Gerichts, vor welchem der Bevormundete seinen persönlichen Gerichtsstand hat, geltenden Gesetzen.

376) — Mommsen, § 14:

Die Vormundschaft wird nach dem Recht des Staates beurteilt, dem der zu Bevormundende angehört.

Bei einer von einer inländischen Behörde angeordneten und unter deren Aufsicht geführten Vormundschaft bestimmen sich jedoch die Rechte und Pflichten des Vormundes immer allein nach dem inländischen Rechte, auch wenn der zu Bevormundende ein Ausländer ist.

377) — Montenegro, Allgemeines Gesetzbuch, Art. 789:

Kann einem in Montenegro wohnhaften Ausländer wegen Minderjährigkeit oder aus einem anderen Grunde die volle vermögensrechtliche Handlungsfähigkeit nicht zuerkannt werden, so kann demselben die montenegrinische Behörde einen Vormund bestellen, wenn ihm die Heimatsbehörde einen solchen nicht bestellt hat.

In einer solchen Vormundschaft ist sich überhaupt nach den Landesgesetzen jener Behörde zu benehmen, welche sie bestellt hat. Handelt es sich aber um die Bevormundung eines Minderjährigen, so wird die Dauer derselben nach seinen Heimatsgesetzen beurteilt.

378) — Montevideo:

Art. 19. El discernimiento de la tutela y curatela se rige por la ley del lugar del domicilio de los incapaces.

Art. 20. El cargo de tutor ó curador discernido en alguno de los Estados signatarios, será reconocido en todos los demas.

Art. 21. La tutela y curatela, en cuanto á los derechos y obligaciones que imponen, se rigen por la ley del lugar en que fué discernido el cargo.

Art. 22. Las facultades de los tutores y curadores respecto de los bienes que los incapaces tuvieren fuera del lugar de su domicilio, se ejercitarán conforme á la ley del lugar en que dichos bienes se hallan situados.

Art. 23. La hipoteca legal que las leyes acuerdan á los incapaces solo tendrá efecto cuando la ley del Estado en el cual se ejerce el cargo de tutor ó curador concuerde con la de aquel en que se hallan situados los bienes afectados por ella.

379) — **Sachsen, Bürgerliches Gesetzbuch, § 16:**

Die Vormundschaft wird nach den Gesetzen des Staates beurteilt, dessen Unterthan der zu Bevormundende ist.

380) — **Schaffhausen** s. oben Nr. 275.

381) — **Schweizerisches Bundesgesetz** vom 25. Juni 1891:

Art. 10. Für die Vormundschaft ist unter Vorbehalt der Bestimmungen der Art. 12—15 ausschliefslich mafsgebend das Recht des Wohnsitzes der Person, welche unter Vormundschaft zu stellen ist, oder über welche eine Vormundschaft bereits bestellt ist.

Art. 11. Das Vormundschaftsrecht im Sinne dieses Gesetzes umfafst sowohl die Vorschriften über die Fürsorge für die Person des Bevormundeten wie die Vorschriften über die Vermögensverwaltung.

Art. 12. Die Vormundschaftsbehörde des Wohnsitzes hat derjenigen des Heimatkantons von dem Eintritt und von der Aufhebung einer Vormundschaft, sowie von dem Wohnsitzwechsel des Bevormundeten Kenntnis zu geben und derselben auf Verlangen über alle die Vormundschaft betreffenden Fragen Aufschlufs zu erteilen.

Art. 13. Wenn über die religiöse Erziehung eines bevormundeten Minderjährigen nach Mafsgabe der Bestimmung des Art. 49 Abs. 3 der Bundesverfassung eine Verfügung zu treffen ist, so hat die Vormundschaftsbehörde des Wohnsitzes in dieser Beziehung die Weisung der Vormundschaftsbehörde der Heimat einzuholen und zu befolgen.

Art. 14. Die zuständigen Behörden des Heimatkantons sind berechtigt, die Bevormundung der Bürger ihres Kantons, welche aufserhalb des Heimatkantons ihren Wohnsitz haben, bei den zuständigen Behörden des Wohnsitzkantons zu beantragen. Einem solchen Antrage mufs Folge gegeben werden, sofern die Bevormundung nach Mafsgabe des Rechts des Wohnsitzes als begründet erscheint.

Art. 15. Wenn die Behörde des Wohnsitzes die persönlichen oder vermögensrechtlichen Interessen des Bevormundeten oder die Interessen seiner Heimatgemeinde gefährdet oder nicht gehörig zu wahren in der Lage ist, oder wenn die Wohnsitzbehörde die Weisung der Heimatbehörde in Bezug auf die religiöse Erziehung eines Kindes nicht befolgt, so kann die Heimatbehörde verlangen, dafs die Vormundschaft ihr abgegeben werde.

Art. 16. Streitigkeiten über die in Art. 14 und 15 vorgesehenen Anträge und Begehren der Heimatbehörde entscheidet auf Klage dieser Behörde in letzter Instanz das Bundesgericht als Staatsgerichtshof. In dringenden Fällen trifft der Präsident des Bundesgerichts zum Schutze bedrohter Interessen vorsorgliche Verfügungen.

III. Familienrecht (einschließlich Vormundschaftsrecht).

Art. 17. Bewilligt die Vormundschaftsbehörde dem Bevormundeten einen Wohnsitzwechsel, so geht das Recht und die Pflicht zur Führung der Vormundschaft auf die Behörde des neuen Wohnsitzes über, und ist das Vermögen des Bevormundeten an diese zu verabfolgen.

Art. 18. Die gleichzeitige Führung der Vormundschaft im Wohnsitz- und im Heimatkanton ist unzulässig.

Art. 29. Wenn bevormundete Schweizer die Schweiz verlassen, so wird die Vormundschaft, solange der Grund der Bevormundung fortbesteht, von der bisherigen Vormundschaftsbehörde fortgeführt.

Die in Art. 15 der heimatlichen Vormundschaftsbehörde eingeräumten Befugnisse bleiben gleichfalls in Geltung.

Art. 30. Wird die Bestellung einer Vormundschaft über eine auswandernde oder landesabwesende Person nötig, so ist hierfür die Behörde des Heimatkantons zuständig.

Art. 33. Die über einen Ausländer in der Schweiz angeordnete Vormundschaft ist auf Begehren der ausländischen zuständigen Heimatbehörde an diese abzugeben, sofern der ausländische Staat Gegenrecht hält.

382) — **Zug** s. oben Nr. 213.

IV. Obligationen.

383) — **Aargau**, Bürgerliches Gesetzbuch, § 11:

Wenn Fremde mit Fremden oder mit Kantonsbürgern, oder Kantonsbürger unter sich aufser dem Kanton Rechtsgeschäfte vornehmen, so sind sie nach den Gesetzen des Ortes, wo das Geschäft abgeschlossen worden, zu beurteilen, insofern bei der Abschliefsung nicht ein anderes Recht zum Grunde gelegt worden ist, und den Kantonsbürgern die in § 8 enthaltene Vorschrift nicht entgegensteht.

384) — **Argentinien**, Código civil:

Art. 1205. Los contratos hechos fuera del territorio de la República, serán juzgados, en cuanto á su validez ó nulidad, su naturaleza y obligaciones que produzcan, por las leyes del lugar en que hubiesen sido celebrados.

Art. 1206. Esceptúanse del artículo anterior aquellos contratos que fuesen immorales, y cuyo reconocimiento en la República resultase injurioso á los derechos, intereses ó conveniencias del estado ó de sus habitantes.

Art. 1207. Los contratos hechos en pais estranjero para violar las leyes de la república, son de ningun valor en el territorio del estado, aunque no fuesen prohibidos en el lugar en que se hubiesen celebrado.

Art. 1208. Los contratos hechos en la República para violar los derechos y las leyes de una nacion estranjera, no tendrán efecto alguno.

Art. 1209. Los contratos celebrados en la República ó fuera de ella, que deban ser ejecutados en el territorio del estado seran juzgados en cuanto á su validez, naturaleza y obligaciones por las leyes de la República, sean los contratantes nacionales ó estranjeros.

Art. 1210. Los contratos celebrados en la República para tener su cumplimiento fuera de ella, serán juzgados, en cuanto á su validez, su naturaleza y obligaciones, por las leyes y usos del país en que debieron ser cumplidos, sean los contratantes nacionales ó estranjeros.

Art. 1211. Los contratos hechos en país estranjero para trasferir derechos reales sobre bienes inmuebles situados en la República, tendrán la misma fuerza que los hechos en el territorio del estado, siempre que constaren de instrumentos públicos y se presentaren legalizados. Si por ellos se trasfiriese el dominio de bienes raices, la tradicion de estos no podrá hacerse con efectos jurídicos hasta que estos contratos se hallen protocolizados por órden de un juez competente.

Art. 1212. El lugar del cumplimiento de los contratos que en ellos no estuviere designado, ó no lo indicare la naturaleza de la obligacion, es aquel en que el contrato fué hecho, si fuere el domicilio del deudor, aunque después mudare de domicilio ó falleciere.

Art. 1213. Si el contrato fué hecho fuera del domicilio del deudor, en un lugar que por las circunstancias no debia ser el de su cumplimiento, el domicilio actual del deudor, aunque no sea el mismo que tenia en la época en que el contrato fué hecho, será el lugar en que debe cumplirse.

Art. 1214. Si el contrato fuere hecho entre ausentes por instrumento privado, firmado en varios lugares, ó por medio de agentes, ó por correspondencia epistolar, sus efectos, no habiendo lugar designado para su cumplimiento, serán juzgados respecto á cada una de las partes, por las leyes de su domicilio.

Siehe auch Nr. 152.

385) — **Badisches Konstitutionsedikt vom 4. Juni 1808, § 13:**

„Erbhuldigung und Gerichtspflichtigkeit der Staatsbürger." Die Pflichten bestehen: ..... in der unbeschränkten Gerichtspflichtigkeit...... Wenn andere Staatsangehörige oder Fremde immer nur in gewissen weiteren oder engeren Beziehungen und nur durch diese den hiesigen Gesetzen und Gerichten unterworfen sind, so sind es die Staatsbürger in jeder denkbaren Beziehung, soweit es ohne Anstofs gegen die Rechte eines anderen souveränen Staates möglich ist; folglich mit Ausnahme der Rechtsstreitigkeiten, welche eine Liegenschaft oder Erbschaft unmittelbar ergreifen, die in fremden Staaten gelegen ist, oder eine dort schon in gesetzmäfsiger Art rechtshängig gewordene Streit- oder Strafsache betreffen, in allen übrigen, mögen sie vor hiesigen Gerichten belangt und für Recht gestellt und nach hiesigen Gesetzen (soweit nicht Rechte fremder Staatsbürger mitbefangen sind, wo alsdann die Gesetze des Ortes, wo die erlaubte oder unerlaubte Handlung begangen wurde, anzuwenden sind) gerichtet werden, indem solange blofs von Rechtsverhältnissen zwischen Staatsbürger und Staatsbürger, oder zwischen dem Staatsbürger und dem

Staatsgesetz aus erlaubten oder unerlaubten Handlungen die Rede ist, die Verbindlichkeit, den Gesetzen seines Regenten gemäfs sich zu betragen, dem Unterthanen aller Orten hin nachfolgt, und wenn sie ihn gleich in geeigneten Fällen nicht befreit von der Schuldigkeit, über jene Verbindlichkeiten, die er in fremden Landen einging, auch dort, und alsdann nach dortigen Gesetzen, Recht zu geben und zu nehmen. Demnach, sobald in unserem Lande die Verbindlichkeit noch unausgetragen zur Sprache kommt, er allein deshalb nach hiesigen Gesetzen beurteilt werden kann und mufs, soweit nicht etwa besondere Staatsverträge mit benachbarten Staaten Ausnahmen bestimmen oder blofs von bestimmten Förmlichkeiten der Handlungen die Rede ist, in welchen jeder in und aufser unserem Lande sich nach den Gesetzen des Orts, wo er sie vornimmt, erkundigen, benehmen und richten lassen mufs.[1]

386) — **Bayrische Verordnung von 1816. I., 3.:**

Hinsichtlich der civilrechtlichen Folgen einer unerlaubten Handlung sind die Gesetze des Ortes, wo sie begangen wurde, in Anwendung zu bringen.

387) — **Belgischer Entwurf:**

Art. 7. Les obligations conventionnelles et leurs effets sont réglés par la loi du lieu du contrat.

Toutefois, préférence est donnée aux lois nationales des contractants, si ces lois disposent d'une manière identique.

Ces règles ne sont pas applicables si, de l'intention des parties, constatée expressément ou manifestée par les circonstances, il résulte qu'elles ont entendu soumettre leur convention à une loi déterminée. La faculté accordée, à cet égard, aux parties contractantes, ne peut avoir pour objet que la loi nationale de l'une d'entre elles au moins, la loi du lieu du contrat ou la loi du lieu où celui-ci doit être exécuté.

Les dispositions du présent article sont suivies quels que soient la nature des biens qui font l'objet de la convention et le pays où ils se trouvent.

---

[1] Vgl. Niemeyer, positives intern. Privatrecht I, S. 77:
„Aus § 13 ergeben sich anerkanntermafsen folgende Grundsätze:
a) Für Rechtsgeschäfte:
  1) Wenn die Kontrahenten sämtlich badische Staatsangehörige sind, entscheidet stets das badische Recht, auch wenn das Rechtsgeschäft aufserhalb Badens geschlossen ist.
  2) Sobald ein Nichtbadener beteiligt ist, entscheidet das Recht, in dessen Gebiet das Rechtsgeschäft geschlossen ist.
  3) Die Form richtet sich nach dem Ort des Abschlusses.
b) Für andere Handlungen, insbesondere Delikte: Der Ort, wo die Handlung stattgefunden hat, entscheidet alle rechtlichen Folgen."

IV. Obligationen.

Art. 8. Les quasi-contrats, les délits civils et les quasi-délits sont régis par la loi du lieu où le fait qui est la cause de l'obligation s'est passé.

388) — Bern, Entwurf über das Personen- und Handlungsrecht Art. 5:

Forderungen und Verbindlichkeiten werden, wenn nichts Anderes vereinbart ist, nach den Gesetzen des Ortes beurteilt, wo die Verbindlichkeit erfüllt werden soll.

Die Verjährung richtet sich nach den Gesetzen des Wohnsitzes des Verpflichteten. Tritt während des Laufes der Verjährung ein Wechsel des Wohnsitzes mit abweichenden Verjährungsfristen ein, so wird eine verhältnismäfsige Abgleichung der Fristen vorgenommen.

389) — Canada, Civil code. Art. 8:

Deeds are construed according to the laws of the country where they were passed, unless there is some law to the contrary, or the parties have agreed otherwise, or by the nature of the deed or from other circumstances, it appears that the intention of the parties was to be governed by the law of another place; in any of which cases, effect is given to such law, or such intention expressed or presumed.

390) — Congostaat, Gesetz vom 20. Februar 1891, Art. 5:

Sauf intention contraire des parties, les conventions sont régies, quant à leur substance, à leurs effets et à leur preuve, par la loi du lieu où elles sont conclues.

Les obligations qui naissent d'un fait personnel à celui qui se trouve obligé (quasi-contrats, délits ou quasi-delits) sont soumises à la loi du lieu où le fait s'est accompli.

391) — Costa Rica, Código civil:

Art. 6. La prescripción y todo lo que concierne al modo de cumplir ó extinguir las obligaciones que resulten de cualquier acto jurídico ó contrato que haya de ejecutarse en Costa Rica, se regirá por las leyes costarricenses, aunque los otorgantes sean extranjeros, y aunque el acto ó contrato no se haya ejecutado ó celebrado en la República.

Art. 7. Para la interpretación de un contrato y para fijar los efectos mediatos ó inmediatos que de él resulten, se atenderá á las leyes del lugar donde se hubiere celebrado el contrato; pero si los contratantes tuvieren una misma nacionalidad, se atenderá á las leyes de su país. En los testamentos, se atenderá á las leyes del país donde tuviere su domicilio el testador.

Respecto de matrimonios, se atenderá á las leyes del lugar donde hubieren convenido en establecerse los cónyuges; y á falta de ese convenio, á las leyes del pais donde tenga su domicilio el marido.

392) — Domin Petrasheveez:

Art. 193. Un engagement pris dans un état quelconque par un étranger et en vertu duquel il confère des droits á des tiers sans les obliger réciproquement envers lui sera jugé dans cet état soit d'après la loi de cet état soit d'après la loi de la patrie de l'étranger, suivant que l'une ou l'autre favorise le plus la validité de cet engagement.

Art. 194. La convention synallagmatique passée dans un état quelconque entre un citoyen et un étranger sera jugée dans cet état d'après ses propres lois, mais lorsque les deux contractants seront étrangers la convention synallagmatique ne sera jugée d'après ces lois qu'autant qu'il ne sera pas prouvé que les parties en contractant avaient entendu se régler d'après une autre législation. Si les deux étrangers étaient compatriotes il sera même supposé qu'ils voulaient se régler selon leurs lois nationales, en cas que leur engagement n'est pas valide selon la loi du lieu du contrat, mais l'est bien selon la législation à laquelle ils étaient soumis en leur qualité de sujets.

Art. 195. Les conventions passées en pays étranger, soit entre des étrangers, soit entre des étrangers et des sujets de l'état qui en doit juger, soit entre les derniers eux-mêmes, seront jugées d'après les lois du lieu du contrat à moins qu'il ne soit manifeste qu'une autre législation a servi de base à ce contrat et à moins que la présomption de l'art. précédent ne vienne en considération.

Art. 196. Les quasi-contrats sont régis par la loi du lieu où s'est passé le fait qui a donné naissance au quasi-contrat.

Art. 197. L'objection de prescription est jugée d'après la loi selon laquelle la convention ou le droit en question lui-même est jugé.

Art. 202. L'effet des actes passés pour être exécutés dans un autre pays se règle par les lois de ce pays.

393) — Dudley Field:

Art. 601. A contract made and agreed expressly or tacitly, to be wholly performed within the jurisdiction of the same nation, is governed by the law of that nation.

Art. 602. Subject to articles 604 and 605, a contract made within the jurisdiction of one nation, and agreed expressly or tacitly to be performed either wholly or partly within the jurisdiction of another, is governed as to its validity by the law of the place where it is made; and as to its interpretation by the law actually or presumptively intended by the parties for that purpose; as provided in the next article.

Art. 603. The law intended by the parties to govern the interpretation of any stipulation of their contract is deemed to be:

1. The law of any nation, named by them for that purpose, as a part of their contract; or,

2. If no such law is so named, the law of the place where such stipulation is agreed to be wholly performed; or,

3. If no such law or place of performance is specified, the law of the place of making their contract; but in this case a contrary intention may be shown.

Art. 604, 605 s. oben Nr. 57.

Art. 607. The „place of making" an express contract, within the meaning of this code, is the place where the intentions of the party, to whom the offer to contract is made, is first completely manifested, as follows.

1. If manifested by sending a written or oral statement of such acceptance to the party making the offer, at the place from which the statement is sent;

2. If manifested without a statement of acceptance, either by performing the essential terms of the offer, or by receiving the consideration offered, at the place where such performance or receipt occurs;

3. If manifested through an agent authorized by the party to whom or in whose favor the offer is made to bind him by declaring the intention of such agent to accept it, at the place where the agent makes such declaration.

Art. 608. Where the same offer to contract is accepted by several persons in different places, the contract of each is perfected where the last acceptance is completely manifested, as provided in article 607.

Art. 609. The parties to a contract may expressly agree that their contract shall be deemed to be perfected at any place where a specified act or event occurs, although by the provisions of the last article, it would not have had that effect.

Art. 610. Where the place of making a contract is not shown, it is presumed to be within the exclusive jurisdiction of the nation in whose tribunal it is sought to be enforced.

Art. 611. The place of making an implied contract is, that, where the act is done which gives rise to the implication.

Art. 616. The obligation arising out of an act prohibited by the law of the place where done, is determined by such law, except as otherwise provided in this Chapter.

IV. Obligationen.

Art. 619. The obligations arising from the ownership or the possession of property are determined by the law of the place where the property is for the time being situated.

394) — **Griechisches Gesetz** vom 29. Oktober 1856 (Ἀστικὸς Ἑλληνικὸς νόμος).

Art. 6. Αἱ ἐνοχαὶ ῥυθμίζονται ὡς πρὸς τὰ ἀποτελέσματα αὐτῶν ὑπὸ τοῦ νόμου τοῦ τόπου, ἐν ᾧ, κατὰ τὴν ῥητὴν ἢ σιωπηρὰν θέλησιν τῶν ἐνεχομένων, πρόκειται νὰ ἐκτελεσθῶσιν, ἐκτὸς ἂν ὥρισαν οὗτοι τὸν νόμον, εἰς ὃν θέλουσι νὰ ὑποβληθῶσιν. — Αἱ ἐξ ἀδικημάτων ὅμως ἐνοχαὶ διέπονται πάντοτε ὑπὸ τοῦ ἑλληνικοῦ νόμου.

395) — **Graubünden**, Civilgesetzbuch § 1:

Die Bestimmungen dieses Gesetzes finden ihre Anwendung . . . .
3. Mit Bezug auf das Forderungsrecht: auf alle nach Mafsgabe der Civilprozefsordnung bei den hiesigen Gerichten klagbaren Forderungen.

396) — **Guatemala**, Código civil, Art. 14:

Las obligaciones y los derechos que nazcan de los contratos ó testamentos otorgados en el extranjero por guatemaltecos, se regirán por las disposiciones de este Código, en caso de que dichos actos deban cumplirse en la República.

397) — **Japan:**

Art. 5. Hinsichtlich eines im Ausland geschlossenen Vertrages ist das Gesetz anzuwenden, welches der ausdrücklichen oder stillschweigenden Intention der Parteien entspricht.

Wenn die Intention der Parteien nicht klar ist, so ist das Recht des Landes, dem sie angehören, anzuwenden, wenn sie ein- und demselben Lande angehören; andernfalls das Recht des Ortes, welches im gegebenen Fall bei dem Vertrage am meisten in Betracht kommt.

Art. 7. Ungerechtfertigte Bereicherungen, rechtswidrige Verletzungen und gesetzliche Verwaltungen werden regiert durch das Gesetz des Ortes, wo ihre Veranlassung sich ereignet hat.

398) — **Italien**, Disposizioni etc., Art. 10:

I mezzi di prova delle obbligazioni sono determinati dalle leggi del luogo in cui l'atto fu fatto.

S. auch oben Nr. 122 und 123.

399) — **Italien**, Codice di commercio, Art. 58:

La forma e i requisiti essenziali delle obbligazioni commerciali, la forma degli atti da farsi per l'esercizio e la conservazione dei diritti che ne derivano o per la loro esecuzione, e gli effetti degli atti stessi, sono regolati rispettivamente dalle leggi o dagli usi del luogo dove si emettono le obbligazioni e dove si fanno o si eseguiscono gli atti suddetti, salva in ogni caso l'eccezione stabilita nell' articolo 9 delle disposizioni preliminari del codice civile per coloro che sono soggetti ad una stessa legge nazionale.

400) — Laurent:

Art. 14. Les conventions conclues en pays étranger sont régies par la loi à laquelle les parties contractantes ont entendu se soumettre A défaut d'une déclaration expresse, le juge recherchera l'intention des parties dans les faits et circonstances de la cause.

Si les parties dressent un acte authentique en Belgique, le notaire leur fera connaître les dispositions du présent article.

En cas de doute, le juge appliquera la loi personnelle des parties, si elles ont la même nationalité et la loi du lieu où le contrat se passe, si les parties appartiennent à des nations différentes.

Art. 16. Les dipositions unilatérales entre-vifs ou à cause de mor sont régies par la loi nationale du disposant à moins qu'il n'ait manifesté une volonté contraire.

Art. 17. Les quasi-contrâts sont régis par la loi personnelle des parties si elles ont la même nationalité, et par la loi du lieu où le quasi-contrat se forme si elles appartiennent à des nations différentes.

Les obligations qui résultent de l'autorité seule de la loi sont régies par la loi personnelle de celui dans l'intérêt duquel sont établis les administrateurs légaux.

Les délits civils et les quasi-délits sont régis par la loi du pays où le fait se passe.

401) — Lima:

Art. 4. Verträge, welche aufserhalb des Staates geschlossen sind, werden in Bezug auf ihre innere Rechtsbeständigkeit und die juristischen Wirkungen der Verabredungen nach dem Gesetze des Ortes des Abschlusses beurteilt; aber wenn diese Verträge nach ihrer Natur oder nach Übereinkunft der Parteien gerade in dem Inlande erfüllt werden sollen, sind sie dessen Gesetzen unterworfen. In dem einen wie in dem andern Falle bestimmt sich die Art der Erfüllung nach den Gesetzen des Inlandes.

402) — Liv-, Est- und Kurländisches Privatrecht, Art. XXXV:

Bei Forderungsrechten aus Verträgen kommt es zunächst darauf an, ob nicht die Kontrahenten über das für die Beurteilung ihrer gegen-

IV. Obligationen.

seitigen Rechtsverhältnisse in Anwendung zu bringende Recht sich ausdrücklich geeinigt haben. Eine solche Übereinkunft ist bei Kraft zu erhalten, sofern ihr nicht absolut gebietende oder verbietende Gesetze entgegenstehen. Ist eine Übereinkunft der Art nicht getroffen, so ist anzunehmen, dafs sich die Parteien dem Rechte desjenigen Jurisdiktionsbezirkes unterworfen haben, in welchem die aus dem Rechtsgeschäft entspringende Verbindlichkeit erfüllt werden soll. Nach diesem Rechte ist insbesondere die materielle Gültigkeit und die Wirkung des Rechtsgeschäftes zu beurteilen.

S. auch oben Nr. 363.

403) — Luzern, Civilgesetzbuch:

§ 25. Ein von einem Fremden in dem Kanton unternommenes Geschäft, wodurch er Andern Rechte einräumt, ohne dieselben sich gegenseitig zu verpflichten, d. h. ohne dafs diese etwas dagegen leisten müssen, ist entweder nach dem gegenwärtigen Gesetzbuche oder nach dem Gesetz seiner Heimat zu beurteilen, je nachdem das eine oder andere die Gültigkeit des Geschäftes am meisten begünstigt.

§ 26. Wenn ein Fremder im Kanton ein wechselseitig verbindliches Geschäft, wo nämlich jeder dem andern etwas zu leisten hat, mit einem Kantonsbürger eingeht, so wird es ohne Ausnahme nach gegenwärtigem Gesetzbuche, dafern er es aber mit einem Fremden schliefst, nur dann nach demselben beurteilt, wenn nicht bewiesen wird, dafs bei Abschliefsung ein anderes Recht zum Grund gelegt worden sei.

§ 27. Wenn Fremde mit Fremden oder mit Kantonsbürgern aufser dem Kanton Rechtsgeschäfte vornehmen, so sind sie nach den Gesetzen des Orts, wo das Geschäft abgeschlossen wurde, zu beurteilen, dafern bei der Abschliefsung nicht ein anderes Recht zum Grunde gelegt worden ist und den Kantonsbürgern die in § 6 enthaltene Vorschrift hinsichtlich der persönlichen Fähigkeit nicht entgegensteht.

404) — Mexico, Código civil, Art. 16:

Las obligaciones y derechos que nazcan de los contratos ó testamentos otorgados en el extranjero, por mexicanos del Distrito y de la California, se regirán por las disposiciones de este Código, en caso de que dichos actos deban cumplirse en las referidas demarcaciones.

405) — Mommsen:

§ 6. Forderungen aus Schuldverträgen sind nach dem Recht des Gebietes zu beurteilen, in welchem der Schuldner zur Zeit der Abschliefsung des Vertrages seinen Wohnsitz gehabt hat, ausgenommen, wenn aus den Umständen sich ergiebt, dafs die Vertragschliefsenden die

IV. Obligationen. 101*

Anwendung eines andern Rechts, sei es des Rechts des Ortes der Vertragschliefsung oder des Rechts des Erfüllungsortes, vorausgesetzt haben.

§ 7. Forderungen aus unerlaubten Handlungen sind nach dem Recht des Ortes zu beurteilen, an welchem die unerlaubte Handlung vorgenommen ist.

Das inländische Recht findet jedoch auch dann Anwendung, wenn die unerlaubte Handlung zwar im Auslande, aber von einem Inländer einem Inländer gegenüber vorgenommen ist.

Auf Zahlung einer Strafe an den Verletzten kann, auch wo im übrigen ausländisches Recht zur Anwendung kommt, nur erkannt werden, wenn und soweit das inländische Recht eine solche als Folge der unerlaubten Handlung festsetzt.

S. auch Nr. 190.

§ 8. Sonstige Forderungen werden nach dem Recht des Ortes beurteilt, an welchem die die Verpflichtung begründende Thatsache eingetreten ist.

Die Bestimmung des § 7 Abs. 3 findet auch auf diese Forderungen sinngemäfse Anwendung.

406) — **Montenegro**, Allgemeines Gesetzbuch:

Art. 792. Die aus einem Vertrage entstehenden Rechte und Verbindlichkeiten werden nach den Gesetzen jenes Ortes beurteilt, den die Parteien bestimmt haben, oder von welchem nach der Natur des Rechtsgeschäftes oder anderen Umständen anzunehmen ist, dafs ihn die Parteien bei der Vertragschliefsung im Sinne hatten, oder der bestimmt worden wäre, wenn sie daran gedacht hätten.

Es kann dies sein: Der Ort des Vertragsschlusses oder der Ort der Erfüllung oder der Ort, wo über das aus dem Vertrage entspringende Rechtsverhältnis entschieden wird, oder endlich jener Ort, welcher sonst nach den vorliegenden Umständen als Mittelpunkt des betreffenden Rechtsgeschäftes angesehen werden kann. Diese allgemeine Regel gilt jedoch nur für die obligatorische Seite des Rechtsgeschäftes, während alle dinglichen aus demselben entspringenden Rechte immer dem Gesetze jenes Ortes unterworfen bleiben, wo sich die Sache befindet (790—791).

Art. 793. Schadenersatzansprüche aus einer unerlaubten Handlung werden nach den Gesetzen jenes Ortes beurteilt, wo die Handlung, aus welcher der Schade entstanden ist, gesetzt wurde. Eine Ausnahme hiervon bilden die im Artikel 796 lit. c angeführten Fälle.

Art. 794. Desgleichen sind Schuldverhältnisse aus verschiedenen Geschäften, Handlungen, Verhältnissen (586—602), Verträge und unerlaubte Handlungen ausgenommen (792, 793), nach den Gesetzen des

IV. Obligationen.

Ortes zu beurteilen, wo die Handlung oder das Ereignis, aus dem die Schuld entsteht, vorgefallen ist.

407) — Montevideo:

Art. 29. Los derechos creditorios se reputan situados en el lugar en que la obligacion de su referencia debe cumplirse.

Art. 32. La ley del lugar donde los contratos deben cumplirse decide si es necesario que se hagan por escrito y la calidad del documento correspondiente.

Art. 33: La misma ley rige:
    a) su existencia;
    b) su naturaleza;
    c) su validez;
    d) sus efectos;
    e) sus consecuencias;
    f) su ejecucion;
    g) en suma, todo cuanto concierne á los contratos, bajo cualquier aspecto que sea.

Art. 34. En consecuencia, los contratos sobre cosas ciertas ó individualizadas se rigen por la ley del lugar donde ellas existían al tiempo de su celebracion.

Los que recaigan sobre cosas determinadas por su género por la del lugar del domicilio del deudor al tiempo en que fueron celebrados.

Los referentes á cosas fungibles, por la del lugar del domicilio del deudor al tiempo de su celebracion.

Los que versen sobre prestacion de servicios:
    a) Si recaen sobre cosas, por la del lugar donde ellas existían al tiempo de su celebracion;
    b) Si su eficacia se relaciona con algun lugar especial, por la de aquel donde hayan de producir sus efectos;
    c) Fuera de estos casos, por la del lugar del domicilio del deudor al tiempo de la celebracion del contrato.

Art. 35. El contrato de permuta sobre cosas situadas en distintos lugares sujetos á leyes disconformes, se rige por la del domicilio de los contrayentes si fuese comun al tiempo de celebrarse la permuta y por la del lugar en que la permuta se celebró si el domicilio fuese distinto.

Art. 36. Los contratos accesorios se rigen por la ley de la obligacion principal de su referencia.

Art. 37. La perfeccion de los contratos celebrados por correspondencia ó mandatario se rige por la ley del lugar del cual partió la oferta.

IV. Obligationen.

Art. 38. Las obligaciones que naceu sin convencion se rigen por la ley del lugar donde se produjo el hecho lícito ó ilícito de que proceden.

Art. 39. Las formas de los instrumentos públicos se rigen por la ley del lugar en que se otorgan.

Los instrumentos privados, por la ley del lugar del cumplimiento del contrato respectivo.

S. auch oben Nr. 364.

408) — Österreich, Allgemeines bürgerliches Gesetzbuch:

§ 35. Ein von einem Ausländer in diesem Staate unternommenes Geschäft, wodurch er Andern Rechte gewährt, ohne dieselben gegenseitig zu verpflichten, ist entweder nach diesem Gesetzbuche, oder aber nach dem Gesetze, dem der Fremde als Unterthan unterliegt, zu beurteilen, je nachdem das eine oder das andere Gesetz die Gültigkeit des Geschäftes am meisten begünstigt.

§ 36. Wenn ein Ausländer hierlandes ein wechselseitig verbindendes Geschäft mit einem Staatsbürger eingeht, so wird es ohne Ausnahme nach diesem Gesetzbuche, dafern er es aber mit einem Ausländer schliefst, nur dann nach demselben beurteilt, wenn nicht bewiesen wird, dafs bei der Abschliefsung auf ein anderes Recht Bedacht genommen worden sei.

409) — Peru, Código civil:

Art. 36. Ningun habitante del Peru puede eximirse del cumplimiento de las obligaciones contraidas en la República conforme á las leyes.

Art. 38. El extranjero que se halla en el Perú, aunque no sea domiciliado, puede ser obligado al cumplimiento de los contratos celebrados con peruano, aun en país extranjero, sobre objetos que no estén prohibidos por las leyes de la república.

Art. 40. Siempre que se trate de una obligación contraida en país extranjero, las leyes del país donde se celebró, sirven para juzgar del contrato, en todo aquello que no esté prohibido por las del Perú. Regirán solo las leyes peruanas si á ellas se sometieron los contratantes.

Art. 43. No puede pedirse en el Perú el cumplimiento de obligaciones contraidas entre extranjeros en país extranjero, sino en el caso que se sometan a los tribunales de la república.

410) — Portugal, Codigo civil, Art. 26:

Os estrangeiros, que viajum ou residem em Portugal, têem os mesmos direitos e obrigações civis dos cidadãos portuguezes, em quanto aos actos que hão de produzir os seus effeitos n'este reino; excepto nos casos em que a lei expressamente determine o contrario, ou se existir tractado ou convenção especial, que determine e regule de outra fórma os seus direitos.

411) — Portugal, Codigo commercial, Art. 4:

Os actos de commercio serão regulados:

1) Quanto á substancia e effeitos dos obrigações pela lei do logar onde forem celebrados, salva convenção em contrario;

2) Quanto ao modo do seu cumprimento pela lei do logar onde este se realisar;

3) Quanto á fórma externa, pela lei do logar onde forem celebrados, salvo nos casos em que a lei expressamente ordenar o contrario.

O disposto no nr. 1 d'este artigo não será applicavel quando da sua execução resultar offensa ao direito publico portuguez ou aos principios de ordem publico.

412) — Roeboll:

Sofern die Vorschrift des B. G.-B. nicht zwingender Natur ist, muſs der Inhalt eines persönlichen Rechtsverhältnisses nach ausländischem Rechte beurteilt werden, wenn das Rechtsverhältnis im Auslande seinen Sitz hat; und unter derselben Voraussetzung richtet sich die privatrechtliche Folge einer unerlaubten Handlung nach dem Thatorte.

413) — Ruſsland, Swod, Bd. 9, Art. 1007:

Die Ausländer können sich gültig durch Verträge sowohl gegenüber ihren Landsleuten als den Unterthanen des Landes verpflichten; immer aber müssen diese Akte, um gesetzliche Kraft in Ruſsland zu erlangen, nach ihrem Inhalt und nach ihrer Form den Anforderungen der russischen Gesetze entsprechen.

414) — Sachsen, Bürgerliches Gesetzbuch, § 11:

Forderungen werden nach den Gesetzen des Ortes beurteilt, an welchem sie zu erfüllen sind.

S. auch oben Nr. 365.

415) — Schaffhausen, Privatrechtliches Gesetzbuch, § 5:

Forderungen und Schulden werden regelmäſsig nach dem örtlichen Recht beurteilt, welches nach der besonderen Uebereinkunft der Kontrahenten oder nach der innern Natur des Verhältnisses als einverstanden erscheint.

416) — Serbien, Civilgesetzbuch:

Art. 6. Wenn ein Fremder mit einem Serben oder mit einem anderen Fremden in Serbien — (= der in Serbien wohnt[1]) — kontrahirt hat,

---

[1] Anmerkung des Herausgebers.

so soll ihm Recht gewährt werden gemäfs den Bestimmungen dieses Gesetzbuches, wenn nicht der Vertragsschlufs im Auslande stattgefunden hat, wenn nicht das Recht des Auslandes ins Auge gefafst worden ist, und wenn nicht die Wirkungen des Rechtsgeschäftes im Auslande stattbaben sollen.

Art. 40. Alle Obligationen, welche ein Serbe gegenüber einem anderen Serben, in Serbien oder im Auslande, eingegangen ist, müssen nach diesem Gesetzbuch beurteilt werden, wenn nicht die Beteiligten vereinbart haben, dafs ihre Streitigkeiten nach dem fremden Rechte beurteilt werden sollen. . . . Wenn ein Serbe mit einem Fremden in Serbien kontrahirt, so werden ihre Verpflichtungen nach dem serbischen Recht beurteilt, wenn der Fremde nicht beweist, dafs sie übereingekommen sind, dem fremden Rechte zu folgen. Wenn ein Serbe mit einem Fremden im Ausland kontrahirt, so werden ihre Verpflichtungen nach dem fremden Recht beurtheilt, wenn sie nicht erklärt haben, sich dem serbischen Gesetzbuch unterwerfen zu wollen. Endlich, wenn ein Fremder mit einem Fremden in Serbien kontrahiert, ist das serbische Gesetzbuch anwendbar in den Fällen, wo die Rechtswirkungen des Kontraktes in Serbien stattbaben sollen, ausgenommen, wenn sie ausdrücklich übereingekommen sind, das fremde Recht ins Auge zu fassen.

417) — **Solothurn**, Civilgesetzbuch, § 6:

Wenn ein Fremder im hiesigen Kanton ein Geschäft eingeht, so wird es nach hiesigen Gesetzen beurteilt, wenn nicht bewiesen wird, dafs bei der Abschliefsung ein anderes Recht zu Grunde gelegt worden sei.

418) — **Unterwalden**, Gesetz vom 23. Oktober 1852 (Personenrecht), § 6:

Wenn Fremde mit Kantonsbürgern oder hier niedergelassenen Fremden oder Kantonsbürger unter sich aufser dem Kanton, Rechtsgeschäfte vornehmen, so sind sie nach den Gesetzen des Ortes, wo das Geschäft abgeschlossen worden, zu beurteilen, insofern bei der Abschliefsung nicht ein anderes Recht zum Grunde gelegt worden ist, und den Kantonsbürgern die in § 5 enthaltene Vorschrift hinsichtlich der persönlichen Fähigkeit nicht entgegensteht.

419) — **Zug**, Privatrechtliches Gesetzbuch, § 4:

Forderungen und Schulden werden nach dem örtlichen Recht, welches nach der besonderen Uebereinkunft der Kontrahenten oder nach der innern Natur des Verhältnisses als einverstanden erscheint, beurteilt.

V. Sachenrecht.

420) — **Argentinien**, Código civil:

Art. 10. Los bienes raices situados en la República son esclusivamente regidos por las leyes del pais, respecto á su calidad de tales, á los derechos de las partes, á la capacidad de adquirirlos, á los modos de transferirlos, y á las solemnidades que deben acompañar esos actos. El titulo, por lo tanto, á una propriedad raíz, solo puede ser adquirido, transferido ó perdido de conformidad con las leyes de la República.

Art. 11. Los bienes muebles que tienen situacion permanente y que se conservan sin intencion de trasportarlos, son regidos por las leyes del lugar en que están situados; pero los muebles que el proprietario lleva siempre consigo, ó que son de su uso personal esté ó no en su domicilio, como tambien los que se tienen para ser vendidos ó trasportados á otro lugar, son regidos por las leyes del domicilio del dueño.

S. auch oben Nr. 384 (Art. 1211).

421) — **Badisches Landrecht**, Satz 2:

Die Liegenschaften, auch jene nicht ausgenommen, welche Ausländer inne haben, werden in allen Fällen nach den inländischen Gesetzen gerichtet.

422) — **Belgien**, Code civil, Art. 3, Al. 2:

Les immeubles, même ceux possédés par des étrangers, sont régis par la loi belge.

423) — **Belgisches Gesetz** vom 16. Dezember 1851. Art. 77:

A défaut des dispositions contraires dans les traités ou dans les lois politiques, les hypothèques consenties en pays étranger n'auront d'effet, à l'égard des biens situés en Belgique que lorsque les actes qui en contiennent la stipulation auront été revêtus du visa du président du tribunal civil de la situation des biens.

Ce magistrat est chargé de vérifier si les actes et les procurations qui en sont le complément réunissent toutes les conditions nécessaires pour leur authenticité dans le pays où ils ont été reçus.

L'appel de la décision du président sera interjeté par requête adressée à la cour, qui statuera comme en matière d'appel de référé.

Zusatzartikel 2: Le mineur étranger, quand même la tutelle aurait été déférée en pays étranger, aura hypothèque légale sur les biens de son tuteur situés en Belgique, dans le cas et en conformité des dispositions énoncées au § 1, chapitre III de la présente loi. Pareillement la femme étrangère, même mariée en pays étranger, aura hypothèque légale sur les biens de son mari situés en Belgique dans le cas et en conformité du § 2, section 1 du même chapitre. Si l'inscription est fondée sur des actes passés à l'étranger, elle ne pourra être prise qu'après que ces actes auront été visés par le président du tribunal de la situation des biens, conformément à l'article 77 de la présente loi.

424) — **Belgischer Entwurf, Art. 5:**

Les biens meubles et immeubles sont soumis à la loi du lieu de leur situation en ce qui concerne les droits réels dont ils peuvent être l'objet.

Les droits de créance sont réputés avoir leur situation au domicile du débiteur; toutefois, si ces droits sont représentés par des titres cessibles au moyen de la tradition ou de l'endossement, ils sont censés être au lieu où les titres se trouvent.

Lorsque, à raison du changement survenu dans la situation des biens meubles, il y a conflit de législation, la loi de la situation la plus récente est appliquée.

425) — **Bern, Entwurf, Art. 4:**

Die Rechte an beweglichen und unbeweglichen Sachen, desgleichen der Besitz an solchen, werden nach den Gesetzen des Ortes der gelegenen Sache beurteilt. Nach den gleichen Gesetzen richten sich auch Form und Wirkungen der Übertragung von Rechten an Sachen.

S. auch unten Nr. 480.

426) — **Bolivia, Código civil, Art. 3:**

Los bienes inmuebles, aunque se posean por estranjeros, serán regidos por la ley boliviana.

S. auch unten Nr. 481.

427) — Canada, Civil code, Art. 6:

The laws of Lower Canada govern the immoveable property situate within its limits. Moveable property is governed by the law of the domicile of its owner. But the law of Lower Canada is applied whenever the question involved relates to the distinction or nature of the property, to privileges and rights of lien, contestations as to possession, the jurisdiction of the courts and procedure, to the mode of execution and attachment, to public policy and the rights of the crown, and also in any other cases specially provided for by this code.

428) — Chile, Código civil:

Art. 16. Los bienes situados en Chile están sujetos a las leyes chilenas, aunque sus dueños sean estranjeros y no residan en Chile.

Esta disposicion se entenderá sin perjuicio de las estipulaciones contenidas en los contratos otorgados válidamente en país estraño.

Pero los efectos de los contratos otorgados en país estraño para cumplirse en Chile, se arreglarán a las leyes chilenas.

Art. 2411. Los contratos hipotecarios celebrados en país estranjero darán hipoteca sobre bienes situados en Chile, con tal que se inscriban en el competente registro.

Art. 2484. Los matrimonios celebrados en país extranjero y que segun el Art. 119 deban producir efectos civiles en Chile darán á los créditos de la mujer sobre los bienes del marido existentes en territorio chileno el mismo derecho de preferencia que los matrimonios celebrados in Chile.

429) — Columbien, Código civil, Art. 20:

Los bienes situados en los territorios, y aquellos que se encuentren en los Estados, en cuya propiedad tenga interés ó derecho la Nación, están sujetos á las disposiciones de este Código, aun cuando sus dueños sean extranjeros y residan fuera de Colombia.

Esta disposición se entenderá sin perjuicio de las estipulaciones contenidas en los contratos celebrados válidamente en país extraño.

Pero los efectos de dichos contratos, para cumplirse en algún Territorio, ó en los casos que afecten á los derechos é intereses de la Nación, se arreglarán á este Código y demás leyes civiles de la Union.

430) — Congostaat, Gesetz vom 20. Februar 1891, Art. 3:

Les droits sur les biens tant meubles qu'immeubles sont régis par la loi du lieu où ces biens se trouvent.

431) — Costa Rica, Código civil:

Art. 4. Las leyes costarricences rigen los bienes inmuebles situados en la República, aunque pertenezcan á extranjeros, ya se consideren dichos bienes aisladamente en sí mismos, ya con relación á los derechos del propietario como parte de una herencia ó de otra universalidad.

Art. 5. Los bienes muebles pertenecientes á los costarricenses ó extranjeros domiciliados en la República, se regirán como los inmuebles situados en Costa Rica; pero los muebles que pertenezcan á extranjeros no domiciliados en la República, sólo se rigen por las leyes costarricenses, cuando se les considera aisladamente en sí mismos.

432) — Domin Petrnshevecz:

Art. 186. Les immeubles et leurs accessoires sont régis par la loi du lieu de leur situation. Cette loi décide aussi si certains objets sont meubles ou immeubles.

Art. 187. Les actes et contrats qui ont pour objet l'acquisition d'un droit réel sur des immeubles sont également régis par la loi du lieu de la situation.

433) — Dudley Field:

Art. 570. The law of the place where immovables are situate, exclusively regulates and determines the rights of parties, the modes of transfer, or of charging or otherwise disposing thereof whether between living persons or by will, and the formalities to accompany them.

Art. 571. Subject to other provisions of this part, of the code, movables are deemed to follow the person of their owner; and the validity and effect of any transaction by him affecting the same, whether by acts between living persons, or by will, depend exclusively upon the law of the place where the transaction is had.

S. auch oben Nr. 340.

434) — Ecuador, Código civil:

Art. 15. Los bienes situados en el Ecuador están sujetos á las leyes ecuatorianas, aunque sus dueños sean extranjeros y residan en otra nación.

Ésta disposición no limita la facultad que tiene el dueño de tales bienes para celebrar, acerca de ellos, contratos válidos en nación extranjera.

Pero los efectos de estos contratos, cuando hayan de cumplirse en el Ecuador, se arreglarán á las leyes ecuatorianas.

Art. 2466. Los matrimonios celebrados en nacion extranjera y que segun el articulo 115 deban surtir efectos civiles en Ecuador, daran a los creditos de la mujer dobre los bienes del marido, existentes en territorio ecuatoriano, el mismo derecho de preferencia que los matrimonios celebrados in Chile.

Art. 2393. Los contratos hipotecarios celebrados en nación extranjera surtirém efecto, con respecto á los bienes situados en el Ecuador, con tal que se inscriban en el registro del cantón donde dichos bienes existan.

435) — **Frankreich**, Code civil, Art. 3 Al. 2:

Les immeubles, même ceux possédés par des étrangers, sont régis par la loi française.

436) — **Genf**, Code civil, Art. 3, Al. 2:

Les immeubles, même ceux possédés par des étrangers, sont régis par la loi genevoise.

437) — **Graubünden**, Civilgesetzbuch, § 1:

Die Bestimmungen dieses Gesetzes finden ihre Anwendung...
    2. Mit Bezug auf das Sachenrecht: auf alle im Gebiete des Kantons befindlichen Sachen.

438) — **Griechisches Gesetz** vom 29. Oktober 1856 (Ἀστικὸς Ἑλληνικὸς νόμος), Art. 5:

Ἡ νομὴ, ἡ κυριότης, καὶ τὰ ἀπ' αὐτῆς ἀποσπώμενα ἀπόλυτα δικαιώματα ἐπὶ τῶν ἐν Ἑλλάδι κειμένων κινητῶν ἢ ἀκινήτων, ῥυθμίζονται ὑπὸ τῶν ἑλληνικῶν νόμων.

439) — **Guatemala**, Código civil, Art. 5:

Respecto de los bienes inmuebles sitos en la República regirán las leyes guatemaltecas, aunque sean poseidos por extrangeros.

440) — **Holland**, Wet houdende algemeene bepalingen:

Art. 7. Ten opzichte van onroerende goederen geldt de wet van het land of der plaats, alwaar die goederen gelegen zijn.

Art. 1218. Uit kracht van eene overeenkomst in een vreemd land verleden, kan geen hypotheek worden ingeschreven op goederen binnen het Koningrijk gelegen, ten ware het tegendeel bij traktaten mogt zijn bepaald.

441) — **Honduras**, Código civil:

Art. 20. Los bienes situados en Honduras están sujetos a las leyes hondureñas, aunque sus dueños sean extranjeros y no residan en Honduras.

Esta disposicion se entenderá sin perjuicio de las estipulaciones contenidas en los contratos celebrados válidamente en pais extraño.

V. Sachenrecht.

Pero los efectos de los contratos celebrados en país extraño para cumplirse en Honduras se arreglarán á las leyes hondureñas.
Art. 3018. Los contratos hipotecarios celebrados fuera de la república darán hipoteca sobre bienes situados en cualquier punto de ella, con tal que se inscriban en el competente registro.

442) — Japan:

Art. 4. Bewegliche und unbewegliche Sachen werden regiert durch das Gesetz des Ortes, wo sie belegen sind.

Hinsichtlich der Erbfolge und der Vermächtnisse werden sie von dem Gesetz des Landes regiert, dem die Erblasser und Vermächtnisgeber angehören.

Art. 12. Die Förmlichkeiten der öffentlichen Bekanntmachungen, welche im Interesse dritter Personen vorgeschrieben sind, werden, wenn sie sich auf Immobilien beziehen, durch das Recht des Ortes regiert, wo diese belegen sind, andernfalls durch das Recht des Landes, in dem die Veranlassung gegeben worden ist.

443) — Jonische Inseln, Bürgerliches Gesetzbuch, Art. 4.

Τὰ ἐν τῷ Ἰονίῳ κράτει ἀκίνητα, καί τοι εἰς ἀλλοδαποὺς ἀνήκοντα ὑπόκεινται εἰς τοὺς Ἰονίους νόμους.

444) — Italien, Disposizioni etc., Art. 7:

I beni mobili sono soggetti alla legge della nazione del proprietario, salve le contrarie disposizioni della legge del paese nel quale si trovano.

I beni immobili sono soggetti alle leggi del luogo dove sono situati.

445) — Käppeli:

§ 18. Für die Rechte an Liegenschaften gelten die Vorschriften des Staates, in dessen Gebiet sie sich befinden.

§ 19. Bei der Beurteilung der Rechte an beweglichen Sachen ist deren Lage und Beziehung zu den an denselben berechtigten Personen hinsichtlich der örtlichen Geltung des Gesetzes mafsgebend.

446) — Laurent, Art. 13:

Les biens meubles et immeubles sont régis par la loi nationale de celui à qui ils appartiennent.

447) — Lima:

Art. 3. Die Rechtsverhältnisse in Ansehung der unbeweglichen Güter, welche sich in einem Staate befinden, und der beweglichen Güter, welche in demselben eine dauernde Lage haben, bestimmen sich nach dem Gesetze des betreffenden Staates, wenn auch die Eigentümer Ausländer sind oder nicht in dem Staate ihren ständigen Aufenthalt haben, abgesehen von den Vorschriften im Titel von der Erbfolge.

Art. 16. Die Rechtsverhältnisse in Ansehung der Immobilien und der Mobilien von dauernder Lage bestimmen sich in jedem Falle nach dem Gesetze des Ortes, wo sie belegen sind, gemäfs Art. 3.

S. auch Nr. 345.

448) — Liv-, Est- und Kurländisches Privatrecht, Art. XXXIII:

Rechte an unbeweglichen Sachen, desgleichen der Besitz solcher Sachen richten sich nach den Gesetzen des Rechtsgebietes, in welchem sie belegen sind; Rechte an beweglichen Sachen und deren Besitz dagegen nach denjenigen Gesetzen, denen der Eigentümer oder Besitzer, seinem persönlichen Gerichtsstande nach, unterworfen ist.

449) — Mexico, Código civil, Art. 13:

Respecto de los bienes inmuebles sitos en el Distrito Federal y Territorio de la Baja California, regirán las leyes mexicanas aunque sean poseidos por extranjeros.

450) — Mexico, Código de extranjeria, Art. 35:

Cesa la aplicacion del estatuto real:

I. Cuando convienen todos los interesados en someterse á otras leyes. El soberano del pais de la ubicacion es el principal interesado tratándose de bienes inmuebles y derechos en ellos.

II. En la disposicion y adquisicion de bienes muebles por causa de matrimonio ó sucesion, que se gobierna por las leyes pátrias de los interesados.

III. Respecto de bienes muebles de tránsito, en todo lo que no sea relativo á los impuestos especiales sobre ellos, ó á la responsibilidad pecuniaria de sus dueños que deba hacerse efectiva en los mismos bienes, conforme á las leyes locales.

451) — Mommsen:

§ 5. Die Rechte an Sachen, beweglichen wie unbeweglichen Sachen, sowie der Besitz derselben sind nach dem Recht des Ortes zu beurteilen, wo die Sachen sich befinden.

Insofern es sich um den Erwerb oder Verlust solcher Rechte handelt, ist das Recht des Gebietes entscheidend, in welchem die betreffende Sache sich zur Zeit des Eintretens der Thatsache befunden hat, welche den Erwerb oder Verlust zur Folge gehabt haben soll.

V. Sachenrecht.

§ 16. Die Vorschriften des § 10 Abs. 1, des § 13 Abs. 1, und des § 15 kommen nicht zur Anwendung, insoweit zu dem betreffenden Vermögen (dem Vermögen eines der Ehegatten, dem Vermögen des Kindes, der Erbschaft) Gegenstände gehören, welche nicht in dem Gebiet des Staates, dessen Recht im allgemeinen mafsgebend ist, sich befinden und nach dem Recht des Staates, in dessen Gebiet sie sich befinden, als ein, von dem Gesamtvermögen ausgesondertes, besonderes Vermögen zu betrachten sind. In betreff dieser Gegenstände ist das Recht des Staates, in dessen Gebiet sie sich befinden, mafsgebend.

452) — **Monaco**, Code civil, Art. 3, Al. 2:

Les immeubles, même ceux possédés par des étrangers, sont régis par les lois de la principauté.

453) — **Montenegro**, Allgemeines Gesetzbuch:

Art. 790. Das Eigentum an unbeweglichen Gütern und andere dingliche Rechte an solchen sind nur den Gesetzen jenes Ortes, wo sie sich befinden, und keinen anderen unterworfen.

Art. 791. Desgleichen gilt für das Eigentum und andere dingliche Rechte an beweglichen Sachen im allgemeinen die in vorstehendem Artikel aufgestellte Regel.

Für die Erwerbung oder Abtretung einer beweglichen Sache oder eines dinglichen Rechtes an derselben dienen zur Richtschnur die Gesetze des Ortes, wo sich die Sache in jenem Zeitpunkte befindet, in dem die Handlung oder das Rechtsgeschäft, welches die Grundlage jener Erwerbung oder Abtretung bildet (z. B. ein Kauf), zu stande gekommen ist.

Handelt es sich jedoch um die Ersitzung einer beweglichen Sache, so entscheiden die Gesetze des Ortes, wo sich die Sache im Zeitpunkte des Beginnes der Ersitzung befunden hatte; die Gesetze dieses Ortes gelten auch für die Beendigung der Ersitzung, sowie für alle daraus entspringenden Verhältnisse.

454) — **Montevideo**:

Art. 26. Los bienes, cualquiera que sea su naturaleza, son exclusivamente regidos por la ley del lugar donde existen en cuanto á su calidad, á su posesion, á su enajenabilidad absoluta ó relativa y á todas las relaciones de derecho de carácter real de que son susceptibles.

Art. 30. El cambio de situacion de los bienes muebles no afecta los derechos adquiridos con arreglo á la ley del lugar donde existían al tiempo de su adquisicion.

114*   V. Sachenrecht.

Sin embargo, los interesados están obligados á llenar los requisitos de fondo ó de forma exigidos por la ley del lugar de la nueva situacion para la adquisicion ó conservacion de los derechos mencionados.

Art. 31. Los derechos adquiridos por terceros sobre los mismos bienes de conformidad á la ley del lugar de su nueva situacion, despues del cambio operado y antes de llenarse los requisitos referidos, priman sobre los del primer adquirente.

S. auch oben Nr. 378.

455) — **Österreich**, Allgemeines bürgerl. Gesetzbuch III, § 300:

Unbewegliche Sachen sind den Gesetzen des Bezirkes unterworfen, in welchem sie liegen; alle übrigen Sachen hingegen stehen mit der Person ihres Eigentümers unter gleichen Gesetzen.

456) — **Peru**, Verfassung, Art. 28:

Todo extranjero podrá adquirir, conforme á las leyes, propriedad territorial en la república; quedando, en todo lo concerniente a dicha propriedad, sujeto á las obligaciones y en el goce de los derechos de peruano.

457) — **Peru**, Código civil:

Art. V. Estan sujetos á las leyes de la república los bienes inmuebles, cualesquiera que sean la naturaleza y la condicion del poseedor.

Art. 34. La adquisicion de inmuebles y las condiciones del comercio de los extranjeros dependeran de los tratados que se celebren con sus respectivas naciones y de las leyes y reglamentos especiales.

458) — **Portugal** s. oben Nr. 196.

459) — **Preußen**, Allgemeines Landrecht:

§ 28. Das bewegliche Vermögen eines Menschen wird, ohne Rücksicht seines gegenwärtigen Aufenthaltes, nach den Gesetzen der ordentlichen Gerichtsbarkeit desselben beurteilt.

§ 29. Bei einer doppelten Gerichtsbarkeit haben die Rechte des Ortes, wo sich die Sache befindet, den Vorzug.

§ 30. Ist aber in einem solchen Falle (§ 29) das Mobiliarvermögen, zur Zeit der sich darauf beziehenden Handlung, an einem dritten Orte, so finden die Gesetze desjenigen Ortes Anwendung, welche dem gemeinen Rechte der preußischen Staaten am nächsten kommen.

V. Sachenrecht.

§ 31. Das bewegliche Vermögen eines Menschen, der keinen bestimmten Wohnsitz hat, wird nach den Gesetzen seines jedesmaligen Aufenthaltes, jedoch mit Rücksicht auf seinen persönlichen Stand, beurteilt.

§ 32. In Ansehung des unbeweglichen Vermögens gelten, ohne Rücksicht auf die Person des Eigentümers, die Gesetze der Gerichtsbarkeit, unter welcher sich dasselbe befindet.

460) — **Rocholl**:

Die Rechte an beweglichen und unbeweglichen Sachen sind nach dem Rechte desjenigen Staates zu beurteilen, wo die Sache sich befindet. Ausgenommen sind solche bewegliche Sachen, welche dazu bestimmt sind, von Ort zu Ort fortbewegt zu werden, oder welche sich auf dem Transporte befinden. Für diese gilt das Recht des Staates, welchem ihr Besitzer angehört.

461) — **Rumänien**, Codice civile, Art. 2, Al. 1:

Die in Rumänien belegenen Immobilien sind nur den rumänischen Gesetzen unterworfen, auch wenn sie von Fremden besessen werden.

462) — **Rußland**, Sswod, Bd. 10, Abt. 1, Art. 1284:

Die beweglichen Sachen, welche Personen gehören, die kein dauerndes Domizil haben, oder welche Ausländern gehören, werden regiert durch die allgemeinen Gesetze des Kaiserreiches.

463) — **Salvador**, Código civil:

Art. 16. Los bienes situados en el Salvador están sujetos á las leyes salvadoreñas, aunque sus dueños sean extranjeros y no residan en el Salvador.

Esta disposicion se entenderá sin perjuicio de las estipulaciones contenidas en los contratos otorgados válidamente en país extraño.

Pero los efectos de los contratos otorgados en país extraño para cumplirse en el Salvador, se arreglarán á las leyes salvadoreñas.

Art. 2362. Los contratos hipotecarios celebrados en país extranjero darán hipoteca sobre bienes situados en el Salvador, con tal que se inscriban en el competente registro.

Art. 2433. Los matrimonios celebrados en país extranjero y que segun el art. 121 deban producir efectos civiles en el Salvador, darán á los créditos de la mujer sobre los bienes del marido existentes en territorio salvadoreño el mismo derecho de preferencia que los matrimonios celebrados in el Salvador.

V. Sachenrecht.

464) — **Sachsen,** Bürgerliches Gesetzbuch, § 10:

Die Rechte an beweglichen und unbeweglichen Sachen, ingleichen der Besitz derselben, werden nach den Gesetzen des Ortes beurteilt, wo die Sachen liegen.

465) — **Schaffhausen,** Privatrechtliches Gesetzbuch, § 4:

Für Rechte an Liegenschaften gilt das Landrecht, in dessen Gebiet die Liegenschaften gelegen sind. Auch bei der Beurteilung der Recht an beweglichen Sachen ist die jeweilige Lage der Sache und die natürliche Beziehung derselben zu den verschiedenen Orts- und Landesrechten zu beachten.

466) — **Schweiz,** s. oben Nr. 205 (Art. 28).

467) — **Spanien,** Código civil, Art. 10:

Los bienes muebles están sujetos á la ley de la nación del propietario; los bienes inmuebles, á las leyes del país en que están sitos.

Sin embargo, las sucesiones legítimas y las testamentarias, así respecto al orden de suceder como á la cuantía de los derechos sucesorios y á la validez intrínseca de sus disposiciones, se regularán por la ley nacional de la persona de cuya sucesión se trate, cualesquiera que sean la naturaleza de los bienes y el país en que se encuentren.

468) — **Uruguay,** Código civil:

Art. 5. Los bienes raices situados en la republica son esclusivamente regidos por las leyes orientales, aunque sus duenos sean extranjeros y non residan en el país.

Esta disposicion se extiende á los bienes muebles que tienen una situacion permanente en la república.

Art. 2280. Los contratos hipotecarios celebrados en país extranjero producirán hipotecas sobre los bienes situados en la república, con tal que se inscriban en el competente registro.

469) — **Venezuela,** Código civil, Art. 8:

Los bienes inmuebles, aunque estén poseidos por extranjeros, se regirán por las leyes venezolanas.

470) — **Waadt,** Code civil, Art. 2, Al. 2:

Les immeubles, même ceux possédés par des étrangers, sont régis par la loi du Canton.

V. Sachenrecht. 117*

471) — **Wallis, Civilgesetzbuch, Art. 2:**

Die Liegenschaften, selbst die im Besitze von Ausländern, sind dem Gesetze des Kantons unterworfen.

472) — **Zug, Privatrechtliches Gesetzbuch, § 3:**

Für Rechte an Liegenschaften gilt das Landrecht, in dessen Gebiet die Liegenschaften gelegen sind, sowie auch bei der Beurteilung der Rechte an beweglichen Sachen die jeweilige Lage der Sache und die natürliche Beziehung derselben zu den verschiedenen Orts- und Landesrechten zu beachten bleibt.

473) — **Zürich, Privatrechtliches Gesetzbuch, § 2,** übereinstimmend mit **Schaffhausen, § 4,** s. oben Nr. 465.

VI. Erbrecht.

474) — Argentinien, Código civil:

Art. 487. Si hubiesen herederos estranjeros del difunto, el curador de los bienes hereditarios será nombrado con arreglo á los tratados existentes con las naciones á que los herederos pertenezcan.

Art. 3283. El derecho de sucesion al patrimonio del difunto es regido por el derecho local del domicilio que el difunto tenia á su muerte, sean los sucesores nacionales ó estranjeros.

Art. 3286. La capacidad para suceder es regida por la ley del domicilio de la persona al tiempo de la muerte del autor de la sucesion.

Art. 3470. En el caso de division de una misma sucesion entre herederos estranjeros y argentinos, ó estranjeros domiciliados en el estado, estos últimos tomarán de los bienes situados en la republica, una porcion igual al valor de los bienes situados en pais estranjero de que ellos fuesen escluidos por cualquier título que sea, en virtud de leyes ó costumbres locales.

Art. 3611. La ley del actual domicilio del testador, al tiempo de hacer su testamento, es la que decide de su capacidad ó incapacidad para testar.

Art. 3612. El contenido del testamento, su validez ó invalidez legal, se juzga segun la ley en vigor en el domicilio del testador al tiempo de su muerte.

475) — Badisches Landrecht:

Satz 999. Ein Inländer, der sich in einem fremden Lande befindet, kann seinen letzten Willen entweder in einer eigenhändigen Urkunde nach der Form des 970sten Satzes erklären — („durchaus eigenhändig geschrieben und unterzeichnet, auch mit Ort, Tag und Jahr versehen" —)

oder in einer öffentlichen und alsdann unter den Formen, die dabei an dem Ort der Fertigung gebräuchlich sind.

Satz 1000. Letzte Willensverordnungen, die in fremdem Lande errichtet werden, können, soviel das im Inland befindliche Vermögen betrifft, nicht in Vollzug gesetzt werden, als nachdem sie vorher in der Gerichtskanzlei des Wohnortes des Erblassers, wenn er einen Wohnsitz im Lande beibehalten hat, andernfalls aber in der Gerichtskanzlei des Orts, der als sein letzter Wohnsitz im Lande bekannt ist, eingetragen worden. Im Falle der letzte Wille Verfügungen über inländische Liegenschaften enthält, soll er überdies in der Gerichtskanzlei, unter welcher die Güter liegen, eingetragen werden.

Satz 1001. Die Förmlichkeiten, welchen die verschiedenen Gattungen der letzten Willensverordnungen laut des gegenwärtigen und des vorhergehenden Abschnittes unterworfen sind, müssen bei Strafe der Nichtigkeit beobachtet werden.

476) — **Bayrisches Landrecht**, Th. 3, Cap. 12 § 1:

6. Ist in Entscheidung streitiger Erbschaftsfälle ab intestato niemals auf die statuta loci, wo der Erblasser stirbt, sondern wo die Erbschaft liegt, oder soviel die blofse Personal-Sprüche belangt, auf die statuta loci, wo der defunctus sein Domicil gehabt hat, zu sehen.

477) — **Belgien,** Code civil:

Art. 999. Un Belge qui se trouvera en pays étranger pourra faire ses dispositions testamentaires par acte sous signature privée, ainsi qu'il est prescrit en l'art. 970, ou par acte authentique, avec les formes usitées dans le lieu où cet acte sera passé.

Art. 1000. Les testaments faits en pays étranger ne pourront être exécutés sur les biens situés en Belgique, qu'après avoir été enregistrés au bureau du domicile du testateur, s'il en a conservé un, sinon au bureau de son dernier domicile connu en Belgique, et dans le cas où le testament contiendrait des dispositions d'immeubles qui y seraient situés, il devra être, en outre, enregistré au bureau de la situation de ces immeubles, sans qu'il puisse être exigé un double droit.

478) — **Belgisches Gesetz** vom 27. April 1865, Art. 4:

Dans le cas de partage d'une même succession entre des cohéritiers étrangers et belges ceux-ci prélèvent sur les biens situés en Belgique une portion égale à la valeur des biens situés en pays étranger, dont ils seraient exclus, à quelque titre que ce soit, en vertu des lois et coutumes locales.

479) — Belgischer Entwurf, Art. 6:

Les successions sont réglées d'après la loi nationale du défunt.

La substance et les effets des donations et des testaments sont régis par la loi nationale du disposant.

L'application de la loi nationale du défunt ou du disposant a lieu, quelque soient la nature des biens et le pays où ils se trouvent.

480) — Bern, Entwurf über das Personen- und Handlungsrecht:

Art. 7. Das Erbrecht in den Nachlafs eines Verstorbenen richtet sich nach den Gesetzen des letzten Wohnsitzes des Erblassers, wo immer der Nachlafs oder die einzelnen Teile desselben gelegen sein mögen. Hat der Erblasser mehrere Wohnsitze gehabt, so gelten die Gesetze seines bürgerlichen Hauptdomizils.

Wenn jedoch ein hiesiger Angehöriger aufserhalb des Kantons verstirbt, und das Gesetz des Wohnortes sich die Behandlung des Erbfalles nicht zueignet, so sind auf denselben die hiesigen Gesetze anzuwenden.

Auch werden auf die im Kanton gelegenen Immobilien keine besondere Stiftungen oder Verfügungen über Weitervererbung anerkannt, die dem Geiste der hiesigen Erbgesetzgebung widerstreben.

Art. 8. Das materielle Verfügungsrecht unter Lebenden sowohl als von Todes wegen richtet sich ebenfalls nach den Gesetzen des für die Beerbung (Art. 7) mafsgebenden Wohnsitzes des Verfügenden, vorbehältlich jedoch der im Schlufssatze des Art. 7 bestimmten Ausnahme.

481) — Bolivia, Código civil:

Art. 463. Los extranjeros que en Bolivia testen á favor de otros extranjeros, de bienes que poseen en su patria, ó de bienes muebles, albajas, dinero y mercaderias que tienen consigo ó en el territorio de la república, puedan conformarse á las leyes de su patria.

Art. 464. Si solo testaren de bienes inmuebles que tuvieren en el territorio de la república, quedarán sujetos á las leyes bolivianos.

482) — Californien, Civil code, Section 1285:

No will made out of this state is valid as a will in this state, unless executed according to the provisions of this chapter.

483) — Chile, Codigo civil:

Art. 955. La sucesión en los bienes de una persona se abre al momento de su muerte en su último domicilio; salvos los casos espresamente esceptuados.

VI. Erbrecht.

La sucesion se regla por la ley del domicilio en que se abre; salvas las escepciones legales.

Art. 997. Los estranjeros son llamados a las sucesiones abintestato abiertas en Chile de la misma manera i segun las mismas reglas que los chilenos.

Art. 998. En la sucesion abintestato de un estranjero que fallezca dentro ó fuera del territorio de la República, tendrán los chilenos a título de herencia, de porcion conyugal ó de alimentos, los mismos derechos que segun las leyes chilenas les corresponderian sobre la sucesion intestada de un chileno.

Los chilenos interesados podrán pedir que se les adjudique en los bienes del estranjero existentes en Chile todo lo que les corresponda en la sucesion del estranjero.

Esto mismo se aplicará en caso necesario á la sucesion de un chileno que deja bienes en país estranjero.

Art. 1027. Valdrá en Chile el testamento escrito, otorgado en país estranjero, si por lo tocante á las solemnidades se hiciere constar su conformidad á las leyes del país en que se otorgó i si además se probare la autenticidad del instrumento respectivo en la forma ordinaria.

Art. 1028. Valdrá asimismo en Chile el testamento otorgado en país estranjero, con tal que concurran los requisitos que van á espresarse:

1. No podrá testar de este modo sino un chileno, ó un estranjero que tenga domicilio en Chile.

2. No podrá autorizar este testamento sino un ministro plenipotenciario, un encargado de negocios, un secretario de legacion que tenga título de tal, espedido por el presidente de la república, ó un consul que tenga patente del mismo; pero no un vice-cónsul. Se hará mencion espresa del cargo y de los referidos título y patente.

3. Los testigos serán chilenos, ó estranjeros domiciliados en la ciudad donde se otorgue el testamento.

4. Se observarán en lo demás las reglas del testamento solemne otorgado en Chile.

5. El instrumento llevará el sello de la legacion ó consulado.

484) — **Columbien, Código civil:**

Art. 1084. Valdrá en los Territorios el testamento escrito, otorgado en cualquiera de los Estados ó en país extranjero, si por lo tocante á las solemnidades, se hiciere constar su conformidad á las leyes del país ó Estado en que se otorgó, y si además se probare la autenticidad del instrumento respectivo en la forma ordinaria.

Art. 1085. Valdrá asimismo en los Territorios el testamento otorgado en cualquiera de los Estados, ó en país extranjero, con tal que concurran los requisitos que van á expresarse:

1. Que el testador sea colombiano, ó que si es extranjero, tenga domicilio en el Territorio;

2. Que sea autorizado por un Ministro diplomático de los Estados Unidos de Colombia ó de una Nación amiga, por un Secretario de Legación que tenga título de tal, expedido por el Presidente de la República, ó por un Cónsul que tenga patente del mismo; pero no valdrá si el que lo autoriza es un Vicecónsul. En el testamento se hará mención expresa del cargo, y de los referidos títulos y patente;

3. Que los testigos sean colombianos ó extranjeros domiciliados en la ciudad donde se otorgue el testamento;

4. Que se observen en lo demás las reglas del testamento solemne, otorgado en los Territorios;

5. Que el instrumento lleve el sello de la Legación ó Consulado;

6. Que el testamento que no haya sido otorgado ante un Jefe de Legación, lleve el visto bueno de este Jefe, si lo hubiere; si el testamento fuere abierto, al pie: y si fuere cerrado, sobre la carátula; y que dicho Jefe ponga su rúbrica al principio y al fin de cada página cuando el testamento fuere abierto;

7. Que en seguida se remita por el Jefe de Legación, si lo hubiere, y si no directamente por el Cónsul, una copia del testamento abierto, ó de la carátula del cerrado, al Secretario de Relaciones Exteriores de la República, y que abonando éste la firma del Jefe de Legación, ó la del Cónsul en su caso, pase la copia al Prefecto del Territorio respectivo.

Art. 1086. Siempre que se proceda conforme a lo dispuesto en el anterior artículo, el Jefe del Territorio pasará la copia al Juez del Circuito del último domicilio que el difunto tuviera en el Territorio, á fin de que dicha copia se incorpore en los protocolos de un Notario del mismo domicilio.

No conociéndose al testador ningún domicilio en el Territorio, el testamento será remitido al Prefecto ó Juez del Circuito de la capital del Territorio, para su incorporación en los protocolos de la Notaría que el mismo Juez designe.

185) — **Congostaat, Gesetz vom 20. Februar 1891, Art. 4:**

Les actes de dernière volonté sont régis, quant à leur forme, par la loi du lieu où ils sont faits, et quant à leur substance et à leurs effets, par la loi nationale du défunt.

Toutefois l'étranger faisant un acte de dernière volonté dans l'État Indépendant du Congo a la faculté de suivre les formes prévues par sa loi nationale.

486) — Dakota, Civil code:

§ 695. A will of real or personal property or both, or a revocation thereof, made out of this territory by a person not having his domicile in this territory, is as valid when executed according to the law of the place in which the same was made, or in which the testator was at the time domiciled, as if it were made in this territory, and according to the provisions of this chapter.

§ 696. No will or revocation is valid unless executed either according to the provisions of this chapter, or according to the law of the place in which it was made, or in which the testator was at the time domiciled.

§ 697. Whenever a will or a revocation thereof, is duly executed according to the law of the place in which the same was made, or in which the testator was at the time domiciled, the same is regulated as to the validity of its execution, by the law of such place, notwithstanding that the testator subsequently changed his domicile to a place by the law of which such will would be void.

§ 774. Except as otherwise provided, the validity and interpretation of wills is governed, when relating to real property within this territory by the law of this territory, when relating to personal property, by the law of the testators domicile.

487) — Deutscher Juristentag, s. oben Nr. 163.

488) — Domin Petrushevecz, Art. 148:

La validité intrinsèque d'un testament ou de tout autre acte à cause de mort, ainsi que la succession ab intestat quant aux biens meubles, doit être appréciée d'après la loi du pays dont le défunt était sujet au moment du décès. Ce sont aussi les tribunaux de ce pays qui régleront toujours la succession mobilière.

489) — Dudley Field:

Art. 585. The succession to the movable property of one who dies intestate as to such property, is governed exclusively by the law of the place which was the domicil of the intestate at the time of his death.

Art. 586. The succession to the immovable property of one who dies intestate as to such property is determined exclusively by the law of the place in which the immovables are locally situated.

Art. 587. When a person dies intestate leaving foreign immovables, the right of succession to his movables will not be controlled or affected by any conditions which would attach to the right, if the immovables had been situated in the country of his domicil; nor will the right of succession to the immovables be controlled or affected by any conditions which would attach to that right, if the movables had been situated in the same country with the immovables.

Art. 591. A will of movables is valid everywhere in respect to form and execution, if it be valid in respect thereto by the law of the place where it was executed, or by the law of the place which was the testator's domicil either at the time of its execution or at the time of his death.

Art. 592. The law of the place which was the testator's domicil at the time of his death, determines both his capacity to make a will of movables, and his disposable power over the movables.

Art. 594. The law of the place where immovable property is situated determines the capacity of the testator to make a will of such immovables, the extent of his power to dispose of the property, the form and execution of the will, and the solemnities necessary to give it effect.

Art. 596. The interpretation of a will, whether of movables or immovables, depends upon the law of the place where it is made unless a different intent appears on the face of the instrument, either from its being made in a foreign language, or from other circumstances.

S. auch oben Nr. 340.

490) — **Ecuador**, Código civil:

Art. 946. La sucesión en los bienes de una persona se abre al momento de su muerte, en su ultimo domicilio; salvo los casos expresamente exceptuados.

La sucesión se regla por la ley del domicilio en que se abre; salvo las excepciones legales.

Art. 987. Los extranjeros son llamados á las sucesiones abintestato abiertas en el Ecuador, de la misma manera y según las mismas reglas que los ecuatorianos.

Art. 988. En la sucesion abintestato de un extranjero que fallezca dentro ó fuera del territorio de la república, tendrán los ecuatorianos, á titulo de herencia, de porcion conyugal ó de alimentos, los mismos derechos que, según las leyes ecuatorianas, les corresponderían sobre la sucesion intestada de un ecuatoriano.

Los ecuatorianos interesados podrán pedir quese les adjudique, en los bienes del extranjero existentes en el Ecuador, todo lo que les corresponda en la sucesión de dicho extranjero.

Esto mismo se aplicará, en caso necesario, á la sucesion de un ecuatoriano que deja bienes en país extranjero.

Art. 1017. Valdrá en el Ecuador el testamento escrito, otorgado en nación extranjera, si por lo tocante á las solemnidades se hiciere constar su conformidad á las leyes de la nacion en que se otorgó y si además se probare la autenticidad del instrumento respectivo en la forma ordinaria.

Art. 1018. Valdrá asimismo en el Ecuador el testamento otorgado en nacion extranjera, con tal que concurran los requisitos que van á expresarse:

1) No podrá testar de este modo sino un ecuatoriano, ó un extranjero que tenga domicilio en el Ecuador.

2) No podrá autorizar este testamento sino un agente diplomático, de negocios, un secretario de legacion que tenga título de tal, expedido por el presidente de la república, ó un consul que tenga patente del mismo; pero no un vice-consul. Se hará mencion expresa del cargo y de los referidos título y patento.

3) Los testigos serán ecuatorianos, ó extranjeros domiciliados en la ciudad donde se otorgue el testamento.

4) Se observarán en lo demás las reglas del testamento solemne otorgado en el Ecuador.

5) El instrumento llevará el sello de la legacion ó consulado.

491) — **England, Gesetz vom 6. August 1861** (An act to amend the law with respect to wills of personal estate made by British subjects, 24.25 Vict. chapter 114.)

1) Every will and other testamentary instrument made out of the United Kingdom by a british subject (whatever may be the domicile of such person at the time of making the same or at the time of his or her death) shall as regards personal estate be held to be well executed for the purpose of being admitted in England and Ireland to probate, and in Scotland to confirmation, if the same was made, or by the law of the place where such person was domiciled when the same was made, or by the laws then in force in that part of her majestys dominions where he had his domicile of origin.

2) No will or other testamentary instrument shall be held to be revoked or to have become invalid, nor shall the construction thereof be altered, by reason of any subsequent change of domicile of the person making the same.

492) — **Französisches Gesetz vom 14. Juli 1819:**

Art. 1. Les étrangers auront le droit de succéder, de disposer et de recevoir de la même manière que les Français, dans toute l'étendue du Royaume.

Art. 2. Dans le cas de partage d'une même succession entre des cohéritiers étrangers et français, ceux-ci prélèveront sur les biens situés en France une portion égale à la valeur des biens situés en pays étranger dont ils seraient exclus, à quelque titre que ce soit, en vertu des lois et coutumes locales.

493) — **Graubünden**, Civilgesetzbuch § 1:

Die Bestimmungen dieses Gesetzbuches finden ihre Anwendung
4) Mit Bezug auf das Erbrecht:
a) auf alle von Kantonsangehörigen herrührende (wenn auch im Auslande gefallene) Erbschaften und Vermächtnisse, sofern Kantonsangehörige dabei beteiligt sind;
b) auf im Kanton gefallene, von Nichtbündern herrührende Erbschaften und Vermächtnisse nur, insofern nicht die heimatlichen Gesetze des Erblassers die Anwendung der letzteren verlangen.

Die Vorschriften über gerichtliche Verwahrung und Liquidation sind jedoch auf alle im Kanton gefallene Erbschaften anwendbar.

494) — **Griechisches Gesetz** vom 29. Oktober 1856 (*Ἀστικὸς Ἑλληνικὸς νόμος*), Art. 5, Al. 2:

— *Ἡ ἐκ διαθήκης ἢ ἐξ ἀδιαθέτου διαδοχὴ διέπεται ὑπὸ τῶν νόμων τῆς πολιτείας, εἰς ἣν ἀνήκει ὁ κληρονομούμενος, ἐκτὸς ἂν πρόκηται περὶ ἀκινήτων κειμένων ἐν Ἑλλάδι, τὰ ὁποῖα ὡς πρὸς τοῦτο διέπονται ὑπὸ τοῦ ἑλληνικοῦ νόμου.*

495) — **Haag**, Konferenz 1893 und 1894, (V. Dispositions concernant les successions, les testaments et les donations à cause de mort):

Art. 1. Les successions sont soumises à la loi nationale du défunt.

Art. 2. La capacité de disposer par testament ou par donation à cause de mort, ainsi que la substance et les effets de ces dispositions, sont régis par la loi nationale du disposant.

Art. 3. Les testaments et les donations à cause de mort sont, en ce qui concerne la forme, reconnus comme valables, s'ils satisfont aux prescriptions, soit de la loi nationale du disposant, soit de la loi du lieu où ils sont faits.

Néanmoins, lorsque la loi nationale du disposant exige comme condition substantielle que l'acte ait la forme authentique ou la forme olographe, ou telle autre forme déterminée par cette loi, la donation ou le testament ne pourra être fait dans une autre forme.

Sont valables, en la forme, les testaments des étrangers, s'ils ont été reçus, conformément à leur loi nationale, par les agents diplomatiques ou consulaires de leur nation. La même règle s'applique aux donations à cause de mort.

Art. 4. La loi nationale du défunt ou du disposant est celle du pays auquel il appartenait au moment de son décès.

Néanmoins, la capacité du disposant est soumise aussi à la loi du pays auquel il appartient au moment où il dispose.

Art. 5. L'incapacité de disposer au profit de certaines personnes, soit d'une manière absolue, soit au delà de certaines limites, est régie par la loi nationale du disposant.

Art. 6. La capacité des successibles, légataires ou donataires est régie par leur loi nationale.

Art. 7. L'acceptation sous bénéfice d'inventaire et la renonciation sont, quant à la forme, régies par la loi du pays où s'est ouverte la succession.

Art. 8. Les immeubles héréditaires et ceux légués ou donnés sont soumis à la loi du pays de leur situation, en ce qui concerne les formalités et les conditions de publicité que cette loi exige pour le transfert, la constitution ou la consolidation des droits réels, vis-à-vis des tiers.

Art. 9. Les conventions relatives au partage sont comme telles soumises à la loi qui régit les conventions.

Les actes de partage sont, quant à la forme, soumis à la loi du lieu où ils sont faits ou passés, ce sans préjudice des conditions ou formalités prescrites, au sujet des incapables, par la loi nationale de ces derniers.

Art. 10. Les biens héréditaires ne sont acquis à l'Etat sur le territoire duquel ils se trouvent, que s'il n'y a aucun ayant-droit conformément à la loi nationale du défunt.

Art. 11. Nonobstant les articles qui précèdent, les tribunaux d'un pays n'auront pas égard aux lois étrangères, dans le cas où leur application aurait pour résultat de porter atteinte, soit au droit public de ce pays, soit à ses lois concernant les substitutions ou fidéicommis, la capacité des Etablissements d'utilité publique, la liberté et l'égalité des personnes, la liberté des héritages, l'indignité des successibles ou légataires, l'unité du mariage, les droits des enfants illégitimes.

S. auch oben Nr. 371 (Art. 7).

496) — Haïti, Code civil:

Art. 587. Un étranger n'est admis à succéder qu'aux biens meubles que son parent étranger ou haïtien a laissés dans le territoire de la République.

Art. 740. L'Haïtien ne pourra disposer que de ses biens meubles au profit d'un étranger.

Art. 779. Le testament olographe ne sera point valable s'il n'est écrit en entier, daté et signé de la main du testateur; il n'est assujetti à aucune autre forme.

VI. Erbrecht.

Art. 805. Un Haïtien qui se trouvera en pays étranger, pourra faire ses dispositions testamentaires par un acte sous signature privée, ainsi qu'il est prescrit en l'article 779, ou par acte authentique, avec les formes usitées dans le lieu où cet acte sera passé.

Art. 1102. L'acte authentique est celui qui a été reçu par officier public ayant le droit d'instrumenter dans le lieu où l'acte a été rédigé, et avec les solemnités requises.

497) — **Hawaii**, Compiled laws, § 1447:

Whenever any person shall die intestate, within this kingdom, his property both real and personal, of every kind and description, shall descend to and be divided among his heirs, as hereinafter prescribed.

498) — **Holland**, Burgerlijk wetboek, Art. 992:

Een Nederlander, die zich in een vreemd landt bevindt, zal geenen anderen uitersten wil kunnen maken, dan bij authentieke akte en met in achtneming van de formaliteiten welke in het land, alwaar de akte verleden wordt, gebruikelijk zijn.

Hij is echter bevoegd om bij een onderhandsch stuk te beschikken, op den voet en de wijze als hier-boven bij artikel 982 is omschreven.

(Art. 982 bestimmt, daſs durch einfache Schrift mit Datum und Unterschrift disponiert werden kann über die Ernennung eines Testamentsexekutors, über die Beerdigung, über Vermächtnisse von Kleidern, Wäsche, Schmuck und Möbeln.)

499) — **Holländisches Gesetz** vom 7. April 1869:

Indien eene nalatenschap, waartoe zoowel goederen en Nederland als buiten 's lands behooren, gedeeld wordt tusschen vreemdelingen en Nederlanders, nemen de laatsgenoemden eene waarde vooruit, evenredig naar de mate van huis erfdeel met de waarde der goederen, van welker eigendomsverkrijging zij door buitenlandsche wetten of gewoonten zijn uitgesloten.

De waarde wordt vooruitgenomen op de goederen der nalatenschap ten aanzien waarvan de uitsluiting niet bestaat.

500) — **Honduras**, Código civil:

Art. 993. La sucesión en los bienes de una persona se abre al momento de su muerte en su último domicilio; salvo los casos expresamente esceptuados.

Art. 1035. Los estranjeros son llamados a las sucesiones abintestato abiertas en Honduras de la misma manera y según las mismas reglas que los hondureños.

VI. Erbrecht.

En la sucesion abintestato de un estranjero que fallezca dentro o fuera del territorio de la República, tendrán los estranjeros i hondureños a título de herencia, de porcion conyugal ó de alimentos, los mismos derechos que segun las leyes hondureñas les corresponderian sobre la sucesion intestada de un hondureño.

Los estranjeros i hondureños interesados podrán pedir que se les adjudique de los bienes del estranjero existentes en Honduras todo lo que les corresponda en la sucesion del estranjero.

Esto mismo se aplicará en caso necesario á la sucesion de un hondureño que deja bienes en país estraujero.

Art. 1066. Valdrá en Honduras el testamento escrito, otorgado en país estranjero, por un hondureño o por cualquiera otra persona, si por lo tocante á las solemnidades se hiciere constar su conformidad á las leyes del país en que se otorgó y si adems se probare la autenticidad del instrumento respectivo en la forma ordinaria.

501) — Japan s. oben Nr. 442.

502) — Italien, Codice civile, Art. 8:

Le successioni legittime e testamentarie però, sia quanto all' ordine di succedere, sia circa la misura dei diritti successorii, e la intrinseca validità delle disposizioni, sono regolate dalla legge nazionale della persona, della cui eredità si tratta, di qualunque natura siauo i beni ed in qualunque paese si trovino.

503) — Indiana, Revised statutes, § 2405:

When the deceased shall have died intestate, the surplus of his estate remaining in the hands of the executor or administrator, after the payment of debts and expenses of administration (and in case the deceased died testate, after the payment of legacies also) shall be distributed to the legal heirs of the deceased according to the laws of this state in force to the time of his death, unless he was, at his death, an inhabitaut of another state, in which case the surplus arising from the personal estate of the decedent shall be distributed according to the laws of that state; or if administration of his estate be pending in such foreign state, such surplus may, under the order of the court, be paid over to the executor or administrator appointed in such foreign state. If any part of such surplus shall have been derived from the sale of the decedents real estate, by the executor or administrator, for the payment of debts or legacies, such part shall be distributed to the heirs or devisees to whom the real estate decended or was devised, according to their respective, interests therein by descent or under the will.

504) — **Institut, Oxford** 1880:

Les successions à l'universalito d'un patrimoine sont, quant à la determination des personnes successibles, à l'étendue de leurs droits, à la mesure ou quotité de la portion disponible ou de la réserve, et à la validité intrinsèque des dispositions de dernière volonté, régis par les lois de l'état auquel appartenait le défunt, ou subsidiairement, dans les cas prévus ci-dessus à l'article VI, par les lois de son domicile, quels que soient la nature des biens et le lieu de leur situation.

505) — **Käppeli** s. oben Nr. 255.

506) — **Laurent, Art.** 12:

Les successions déférées par la loi ou par la volonté de l'homme dépendent du statut personnel du défunt.

507) — **Lima**:

Art. 18. Die Fähigkeit zu testieren bestimmt sich nach dem Nationalgesetze des Testators.

Art. 19. Ausländer können im Inlande testieren nach den Gesetzen des Landes ihrer Geburt oder Naturalisation oder nach denen ihres Domizils.

Art. 20. Die Fähigkeit zu erben und die Erbfolge werden bestimmt durch das Gesetz, welchem der Testator unterworfen war, mit folgenden Einschränkungen:

1. Testamentarische Verfügungen über im Inlande befindliches Vermögen bleiben unwirksam, wenn sie im Widerspruche stehen mit dem, was in Art. 54 bestimmt ist;

2. bei der Erbfolge in den Nachlafs eines Ausländers haben Inländer unter dem Titel der Erbschaft, des ehelichen Erbrechts (porcion conyugal) oder der Alimente dieselben Rechte, welche ihnen nach den Gesetzen des Staates in Bezug auf die Erbfolge in den Nachlafs eines anderen Inländers zustehen würden und diese treten in Wirksamkeit für das Vermögen, welches sich im Inlande befindet.

Art. 21. Testamente, welche im Auslande errichtet wurden und ebendort zur Geltung kommen sollen, bleiben den Einschränkungen im vorhergehenden Artikel unterworfen.

Art. 22. Die äuſseren Förmlichkeiten des Testaments bestimmen sich nach dem Orte der Errichtung.

Art. 24. Die Intestaterbfolge regelt sich nach dem Nationalgesetze des Erblassers mit den in Art. 20 enthaltenen Einschränkungen. In Ermangelung von erbberechtigten Verwandten bleibt das im Inlande befindliche Vermögen den Gesetzen des Inlandes unterworfen.

508) — Lissabon s. oben Nr. 183.

509) — Liv-, Est- und Kurländisches Privatrecht, Art. XXXIV:

Anfall und Erwerbung einer Erbschaft sind nach den Gesetzen desjenigen Rechtsgebietes zu beurteilen, welchem der Erblasser seinem Wohnsitze und Stande nach zuletzt angehörte. Hatte er mehrere Wohnsitze, so ist derjenige maßgebend, in welchem er sich zuletzt aufgehalten. In Livland sind hiervon Immobilien ausgenommen, welche, auch wenn sie Bestandteile einer Erbschaft sind, dem Rechte des Orts, wo sie belegen sind, unterliegen. Ebenso sind die im Innern des Reiches belegenen Immobilien, auch wenn sie zu einem Nachlaſs gehören, stets nach den Reichsgesetzen zu beurteilen.

510) — Louisiana, Civil code:

Art. 1220. The succession of persons domiciliated out of the State of Louisiana, and leaving property in this State at their demise, shall be opened and administered upon as are those of the citizens of the State; and the judge before whom such succession shall be opened, shall proceed to the appointement or confirmation of the officer to administer it under the name and in the manner pointed out by the existing law.

Art. 1596. But testaments made in foreign countries, or the States and other Territories of the Union, shall take effect in this State, if they be clothed with all the formalities prescribed for the validity of wills in the place where they have been respectively made.

511) — Maine, Revised statutes, Chapter 65, section 36:

When administration is taken in this state on the estate of any person, who at the time of his death was not an inhabitant thereof, his estate found here, after payment of his debts, shall be disposed of according to his last will, duly executed according to the laws of this state, if he left any; but if not, his real estate shall descend according to the laws of this state; and his personal estate shall be distributed according to the laws of the state or country of which he was an inhabitant; and the judge of probate, as he thinks best, may distribute the residue of said personal estate as aforesaid, or transmit it to the foreign executor or administrator, if any, to be distributed according to the law of the place where the deceased had his domicile.

512) — Massachusets, Public statutes, Chapter 138, section 1:

When administration is taken in this commonwealth on the estate of a person who was an inhabitant of any other state or country, his estate found here shall, after payment of his debts be disposed of according to his last will, if he left any duly executed according to law; otherwise his real estate shall descend according to the laws of this commonwealth, and his personal estate shall be distributed and dispósed of according to the laws of the state or country of which he was an inhabitant.

513) — **Mississippi, Revised code, § 1270:**

All personal property, situated in this state, shall descend and be distributed according to the laws of this state, regulating the descent and distribution of such property, regardless of all marital rights which may have accrued in other states, and notwithstanding the domicil of the deceased may have been in another state, and whether the heirs, or persons entitled to distribution, be in this state or not; and the widow of such deceased person shall take her share in the personal estate, according to the laws of this state.

514) — **Mexico, Código civil:**

Art. 3565. Los testamentos hechos en pais extranjero producirán efecto en el Distrito y en la California, cuando hayan sido formulados auténticamente conforme á las leyes del país en que se otorgaron.

Art. 3566. Los secretarios de legacion, los cónsules y los vicecónsules mexicanos, podrán hacer las veces de notarios en el otorgamiento de los testamentos de los nacionales, conformándose con los preceptos de este Código.

515) — **Mommsen, § 15:**

Für die Verhältnisse des Erbrechts ist das Recht des Staates mafsgebend, dem der Erblasser zur Zeit seines Todes angehört hat.

S. auch oben Nr. 451 (§ 16).

516) — **Monaco, Code civil:**

Art. 609. Un étranger n'est admis à succéder aux biens que son parent - étranger ou habitant de la principauté — possède dans le territoire de la principauté, que dans les cas et de la manière dont un habitant de la principauté succède à son parent possédant des biens dans le pays de cet étranger, conformément aux dispositions de l'article 11 au titre de la jouissance et de la privation des droits civils.

Art. 856. Les sujets monégasques, qui se trouvent en pays étranger, peuvent y faire leurs dispositions testamentaires, soit par acte sous signature privée conformément à l'article 835, soit par acte authentique reçu par un agent diplomatique ou consulaire du prince, soit dans les formes usitées dans le pays pour les actes de dernière volonté.

VI. Erbrecht.

Le dépôt des testaments mystiques sera également reçu dans les chancelleries diplomatiques et consulaires.

517) — **Montana**, Compiled statutes, 2. division:

Section 446. A will of real or personal property, or both, or a revocation thereof, made out of this territory by a person not having his domicile in this territory, is as valid when executed according to the law of the place in which the same was made, or in which the testator was at the time domiciled, as if it were made in this territory, and according to the provisions of this chapter.

Section 447. Whenever a will or a revocation thereof is duly executed according to the law of the place in which the same was made, or in which the testator was at the time domiciled, the same is regulated, as to the validity of its execution, by the law of such place, notwithstanding the testator subsequently changed his domicile to a place by the law of which such will would be void.

Section 528. The validity and interpretation of wills, wherever made, are governed, when relating to property within this territory, by the law of this territory.

Section 529. Except as otherwise provided, the validity and interpretation of wills are governed, when relating to real property within this territory, by the law of this territory; when relating to personal property, by the law of the testators domicile.

518) — **Montevideo**:

Art. 44. La ley del lugar de la situacion de los bienes heredi tarios, al tiempo de la muerte de la persona de cuya sucesion se trate rige la forma del testamento.

Esto no obstante, el testamento otorgado por acto público en cualquiera de los Estados contratantes será admitido en todos los demas.

Art. 45. La misma ley de la situacion rige:
a) La capacidad de la persona para testar;
b) La del heredero ó legatario para suceder;
c) La validez y efectos del testamento;
d) Los títulos y derechos hereditarios de los parientes y del cónyuge supérstite;
e) La existencia y proporcion de las legítimas;
f) La existencia y monto de los bienes reservables;
g) En suma, todo lo relativo á la sucesion legítima ó testamentaria.

Art. 46. Las deudas que deban ser satisfechas en alguno de los Estados contratantes, gozarán de preferencia sobre los bienes allí existentes al tiempo de la muerte del causante.

Art. 47. Si dichos bienes no alcanzaren para la chancelacion de las deudas mencionadas, los acreedores cobrarán sus saldos proporcionalmente sobre los bienes dejados en otros lugares, sin perjuicio del preferente derecho de los acreedores locales.

Art. 48. Cuando las deudas deban ser chanceladas en algun lugar en que el causante no haya dejado bienes, los acreedores exigirán su pago proporcionalmente sobre los bienes dejados en otros lugares, con la misma salvedad establecida en el artículo precedente.

Art. 49. Los legados de bienes determinados por su género y que no tuvieron lugar designado para su pago, se rigen por la ley del lugar del domicilio del testador al tiempo de su muerte, se harán efectivos sobre los bienes que deje en dicho domicilio y, en defecto de ellos ó por su saldo, se pagarán proporcionalmente de todos los demas bienes del ac nte.

Art. 50. La obligacion de colacionar se rige por la ley de la sucesion en que ella sea exigida.

Si la colacion consiste en algun bien raiz ó mueble, se limitará á la sucesion de que ese bien dependa.

Cuando consista en alguna suma de dinero, se repartirá entre todas las sucesiones á que concurra el heredero que deba la colacion proporcionalmente á su haber en cada una de ellas.

519) — Pennsylvania, Gesetz vom 8. April 1833:

Nothing in this act, contained relative to a distribution of personal estate among kindred, shall be construed to extend to the personal estate of an intestate, whose domicile, at the time of his death, was out of this commonwealth.

Provided, that nothing in this act contained shall be construed to apply to the disposition of personal estate by a testator whose domicil is out of this commonwealth.

520) — Preußen, Allgemeines Landrecht, Teil I, Titel 12:

(§ 536. Sind jemandem mehrere Personen, die ihn auch ohne Testament beerben würden, ohne weitere Bestimmung substituiert worden, so ist die Verordnung unter den Substituierten nach den Regeln der gesetzlichen Erfolge zu deuten.)

§ 537. Diese Erbfolge wird, bei obwaltender Verschiedenheit, nach den Gesetzen desjenigen Gerichtsstandes, welchem ein jeder, dem substituiert worden, für seine Person unterworfen war, beurteilt.

521) — Peru, Codigo civil:

Art. 35. En cuanto á las sucesiones de extranjeros se observará lo dispuesto en los titulos correspondientes de este Codigo.

VI. Erbrecht.

Art. 635. El extranjero podrá heredar los bienes que están en el Perú, si accredita que en su país gozan los peruanos del mismo derecho de heredar.

Art. 679. Valdrá el testamento que un peruano hiciere en país extranjero, cuando se otorgue ante el agente diplomatico, ó á su falta, ante el agente consular del Perú, observándose, en cuanto al número de testigos y demás solemnidades, las disposiciones de este código.

Valdrá tambien cuando se otorgue en la forma que establezcan y ante quien determinen las leyes del país en que se halle el testator.

Art. 692. El extranjero que disponga en su última voluntad de los bienes que tiene en el Perú, hará su testamento arreglándose á las disposiciones de este Código.

Art. 693. El extranjero que teste en el Perú de bienes que tiene fuera de él, podrá arreglarse á las leyes del país donde tenga los bienes, ó á las del lugar de su nacimiento.

Art. 694. Se permite al extranjero que tenga en el Perú un establecimiento mercantil, en que solo vende por mayor, el que pueda disponer de él sujetándose á las leyes del país de su nacimiento.

Art. 695. Cesa el permiso concedido á los extranjeros en los artículos 693 y 694, si tienen en el Perú herederos forzosos conforme á este Código.

522) — **Portugal, Código civil:**

Art. 1961. Os testamentos feitos por portuguezes em paiz estrangeiro, produzirão os seus effeitos legaes no reino, sendo formulados authenticamente, em conformidade da lei do paiz onde forem celebrados.

Art. 1962. Os consules ou vice-consules portuguez es poderão servir de tabelliães, na celebração e approvação dos testamentos dos subditos portuguezes, com tanto que se conformem com a lei portugueza, excepto no que diz respeito á nacionalidade das testemunhas, que poderão, neste caso, ser estrangeiros.

Art. 1965. O testamento, feito por subdito não portuguez fóra de Portugal, produzirá neste reino os seus effeitos legaes, ainda com relação aos bens nelle existentes, observando-se no testamento as disposições da legislação do paiz onde for feito.

523) — **Rumänien, Codico civile, Art. 885:**

Ein Rumäne, der sich im Auslande befindet, kann sein Testament entweder in holographischer Form errichten oder in der urkundlichen Form, welche an dem Orte im Gebrauch ist, wo das Testament errichtet wird.

524) — Rufsland, Sswod. Bd. 10, Abt. 1:

Art. 1077. Ein russischer Unterthan, der sich im Ausland befindet, kann sein Testament privatschriftlich in den Formen des Landes errichten, wo die Errichtung stattfindet, vorbehaltlich einer Präsentation des Aktes bei einer russischen Gesandtschaft oder einem russischen Konsulat gemäfs den Vorschriften des Konsularreglements.

Art. 1079. Die im Auslande errichteten Testamente müssen, um vollstreckt zu werden, dem Gericht im Bezirk des letzten russischen Domizils des Erblassers oder des Ortes präsentiert werden, wo die vermachten Vermögensstücke sich befinden.

Art. 1218. Die Erbfolgeordnung hinsichtlich der in Rufsland befindlichen Vermögensstücke, welche Ausländern gehören, ist den allgemeinen Regeln unterworfen, welche für die Russen selbst gelten, vorbehaltlich der Ausnahmen, welche erwähnt sind in den Gesetzen über die Stände. Die im grofsen Staatsschuldbuch eingetragenen Renten und die unkündbaren Staatsobligationen, welche einem Ausländer gehören, folgen hinsichtlich der Erbfolgeordnung, wenn der Ausländer ohne Testament stirbt, den Vorschriften in den Statuten des öffentlichen Kredites [1].

525) — Sachsen, Bürgerliches Gesetzbuch, § 17:

Anfall und Erwerbung einer Erbschaft werden nach den Gesetzen des Ortes beurteilt, an welchem der Erblasser zuletzt seinen Wohnsitz gehabt hat. Hat er mehrere Wohnsitze gehabt, so gelten die Gesetze des Wohnsitzes, an welchem er sich zuletzt aufgehalten hat.

526) — Salvador, Código civil:

Art. 984. La sucesión en los bienes de una persona se abre al momento de su muerte en su último domicilio; salvos los casos expresamente exceptuados.

La sucesion se regla por la ley del domicilio en que se abre; salvas las excepciones legales.

Art. 1030. Los extranjeros son llamados á las sucesiones abintestato abiertas en el Salvador de la misma manera y según las mismas reglas que los salvadoreños.

Art. 1031. En la sucesión abintestato de un extranjero que fallezca dentro ó fuera del territorio de la República, tendrán los salvadoreños á titulo de herencia, de porción conyugal ó de alimentos, los mismos derechos que según las leyes salvadoreñas les corresponderían sobre la sucesión intestada de un salvadoreño.

---

[1] D. i. den Gesetzen des Landes seiner Herkunft.

Los salvadoreños interesados podrán pedir que se les adjudique en los bienes del extranjero existentes en el Salvador todo lo que les corresponda en la sucesión del extranjero.

Esto mismo se aplicará en caso necesario á la sucesión de un salvadoreño que deja bienes en país extranjero.

Art. 1058. Valdrá en el Salvador el testamento escrito, otorgado en país extranjero por un salvadoreño ó por cualquiera otra persona, si por lo tocante á las solemnidades se hiciere constar su conformidad á las leyes del país en que se otorgó y si además se probare la autenticidad del instrumento respectivo en la forma ordinaria.

Art. 1059. Valdrá asimismo en el Salvador el testamento otorgado en país extranjero por un salvadoreño ó un extranjero que tenga domicilio en el Salvador ante un funcionario diplomático ó consular, con tal que concurran los requisitos que van á expresarse.

1) No podrá autorizar este testamento sino un ministro plenipotenciario, un encargado de negocios, un secretario de legacion que tenga título de tal, expedido por el presidente de la república, un cónsul que tenga patente del mismo; pero no un vice-cónsul. Se hará mención expresa del cargo y de los referidos título y patente.

2) Los testigos serán salvadoreños, ó personas domiciliados en el lugar donde se otorgue el testamento.

3) Se observarán en lo demás las reglas del testamento solemne otorgado en el Salvador.

4) El instrumento llevará el sello de la legación ó consulado.

527) — Schaffhausen s. oben Nr. 275.

528) — **Schweizerisches Bundesgesetz vom 25. Juni 1891:**

Art. 22. Die Erbfolge richtet sich nach dem Rechte des letzten Wohnsitzes des Erblassers.

Durch letztwillige Verfügung oder durch Erbvertrag kann jedoch jemand die Erbfolge in seinen Nachlaſs dem Rechte seines Heimatkantons unterstellen.

Art. 23. Die Eröffnung der Erbschaft erfolgt stets für die Gesamtheit des Vermögens an dem letzten Wohnsitze des Erblassers.

Art. 24. Letztwillige Verfügungen, Erbverträge und Schenkungen auf den Todesfall sind hinsichtlich ihrer Form gültig, wenn sie dem Rechte des Errichtungsortes oder demjenigen des Wohnsitzkantons zur Zeit der Errichtung des Aktes oder zur Zeit des Ablebens des Erblassers oder demjenigen des Heimatkantons des Erblassers entsprechen.

Art. 25. Ein Erbvertrag beurteilt sich hinsichtlich seines Inhaltes, wenn er zwischen Verlobten abgeschlossen wurde, nach dem Rechte des ersten ehelichen Wohnsitzes, in allen anderen Fällen nach dem Rechte des Wohnsitzes des Erblassers zur Zeit des Vertragsschlusses. Vorbehalten bleiben die Bestimmungen, welche das für die Erbfolge mafsgebende Recht (Art. 22) hinsichtlich des Noterbenrechtes enthält.

Art. 26. Erbrechtliche Verhältnisse, die in Folge des Ablebens eines Ehegatten eintreten und mit dem Familienrechte zusammenhängen, beurteilen sich nach dem für die Erbfolge mafsgebenden Recht (Art. 22); sie werden durch späteren Wohnsitzwechsel des überlebenden Ehegatten nicht geändert.

Art. 27. Das Pflichtteilsrecht bei Schenkungen unter Lebenden oder auf den Todesfall richtet sich nach dem für die Erbfolge in den Nachlafs des Schenkers mafsgebenden Rechte (Art. 22).

529) — Solothurn, Civilgesetzbuch, § 8:

Das Vermögen einer Person, in Bezug auf die Erbfolge, wird nach denselben Gesetzen, wie die Rechtsfähigkeit des Eigentümers selbst (§ 5), beurteilt, wobei jedoch die nach unsern Gesetzen auf andere Weise, z. B. durch Schenkung, Hypothek, oder andere Verträge erworbenen Rechte vorbehalten sind.

530) — Spanien, Código civil:

Art. 732. Los españoles podrán testar fuera del territorio nacional, sujetándose á las formas establecidas por las leyes del país en que se hallen.

Tambien podrán testar en alta mar, durante su navegación en un buque extranjero, con sujeción á las leyes de la nación á que el buque pertenezca.

Podrán asimismo hacer testamento ológrafo con arreglo al artículo 688 sin el requisito de papel sellado, aun en los países cuyas leyes no admitan dicho testamento.

Art. 733. No será válido en España el testamento mancomunado, prohibido por el art. 669, que los españoles otorguen en país extranjero, aunque lo autoricen las leyes de la nación donde se hubiese otorgado.

Art. 734. Tambien podrán los españoles que se encuentren en país extranjero otorgar su testamento abierto ó cerrado, ante el agente diplomático ó consular de España residente en el lugar del otorgamiento.

En estos casos dicho agente hará la veces de notario, y se observarán respectivamente todas las formalidades establecidas en las secciones quinta y sexta de este capítulo, no siendo, sin embargo necesaria la condición del domiciliö en los testigos.

S. auch oben Nr. 467.

VI. Erbrecht.

531) — **Ungarischer Gesetzesartikel XVI 1876:**

Die im Auslande errichteten Testamente, Erbverträge und Schenkungen auf den Todesfall sind in Rücksicht auf die äusserlichen Erfordernisse auch dann gültig, wenn sie den Rechtsvorschriften jenes Landes entsprechen, in welchem sie zu stande gekommen sind.

532) — **Unterwalden, Gesetz vom 23. Oktober 1852 (Personenrecht), § 6:**

Testamente, Ehe- und Erbverträge, insofern der Niedergelassene nach den Gesetzen seines Heimatsortes dazu berechtigt ist, unterliegen laut eidgenössischem Konkordate vom 15. Juli 1822 in Hinsicht auf ihren Inhalt den gesetzlichen Vorschriften seines Heimatsortes.

533) — **Uruguay, Código civil, Art. 740:**

El oriental que se hallare en país extranjero, podrá testar por instrumento público conforme á las leyes de ese país ó ante el agente diplomatico ó consul de la república, observándose, en este último caso, los requisitos siguientes:

1) No podrá autorizar este testamento sino un ministro plenipotenciario, un encargado de negocios, un secretario de legacion, con título expedido por el presidente de la república ó un cónsul con patente del mismo; pero no un vice-consul. Se hará mencion expresa del cargo, y del referido título y patente.

2) Los testigos del testamento serán dos, por lo ménos, y orientales, ó en su defecto extranjeros, domiciliados en la república ó en el pueblo donde se otorgue el testamento;

3) Se observará en lo demás las reglas prescritas para el testamento solemne abierto.

4) El instrumento llevará el sello de la legacion ó consulado.

5) Deberá tambien ser rubricado por el autorizante al principio y fin de cada pagina.

534) — **Utah, Compiled laws:**

§ 2659. No will made out of this territory is valid as a will in this territory, unless executed according to the provisions of this chapter.

§ 4008. A will duly proved and allowed in any of the United States or territories, or in any foreign country or state, may be allowed and recorded in the probate court of any county in which the testator shall have left any estate.

§ 4010. If, on the hearing, it appears upon the face of the record that the will has been proved, allowed, and admitted to probate in any of the United States or territories or in any foreign country, and that it was executed according to the law of the place in which the same was made, or in which the testator was at the time domiciled, or in conformity with the laws of this territory, it must be admitted to probate and have the same force and effect as a will first admitted to probate in this territory, and letters testamentary or of administration issued thereon.

535) — **Zürich, Privatrechtliches Gesetzbuch, § 4:**

Für die Beerbung gilt das Recht des Heimatsortes des Erblassers.

Die Beerbung von Kantonsfremden, welche im Kanton gewohnt haben, wird insofern nach dem Rechte ihrer Heimat beurteilt, als das Recht des Staates, dem sie angehören, solches vorschreibt.

Eine Ausnahme macht die besondere Folge in liegende Stiftungsgüter.

536) — Zug s. oben Nr. 218.

www.ingramcontent.com/pod-product-compliance
Lightning Source LLC
Chambersburg PA
CBHW020536300426
44111CB00008B/691